盾构法的
调查·设计·施工

〔日〕地盘工学会 著

牛清山 陈凤英 徐 华 译

张稳军 审校

中国建筑工业出版社

著作权合同登记图字：01-2006-4137 号

图书在版编目(CIP)数据

盾构法的调查·设计·施工/(日)地盘工学会著：
牛清山等译. —北京：中国建筑工业出版社，2007(2021.2 重印)
ISBN 978-7-112-09246-8

Ⅰ．盾… Ⅱ．①地…②牛… Ⅲ．盾构(隧道)
Ⅳ．U455.43

中国版本图书馆 CIP 数据核字(2007)第 055433 号

"原著：日本地盤工学会出版「地盤工学·実務シリーズ3 シールド工法
の調査·設計から施工まで(初版出版：1997 年 2 月)」"

本书由日本社团法人地盘工学会授权翻译出版

责任编辑：刘婷婷 刘文昕
责任设计：董建平
责任校对：安 东 孟 楠

盾构法的调查·设计·施工
[日] 地盘工学会 著
牛清山 陈凤英 徐 华 译
张稳军 审校
＊
中国建筑工业出版社出版、发行(北京西郊百万庄)
各地新华书店、建筑书店经销
北京天成排版公司制版
北京建筑工业印刷厂印刷
＊
开本：880×1230 毫米 1/32 印张：14⅜ 字数：411 千字
2008 年 2 月第一版 2021 年 2 月第三次印刷
定价：**60.00** 元
ISBN 978-7-112-09246-8
　　　(36900)

日本的盾构技术经过较长时间的发展，已位居世界先进水平。本书的编写由日本地盘工学协会组织，编辑委员会委员长小泉淳教授主编，由日本国内多位盾构法技术专家分别执笔。

本书的特点是通过使用大量图表，简明扼要地介绍了盾构工程的总流程及分布流程；同时介绍了一些未被标准收录的见解和技术，并对该技术的研究展望和技术开发动向作了阐述，因此，特别适合工程技术人员根据实际情况进行推广、完善。本书的一大特征是注重盾构工程中各个细节的介绍，突出实用性。因此本书发行后，就得到了日本隧道界的极大反响，迅速成为相关专业研究人员及大专院校本科生、研究生的必读之物。

相信本书的引进出版，能为我国从事盾构技术的专业人员提供一本十分有价值的参考用书。

主 编 简 介

本书主编小泉淳教授为世界知名盾构隧道工程专家，现任教于早稻田大学，主要从事盾构隧道工程调查、设计、施工，新型管片及接头开发，以及地下结构的合理化设计和抗震方面的研究。主持了著名的日本东京湾高速路段的盾构隧道工程，作为特邀专家参与了日本、中国、新加坡及欧洲一些国家的盾构隧道评审及工程顾问。历任日本土木学会隧道工程委员会专门委员及委员长，日本先端建设技术中心评审委员会委员及主审，日本国土交通省建设技术展览审查委员会委员，日本东京地铁副都心线(13 号线)盾构隧道测量主审。作为客座教授曾多次赴同济大学、西南交通大学、北京交通大学、大连理工大学及国内相关研究单位讲学。

中文版序

本书是一本全面论述盾构工法的书籍，其日文原版由日本地盘工学会出版以来，已得到与盾构工法有关的从初学者到高级技术工作者的高度评价。与日文版首次出版时相比，尽管当前的盾构技术出现了一些新的发展，例如管片的种类增多，管片宽度加大，管片的设计方法中在容许应力设计法的基础上引入了极限状态设计法，新型盾构机的开发及应用等，但本书作为介绍盾构技术的经典之作，可读性强且颇为实用，希望可以为专业人员提供一本深具参考价值的读物。本书着重对盾构技术相关基本知识进行了详细介绍，并结合大量图表，以帮助读者更好地理解。

本书如书名所表述的那样，内容包括从盾构隧道工程调查阶段所有要研究内容，到盾构机、管片的选择及具体设计，以及实际施工过程中应该研究的内容及注意事项，并对环境的保护及安全对策等做了详细的论述。此外，本书结尾中关于盾构工法的展望，已在多个方面逐步变为现实。

目前世界上盾构工法应用最为广泛的国家就是中国，本书能在中国翻译出版，作为本书的主要编写者，我在喜出望外的同时，也倍感荣幸。本书的其他作者，现在也大多任职于大学教授或为各企业的主要负责人。

在本书中文版正式出版之际，我谨代表本书的编写人员，对本书译者牛清山、陈凤英、徐华，中国建筑工业出版社，以及负责全文审校工作的我的助手——早稻田大学张稳军博士深表感谢。

小泉 淳

2007 年 11 月于日本东京

原 版 序

地盘工学会的宗旨是通过有关地基工程的技术普及与提供信息资料，为活跃在地基工程领域的会员们提供技术服务。其中的一项服务就是尽可能提供通俗易懂的传递地基工程方面知识的书籍、为解决在规划、调查、设计及施工的各阶段遇到的各种各样的工程问题所能参考的书籍、理论及一些解决相关问题的书籍，为此我们专门设立了入门书规划委员会、实务书规划委员会及丛书规划委员会，选择并规划适当的题材，委托各领域中的权威人士及经验丰富的人员编写、出版各类书籍，现已纷纷获得好评。

然而，随着地基工程领域的研究开发及技术上的突飞猛进，就要求有一个能满足多方面需求的新的出版计划。为此经多方协商后，一改以往以中坚骨干技术人员为对象的丛书系列及现场服务系列，重新设立了有关地基工程实务领域及理论领域两个系列，分别编著了地基工程实务丛书与地基工程理论丛书并出版发行。

就地基工程实务丛书而言，既吸纳了以往的现场丛书规划中的长处，又是适应广泛实务需求进行分析研究的丛书，还应是在推行实务的基础上涉及一些特别应注意事项及其对策的书籍，更应是给出在推行实务时所进行的预测与实际状况，或适应社会形势发展所需的书籍。只有这样方能满足广大读者的诸多需求。

对本书的出版谨向各位执笔者乃至担当规划与编辑的委员们深表谢意，与此同时也希望本书能够成为广大读者的良师益友。

社团法人　地盘工学会

前　言

　　盾构工法现已进入了多样化需求的新时代。在开挖隧道断面的大小、形状乃至所用的盾构机、作为衬砌的管片形状及结构等方面都相继诞生了一些新技术，盾构工法已经迎来了可以解决以往的一般工法中诸多问题的新工法时代。如果将盾构工法的黎明期作为第一期，并用气压法为第二期，泥水式及土压式盾构为第三期，那么，目前的盾构工法的多样化时代就是第四期。

　　为了适应时代的发展，现已经修订了《隧道标准规范（盾构工法篇）》。正如该标准规范所述，它给出了标准，就其性质而言，是以一般的思路及广泛应用的技术为主而制订的，在某种程度上涉及今后的研究方向及技术开发的动向。

　　本书是为了弥补这种不足而出版发行的，它与已出版发行的《盾构法入门》一书不同，后者是面向初学入门者，而本书则是以中坚骨干的盾构技术人员为对象而编写。当然本书是基于新标准规范编写而成，同时还介绍了一些目前尚无定论的思路及尚未标准化的新技术。希望中坚骨干的技术人员对诸如此类的思路及该技术的采用，适时地根据实际情况作出正确判断。

　　本书的特点之一就是大量选用了一些图表。在明确盾构工程的整体流程及部分流程图的同时，把握它们相互间的关系，多方选用了一些流程图。另外，对于需要进行多种相互分析和比较的项目，对其进行了图表化处理，目的是便于分析判断。对于其他方面，例如：第 4 章的 4.6 抗震设计，第 5 章的 5.8 施工中盾构机的故障及其对策，第 9 章的地基变形及已有建（构）筑物的防护，第 11 章的特殊技术及新技术，第 12 章的盾构工法的展望等都占用了大量篇幅进行了深入的阐述。

　　如上所述，本书中所涉及到的内容并不见得都已经完善了，当然希望广大技术人员并不限于只是接受或选用，而应该独立思考。

　　请广大读者对本书不妥之处乃至错误等不吝指正，如果能对盾构工法的发展有利，我们深感荣幸。

　　最后对于为本书的编辑、出版、发行作出重大贡献的各位委员、执笔者及编辑工作委员们致以深切的谢意。

　　　　　　　　　　　　　　　　本书编委会　委员长　小泉淳

编写委员会

委　员　长：小　泉　淳　　早稻田大学理工学部土木工学科

委员兼干事：北原阳一　　（株）熊谷组土木本部土木技术部

　　　　　　木村定雄　　佐藤工业（株）土木总本部土木部技术部

委　　　员：伊　藤　博　　东京都港区土木部

　　　　　　伊东三夫　　东京都下水道局管路建设部

　　　　　　宇贺克夫　　川崎重工业（株）产机设备事业部

　　　　　　大塚孝义　　日本城市顾问（株）首都圈事业部

　　　　　　大塚正博　　东京电力（株）地中送变电建设所

　　　　　　川口博行　　清水建设（株）土木本部技术第一部

　　　　　　小山幸则　　（财）铁道综合技术研究所结构技术开发事业部

　　　　　　土屋幸三郎　（株）大林组土木本部东京营业部

　　　　　　野　本　寿　　西松建设（株）技术研究所技术部

　　　　　　滨本健一　　大成建设（株）埼玉高速铁道线荒川盾构作业所

　　　　　　藤木育雄　　帝都高速度交通营团建设本部

　　　　　　吉　田　保　　日本工营（株）中央研究所开发研究部

编辑工作小组名单

委　员　长：小　泉　淳　　上述

委员兼干事：北原阳一　　上述

　　　　　　木村定雄　　上述

委　　　员：大塚正博　　上述

　　　　　　野　本　寿　　上述

协力委员：盐治幸男　　东京电力（株）地中送变电建设所土木科

　　　　　　大泉英俊　　日本城市顾问（株）首都圈事业部

执笔者名单

伊东三夫	今西肇	宇贺克夫	大泉英俊
大塚孝义	大塚正博	荻野竹敏	川口博行
北原阳一	木户义和	木村定雄	小泉淳
儿玉守广	小林亨	斋藤正幸	清水满
滝本孝哉	田中弘	土屋幸三郎	富所达哉
野本寿	波多腰明	滨本健一	藤木育雄
水野修介	水上博之	守山亨	山崎刚
吉田保	吉野修		

目　　录

第 1 章　盾 构 法 概 要

第 2 章　盾构法的调查

第 3 章　盾构隧道规划

第 4 章　衬砌选定及设计

第 5 章　盾构及其设计

第 6 章　盾构的始发井及到达井

第 7 章　盾构的掘进与施工管理

第8章　盾构施工设备

第9章　地基变形与既有建(构)筑物的防护

第10章　盾构工程的安全及环境对策

第 11 章 特殊技术与新技术

第 12 章　盾 构 法 展 望

附　　件

第1章 盾构法概要

1.1 盾构法

所谓盾构法就是在称为盾构(Shield：盾，保护物，防御物)的钢壳之内保持开挖面稳定的同时，安全向前掘进，在其尾部拼装称其为管片(Segment)的衬砌构件，然后用千斤顶顶住已拼装好的衬砌，利用其反力将盾构推进。

盾构法的基本要素：

① 确保盾构内作业人员的安全；

② 保持开挖面稳定，防止土体坍落，掘进隧道；

③ 盾构内拼装隧道衬砌；

④ 通过来自衬砌的反力向前推进；

⑤ 循环作业，建造隧道。

要素①中盾构机主体以前使用铸铁材料，现已全部使用钢材。要素②中开挖面的稳定原来是将开挖面划分为几个小工作面，并用挡土板挡住土体，使土体稳定，后来代之以气压工法，目前是利用泥水及挖掘土砂保持开挖面稳定的密封式盾构占主流。另外，最初是人工开挖，后来变成装有液压铲或伸臂凿岩机、滚筒式切削刀等的半机械掘进方式，继而发展为在盾构的前面配置切削刀盘，通过旋转切削刀盘开挖土体的机械掘进方式。最近又开发出了同步旋转挖掘非圆断面的新技术。要素③中衬砌从原来的砌砖衬砌发展到目前使用铸铁管片、混凝土管片、钢管片及复合管片。这些管片一般都选用螺栓接头，但现在已开发出各种类型的接头，其形状也已多样化。另外，现已开发出用于混凝土的掺合料，最近现场浇筑混凝土衬砌的现浇衬砌工法也已达到实用阶段。要素④中最初阶段是使用螺旋千斤顶，现在取而代之的是大容量大功率的液压千斤顶,盾构的姿势及推进方向的控制也已经达到了自动化。要素⑤现在盾构法的一个方向就是自动化控制,盾构法的自动化系统已经达到适用化,在很多施工工法中盾构法已经成为最省力化的工法。目前现状是正在积极进行以全部自动化盾构为目标的研究开发工作。

1.2　盾构法的历史

盾构法是法国工程师布鲁奈尔(M. I. Brunel)研究开发出来的。布鲁奈尔于 1818 年申请了盾构工法的专利。1825 年向横穿英国泰晤士(Thames)河的水下隧道发起了挑战。当时因为在泰晤士河口附近有军港,不能架桥,过河或者乘轮渡,或者绕行到中游的桥梁。另外,当时轮渡的事故也比较多。以特雷比西克(Trevithick)为首的几位技术人员曾向该横跨隧道发起了挑战,但终因涌水事故而以失败告终,伤亡惨重,更难于确保从事该项作业人员的安全。

当时,提出将盾构法应用于该隧道计划的布鲁奈尔一再强调,盾构法是在稳固的钢架(Strong iron frame)内从事开挖作业及衬砌作业的,是相当安全的施工方法。施工过程中几度遭遇涌水事故,盾构机也曾受损,迫于无奈施工中断了 7 年,工程无法进行下去。但是,1841 年盾构机还是顶到了彼岸,隧道贯通了。投入使用已是 1843 年了,也就是从计划开始的(1823 年)第 20 个年头了。该盾构的外形尺寸为高 6.78m (22′3″),宽 11.43m(37′6″),细分开挖面以防止开挖面崩坍,并以保证作业人员安全为目的,由 12 个铸铁的管片组成。每块各自分为 3 段间隔,各自安装称之为钻孔板的开挖面的压板,在已掘进的空间利用螺旋千斤顶将该板顶到开挖面处,以防止开挖面崩坍。衬砌使用砖砌,在其上作用以反力,利用螺旋千斤顶顶推盾构机使之前进。

到 1869 年,在泰晤士河底建造了行人用的隧道。该隧道为圆形断面,使用了经布鲁奈尔多种改进的盾构。在该隧道中首次使用了取代砖砌衬砌的铸铁管片。

格雷特海德(Greathead)于 1886 年在南伦敦铁路隧道中,首次采用了气压法。即利用压缩空气保持开挖面稳定，进行掘进，并且在盾构中拼装管片，通过其反力使盾构机向前推进，这与现在的盾构法的基本思路大致相同。之后盾构法经过多种改进，在一些国家诸如英国、法国、德国、美国及前苏联等国都大量应用。但是，这些都只不过是作为建造横穿河底的水下隧道等的特殊施工方法来应用的。

上述这些国家的地质情况都比日本好，因此都将改良方向的重点放在"掘进的高效化"上，而不是"开挖面的稳定"上。这或许是与机械盾构的发展及 TBM(Tunned Boring Machine)(隧道掘进机)的开发紧密相连。再者日本区别对待 TBM 与盾构，而诸多外国盾构也占据着 TBM 中的位置。另外，横穿水底隧道的施工方法中，许多国家也用盾构法取代了后开发出来的水底沉管隧道的施工方法。

日本首次应用盾构法是距布鲁奈尔的盾构工程约 100 年后的 1920年，应用于奥羽干线折返隧道的施工中，然而，因遭受很大的地层压力，中途不得不放弃了。待到 1926 年用在旧国铁丹那隧道的泄水导洞中，这次也没有得到理想的结果。而真正取得成果的盾构则是 1936 年的关门铁路隧洞。这次出于节约铸铁管片和钢铁资源而使用了钢筋混凝土管片。

第二次世界大战之后，1956 年的关门道路隧洞及 1957 年的营团地下铁永田町隧道中采用了顶盖式盾构法。另外，1961 年名古屋市地下铁的觉王山隧道中采用了盾构工法，这些是战后最初的应用实例。

地处冲积平原的日本大城市，与其他国家相比地基条件非常差，因此，作为在河底或海底修建隧道的特殊工法——盾构法，于 1960年之后，在以地下铁为首的工程及给水排水洞室、电力通道、电信用通道等的修建一般性的城市地下基础设施的工程中，得到了快速普及。

日本的盾构法考虑到地基的特殊性，相当重视"开挖面的稳定"因素，初期只采用了气压盾构、限定气压盾构及挤压式盾构等工法。另外，法国于 1966 年开发出泥浆水盾构，第二年就在日本得以采用。日本独自开发的土压式盾构，现在相当普及。回顾这些年来世界上所修建的盾构隧道中，在开挖量上日本占 80％以上，掘进总长度日本占 90％以上。

表 1-1 所示为盾构工法的变革。表中的公元年代是表示开始应用的年代。

盾构法的变革   表 1-1

公元(年)	事　项	备　考
1818	布鲁奈尔的盾构专利	圆形断面
1825	世界上首次的盾构工程 (Brunel)	矩形断面，砖衬砌，螺旋千斤顶，150m，双车线，6.78×11.43(外形尺寸)
1860	在法国已达到实用化	
1869	格雷特海德与巴罗（Barlow）(塔隧道)	圆形断面，铸铁管片，411.5m，内径 2.18m，人道用 T，日掘进 2.59m
1870	在美国已达到实用化	
1886	南伦敦铁道	气压，液压千斤顶，铸铁管片，内径 3.2m，日掘进 3.96m
1890	在德国已达到实用化	
1890	机械盾构的黎明期	Thomson，Carpenter，Anderson，Price，滚筒式挖掘机
1891	巴尔的摩（Baltimore）的侧壁导坑用隧道	矩形断面
1892	最初的顶盖式盾构	巴尔的摩
1892	使用混凝土的管片	巴黎
1896	使用木制管片	美国里普利(Ripley)
1896	椭圆形盾构	巴黎排水管道
1896	使用钢制管片	柏林
1902	横穿哈得孙河（Hudsen）隧道	纽约挤压式盾构原形
1908	泰晤士河隧道	气压盾构，铸铁管片，混凝土二次衬砌，人车两用隧道
1909	使用型钢管片	易北河(Elber)（德国）
1913	马蹄形盾构	易北河
1920	奥羽干线折返隧道	中途放弃
1926	旧国铁丹那隧道	泄水坑，外径 3.05m，以不理想成果而告终
1930	原苏联已达实用化	

续表

公元(年)	事　项	备　考
1936	关门铁路隧道	铸铁管片，726m，外径 7m(单线并列)，栅栏式管片
1945	机械盾构的改良，完成期	原苏联(列宁格勒型、基辅型、莫斯科型、改良基辅型) 美国(斯科特型、卡尔威尔德型、梅姆科型、罗宾斯型、阿尔考科型)
1953	关门道路隧道	现浇混凝土，推杆式盾构，顶盖式盾构
1957	地下铁永田町隧道	顶盖式盾构
1960	使用液压千斤顶	格拉斯哥(外径 10m)，纽约
1961	名古屋市地下铁觉王山隧道	栅栏式管片，外径 6.6m，气压，软岩
1962	气压盾构	东京，排水管道石神井河下的干线，冲积层，东京旧羽田单轨铁路，洪积层
1963	机械挖掘盾构	大阪，给水管道大淀送水管
1965	挤压式盾构	东京，排水管道浮间干线
1966	半机械挖掘盾构	名古屋，排水管道
1967	泥水式盾构	埼玉(浦和)，区域排水管道
1974	土压式盾构	东京，排水管道水元干线
1976	中间弯曲式盾构	东京，排水管道井的头上干线
1977	限定气压盾构	东京，管道神谷町新田干线
1978	现浇衬砌工法(外国)	汉堡，排水管道(1910，德国；1911，法国；1912，俄国)专利
1981	现浇衬砌工法(国内)	东京，排水管道，本田干线
1984	扩大盾构	东京，电力，清洲桥大道管线
1987	现浇衬砌工法(国内)	栃木(小山)，通信，树脂砂浆
1988	双圆形(MF)盾构(双联)	东京，JR 京叶线
1991	双圆形(DOT)盾构(双联)	广岛新交通系统
1993	密封式椭圆形盾构	东京，排水管道新大森干线
1993	球形盾构(纵横连续掘进)	川崎，排水管道观音河雨水贮留池
1993	密封式矩形盾构	千叶(习志野)，排水管道菊田川干线
1994	横穿东京湾隧道	世界最大断面(圆形，隧道外径 13.9m)，泥水式盾构，应用各种自动化技术
1994	球形盾构(纵横连续掘进)	东京，排水管道足立区花田支线工程
1995	多圆形(MF)盾构(三联)	大阪，地下铁车部盾构
1995	直角盾构	横滨，排水管道能见台雨水干线
1996	隧道直径变化式盾构(两段式)	东京，电力，环 T 东海松原桥管路，隧道外径 7.1m 与 4.95m

注：T—隧道或隧洞

由于采用了泥水式盾构及土压式盾构工法等密封式盾构，大幅度地提高了"开挖面的稳定性"，所以，近年来的开发目标是"掘进的效率化"及"提高掘进精度"、"盾构工程的省力化"。1994年施工的横跨东京湾的道路隧道是世界上最大的圆形断面的盾构隧道，采用了各种自动化技术，从某种意义上可以说是集现代的盾构技术之大成。

现在以"大深度地下空间的开发"及"道路隧道的参入"为契机，盾构工法已经进入到多样化的时代。现已开发出适应隧道用途的各种断面的盾构，另外，与大深度相对应的技术及与大断面相对应的技术上的研究开发也日新月异。

1.3 现状与动向

与其他国家相比社会资本整顿稍迟一些的日本，从1965年一进入高度成长期，就竭尽全力以"追赶超越"西欧及美国为目标进行了社会资本的整顿。构成城市内的社会基础设施的上下水道、铁路、电力、通讯、燃气等的各种设施的修建就是其明显一例，与此同时，容纳这些城市设施的都市隧道的构筑工法之一——盾构法也得到了快速地普及与发展。现在，这些城市设施的修建将暂时告一段落，已进入"从量向质"的转换期。

鉴于日本现已进入稳定成长期，可以预料到工程量将略有减少，但是，由于盾构法本身的高度化、多样化，其需求今后还将逐年有所增加。

1.4 盾构法隧道从规划到建成

如果按照时间序列整理，盾构隧道从规划到建成的步骤则如表1-2所示。以完成盾构隧道工程为目标，在各阶段的工作基本上由相关政府单位、企业、设计单位、施工单位及制造厂家等来分担。

盾构法隧道从规划到建成的步骤　　　　　　表 1-2

步　骤	内　容
事业规划立案	着眼于必要性、规模及起终点等立案规划
提出候选线路 （预备调查）	1. 办公室调查 ① 已有埋设物、道路管理单位、政府及其他企业的将来规划等的调查 ② 线路的初步选定 2. 现场踏勘 ① 道路状况、土地利用情况等的现场条件调查 ② 已有埋设物状况等的障碍物调查 3. 综合分析研究 ① 经济、环境、技术、与政府及各企业关系等的分析研究 ② 与施工相关的诸条件的分析研究
场地调查 （初步调查）	① 测量调查 ② 地形及地质调查 ③ 已有埋设物的试探调查 ④ 环境保护等的调查
候选线路的初步设计	① 平面图、纵断面图、横断面图的绘制 ② 施工方法及工程等的施工计划的分析研究 ③ 找出工程方面的存在问题 ④ 已有埋设物对策等的研究 ⑤ 工程费用概算
候选线路的对比研究	① 有关明挖法与盾构法等的施工选项的经济性评价 ② 有关自然环境、居民及文物等的地域环境、交通状况、噪声及振动等环境条件的评价 ③ 有关地质、地下水位、道路状况、对已有埋设物的防护场所、交通状况及作业时间限制等的作业环境的技术性评价 ④ 与城市规划、共同沟规划及其他企业的将来规划之间等的调整性，道路占用等许可取得的可能性，有关用地确保的可能性等社会条件的评价
选定最佳线路	依据上述经济性的评价、环境条件的评价、技术性的评价、社会条件的评价等的结果，把握住候选路线的特点及存在问题，基于综合分析比较判断结果选定最佳路线
详细设计 （也含详细调查）	① 确定隧道的内空断面 ② 确定隧道线形 ③ 衬砌的选定与设计 ④ 盾构的选定与设计 ⑤ 竖井的设计与盾构的初始掘进及到达掘进设计(含辅助工法) ⑥ 基于对已有埋设物的影响分析制定防护对策及观测计划 ⑦ 详细计算工程费用

步　骤	内　容
施工准备	① 确保工程用地等 ② 取得占用及使用道路的许可 ③ 向当地居民等进行解释性说明 ④ 签订对已有埋设物进行邻接施工协议 ⑤ 施工设备的设计 ⑥ 工程管理计划、安全环境管理计划等的研究
施　工	① 实施线形管理、掘进管理、工程管理、安全管理等的施工管理 ② 实施安全及环境对策 ③ 实施观测
完　成	编写工程记录等

　　另外，按照各自步骤的详细内容将在下一章之后详细阐述。

第 2 章　盾构法的调查

2.1　调查目的及流程

盾构工程的调查目的是为了安全、快速且经济地进行施工而得到必要的信息资料。当选择盾构法时，与山岭隧道工法相比，因施工开始后难于改变工法，因此，应从各种角度仔细地进行调查。

进行调查时最重要的是首先要明确设定适合工程的各阶段的目的与方法。

表 2-1 所示就是在工程的每一阶段所应该进行的调查种类及方法。

调查的种类及方法　　　　　　　　表 2-1

阶　　　段		调查的种类	调查方法
初步规划		预备调查(预备性调查)	资料调查与现场踏勘
设计	初步设计	初步调查(初步性的调查)	现场调查、室内试验及现场踏勘
	详细设计	详细调查(详细的调查)	现场调查、室内试验及现场踏勘
施工	辅助工法	确认调查(为确认的调查)	现场调查、室内试验及现场观测
	盾构施工	管理调查(以管理为目的的调查)	现场调查、室内试验及现场观测
维护管理		追踪调查(追踪有无影响的调查)	现场调查、室内试验及现场观测

1. 预备调查

该项调查的主要目的是为选定盾构隧道的线路，为掌握线路中的整体土质状况。在这一阶段大体上就可以知道地层构造是简单还是复杂，是否存在导致问题的不良土质等的整体土质状况。基于该项调查结果就可以决定下一步应该实施的初步调查的规模及内容。

2. 初步调查

初步调查是设计阶段的调查，一般情况下是以标准贯入试验的钻孔探查为主的土质调查。钻孔的数目、间距及深度等是由地形条件、预备调查所推定的地基条件、隧道的覆土厚度及相邻的环境条件等来决定，通常多半为 100～200m 间距。然后根据该项调查结果绘制土质纵断面图。另外，当地形、土质等在隧道的横断面方向上有很大差异时，有时也需要绘制土质横断面图。

另外，以钻探为首的各种调查孔将来在盾构工程施工中是易于跑浆、喷发、涌水及漏气等的原因，故必须充分注意回填夯实。

3. 详细调查

详细调查是为补充预备调查及初步调查之不足而实施的，是根据初步计划阶段的各项分析研究结果所发现的技术上的问题而进行的补充调查。在该项调查中有时也按照不同情况追加调查地点。

4. 施工阶段的调查

该项调查分为与初始掘进及终点处防护相关的调查及与盾构隧道施工相关的调查。前者是为判定地基改良等效果的确认调查，而后者是以盾构工程的施工管理为目的的现场调查及观测等。

5. 维护管理阶段的调查

该项调查是待盾构工程完成后，为跟踪该工程给周边环境的影响及观测隧道自身的状态所作的调查，按其必要程度进行。

以上阐述了盾构隧道工程的调查目的及流程。下面再详细论述一下在上面所介绍的预备调查、初步调查及详细调查之中有关以下所示的重要的调查项目。

① 场地条件调查；

② 障碍物调查；

③ 地形及土质调查；

④ 环境保护的调查。

还有施工时或隧道完成后的观测相关事项将在第 3 章 3.3 测量计划中详细阐述。

2.2 场地条件调查

场地条件调查是指对隧道穿越地区环境的调查，是为了综合判断从规划阶段的线路选定、盾构选定、隧道规模内容的选定及辅助工法的选定等乃至设计、施工及维护管理的各阶段的事项。表2-2所示为调查项目及目的。

场地条件的调查项目及目的　　　　　　　　　**表 2-2**

调查项目	调查目的
土地利用状况及权利关系	·掌握市区、农田、山林、河海等的不同用途土地利用的现况 ·对公共用地及民宅分类调查，掌握这些土地相关的各种权利 ·调查有无文物需要保护
未来计划	·掌握城市规划及其他各项设施规划等的规模、工期、限制事项等的未来规划
道路类别与路上交通状况	·掌握道路类别及重要程度 ·掌握路面开挖的限制条件等 ·掌握道路交通状况（机具材料的搬出、搬进）
确保工程用地的难易程度	·掌握竖井用地 ·掌握临时设备用地（挖掘土砂存放用地等） ·掌握挖掘土砂处理场地
河流、湖沼及海等的周边状况	·掌握河流等的断面，土质及堤坝的结构等 ·掌握河流等的改造计划 ·掌握河流等的水文、航行及水利状况 ·掌握河流等的流量、季节变动情况等
工程用电力的确保及给水排水设施的状况	·掌握原有的送配电线的系统、容量、电压、送变电的状况 ·确保备用电源 ·掌握给水排水管道的位置、管径、流量 ·掌握排放地点（排水管道、河流、海等）、排放可能量、水质标准等

2.3 障碍物调查

障碍物调查是在选定路线之前，直接对有障碍的物件或位于影响范围内的诸物件所进行的调查。该项调查是以保护隧道周边的各项设施及确保盾构工程的安全性为目的所实施的。表2-3所示为调查项目及目的。

障碍物调查的调查项目及目的   表 2-3

调查项目	调 查 目 的
地上及地下建(构)筑物	·掌握各种建(构)筑物(建筑物、桥梁管)的结构形式 ·掌握建(构)筑物基础的结构构造 ·掌握建(构)筑物的用途及使用情况
埋设物	·掌握埋设物(给水排水管道、电力洞室、通信管道、燃气管道等)的位置、结构、管径、条数等
水井及古井	·掌握水井及古井的位置、深度、利用情况、缺氧程度等 ·掌握地下水的年度水位变化及水质情况
建(构)筑物残留物及临时工程残留物的状况	·掌握建(构)筑物残留物及临时工程残留物的状况 ·掌握工程经历及工程状况(土地的管理者、道路管理者、埋设的企业、施工单位) ·掌握遗留物、回填状态、土壤及地下水的污染状况等
其他	·掌握相邻建(构)筑物的未来计划 ·掌握残存的废旧炮弹等残存物

2.4　地形及土质调查

地形及土质条件将对盾构工法的设计及施工的难易程度影响很大，所以必须认真进行调查。表 2-4 所示为调查项目及目的的概要情况。另外，表 2-5 与表 2-6 所示为各调查阶段的详情及特别应注意的地层的调查项目。

地形及土质调查的调查项目及目的   表 2-4

调查项目	调 查 目 的
地形	·掌握地形构造，推定偏压等的发生
地层构成	·确认地层构成，特别要掌握如下所示地层情况 ① 崩坍性砂层 ② 高水压下的混杂大卵石的砾石层 ③ 软弱淤泥黏土层 ④ 含缺氧气体及有害气体的土层
土质	·N 值、粒度分布、均匀系数、渗透系数，掌握砾石的最大粒径、数量、硬度等的土质特性
地下水	·掌握地下水位、孔隙水压力、自流水头等 ·掌握地下水位等的季节变动情况 ·掌握地下水的流速、流量及水质
缺氧空气及有害气体	·掌握缺氧空气、沼气、硫化氢、氮气等的有无及数量

盾构工程的地形及土质调查   表 2-5

调查的种类	预备调查	初步调查	详细调查
调查的目的	① 掌握地形、土质、地层构成的概要情况 ② 有问题的土质的预测及以后的调查资料	① 掌握线路整体的地层构成及土质状况 ② 掌握土质工程中各种性质 ③ 绘制土质纵剖面图	① 补充土质调查 ② 对设计施工中有问题的土质进行详细调查 ③ 地震,其他特殊条件下的设计资料
调查的方法	① 收集整理现有资料 ② 收集整理相邻类似工程的相关资料 ③ 文献调查 ④ 现场踏勘	① 钻探调查 ② 标准贯入试验 ③ 取样调查 ④ 地下水位调查 ⑤ 测定孔隙水压力 ⑥ 室内土工试验(土的物理及力学试验)	① 钻探调查 ② 标准贯入试验 ③ 取样调查 ④ 地下水位调查 ⑤ 测定孔隙水压力 ⑥ 室内土工试验(土的物理及力学试验) ⑦ 孔内水平荷载试验 ⑧ 缺氧空气、有害气体及可燃性气体的调查 ⑨ 深基础开挖调查 ⑩ PS 地层探测
调查的内容	① 地图类等文献调查(地形、地质及地基图纸) ② 土质调查记录 ③ 已有建(构)筑物的工程记录 ④ 水井,地下水 ⑤ 现场的地形、土质及周边情况观察 ⑥ 地基沉降情况	① 地层构成 ② N 值 ③ 渗透系数 ④ 地下水位、孔隙水压力 ⑤ 取样调查 ⑥ 颗粒分布 ⑦ 含水率 ⑧ 土颗粒相对密度 ⑨ 表观密度 ⑩ 单轴抗压强度 ⑪ 液限及塑限 ⑫ 黏聚力 ⑬ 内摩擦角 ⑭ 固结特性	① N 值 ② 渗透系数 ③ 地下水位、孔隙水压力 ④ 取样调查 ⑤ 颗粒分布 ⑥ 含水率 ⑦ 土颗粒相对密度 ⑧ 表观密度 ⑨ 单轴抗压强度 ⑩ 液限及塑限 ⑪ 黏聚力 ⑫ 内摩擦角 ⑬ 固结特性 ⑭ 地下水的流速、流向(地下水探测) ⑮ 砾石、大卵石的直径 ⑯ 地基反力系数 ⑰ 剪变模量 ⑱ 抗震设计的基本情况

盾构施工上特别应注意的地基与调查的着眼点　　　　表 2-6

应注意的地基	调查的着眼点	特别必要的调查
塌陷性砂层	地基强度(抗剪强度)、细颗粒含量、均匀系数、曲率系数、渗透系数、渗透性	现场渗透试验、室内渗透试验、孔隙水压力的测定
高水压力下混杂卵石的砂砾层	卵石及砾石的形状尺寸、数量、硬度、均匀系数、曲率系数、渗透系数、地下水的流量及流速、渗透性、孔隙水压力	利用大直径钻探或深基础等进行钻探、抽水试验、渗透试验、孔隙水压力的测定
软弱淤泥及黏土层	灵敏率、稠度、地基强度(抗剪强度)、变形特性(变形系数、e-log$p$ 曲线、固结系数)	单轴抗压强度试验(含重塑试验)、固结试验、三轴抗压强度试验
含缺氧及有害气体的地层	氧气浓度、气体浓度、有机成分含有量、有害物质(硫化氢等)含有量	水质分析气体浓度测定挥发性固体试验

注：曲率系数：当取由粗粒土的粒度试验所得到的粒径累积曲线的过筛率 10%，30%，60% 的粒径为 D_{10}，D_{30}，D_{60} 时，用 $U_c' = (D_{30})^2 / D_{10} \cdot D_{60}$ 来表示的系数。一般情况下当 $U_c' = 1 \sim 3$ 时，粒度分布最好。

2.5　环境保护调查

　　为环境保护所做的调查是指在施工之前及施工过程中对预测盾构法给周边环境带来影响的项目实施调查，同时也是针对设计及施工管理所必需的资料所进行的调查。各都道府县有义务对《防止公害条例》及《环境影响评价制度》中所规定的相关项目提出报告，因此必须确切设定调查项目。调查项目及其目的如表 2-7 所示。另外，有关环境保护的主要相关法规类可参照书后附录。

为环境保护的调查项目及目的　　　　表 2-7

调查项目	调查目的
噪声及振动	·掌握噪声限制法、振动限制法、各都道府县的公害防止条例等的限制及劝告标准 ·掌握医院、学校等必须安静的各项设施
地基变形	·把握法令中的规定 ·预测地基沉降［参照第 9 章地基变形与既有建(构)筑物的防护］ ·民宅调查，进行地基变形等的观测

续表

调查项目	调 查 目 的
药液注入	·掌握影响预测范围内的水井、河流的水质 ·监测药液漏泄对水质的污染，并掌握其影响程度 ·监测有无喷发，并掌握其影响程度
建设副产品	·掌握挖土方的发生时期，弃土场地，再资源化设施，最终处理场的位置及搬运路线与处理方法等 ·掌握排水设施的位置、数量、水质限制等 ·控制发生量、促进再生利用
其他	·掌握交通量等的周边环境 ·掌握工程用车辆对周边环境的影响程度

2.6　环境影响评估制度

《环境影响评估制度》就是当实施大规模的工程时，首先要预测并评估工程对环境的影响，并公布其结果，将居民及自治体的意见反映到工程计划中，确保环境保护，将对环境的恶劣影响控制在未然阶段。该制度是由国家、各省厅及地方公共团体等制定的，应注意其中略有不同。现在该制度所涉及到的盾构工程只限于铁路及道路等。另外，作为其中一例东京都的《环境影响评估制度》的对象事业及适用工程如表 2-8 所示，其目的如下：

① 在实施该项工程时，施工方必须充分考虑它给环境所带来的影响。

环境影响评估制度对策项目及工程一览表（东京都的实例）　　**表 2-8**

项目种类	工程概要（内容及规模）
1. 新修道路或改造	高速汽车国有道路及汽车专用道路：（新建）全部，（改造）车道增加 1km 以上。其他道路（4 车道以上）：（新建）1km 以上，（改造）车道增加 1km 以上
2. 新建坝或新建分水渠	坝：（新建）高为 15m 以上且蓄水面积为 $100hm^2$ 以上； 分水渠：（新建）河流区域的宽度 30m 以上且长为 1km 以上
3. 铁道、轨道或单轨铁路的新建或改造	JR 各公司、地方铁道（含专用铁道）、轨道及单轨铁路：（新建）全部，（高架化）1km 以上
4. 飞机场的设置或变更	陆地飞机场及陆地直升飞机机场：（新建）全部； 跑道：（新建及变更位置）全部，（延长）按等级的变更等

项目种类	工程概要(内容及规模)
5. 发电厂或输电线路(架空线)的设置或变更	发电厂:(新设及扩建)火力电厂 15 万 kW 以上,水力发电厂 3 万 kW 以上,原子能发电厂全部。输电线路:(新建、延长、升压)17 万 V 以上且长为 1km 以上
6. 燃气制造厂的设置或变更	(新建及扩建)制造能力 150 万 Nm³/天以上
7. 石油管线或石油贮藏所的设置或变更	石油管线:(新设及延长)导管超过 15km 的(地下埋设部分除外)。原油、挥发油、灯油、轻油、重油的室外罐贮藏所:(新建、扩建)贮藏能力 3 万 kL 以上
8. 工厂的设置或变更	制造业公害型的工厂:(新建、扩建)占地面积 9000m² 以上或建筑面积 3000m² 以上
9. 公共下水道或流域下水道的终端处理场的设置或变更	(新建及扩建)占地面积 5hm² 以上
10. 废弃物处理设施的设置或变更	垃圾焚烧设施:(新建及扩建)处理能力 200t/天以上;粪便处理设施:(新建及扩建)处理能力 100kL/天以上;陆地最终处理场:(新建及扩建)回填面积 1hm² 以上或回填容积 5 万 m³ 以上(有害产业废弃物回填面积 1000m² 以上);产业废弃物中间处理设施:(新建及扩建)占地面积 9000m² 以上或建筑面积 3000m² 以上
11. 回填或围垦	15hm² 以上
12. 港口的新建	系船码头的水深要 12m 以上,且长度要 240m 以上
13. 住宅小区的新建	1000 户以上
14. 高层建筑物的新建	高度 100m 以上,且总建筑面积为 10 万 m² 以上
15. 汽车停车场的设置或变更	路外停车场:(新建或扩建)同时停车能力 1000 辆以上
16. 批发市场的设置或变更	(新建或扩建)占地面积 10hm² 以上
17. 物流中心建设事业	全部
18. 土地区划整理工作	40hm² 以上(当含有 15hm² 以上树林等地时要 20hm² 以上)
19. 新住宅市区开发事业	40hm² 以上
20. 工业园区建设事业	全部
21. 市区整顿改造事业	20hm² 以上
22. 新城市基础设施整顿事业	全部
23. 住宅街区整顿事业	20hm² 以上

续表

项目种类	工程概要(内容及规模)
24. 第二种特定构筑物的设置或变更	(新建或扩建)40hm² 以上(当含有 15hm² 以上树林等地时，要 20hm² 以上)
25. 建筑物用地区划	40hm² 以上(当含有 15hm² 以上树林等地时，要 20hm² 以上)
26. 土石方采取或开采矿物	10hm² 以上

② 在对工程进行许可认证时，为了考虑对于环境的影响，必须将判断材料提供给许可认证单位等。

③ 在决定并实施工程时，必须如实地反映居民的意见。

另外，作为调查项目，还包括大气污染、噪声、振动、地基沉降、恶臭、日照阻碍、电波障碍、其他公害、植物、动物、其他自然环境、历史遗迹、文物、其他历史环境、景观、地下水流的流速及流向等。

日本的环境影响评估制度是为了城市的健康发展及有序整顿而制定的，它与已制定的《都市规划法》密切相关，因此，也必须充分理解《都市规划法》。《环境影响评估制度》与《都市规划法》之间的关系如图 2-1 所示。

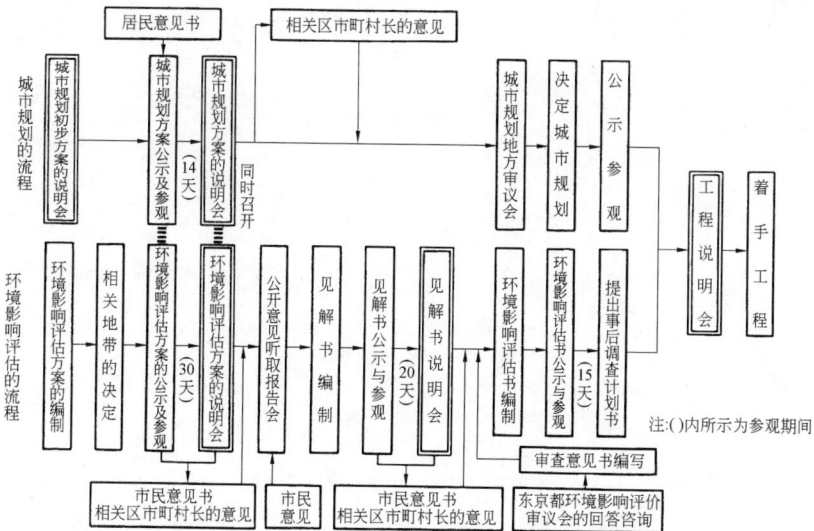

图 2-1　城市规划与环境影响评价的步骤流程(东京都的实例)

根据该条例相关规定，工程的企业人员、居民及知事都必须履行各自的职责，特别是企业人员有义务履行环境影响评价手续及事后调查工作。

参 考 文 献

[1] 土木学会：トンネル標準示方書(シールド工法編)(平成 8 年版)，1996.7

[2] 土質工学会：シールド工法入門，1992.

[3] シールドトンネルの新技術研究会編：シールドトンネルの新技術，土木工学社，1995.

[4] 開削トンネル(工法)の新技術連載講座小委員会編：開削トンネル(工法)の新技術，土木工学社，1994.

[5] 中村・川村・小西・中島著：現場技術者のための地下鉄工事ポケットブック，山海堂，1987.

第3章　盾构隧道规划

3.1　隧道用途及断面

盾构隧道的用途是以全部地下空间的线路设施为对象的，例如：给水排水管道、电力洞室、通讯管线、铁路、燃气管线、道路及地下河等。

1. 隧道的大小

图 3-1 所示为在圆形断面的隧道按不同用途在内部空间中布置的一般性设施实例。表 3-1 所示为不同用途的内部空间的使用目的及二次衬砌的目的。

内部断面的构成有两种，一种是将全部空间都作为设施空间使用时（排水管道、地下河等），另一种是当附加设施的维护及避难的通路时（电力、通讯、铁路、燃气及道路等）。另外，通路的设置及二次衬砌的有无要依据隧道用途或企业单位所定的方针、标准等来决定。

所以，隧道的大小（圆形断面为隧道外径）如式（3-1）所示，即取如下所示项目相加的数值。

$$D = 2R_1 + t_1 + t_2 + t_3 \tag{3-1}$$

式中　D——隧道外径；

R_1——不同用途的必要内空断面的半径；

t_1——二次衬砌厚度（按其目的，一般为 20～30cm 左右）；

t_2——施工余量（由于盾构掘进时的曲折行进及拼装误差等当实施二次衬砌时，也有时将这些余量包括在二次衬砌厚度中）；

t_3——一次衬砌厚度（图 3-2）。

在最近规划的铁路，道路及地下河等较大断面的隧道中，基于如下

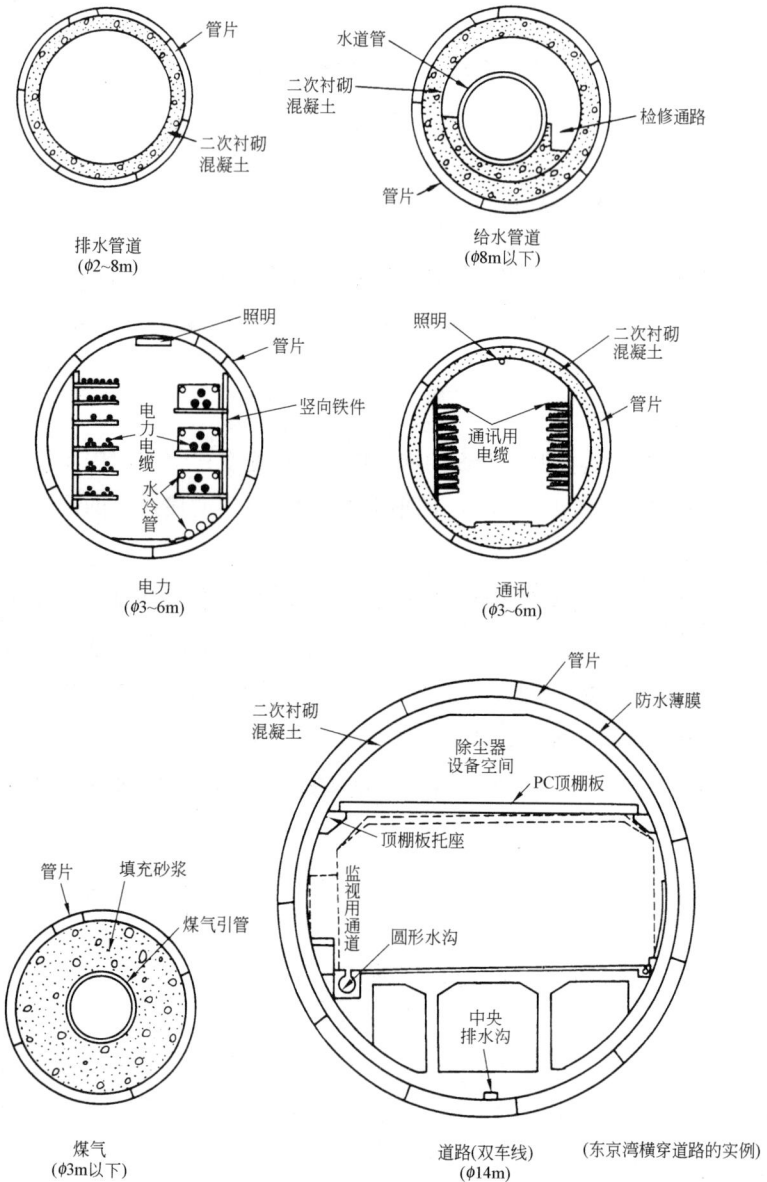

排水管道
(φ2~8m)

给水管道
(φ8m以下)

水道管
二次衬砌
混凝土
检修通路
管片
管片
二次衬砌
混凝土

照明
管片
电力电缆
水冷管
竖向铁件

电力
(φ3~6m)

照明
二次衬砌
混凝土
通讯用
电缆
管片

通讯
(φ3~6m)

管片
防水薄膜
二次衬砌
混凝土
除尘器
设备空间
PC顶棚板
顶棚板托座
监视用
通道
圆形水沟
中央
排水沟

管片
填充砂浆
煤气引管

煤气
(φ3m以下)

道路(双车线)
(φ14m)

(东京湾横穿道路的实例)

图 3-1　各种用途的断面布置实例(一)

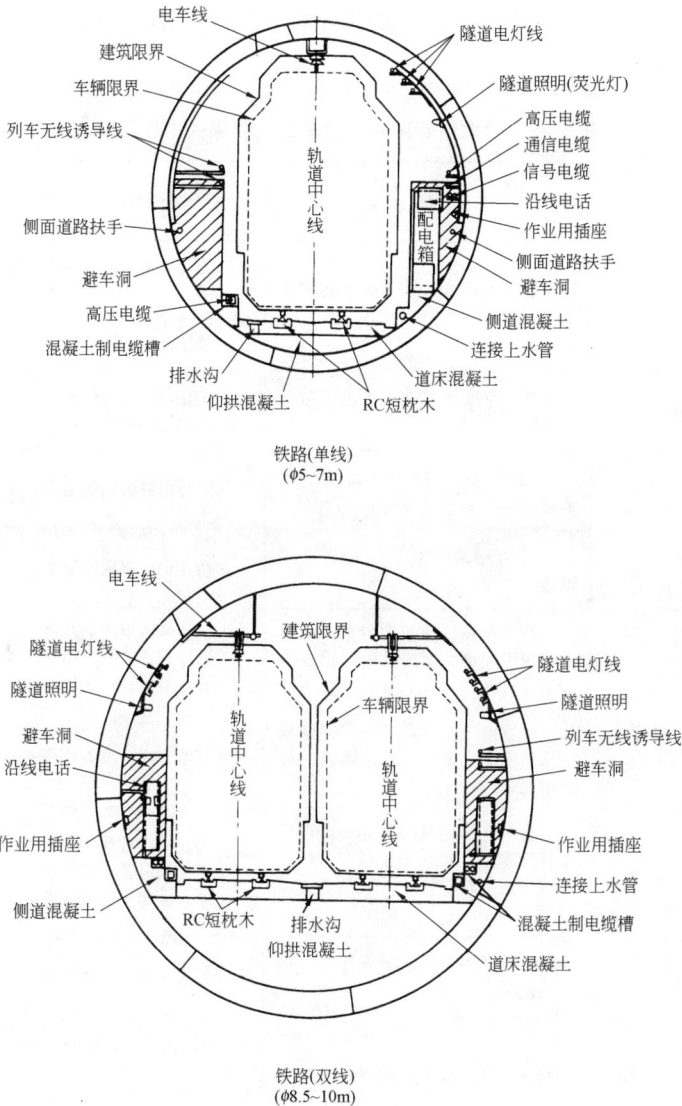

铁路(单线)
(ϕ5~7m)

铁路(双线)
(ϕ8.5~10m)

图 3-1 各种用途的断面布置实例(二)

理由，正在研究以削减工程费用为目的而省略二次衬砌的工作。另外，在电力工程中也有以水压力为指标来决定二次衬砌的有无。

① 省略二次衬砌可以缩小隧道断面及缩短工期，可以大幅度地削减工程费用。

不同用途的内空断面的概要与二次衬砌的主要目的　　　　表 3-1

项目 用途	内空断面的概要	二次衬砌的主要目的
排水管道	·基本上都是将整个内空断面作为可用空间使用	·进行内面装修确保粗糙系数； ·防止向隧道内侧漏水，防止一次衬砌劣化； ·修正盾构的曲折掘进
给水管道	·在内空断面内设置水道管与管理用通道	·防止向隧道内侧漏水； ·修正盾构的曲折掘进
电　力	·设置电缆、电缆架及管理用通道	·防止向隧道内侧漏水
通　讯	·设置电缆、电缆架及管理用通道	·防止向隧道内侧漏水
铁　路	·除了车辆的建筑限界外，还设置管理用通道、架线及电气设备与通信设备等	·防止向隧道内侧漏水； ·防止列车产生的振动及噪声； ·修正盾构的曲折掘进
燃气管路	·设置燃气导管，在与内空断面之间的空隙之中多半都用砂或混凝土填充	·基本上用砂浆等填充
道　路	·除车辆的建筑限界之外，还设置换气管道、换气用设备、避难及管理用通道、电气与通信及防灾设备等	·防止火灾破坏一次衬砌； ·防止向隧道内侧漏水； ·修正盾构的曲折掘进
地下河	基本上都将整个内断面作为可用空间使用	基本上不施工二次衬砌
地下贮留管	基本上都将整个内断面作为可用空间使用	·进行内表面装修，确保粗糙系数； ·防止向隧道内侧漏水； ·修正盾构的曲折掘进

注：二次衬砌的目的除表中所述之外，有时也是为了补强加固管片所用。

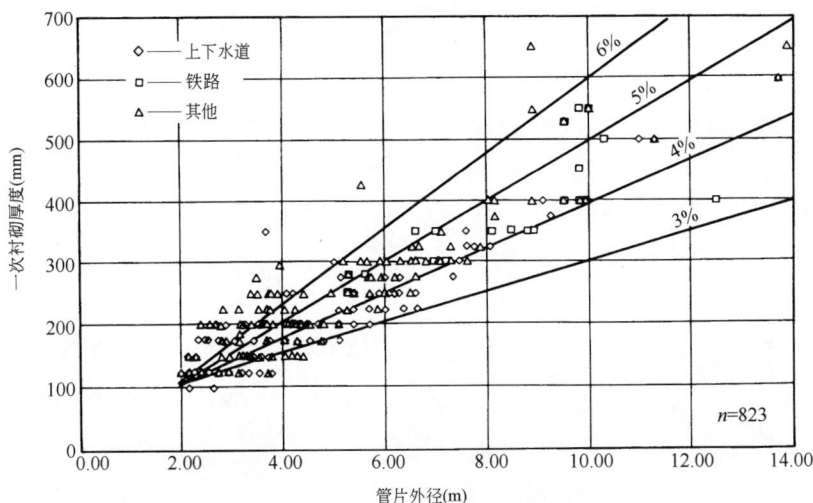

图 3-2 管片外径与一次衬砌厚度的实例(RC)

② 现已研究开发了提高一次衬砌的防水技术,替代二次衬砌机能的各项技术。

然而,这些新技术所涉及的工程实例及使用时间较短,所以不仅要考虑建设费用,还应综合评价修补及内衬成本等维修管理费用,再决定二次衬砌能否省略。

2. 隧道形状

基于下述理由,1980 年以前的盾构隧道的断面形状基本上都为圆形:

① 从力学上看对于作用于隧道上的外荷载是比较有利的;

② 就利用面板的机械掘进来说,不留残迹的圆形比较有利;

③ 对于施工时盾构机所产生的侧倾(盾构机在圆周方向旋转产生的变动)易于处理。

最近正在规划或施工的各种断面形状的隧道如表 3-2 所示。其中有些不能适应圆形断面,主要原因是:

盾构法的断面形状的种类及特点　　　　　表 3-2

项目		圆形	矩形	椭圆形	双联形	三联形
断面形状		○	▭	⬭	⊖⊖	⊖⊖⊖
特点	优点	·因为圆形是力学上稳定的结构，与其他形状比较，衬砌厚度较薄； ·对于侧倾易于修正	·浪费的断面最小； ·可以减少土的覆盖层厚度	·与矩形相比产生的截面内力小，可以减少衬砌厚度； ·与圆形断面比较，浪费断面少，占有宽度也小	·与圆形的双设隧道相比占有宽度小； ·和以往的圆形复合，可以安全掘进	·可适用于地铁的车站等处； ·和以往的圆形相复合，可以安全掘进
	缺点	·不要的断面大，占有宽度也大	·转角处易产生应力集中，故衬砌厚度必须加厚； ·掘进机构复杂，工作面压力管理比较困难； ·侧倾的修正比较困难	·掘进机构复杂，工作面压力管理比较困难； ·侧倾的修正比较困难	·侧倾修正比较困难	·侧倾修正比较困难
	实例	·泥水式及土压式盾构实例比较多，各机种的最大直径如下：“泥水式”东京湾横穿道路（φ14.14m），“泥土压式”阪神电铁（φ10.80m）	·习志野市菊田川 2 号干线（泥土压式 4.38m×3.98m）	·新大森干线之 4 工程（泥土压式 3.16m×4.66m） ·小田井山田共用沟（泥土压式 5.42m×7.95m）	·京叶线京桥隧道 12.19m（泥水式 12.19m×7.42m） ·习志野干线（泥土压式 7.65m×4.50m） ·广岛市新交通（泥土压式 10.69m×6.09m） ·有明北地区共用沟（泥土压式 15.86m×9.36m）	·大阪市地铁 7 号线大阪商业公园车站（泥水式 17.3m×7.8m） ·营团 7 号线白金台车站（泥浆式 15.84m×10.04m） ·地铁 12 号线饭田桥车站（泥水式 17.10m×8.506m）

① 在线形上，当圆形断面有碍于桥墩或建筑物的基础时；

② 在线形上，当圆形断面中的隧道断面的部分或全部由民有土地之下穿过的用地宽度受限制时；

③ 将火车站等建造在比较深的位置时，在经济上、施工上比明挖法有利时（三联隧道）。

综上所述，圆形之外的其他断面形状，当隧道的占用上受限制时方可采用。

然而，减少不必要的断面空间是可以减少挖掘土方量及削减建设成本，故人们正期待着异形断面的设计与施工技术的进一步发展。

3.2 隧道的线形

隧道的线形有平面线形及纵断面线形（坡度）两种。线形必须在考虑隧道使用目的、使用条件及施工方便与否等的基础上才能确定出适当的线形。

3.2.1 平面线形

在市区规划盾构隧道时，因为是公共性较高的结构，故多半都建在道路之下。

在决定平面线形时，必须要考虑道路设施及路下的埋设物，施工时对周边的影响，完成后的用途等，隧道的线形应尽可能地取直线，当采用曲线时也应尽可能地加大曲线半径。

然而，实际上盾构隧道一般位于道路之下，将受到布局条件、障碍物、竖井位置及对相邻建（构）筑物的影响条件等限制。因此，平面线形多半都采用复杂的曲线组合。特别是绕十字路口时，为了避免排水管道等占用民用土地，应尽可能采用小的曲线半径。

由于地铁列车运行上的曲线半径受限制，如图 3-3 所示，一般需穿过民用土地，此时，在取得用地，既有建（构）筑物的底撑工程等方面，将增加一些工程费用。此外，铁路隧道中规定在列车运行上的最小曲线半径为 160m（直线式为 100m）。

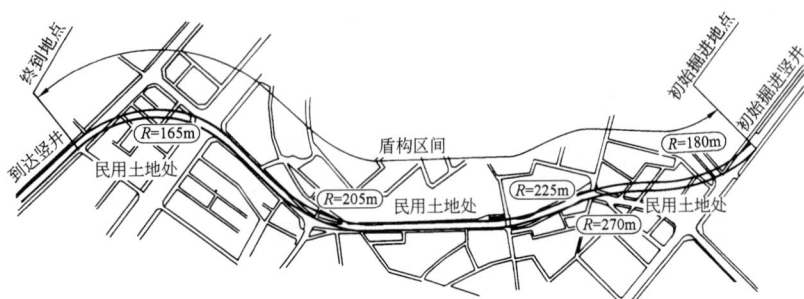

图 3-3 地铁的平面线形实例

当采取曲线施工时，作为影响施工的主要原因有以下几项：

① 盾构通过的地基特性；

② 掘进方法（机种、掘进速度及掘进管理）；

③ 盾构的形状及机构（外径、机长、有无铰接机构、有无其他附属设备）；

④ 管片的宽度及斜度；

⑤ 坡度的缓急；

⑥ 有无采用辅助工法。

当在最小曲线半径处施工时，必须慎重计划铰接机构的使用，采用适当的辅助工法及防护工法，采用土中扩大开挖工法或特殊盾构等。

图 3-4 所示为没必要并用铰接机构及辅助工法时所施工的曲率半径的实例。当为密封式时，最小曲线半径大致如下：

·盾构外径　小口径　$R=80\text{m}$

·盾构外径　中口径　$R=120\text{m}$

·盾构外径　大口径　$R=200\sim250\text{m}$

近年来，由于并用了铰接机构及小管片管宽，外径及一些辅助工法，可以施工曲线半径小的急弯工程。例如：下水道盾构时，有盾构外径 3m 级的 $R=10\text{m}$，外径 $5\sim6\text{m}$ 级的 $R=20\text{m}$ 左右的工程实例。

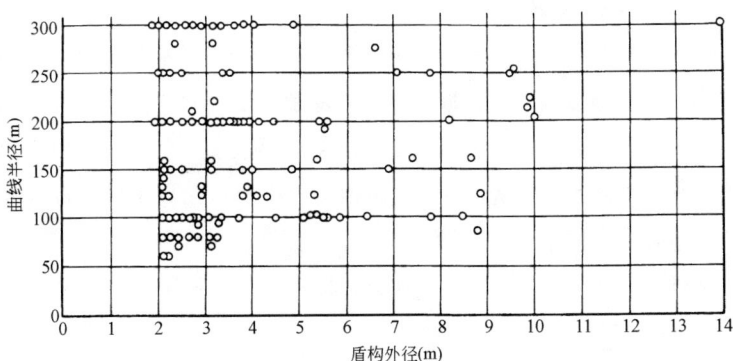

图 3-4 辅助工法及铰接机构不并用时的盾构外径与曲线半径

下面介绍一下并设盾构隧道的情况。隧道间距需通过位置的土质特性、盾构外径、盾构机种等确定，一般情况下要确保 $1D$ 以上。

然而，由于受初始掘进的区间及道路宽度、障碍物等条件的限制，也有很多实例不能确保 $1D$ 以上的间距，地铁中就有以 30cm 左右的间距进行施工的实例。

就并行隧道来说，由于受到施工时的影响，管环将产生与单设隧道不同的变形及应力，也有因状况不同而影响承载力的。决定并行隧道的线形时，从确保施工时的安全性及完成后的方便性考虑，就必须深入研究上述这些影响。另外，作为并行的影响，在地铁工程中有的实例按照隧道间距的大小，让在管片设计中所用的地基的各参数产生变化。

另外，当在桥墩、桥台、建筑物或铁道与地下埋设物附近等进行邻接施工时，尽量保持一定间距，确保不对这些建（构）筑物产生诸如偏压及沉降与振动等不良影响。

当不能确保足够的间距时，要根据建（构）筑物的设计条件及现状调查结果，在充分研究对这些建（构）筑物的影响的基础上，按实际需要采用药液注入等地基加固及采用托换基础的方式，对建（构）筑物进行防护等技术措施。

3.2.2　纵断面线形

应该按照使用目的来决定纵断面线形(坡度)。无论从隧道的使用角度还是从施工角度来看,以取自然地将隧道内的漏水排至竖井处这样一个坡度为最佳。为此,一般情况下,最少也要取 0.2%～0.5%以上的坡度。另外,如果坡度变为 2%以上,则会产生搬运挖掘土砂困难及降低材料搬运效率的问题。

另外,在《劳动安全卫生规则》中明确规定,使用动力车的区间轨道坡度要小于 5%。

近年来在市区等地由于受到已有建(构)筑物及河流等的限制,隧道埋深向深层化发展,有时不能按隧道的使用目的来调整纵断面线形。所以,在已有建(构)筑物之下施工大坡度线形的工程有增加的趋势。

例如:当为排水管道时,规定让污水及雨水以自然流速流动,另外,还规定管渠内的流速最低为 0.6～0.8m/s,最高为 3.0m/s。因此,在决定纵断面线形时,必须注意最后完成的内径与坡度有一定的相关关系。

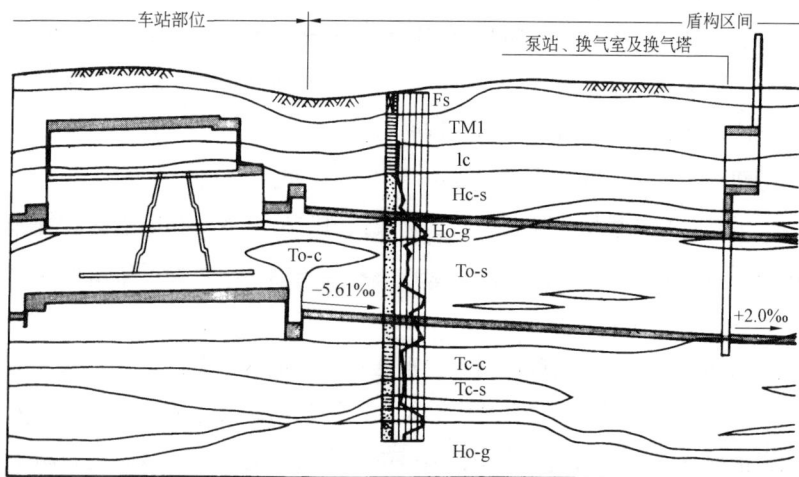

图 3-5　地铁的纵

另外，当为地铁时，应像图 3-5 所示，一般要考虑电车的运转效率，采用发车加速时的下坡坡度，到站减速时的上坡坡度。

在电力洞道中，基本上没有因坡度而产生的能量损失的问题，有的实例采用上坡坡度为 20%，下坡坡度为 27% 的大坡度。

近年来，对位于深层化趋势的纵断面线形，从施工时的作业效率（挖掘土砂及材料的搬进搬出、作业人员的升降等）的高低，修建竖井容易与否，水处理的容易与否，或完成后的维修管理及运营的便利性等方面考虑，尽可能将纵断面线形设置在较浅的地方。

然而，如果将隧道设置在很浅的地方，就应考虑地表沉降或隆起等问题，所以，为了不影响周边环境就应有一定的覆盖土厚度。

一般情况下多半取最浅的覆盖土厚度为 $1 \sim 1.5D$，但是，$1D$ 以下的施工实例及即使是 $1.5D$ 以上时也有发生事故的实例，包括施工条件及地基改良等辅助工法在内，必须规定应有适当的覆盖土厚度。

当在大深度的地下施工时，必须注意与高土水压相对应的设计及施工管理工作。

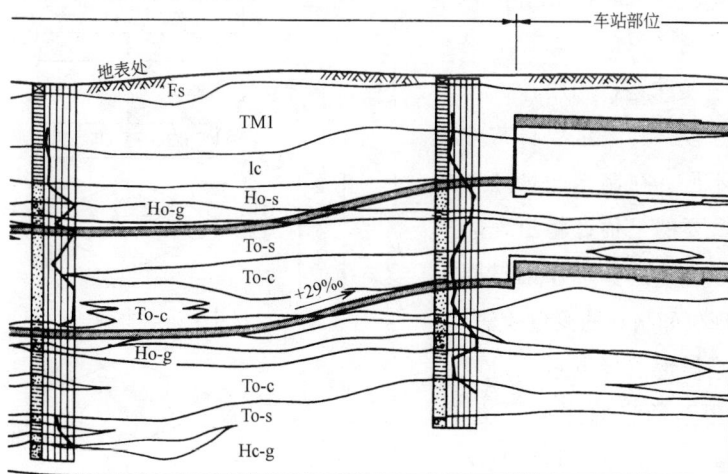

断面线形实例

3.3　测量计划

就盾构工程来说，历来都实施施工管理及防止对周边建（构）筑物产生影响或以确认设计条件为目的的现场测量工作。近来，随着邻接施工的不断增多，新工法的开发和应用，几乎所有的工程都实施某种程度的现场测量工作。本文将阐述盾构工程的测量思路、测量项目及测量方法。

3.3.1　测量思路

图 3-6 所示为以盾构工程为对象的测量的一般思路及步骤。

在进行测量时，最重要的是要明确测量目的。为了解决存在问题及课题，利用什么样的测量手段，其测量项目与方法截然不同。在制定测量计划时，最重要的是估计将出现的现象及状态，选择可详细把握住上述现象和状态的测量手法。如果是错误地选择测量项目或者是选用不适当的测量手法，有时也就不能充分得到想收集的数据。在仪器的选定及制定配置计划时，要进行事前预测

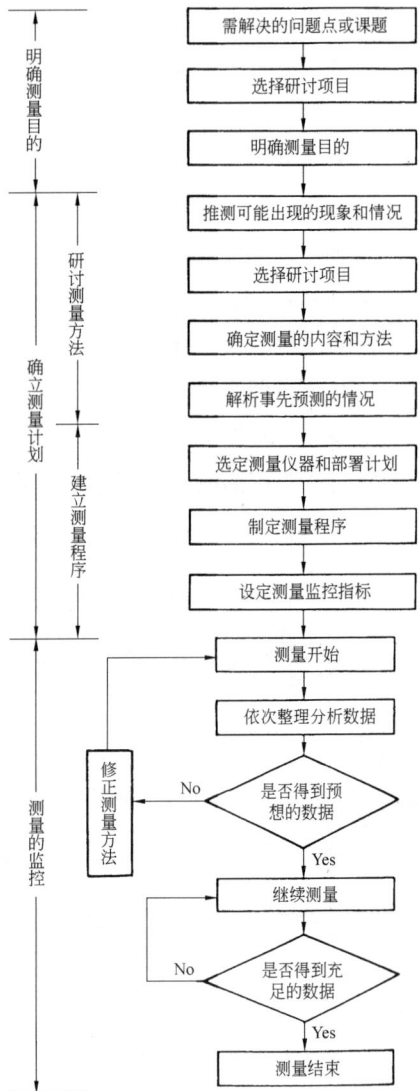

图 3-6　测量的思考方法

分析，更重要的是应预先掌握测量值的变动范围、要求的精度及数据资料、测量位置等。另外，还应按需要建立可以检索数据的测量系统，与此同时，必须进行向管理标准值等进行反馈的可能的监测。在监测过程中逐次进行数据的整理分析，校核是否得到了可满足所期望目的的数据，如有必要可修正监测频率等的测量方法。在已经确认得到了足够的数据或已经达到了预期目的时可结束测量工作。

3.3.2 测量项目及方法

盾构工程的现场测量分为盾构坑内及坑外的测量两种。表 3-3 所示为各自的测量项目及方法。

测量项目及方法　　　　　　　　　　　　　　表 3-3

测量部位		测量项目	测 量 方 法
坑内测量	一次衬砌	作用土压力及水压力	土压力计、水压力计测量(预先设置在管片处)
		产生的应力	钢筋计、混凝土应变计、应变片测量(预先设置在管片处)、螺栓应变计
		管片的变形	利用隧道刻度尺、变位计及百分表等的测定
		垂直水平变位	测量
		接头的开缝、错缝	变位计、游标卡尺、塞尺
	二次衬砌	发生的应力	混凝土应变计测量
		温度(应力)	热电偶(无应力计)
		内空变形	变位计、百分表测量
坑外测量	地基变形	竖向变位	地表沉降桩测定，水准仪式的沉降计，土中沉降计测量
		水平变位	土中水平变位计测量
		土中土压力	土中土压计测量
		孔隙水压力	孔隙水压力计测量
		地下水位	地下水位测量
	相邻建(构)筑物	垂直水平变位	测量，水准仪式沉降计测量，利用电子水准尺测量
		倾斜	倾斜计测量
		产生的应力	钢筋计、混凝土应变计、应变片测量
		变形	微蠕变计
		裂缝，剥离等	肉眼观察及简易测定，龟裂变位计

坑内测量的代表之处就是一次衬砌的测量。衬砌测量的目的是为了掌握作用于隧道的外力(土压力及水压力)、断面变形、垂直、水平变位及断面应力。其中断面变形及垂直、水平变位的测量一般是作为日常的施工管理项目实施的。另外,除此之外,有关二次衬砌有时也以调查为目的测量产生的应力、温度应力及内空变位的。

坑外测量的项目有随着地基变形及相邻施工对已有建(构)筑物的测量。地基变形的测量是以掌握伴随着盾构掘进所产生的地表沉降、土中垂直水平变位、土中土压力、孔隙水压力及地下水位等为目的而实施的。测量范围多半是将仪器设置在可以确认盾构掘进的地基变形的影响范围的附近。另外,有时也以掌握盾构掘进时瞬时的附加土压力(以下称之为附加土压力)为目的,将土中土压力计埋设在盾构周围。还有伴随着盾构掘进所产生的地基变形一般呈左右对称状。所以,通常情况下,将埋设仪器设置在一侧进行测量即可。

另外,当在已有建(构)筑物附近进行相邻施工盾构隧道工程时,事前要进行影响预测,在考虑某种影响进行评价时,要实施监测对已有建(构)筑物产生影响的测量。已有建(构)筑物的工作状态视建(构)筑物的种类、构造及与之盾构之间的相对位置关系等不同而异,在制定对已有建(构)筑物的观测计划时,最重要的是要着眼于建(构)筑物的整体的工作状态及局部的工作状态来制定计划。为掌握整体的工作状态的测量项目,有建(构)筑物的垂直及水平变位、断面变形及倾斜等。另外,局部工作状态的测量项目有最易受盾构掘进的地基变形影响的接头处、变断面处、竖井及人孔之间的安装部位等,结构的薄弱之处,业已受到某种损伤进行修补的地方等,在上述这些部位设置伸缩缝测量仪及龟裂计等以掌握开口部位的变化情况等。通常情况下,这些测量项目都是作为自动测量方式通过电话线将测量数据传送到中央测量控制室来进行集中管理的。

相邻施工时的思路,对已有建(构)筑物的防护等详情,请参照第 9 章地基变形及既有建(构)筑物保护一章。

参 考 文 献

［1］ 土木学会編：トンネル標準示方書(シールド工法編)・同解説，1996.

［2］ シールド工法入門編集委員会編：シールド工法入門，土質工学会，1992.

［3］ シールドトンネルの新技術研究会編：シールドトンネルの新技術，土木工学社，1995.

［4］ 石村他：軟弱地盤中のシールドトンネルの現場計測，山留めとシールド工事における土圧・水圧と地盤の挙動に関するシンポジウム発表論文集，1992.

［5］ 吉田他：軟弱粘性土地盤におけるシールド掘進に伴ら地盤変状と家屋挙動の計測結果，山留めのシールド工事における土圧・水圧と地盤の挙動に関するシンポジウム発表論文集，1992.

［6］ 池田他：洪積地盤における泥土圧シールドの近接施工と計測結果(都下水道太田幹線その4工事)，トンネルと地下，Vol. 23，No. 10，1992.

［7］ 田代他：下水道太田幹線その4工事における既設陸橋の近接施工例，基礎工，Vol. 19，No. 3，1991.

第4章 衬砌选定及设计

4.1 衬砌结构

盾构隧道的衬砌通常如图 4-1 所示，由一次衬砌与二次衬砌所组成。一般情况下，一次衬砌是将称之为管片的预制构件在接头处通过螺栓连接而成。而二次衬砌是在一次衬砌内侧现浇混凝土而成。

1. 一次衬砌

一次衬砌施工完之后，要长期承受作用于盾构隧道上的全部荷载，是保持土体稳定，防止地下水流入隧道内侧的主体建（构）筑物，与此同时在施工过程中为了向前顶进盾构机，它又承受着必要的千斤顶的推力及壁后注浆压力。

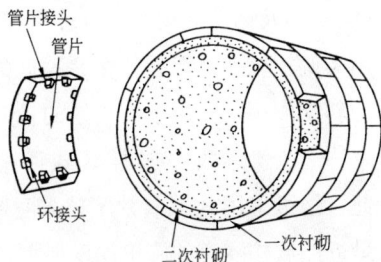

图 4-1 盾构隧道衬砌的概要

到目前为止，所用过的管片按材料分类有木制管片、铸铁（灰口铸铁、球墨铸铁）管片、钢管片、混凝土管片。而现在主要使用钢管片、延性铸铁（球墨铸铁）管片及混凝土类管片。

管片的厚度应由隧道外径、土质条件及覆盖土厚度等来计算的荷载决定，但其厚度必须能够承受住施工时的千斤顶的推力。还应注意当管片厚度太薄时，施工时将容易产生损伤等，也将成为结构上不稳定的因素。

从搬运性、拼装性及曲线部位的施工性来看，管宽较窄的比较有利。但是，若从降低管片制作成本，提高施工速度及提高止水性的角度来看，还是宽的比较有利。当确定管宽时，就必须考虑这些条件，甚至连盾构机长度也要考虑。在以往的工程实例中管宽以 750～

900mm 为主流,但是,最近管片的使用宽度有扩大的趋势,已增宽到 1000～1200mm。在东京湾横穿道路隧道中使用了宽为 1500mm 的管片。当扩大管片的宽度时,如果不能充分确保管片的抗扭刚度,则将加大应力集中等的影响,在管宽方向出现应力分布不均匀,就不能将其作为梁式构件来进行评价,因此,要求在设计上应充分引起注意。

通常情况下一次衬砌如图 4-2 所示,由 A 式管片、B 式管片及 K 式管片所组成。K 式管片因其拼装方法不同可以分为由隧道内侧向半径方向插入的半径方向插入型(图 4-3),由隧道轴向插入的轴向插入型(图 4-4)及两者并用型。以往半径方向插入型是比较多用的形式,其应用实例也较多。但是,在 B-K 间的接头受剪产生的剪力,由于半径方向的斜度作用,作用于接头处的轴向力的分力将以剪力形式出现(将该比率称之为键系数),这样 K 式管片将易于产生掉到隧道内侧等问题。为此,最近采用 K 式管片不掉入隧道内侧的轴向插入型的有所增多。这与最近的盾构隧道的施工深度加大,作用于管片处的轴向力比弯矩大许多有关。如果使用轴向插入型 K 式管片则盾构的尾部将变长,有时出现操纵性不好。为此,在轴向与半径方向的二个方向均带有斜度,有时两者并用。就半径方向插入型 K 式管片来说,为了减小键系数,一般是减小 A、B 式管片的 1/3～1/4 左右弧长,当使用轴向插入型 K 式管片时,就

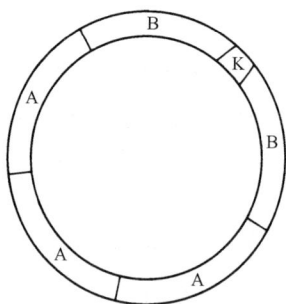

图 4-2　一次衬砌(管片)的
　　　　　构成实例

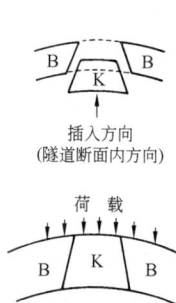

图 4-3　半径方向插入
　　　　　型 K 式管片

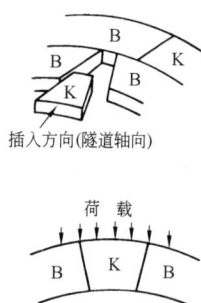

图 4-4　轴向插入型
　　　　　K 式管片

可以像东京湾横穿道路中所见到的那样将其等分割，将 A、B 式管片都做成同等大小。

管片的分割数相对于降低制作成本、提高拼装速度及提高止水性等方面来看还是较少有利。但是，如果分割数太少，单个管片的大小及重量将增大，在管片的制作、搬运、在隧道坑内的操作使用乃至拼装上就会产生问题。当决定分割数时就必须充分研究上述这些条件。

目前，在盾构隧道的衬砌结构上，为了即使在软弱地基中也能够自立给予其高的刚性的倾向，通常都是利用螺栓等接头将管片紧固地连接在一起。结果钢筋量增加了，接头也变重，管片的制作成本约占盾构工程费的 30%～40%。另外，就 RC 管片来说，接头的制作成本约占管片制作成本的 30%～40%左右。目前盾构工法的适用范围正在逐步扩大，如果隧道向大深度化发展，预计在洪积层及第三纪层等良好地基中修建隧道的工程将有所增加。可以看出在良好地基中，如果采用有效利用其特性的衬砌结构及其设计方法，管片的制作成本是可以降低的。

2. 二次衬砌

二次衬砌是待一次衬砌完成后以隧道内表面的光滑化，偏离中轴线修正，防水、防腐蚀、防震，抗浮加重及至补强加固等为目的而施工的。通常不作为隧道结构体而起到力学作用。所以，很多实例都选用素混凝土施工。然而，对铁路隧道来说，从确保长期的耐久性及安全性的角度来看，以防止混凝土产生剥离为目的都配置了最低限度的钢筋量，多半都用金属网。另外，当隧道受内水压力作用或作用在隧道处的荷载的变动比较明显时，有时就将二次衬砌作为结构构件来进行评价并设计，在这种情况下多半都选用钢筋混凝土结构。

最近，由于开发研制出了优质的密封材料而提高了接头处的止水性，以铁路及电力隧道等为主，并以缩短工期及降低工程费用为目的，省略二次衬砌的工程实例正在增多。

4.2　管片的种类与特征

现在用于盾构隧道的管片的种类如按材质及形状分类如表 4-1 所示。

最近正在开发的复合型管片可分为平板型管片，以及钢材与钢筋混凝土（SRC），或钢材与素混凝土（SC）组合而成的管片等。以前曾开发过采用格构桁架、扁钢、型钢等代替钢筋的钢骨混凝土类的管片，而现在以钢壳内浇筑混凝土的复合型管片占主流。

管片的种类选定必须按照对象隧道的用途及地基条件充分考虑强度、变形性能、止水性、耐久性、施工性及经济性等之后再选定。

4.3　接头的种类与特征

1. 接头的力传递思路

管片接头与环接头中所要求的结构性能基本上不同，所以，必须将接头的构造分为管片接头与环接头分别考虑。前者主要要求传递弯矩及剪力的性能，而后者则要求传递环形间的剪力及拉力的性能。

对这些接头的性能要求视对象地基而异。也就是说在冲积黏土层之类的软弱地基中，不能依靠由于管片的变形所产生的地基反力，所以必须提高环的刚度，希望尽可能选择管片接头为刚性结构，与此同时环采用错缝拼装。如果能确保环有较大的刚度，那么，相邻环之间的横断面内的变形量之差将变小，由于拼装效应使传递的剪力也变小，所以，对环接头的抗剪力要求即便减弱也无妨。

在洪积层及已经固结的黏土层之类的良好地基中，有效地利用由于管片的变形所产生的地基反力是可以达到设计的经济化的，就无需提高环的刚度，这样管片接头可以做成柔性结构，与此同时还可以将环通缝拼装。此时，如果能用通缝拼接环，则环衬之间的横断面内就无变形量之差，取环衬接头处所要求的抗剪力为零即可。然而，在日本估计到因邻接施工等将对隧道周边地基产生扰动等，故从长期确保隧道的安全性的角度考虑，基本上没有将环通缝拼装的实例，习惯上都是做成错缝拼装。此时，如果管片接头的刚度太小，那么，就要求在环接头有一定的强度与刚度，由于拼接效应的作用，管片本身所产生的弯矩也将增大。管片接头的刚度，环接头的刚度，产生的弯矩及隧道周边地基的刚度相互之间都有关联，这些都是进行管片的经济设计所要考虑的重要因素，所以，应进行充分的研究。1995 年 1 月兵库县南部发生了大地震，使得对盾构隧道的抗震性重新进行了调查研究。另外，对在回填地基等处建设的盾构隧道来说，也受到地基沉降的影响。由此看来就要求盾构隧道对于轴向的结构的连续性，就必须给予环接头在受拉力的作用下有一定的刚度及强度。

在管片所用的接头结构上要考虑上述事实，从今以后在施工的机械化及高速化中，选择接头的结构将成为重要的指标。

2. 接头的种类与特征

在管片的接头上承担弯矩、轴向力及剪力，其结构性能也将视接头表面的对接状态及连接方法之不同而有相当差异。表 4-2 所示为按接头表面的对接方法分类整理混凝土类的管片的接头构造[1]。由于对接方法不同，也有即使没有拧紧装置也基本上可以抵抗剪力的接头构造

管片的种

种类 特征	钢 铁 管 片	
	钢　管　片	球墨铸铁管片
示意图		 内填混凝土
结构特性	·如果增加环接头处的连接螺栓，则拼接效应可得以体现，因此可以确保所规定的环的刚度。 ·因材料强度大，且比较轻，又可以确保所规定的承载力。 ·因其为薄壁结构，故在高水压力及施工荷载作用的条件下，必须充分注意结构的失稳及变形。 ·隧道轴向拉力因环接头的螺栓增多，故抵抗力较大	·由于接头处的局部加固及环接头的螺栓数增多，故拼接效应可得以体现，因此可以确保所规定的环的刚度。 ·因材料强度大，如与 RC 管片相比，可以降低梁高。 ·隧道轴向拉力因环接头的螺栓数增多，故抵抗力较大
止水性	·因接合处的加工精度高，如果设密封槽则止水性更好	·由于采用机械加工，故结合处的加工精度高，可以确保所规定的环的刚度，止水性好
耐久性	·必须对钢板等采取防腐措施，当隧道内侧有二次衬砌时，则与 RC 管片相同	·必须采取防腐措施，当隧道内侧有二次衬砌时，则与 RC 管片相同
加工制作性	·因无需养护时间，可按发货时间进行加工制作，加工场地较小。 ·如主梁高度加高，则弯曲加工比较困难。 ·材质均匀，成品可靠性好	·因是铸件，必要的构件厚度受到限制。 ·铸造后进行机械加工，可以得到尺寸精度好的产品。 ·材质均匀，成品可靠性好
施工性	·对于千斤顶的推力，与混凝土管片相比强度与刚度都比较小。 ·基本上不会因搬运、保管及拼装而产生损伤。 ·焊接性好，现场维修及加固等容易	·对于千斤顶的推力，是可以确保足够的构件断面的。 ·重量比较轻，不用担心破损，搬运及拼装容易
实例	·用于小、中断面。 ·用于开口部位及小半径曲线部位	·用于中、大断面。 ·用于开口部位及小半径曲线等特殊部位

类与特征 表 4-1

混凝土类管片			
钢筋混凝土(RC)管片		复合型管片	
平板形	中子形	SC 结构	SRC 结构
·加厚接头板可以确保比较大的刚度(平板形:板结构)。 ·与其他材质相比,强度上稍差一些,在较大弯矩条件下,应加大板厚。 ·确保所规定的梁高,可以控制重量的增加(中子形:梁式结构)。 ·对于负弯矩作用下的抗弯刚度易于变小。 ·对于隧道轴向的拉力因环接头处的螺栓较少,故与钢铁管片相比其抵抗力较小		·因刚度及强度较大,所以,与 RC 管片相比可以降低梁高。 ·SC 结构有六个面,全用钢板覆盖的方法及用钢板除内面或外面的五个面覆盖的方法等。 ·SRC 结构中在管片内部设置扁钢及型钢的结构较多	
·如果考虑到接头表面的制作精度则止水性好		·截面变形量小,故止水性比较好	
·虽有一定的耐久性(抗腐蚀性、耐热性),但须考虑将来混凝土的劣化		·须对钢板等采取防腐措施,当隧道内侧用二次衬砌时,则与 RC 管片相同	
·制作精度将由模板的尺寸精度所左右。 ·混凝土必须有养护时间。 ·因工厂预制可以进行充分的质量管理,所以可以得到比较匀质的产品		·混凝土必须有养护时间。 ·为了防止浇筑混凝土时的变形,必须设简易的支撑构件。 ·因工厂预制可以进行充分的质量管理,所以可以得到比较匀质的产品	
·对于千斤顶的推力,因有足够的断面在抵抗,故易于确保承载力。 ·在搬运、拼装及推进时转角处等有开裂或破损等。		·对于千斤顶的推力,有足够的承载力。 ·由于采用钢板包覆,所以在搬运、拼装时不易产生缺损或损伤。	
·用于中、大口径断面。		·用于中、大口径断面。 ·用于特殊部位。	

按接头的对接

对接方法	概　要	特	
		制　造	
a. 全面对接式 Plane joint（Plush joint） 在接头面全面对接的方法		·棱部需要进行倒角处理，有密封槽处要对模板进行加工	
b. 部分表面对接式 Convex joint 接头面的一部分对接的方法		·与全面对接式相比，接头面的模板加工比较费事	
c. 键式 Tongue and groove joint（Key joint） 接头面的凹凸部分相互嵌入对接的方法		·与全面对接式相比，接头面的模板加工比较费事	
d. 搭接式 Lap joint 让接头表面相互搭接对接的方法		·在搭接的边界部分易于产生缺角	
e. 凹式 Concave joint（Knucle joint） 将接头表面对接成球座式的方法		·模板的曲面加工比较复杂	

方法的分类　　　　　　　　　　　　　　　　　　　　　　　　表 4-2

特　征		使用接头的可能性		备　注
构　　造	施　　工	管片接头	环接头	
·因在弯矩、轴向力作用下的压缩有效高度大，故与强度及刚度大的紧固装置组合起来就可以确保得到很大的承载力及刚度。但是，当取高刚度时，计算弯矩大。 ·如果不设紧固装置就不能抵抗剪力	·当由于拼装误差而出现错缝时，在千斤顶推力等施工荷载的作用下将产生应力集中现象，管片的棱部及转角处易于产生破损	○	○	·在普通的对接方法中，有很多管片接头及环接头的应用实例
·在弯矩、轴向力作用下的压缩有效高度较低，抗弯强度及刚度不大。但是，因接头表面为易于旋转的结构，故计算弯矩较小。 ·如果不设紧固装置就不能承担剪力	·因显著受到拼装误差而使力的作用点的变动的影响，特别要求在半径方向上有比较高的拼装精度。 ·在管片内外面的附近不能直接对接，所以，不会因施工荷载所产生的应力集中而使棱角处及转角处遭到破坏。 ·如果不设紧固装置，拼装时的稳定性就得不到保证	○	○	·东京电力（环 7 东海松原桥管路） ·都营地铁 12 号线 ·东京煤气（横滨干线）
·当想增大对于弯矩及轴力的抵抗力时，就必须加大对接高度。 ·即使不设紧固装置，也能传递剪力。 ·不一定传递剪力，在拼装时需要设导轨	·在管片内表面的附近不能直接对接，所以，不会因施工荷载所产生的应力集中而使棱角处及转角处遭到破坏。 ·拼装就位比较容易，适合自动化控制	○	○	·东京电力（环 T 东海松原桥管路） ·东京煤气（横滨干线） ·都营地铁 12 号线
·如果不设紧固装置，就不能抵抗剪力	·要考虑管片拼装效率。 ·如果不采取紧固措施，拼装时的稳定性就得不到保证，还担心因施工荷载所产生的应力集中而使管片遭到破坏	—	○	·日本目前尚无这种应用实例。而英国则在管片接头中应用凹式，在环接头中应用搭接式进行快速施工的应用实例
·大致为近似于铰接结构，作为铰接处理与已计算的实际状态相吻合。 ·为容许接头部位旋转的结构，环形变形（横断面内变形）也大。 ·当为点接触时，不能抵抗剪力	·拼装时接头易于产生变形，很难提高拼装精度。 ·因显著受到拼装误差而使力的作用点变动的影响，特别要求在半径方向上有较高的拼装精度。 ·在管片内外面的附近不能直接对接，所以，不会因施工时荷载所产生的应力集中而使棱角处及转角处遭到破坏	○	○	·作为管片接头已有应用实例。·东北新干线第二上野隧道

按接头的紧固

紧固方法	概　要	特
		制　　造
1. 直螺栓 用短螺栓将钢制的或球墨铸铁制的接头板相互之间拧紧的方法		·很多情况下在接头铁件周围的配筋都比较复杂
2. 弯螺栓 用弯螺栓将混凝土的接头板相互之间拧紧的方法		·接头处混凝土中的配筋较密（加固用） ·需要加工制作螺栓箱的模板
3. 斜螺栓 用倾斜的螺栓拧紧混凝土面相互之间的方法		·需要加工制作螺栓箱的模板
4. 贯通螺栓 用沿管片宽度的贯通全部宽度的长螺栓拧紧的方法		·必须预埋为穿螺栓的套管及为提高拼装精度的插口及插头
5. 开尾销 C型开尾销相互对接，然后由半径方向插入楔式的 H 型开尾销而拧紧的方法		·接头构件小型化，管片端部配筋容易
6. 水平开尾销 C型开尾销相互对接，然后由隧道轴向插入楔式的 H 型开尾销而拧紧的方法		·接头构件小型化，管片端部配筋容易 ·在插入 H 型开尾销的孔内必须充填无收缩水泥砂浆等

方法的分类 表 4-3

		特 征	使用接头的可能性		备 注
构 造	施 工		管片接头	环接头	
· 难于均匀地抵抗正负弯矩。 · 由螺栓及接头板抵抗拉力及剪力。 · 为了提高接头处的抗弯刚度，必须相应加大接头板的厚度	· 螺栓的拧紧作业多半借助于人工，紧固力的大小有一定的限度		○	○	· 最普通的紧固方法有很多的应用实例。 · 排水管道用标准管片等
· 基本上可以均匀地抵抗正负弯矩。 · 由螺栓及接头板抵抗拉力及剪力。 · 由于螺栓的反复作用，与直螺栓相比，抗弯刚度小，易裂开	· 螺栓的紧固作业在很大程度上要借助于人力，紧固力的大小有一定限度。 · 螺栓孔的间隙应比直螺栓大一些，拼装误差大，紧固比较困难。 · 紧固螺栓时，混凝土接头板易产生缺损		○	○	· 过去在铁路单线隧道中有工程实例。 · 以往有很多使用平板形管片的工程实例
· 很多情况下都作为拼装螺栓使用，此时在结构构造上很难评价螺栓的紧固情况	· 拧紧力的大小有一定限度。 · 与直螺栓相比，螺栓孔的间隙必须加大一些，拼装误差也大，比较难于紧固		○	○	· 东京电力（环 7 东海松原桥管路） · 东京煤气（京滨干线） · 都营地铁 12 号线
· 由螺栓抵抗拉力与剪力，得不到比较大的紧固力	· 螺栓的紧固作业在很大程度上要借助于人力，紧固力的大小有一定限度。 · 与直螺栓相比，必须加大螺栓孔的间隙，拼装误差也就大，紧固比较困难		○	○	· 东京电力（上尾与野联络管路） · 都营地铁 12 号线
· 可以加大接头处的抗弯刚度，这样就可能减少裂开量。 · 由开尾销来抵抗拉力及剪力	· H 型开尾销的紧固作业易于实现机械化，就可以施加比较大的初期紧固力		○	○	· 东京都（新河岸河） · 关西电力（小曾根支线） · 营团地铁（7 号线） · 东京电力（丰洲码头附近管线）
· 可以加大接头处的抗弯刚度，这样就可以减小裂开量。 · 由开尾销来抵抗拉力及剪力。 · 按照接头处所要求的抗弯刚度选择对接方法	· H 型开尾销的紧固作业易于实现机械化，就可以施加比较大的初期紧固力		○	○	

紧固方法	概　要	特
		制　　造
7. 高刚性构件 　用螺栓紧固球墨铸铁制的穹状接头板之间的方法	穹面部位　接头构件底盘部位 螺栓　螺栓孔　锚筋	• 很多情况下导致接头构件周围的配筋比较烦杂
8. 插入式高刚性构件 　在预埋的螺栓孔处(插入式)由高刚性构件一侧插入螺栓并拧紧	插入式构件 螺栓孔　锚筋	• 插入式构件小型化,接头周围的配筋比较容易 • 很多情况下导致高刚性构件周围的配筋比较烦杂
9. 长螺栓 　用长螺栓紧固混凝土的接头板之间的方法	长螺栓	• 接头处混凝土的配筋将加密(加固用) • 必须预埋为穿送螺栓的套管。但是,中子形不增设套管
10. 销榫 　在接头处预先埋设销子的内外榫并连接的方法	止动销　榫 销子	• 接头构件小型化,接头周围的配筋比较容易
11. 快速接头 　在接头处预先埋设销子的阴阳型构件并连接的方法	弹簧　三瓣挡块 阴型构件　阳型构件	• 接头构件小型化,接头周围的配筋比较容易
12. 锚接头 　在接头处预先埋设套管及楔块、罩盖并进行连接的方法	罩盖 楔块 套管	• 接头构件小型化,接头周围的配筋比较容易
13. 销子及螺栓并用 　在预先埋设的螺栓孔(销子)中插入螺栓并进行连接的方法	螺栓 垫圈 袋形螺孔 销子	• 接头构件小型化,接头周围的配筋比较容易

续表

征		使用接头的可能性		备 注
构　造	施　工	管片接头	环接头	
• 接头板的抗弯刚度大,可减小裂开量。 • 螺栓及接头板抵抗拉力及剪力	• 在很大程度上螺栓的紧固作业要借助于人力,紧固力的大小有一定限度。	○	○	• 作为管片接头的拧紧装置有一定实例。 • 都营地铁10号线 • 中部电力(滨冈原子能电厂)
• 接头处的抗弯刚度大,故可减小裂开量。 • 螺栓、接头板及插入构件抵抗拉力及剪力	• 用于紧固作业的时间较少,故可得拼装作业快速化。 • 在很大程度上螺栓的紧固作业要借助于人力,故紧固力的大小有一定限度	○	○	• 作为管片接头紧固装置在铁路隧道中有一些实例。 • 埼玉高速铁路(7号线)
• 接头处的抗弯刚度大,可减小裂开量。 • 螺栓及混凝土块抵抗拉力及剪力	• 与直螺栓相比必须加大螺栓孔的间隙。但是,如若使用套管可缩小其间隙。 • 拼装误差大,管片易缺损	○	○	• 作为管片接头及环接头的紧固装置,有一定的工程实例。 • 东京湾横穿道路隧道 • 东京都(神田川调整池)
• 榫与销子抵抗剪力	• 紧固作业不费事,故可使拼装作业快速化。 • 当拼装误差比较大时,凸件就难于插到凹件中,故要求有比较高的拼装精度(如果认真拼装,就可以确保比较高的精度)	—	○	• 作为环接头的紧固装置有一定的工程实例。 • 东北新干线第二上野
• 阴阳挡块抵抗剪力	• 紧固作业不费事,故可使拼装作业快速化。 • 当拼装误差比较大时,凸件就难于插到凹件中,故要求有比较高的拼装精度(如果认真拼装,就可以确保比较高的精度)	—	○	• 作为环接头的紧固装置有一定工程实例。 • 东京都(新河岸河) • 关西电力(小曾根支线) • 营团地铁(赤坂) • 东京电力(丰洲码头附近管路)
• 套管及罩盖与楔块抵抗剪力	• 紧固作业不费事,故可使拼装作业快速化。 • 当拼装误差比较大时,凸件就难于插到凹件中,故要求有比较高的拼装精度(如果认真拼装,就可以确保比较高的精度)	—	○	• 作为环接头的紧固装置有一定的工程实例。
• 销子与螺栓抵抗剪力	• 紧固作业的时间较少,故可使拼装作业快速化 • 当拼装误差比较大时,凸件就难于插到凹件中,故要求有比较高的拼装精度(如果认真拼装,就可以确保比较高的精度)	—	○	• 作为环接头的紧固装置有一定的工程实例。 • 东京电力(上尾与野联络管路) • 横滨市(小杭千若干线)

接头构造实例及其特征　　　　　　　　　　　　表 4-4

	管片接头		环接头		特　征
	对接方法	紧固方法	对接方法	紧固方法	
1）平板螺栓接头(普通的接头)	a. 全方位对接式	1. 直螺栓	a. 全方位对接式	1. 直螺栓	
2）带榫的管片	b. 部分对接式	3. 斜螺栓	c. 键式	3. 斜螺栓	• 环的刚度小 • 不期待有紧固效果 • 斜螺栓拼装用
3）高刚性构件及带销螺栓并用	a. 全方位对接式	7. 高刚性构件	a. 全方位对接式	13. 并用带销螺栓	• 环的刚度大 • 环之间作为销式结构可使拼装作业快速化
4）开尾销及快速接头	a. 全方位对接式	5. 开尾销	a. 全方位对接式	11. 快速接头	• 环的刚度大 • 可使拼装机械化、快速化
5）KL 管片	c. 键式	2. 弯螺栓	c. 键式	2. 弯螺栓	• 环的刚度小
6）凹形及销榫	e. 凹形接头式	销子	c. 键式	10. 销榫	• 环的刚度小 • 拼装的快速化
7）长螺栓	a. 全方位对接式	9. 长螺栓	a. 全方位对接式	9. 长螺栓	• 环的刚度大
8）内表面平滑管片	a. 全方位对接式 b. 部分对接式 c. 键式	6. 水平开尾销	c. 键式	10. 销榫	• 可以选择环的刚度 • 拼装机械化、快速化

注：表中的对接方法的字母序列与表 4-2 中的字母序列相对应。表中的紧固方法编号与
　　表 4-3 的编号相对应。

（键式、凹形接头中的一部分）。以前全面对接方式比较多用，而最近部分对接方式、键式及凹形接头的应用有增多的趋势。表4-3所示为按紧固方法分类整理的混凝土管片的接头结构。

管片接头在很多情况下都是为了提高环的刚度而使用紧固构件将其连接在一起的，在环接头中以管片拼装的有效化与快速化为目的，开发出了多种紧固构件。

表4-4所示为目前使用的管片接头及环接头的结构组合的实例。由此可以看出，应根据接头所要求的结构性能来选定对接方法和紧固方法的组合（取刚性结构或柔性结构）。当对象地基比较好时，选择合适的对接方法可简化接头铁件，降低接头的相关费用。

上面阐述了以钢筋混凝土管片为中心的接头种类与特征。而对钢管片、球墨铸铁管片及复合型管片来说，一般是采用对接方法中的全方位对接式，而紧固方法中多半采用直螺栓式，对于这些管片，都是参考混凝土类管片接头，现正在开发新式接头结构。

4.4 管片设计

4.4.1 设计思路

管片设计是按隧道的横断面方向及纵断面方向分别来进行的。通常情况下，按相对于横断面方向的设计来决定管片的断面，一般根据地震及地基沉降的影响等来分析研究纵断面方向。

本节中，将按图4-5所示的设计流程图概要，概述隧道横断面方向的管片设计的基本思路。作为参考，也一并给出了多个国家设计思路的代表性实例，如表4-5所示。

4.4.2 荷载计算

盾构隧道的衬砌在设计上完成后当然必须确保安全，即使在施工过

```
┌─────────────────────┐      ┌──────────────────────────────────┐
│    设计条件的设定    │----→ │ 设计条件                         │
└─────────────────────┘      │ ·隧道的线形                      │
          │                  │ ·必要的内空断面                  │
          ↓                  │ ·土质条件                        │
┌─────────────────────┐      │ ·管片的种类                      │
│     荷载的计算       │      │ ·管片的分块数                    │
└─────────────────────┘      └──────────────────────────────────┘
          │
          ↓              ┌────────────────────────────┬──────────────┐
┌─────────────────────┐  │ 主要荷载的计算             │ 附加荷载的计算 │
│   截面内力的计算     │  │ ·土质的分类(土水分离、土水一体)│ ·内部荷载   │
└─────────────────────┘  │ ·垂直土压力的计算(采纳松动土压力否?)│ ·施工荷载 │
          │              │ ·侧向土压力系数           │              │
          │              │ ·地基反力系数             │              │
          ↓              │ ·自重                     │              │
                         └────────────────────────────┴──────────────┘

                         ┌──────────────────────────────────┐
┌─────────────────────┐  │ 荷载及结构模型的选定             │
│弯矩及轴向力的单位应力的计算│ ·惯用计算方法                  │
│   剪应力的计算       │  │ ·修正惯用计算方法                │
└─────────────────────┘  │ ·梁—弹簧模型计算方法             │
          │              │ ·部分地基弹簧模型,全周地基弹簧模型│
          │              │ ·管片主断面的假定                │
          ↓              │ ·接头的模型化                    │
No ┌─────────────────────┐└──────────────────────────────────┘
───│   单位应力的校核     │---- ·对于主要荷载的主断面的单位应力的校核
   └─────────────────────┘     ·容许应力与单位应力校核
          │ OK
          ↓
┌─────────────────────┐      对于主要荷载及附加荷载作用下的构件的设计计算
│   构件的设计计算     │---- ·接头的计算(螺栓、接头板、锚筋等)
└─────────────────────┘     ·纵肋的计算
          │               ·底面板及横衬板的计算
          ↓
┌─────────────────────┐      ·注入孔
│   构造详图的设计     │---- ·吊具
└─────────────────────┘     ·接头角度
          │               ·锥形衬环
          ↓
No ┌─────────────────────┐     ·地震的影响
───│  对于特殊荷载的设计  │---- ·地基沉降的影响
   └─────────────────────┘     ·邻接施工的影响
          │ OK               ·对相邻建(构)筑物的影响
          ↓                  ·并设隧道的影响
┌─────────────────────┐     ·急弯施工的影响
│     绘     图       │
└─────────────────────┘
          │
          ↓
┌─────────────────────┐
│    管片的制作       │
└─────────────────────┘
```

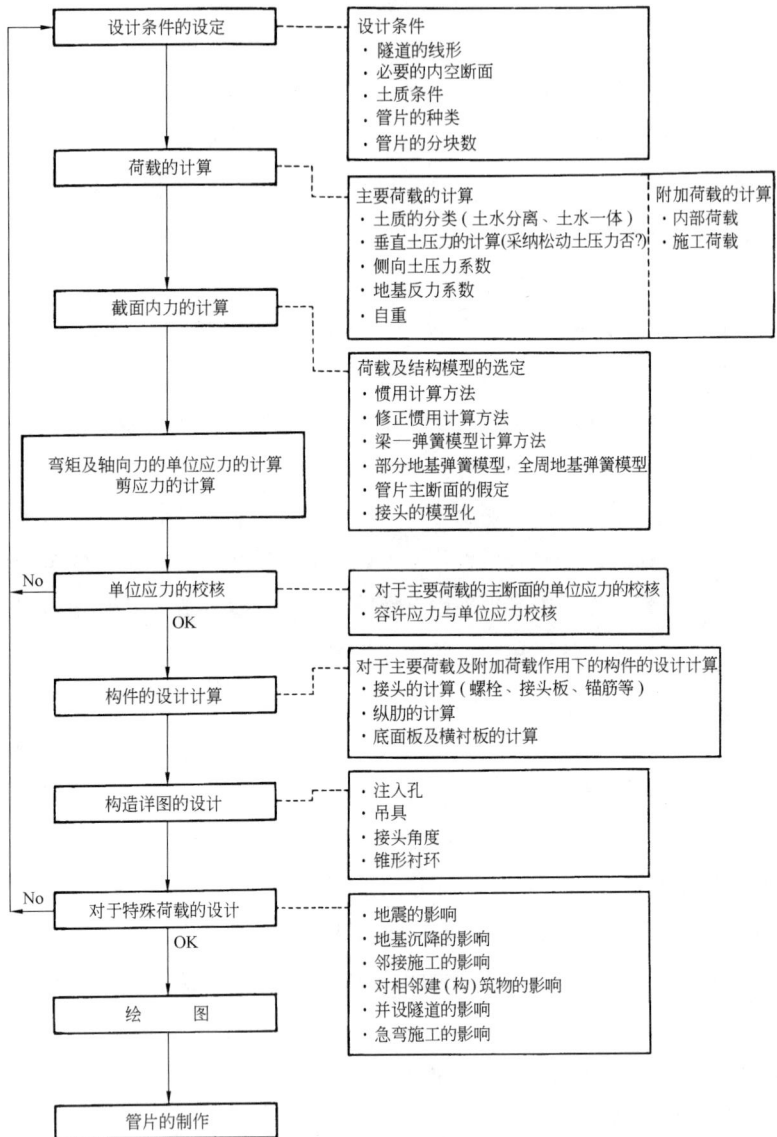

图 4-5　从管片的设计到制作的流程图

盾构隧道设计方法的比较 表 4-5

国 别	设计模型	设计土压力及水压力	地基反力系数
澳大利亚	全周地基弹簧模型（Muir Wood·Curtis 法）	σ_v＝全部覆土荷载 $\sigma_h=\lambda\cdot\sigma_v$＋静水压力 $\lambda\geqslant\mu/(1-\mu)$ μ：泊松比	平板加载试验和测量结果的逆解析 切线方向与工作面是否完全结合，摩擦力作为上限的结合
奥地利	全周地基弹簧模型	·浅埋隧道： σ_v＝全部覆土荷载 $\delta_h=\lambda\cdot\delta_v$(考虑地下水压力) ·深埋隧道 Terzaghi 的松动土压力公式	$k=E_s/r$ 只考虑半径方向的反力
比利时	Schulze - Duddeck 法利用 FEM 校核	Schulze-Duddeck 法	无正确决定系数的方法
英国	通常为弹簧模型 Muir Wood 的方法	初期垂直荷载及初期水平荷载 初期荷载为全部覆土荷载	由三轴试验或应力计所得到的应力—应变关系求解地基反力系数。不考虑摩擦力。
美国	弹性支承环	σ_v＝全部覆土荷载 $\sigma_h=\lambda\cdot\sigma_v$ ($\lambda=0.4\sim0.5$)及水压力	（没解答）
		（与隧道衬砌相关的设计及详情未进行数学考察）	
美国	弹性支承环	（详情不明）	（详情不明）
美国	弹性支承环	σ_v＝全部覆土荷载 $\sigma_h=\lambda\cdot\sigma_v$及水压力	由室内试验结果来求，不考虑摩擦力。
西德	覆土$\leqslant2D$；部分弹簧模型(顶端除外) 覆土$\geqslant2D$；全周弹簧模型	σ_v＝全部覆土荷载 $\sigma_h=\lambda\cdot\sigma_v$ ($\lambda=0.5$)	$k=E_s/r$
德国	部分地基弹簧模型 Schulze-Duddeck 法，但是，不考虑切线方向的荷载。	σ_v＝全部覆土荷载 $\sigma_h=\lambda\cdot\sigma_v$ ($\lambda=0.5$)	没解答

续表

国　别	设计模型	设计土压力及水压力	地基反力系数
法国	全周地基弹簧模型或 FEM	$\sigma_v =$ 全部覆土荷载或 Terzaghi 公式 $\sigma_h = \lambda \cdot \sigma_v$ λ：经验值	$k = E'/(1+\mu)R$
中国	经验法	$\sigma_v =$ 全部覆土荷载 $\sigma_h = \lambda \cdot \sigma_v$ λ：经验值	用垂直或水平载荷板试验结果来求。
西班牙	考虑了地基与衬砌的相互作用的 Buqera 的方法	忽略不计黏聚力的 Terzaghi 的公式 $\lambda = 1.0$	只考虑半径方向
英国	通常，弹簧模型 Muil Wood 的方法	$\sigma_v =$ 全部覆土荷载（＋水压力） $\sigma_h = (1+\lambda)/2 \cdot \sigma_v$（＋水压力） $\lambda = k_e$	按类似条件下的测量结果

程中也要确保其安全性，与此同时，还要能满足与隧道用途相对应的功能要求。按此观点在日本土木学会《隧道标准规范（盾构工法篇）》中，将在设计上应考虑的荷载按表 4-6 所示进行了分类。

荷载的分类　　表 4-6

主要荷载	① 垂直及水平土压力 ② 水压力 ③ 自重 ④ 上部荷载的影响 ⑤ 地基反力
附加荷载	⑥ 内部荷载 ⑦ 施工荷载 ⑧ 地震的影响
特殊荷载	⑨ 并设隧道的影响 ⑩ 邻接施工的影响 ⑪ 地基沉降的影响 ⑫ 其他

　　　　主要荷载是通常要考虑的荷载。附加荷载则是施工时及隧道完成后所作用的荷载，是根据隧道的用途及目的等，按照规定的性能要求所要考虑的荷载。特殊荷载是按照隧道的施工条件及地基条件等必须考虑的荷载。这些荷载的大分类上是相对于一般性盾构隧道而言的，也有按照隧道的用途作为附加荷载进行分类的，以及作为主要荷载应该考虑的荷载。例如：地下河及地下调节池、

引水渠隧道等的内水压力就属于此类荷载。一般情况下，如果水平荷载相同，则垂直荷载大的将成为支配断面及构件的条件。但是，就承受内水压力作用的隧道衬砌设计来说，当垂直荷载比较大时，不一定就是设计上安全的条件。所以，在对外水压力、土压力及地基反力等荷载，包括二次衬砌在内的结构模型的评价等方面，就要求对荷载及结构体系的整体进行充分研究。在管片设计中，对这些荷载适当进行评价就显得格外重要。

图 4-6 所示为在管片的设计中所用的各种荷载的思路。对于土压力及水压力任何种方法也都选用大致类似的荷载，而对地基反力来说则提出了多种思路[4]、[5]。

表 4-7 所示为计算各种荷载的基本思路及其特征。一般情况下是根据表 4-8(a)、(b) 来求地基反力系数及侧向土压力系数，但是，如若选用表 4-9 中所给出的公式，则就可以在表 4-8 所示范围内简便地求出这些数值的估计值。这些数值的关系如图 4-7 所示。

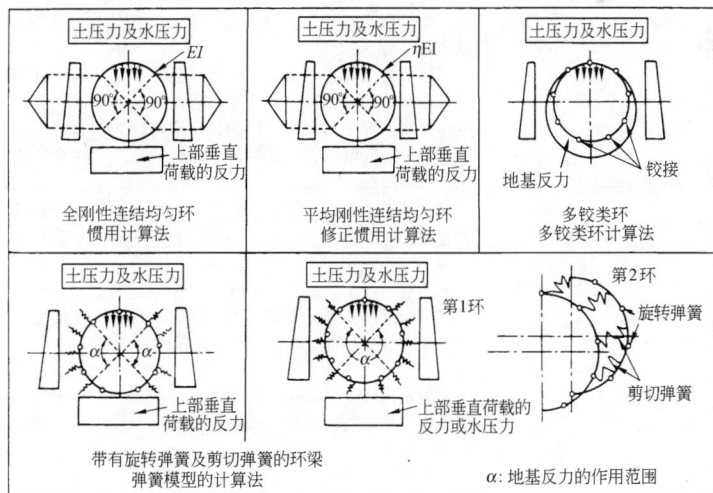

图 4-6　设计选用荷载的思路

各种荷载的思路　　　　　　　　　　　　　　　　表 4-7

荷载的大分类	荷载的小分类		基本的思路及计算上的注意事项
主要荷载	土压力	垂直	・将全部覆盖土土压力或砂质土及 N 值 8 以上的黏性土中，按其覆土厚度将泰沙基(Terza-ghi)的松动土压力取为垂直土压力。 ・当隧道所处深度有地下水时，要考虑土的浮重。 ・在计算松动土压力时，如土的黏聚力大，所计算的松动土压力就小，有时还为负数。为此各企业规定出松动土压力的下限值(换算成松动高度)。 $\left[\begin{array}{l}\text{排水管道、电力、通信}\rightarrow 2D_0\,(D_0:\text{管片外径})\\ \text{铁道等}\rightarrow 1\sim 2D_0\ \text{或}\ 20\text{tf/m}^2\end{array}\right]$ ・对于地层为夹层时，计算松动土压力的过程中，多半都参考隧道周边的土质，取一定的松动宽度进行计算
		水平	・此时分为土与水分别考虑(土水分离：一般为砂质土)和作为整体考虑(土水为一体：一般为黏性土)两种，由 N 值求出侧向土压力系数与地基反力系数之间的关系。 ・如果从土力学的观点来辨别它们之间的关系，那么渗透系数为 $10^{-3}\sim 10^{-4}\,\text{cm/s}$ 的土质就可认为是它们的边界。 另外，已经固结的黏性土为土水分离型
	水压力		・作为静水压力分布来计算水压力。 ・滞留在固结黏性土的缝隙中的水，有时其压力较大，但是，如果水路已断，水量也少，超水压的问题就很少
	自重		・将其作为沿着管片横断面的形心轴均匀分布的垂直荷载来进行计算。 ・二次衬砌的自重由二次衬砌本身来承受，不将其看成作用在管片上的荷载来进行评价。但是，当将二次衬砌作为结构构件时，那么就由一次衬砌与二次衬砌共同来承受土压力及水压力，此时按管片的同样思路也考虑二次衬砌的自重
	上部荷载的影响		・上部荷载的影响，就是直接作用在地表的建(构)筑物或者建(构)筑物基础的荷载等作为传递于土中的荷载来进行评价。 ・一般情况下，就是将上部荷载作为路面交通荷载 TL-25 及建筑物基础荷载，按布辛尼斯克(Boussinesq)及威士特卡德(Westergard)的公式来计算传递荷载
	垂直方向		・通常由隧道顶部作用的土压力、水压力、自重等的垂直荷载与其相平衡的作用于隧道底部的均布反力来对待，与隧道的变形无关。 ・当隧道位于地下水位以下时，当作用于隧道的浮力超过作用于隧道顶部的土压力，水压力及隧道的自重之和时，为了与作用在底部的水压力相平衡，要考虑作用在隧道顶部的垂直方向的地基反力

荷载的大分类	荷载的小分类		基本的思路及计算上的注意事项
主要荷载	地基反力	垂直方向	·有除了以地基弹簧来评价垂直方向的底部地基反力的思路及水压力之外，还有只以地基弹簧来评价与垂直方向不相平衡之力的思路
		水平方向	·将土质按土水分离及土水一体来进行分类，由 N 值来求解地基反力系数与侧向土压力系数之间的关系。此时很重要一点就是要充分考虑隧道两侧的土质情况。 ·对于管片的自重引起的变形，一般情况下是不考虑地基反力的。然而，当壁后注浆使管片早期支撑土体时，就要考虑自重作用下的地基反力。就现浇衬砌工法而言，由于施工方法本身的特点，就要充分考虑上述情况
		极坐标系	·这是按照管片的半径方向及切线方向的变形量来评价地基反力的方法。该评价方法在梁弹簧模型的计算方法中是将地基作为弹簧来模型化评价的。 ·地基弹簧模型化有两种，一种是按温克勒(Winkler)的假定的弹簧(受压弹簧)时的部分地基弹簧模型，另一种是用弹簧(受拉弹簧)来评价地基的主动土压力的全周地基弹簧[4),5)]。一般前者多用在目前的梁弹簧模型中。而后者今后将用在自立性较好的地基中。 ·欧洲各国是由地基的变形系数，泊松比及隧道外径之间的关系来决定地基反力系数
附加荷载	内部荷载		·内部荷载就是指待隧道建成之后作用于衬砌内侧的荷载。例如：铁路隧道中的车辆、电力隧洞中的电缆等的重量就属此种荷载。这些荷载是在壁后注浆材料充分硬化后才起作用的，因其受周边地基支承，故通常是不考虑这种影响。但是，当作用以比较大的集中荷载时，对衬砌的强度及变形产生影响时就要考虑。 ·受内水压作用的隧道，内水压就为内部荷载，此时就必须将其作为主要荷载来对待
	施工时的荷载	千斤顶的推力	·这要考虑推进千斤顶的额定能力及千斤顶的偏心量来进行评价。 ·就下水道用标准管片来说，是以 1cm 的偏心量来对照检查其安全性的，而对中小口径的隧道来说需要注意也有时取 2～3cm 的偏心量来对照检查的

续表

荷载的大分类	荷载的小分类		基本的思路及计算上的注意事项
附加荷载	施工时荷载	千斤顶的推力	·要注意由于千斤顶周转使用，有时额定能力太大。 ·当进行曲线施工时，有时在隧道的纵断面方向上将产生使其弯曲变形的荷载，对这一荷载要进行研究
		壁后注浆压力	·通常设计壁后注浆压力为水压加上 $50 \sim 100 kN/m^2$ 左右，但是，实际上该壁后注浆压力要比输送压力大，故要充分研究与施工方法之间的关系。 ·当在大深度下施工时，地下水压大，可以推定壁后注浆压力也大。此时要充分研究设计的壁后注浆压力
		举重臂等操作荷载及起吊荷载	·下水道用标准管片，对于混凝土管片来说，要选定吊钩能够承受一个管片的重量的结构。 ·当为大断面隧道时，要充分研究一块管片的重量可能较重
		地震的影响	·参照 4.6 地震的影响
特殊荷载	相邻施工的影响		·当在该盾构隧道附近有建(构)筑物施工时，必须充分研究以下问题： ① 当在隧道正上方或在附近施工新的建(构)筑物，上部荷载产生很大变化时； ② 当在隧道的正上方、正下方或在附近挖方，垂直土压力及水平土压力等荷载及地基反力系数等土体物理力学性质产生很大变化时； ③ 由于挖方等扰动了隧道的侧向地基，当侧向土压力及抵抗土压力产生很大变化时
	并设隧道的影响		·参照 11.1 并设盾构
	地基沉降的影响		·参照 9.2 地基变形及建(构)筑物特性的预测解析

4.4.3 截面内力计算

在管片的设计中，首先将管片接头及环接头作力学上的模型化处理。接着就是在隧道衬砌整体的结构模型中如何采用这种模型的问题。另外，管片的模型化与隧道周边土体的评价，也就是与作用在隧道上的荷载及隧道的支承状态等密切相关。

侧向土压力系数 λ 与地基反力系数 k 表 4-8

(a) 土水分离考虑时

	土 的 种 类	λ	$k(\mathrm{MN/m^3})$	N 值
①	非常紧密的砂质土	0.35~0.45	30~50	$N \geqslant 30$
②	紧密的砂质土	0.45~0.55	10~30	$15 \leqslant N < 30$
③	松散的砂质土	0.50~0.60	0~10	$N < 15$
④	已固结的黏性土	0.35~0.45	30~50	$N \geqslant 25$
⑤	坚硬的黏性土	0.45~0.55	10~30	$8 \leqslant N < 25$
⑥	中等的黏性土	0.45~0.55	5~10	$4 \leqslant N < 8$

(b) 土水一体考虑时

	土 的 种 类	λ	$k(\mathrm{MN/m^3})$	N 值
①	中等的黏性土	0.55~0.65	5~10	$4 \leqslant N < 8$
②	软弱的黏性土	0.65~0.75	0~5	$2 \leqslant N < 4$
③	非常软弱的黏性土	0.75~0.85	0	$N < 2$

给出 λ，k 的粗估公式 表 4-9

条 件	概 算 公 式
土水分离(砂质土)	$\lambda = (-1/200)N + 3/5$ $k = N$
土水分离(黏性土)	$\lambda = (-1/150)N + 37/60$ $k = (4/3)N - 10/3$
土水一体(黏性土)	$\lambda = (-3/80)N + 17/20$ $k = (5/4)N - 2$

但是 $k < 0 \rightarrow k = 0$

所以，对于管片的设计，本来应该连同管片及荷载一起模型化，用确切评价隧道周边土体的"隧道整体系统"来进行设计。但是，对其机理目前尚不清楚，且又复杂，所以，目前现状是不得不将其分为隧道横断面方向及纵断面方向来分别进行设计。

与管片主体有同样刚度的匀质的环相比，管片易于产生变形。对于如何评价该接头处的刚度降低的影响，这在计算管片的截面内力上显得格外重要。

(a) 侧向土压力系数与 N 值

(b) 地基反力系数与 N 值

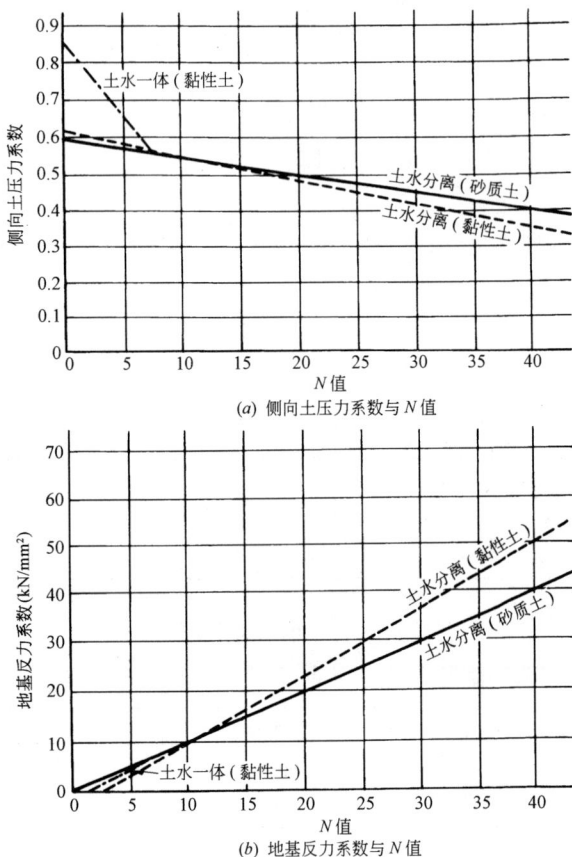

图 4-7　λ 与 N 值及 k 与 N 值之间的关系

　　日本经常采用错缝拼装管片，目的是期待产生拼接效应。此时如何评价拼接效应，这在分析研究管环的力学特性方面是一个重要课题。

　　过去在截面内力的计算中所用的管环的结构模型，因对接头的力学评价不同，大致分为表 4-10 所示几种。下面将介绍一下这些截面内力的计算方法的概要及其特征。

1. 惯用计算法

　　惯用计算法是最简便也最常用的一种。该计算法是将管环作为与管片有相同刚度的刚性均一的环来评价管片的，忽略管片接头的存在。为此由于过高评价了管片的刚度，对于具备地基反力的良好地基来说，得到过大的截面内力，而对不具备地基反力的软弱地基来说，则得到较小的截面内力，甚至给出偏于危险的设计结果，对基于这点所修建的隧道来说，预计将产生很大的变形，因此必须引起充分注意。

2. 修正惯用计算法

修正惯用计算法与惯用计算法一样，也是将管环作为与管片有相同刚度的刚性均一的环来进行评价的方法，但是它又按如图 4-8 及图 4-9 所示，利用抗弯刚度的有效率 η 及弯矩的增减率 ζ 来评价惯用计算法的难点之一，即由于接头所引起的管环的刚度降低及错缝拼装所产生的拼接效应，这比惯用计算法更接近于实际。

η 及 ζ 之间相互关联，可以推断出当 η 接近于 1 则 ζ 近似于 0，当 η 变小则 ζ 接近于 1。也就是说如果接头的抗弯刚度与管片主断面相同的话（$\eta=1$），则就不向相邻的管片传递弯矩（$\zeta=0$），反之如接头为铰接，则相邻的管片将分担 100% 的弯矩（$\zeta=1$）。此时应该注意的是即使管片接头为铰接的，如果隧道周边有土体存在，则 η 为不为 0 的有限值。目前虽有认为 η 为 ζ 之和等于 1 这种不准确的看法，例如当 $\eta=0.8$ 时 ζ 取 0～1，此时要注意得到何种数值。

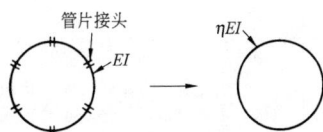

图 4-8　修正惯用计算法的
环的抗弯刚度

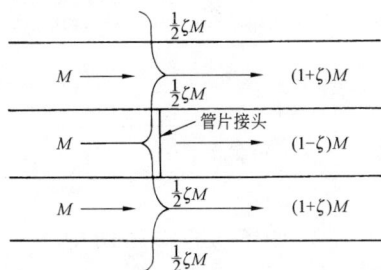

图 4-9　接头引起的弯矩传递（当两个
环为一组错缝拼装时）

管环的截面内力

	等抗弯刚度环的模型	
	惯用计算法	修正惯用计算法
示 意 图		
结构模型的思路	·不考虑接头问题，将管环作为与管片主体有相同抗弯刚度 EI 的等抗弯刚度环，对管环进行模型化处理。 $\eta = 1$ $\zeta = 0$ η：抗弯刚度的有效率 ζ：弯矩的增减率	·考虑接头的抗弯刚度降低问题，将管环作为具有 ηEI 抗弯刚度相同的环，来对管环进行模型化处理，考虑错缝拼装条件下的弯矩分配问题，增加 ζM 量的弯矩 $0 < \eta < 1$ $0 < \zeta < 1$
特　征	·对不能充分得到地基反力的软弱地基来说，有过低评价其截面内力的倾向。 ·对于能充分得到地基反力的良好地基来说，有过高评价其截面内力的倾向	·是一种为解决惯用计算法存在问题所提出的方法。 ·如果过低评价 η 值，则过高评价环的变形，因为过小评价了截面内力，必须充分研究该取值
存在的问题	·简便，但不能忠实反映出环的工作状态。 ·不能直接求出环接头处所产生的截面内力	·对于 η 及 ζ 的计算目前现状是只限于定性评价，都是基于经验或试验来推算的。 ·不能直接求出环接头处所产生的截面内力

的计算方法

表 4-10

多铰接环模型	梁弹簧模型	
	带有回转弹簧的环	带有旋转弹簧和剪切弹簧的环
• 只取 1 个环，接头按铰接处理。即使有 3 个以上的铰，对隧道来说由于受到周围地基的反力作用，故呈稳定结构。 考虑到这些因素，将管片接头作为铰接进行模型化处理	• 将管环的管片接头作为回转弹簧进行模型化处理。 回转弹簧系数： $k_\theta = 0$(多铰接环) $k_\theta = \infty$(等抗弯刚度均质环)	• 加上具有回转弹簧环的方法，用抗剪弹簧来评价环之间的抗剪传递情况并进行模型化处理
• 将管片接头看成铰接，考虑利用隧道周边地基的反力，就必须充分研究所适用地基的情况	• 如果与等抗弯刚度均质环及多铰接环相比较，就更接近于接头的实际情况。	• 如果环接头的抗剪弹簧常数取较大值，管片接头的旋转弹簧常数取较小值，则会导致管片主体上的弯矩有变大的倾向。 • 当对弯矩作用下的管片接头进行设计时，如果较小评价回转弹簧系数，则在计算上接头处所产生的弯矩就相当小，所以，必须正确评价回转弹簧系数。
• 用在良好的土体中（英国、前苏联），但在为软弱地基将产生较大的变形	• 这是介于等抗弯刚度均质环和多铰接环之间的思路，是根据经验及试验来推算回转弹簧系数的。 • 提出了解析求解回转弹簧系数的方法	• 在带有回转弹簧环的方法中，可以考虑错缝拼装所产生的拼接效应。根据试验来评价各自的弹簧系数。提出了解析求解弹簧系数的方法。 • 对于新式接头而言，回转弹簧系数必须通过试验求解

实际上，对于被土体所包围的管环来说，将作用以比在地上载荷试验时还大的轴向力，所以，通常情况下 η 比试验值大，ζ 比试验值小。考虑到这一点在荷载的设定上就有不确定的因素，因此，取 $\eta=1$，$\zeta=0$ 进行设计计算的实例很多。在土木学会及日本下水道协会的《盾构工程用标准管片(1990 年版)》中，对平板形管片以 $\eta=1.0$，$\zeta=0$ 为主进行处理，$\eta=0.8$，$\zeta=0.3$ 供参考。这是因为，在地上错缝拼装的管环的载荷试验，结果大致为 $\eta=0.8\sim0.6$ 及 $\zeta=0.3\sim0.5$ 左右的缘故。

另外，最近发现有用梁弹簧模型计算 η 及 ζ，在修正惯用计算法中发现有验证所采用这些数值的实例。

3. 多铰接环的方法

多铰接环的方法是基于将管片作为铰接来进行评价的设计指导思路。该设计思路起源于英国，工程实例在欧洲各国及前苏联等较多。

多铰接环是受周围土体的支承而成为稳定结构，所以，由于荷载条件及地基反力的设定方法不同，其计算结果也不一样。为此应确切评价荷载条件及地基反力。

4. 梁弹簧模型的方法

梁弹簧模型的方法是将管片主断面作为梁进行模型化处理，将管片接头作为回转弹簧进行模型化处理，将环接头作为抗剪弹簧进行模型化处理的方法。地基反力计算与惯用计算法不同，是将地基按照温克勒(Winkler)的假定，作为与管环的半径方向变位相对应的弹簧来进行模型化处理。该方法是分别对接头等构件及周边地基进行模型化处理，所以，它可以按照隧道周边的土体的好坏，分别研究管片主断面及接头的设计计算与对隧道的变形进行分析研究等。目前以铁路隧道为中心的应用实例正逐年增多。

接头的弹簧系数多半都采用试验手段求解的方法，其中对于回转弹簧系数有的也提出解析的方法[6]。表 4-11 所示，就是利用管片的接头抗弯试验获得的回转弹簧系数的一个实例。

管片接头的回转弹簧系数的参考值

表 4-11

管 片				弹簧系数实测值[2] $k_\theta(+)(10\text{kN}\cdot\text{m/rad})$	备 考
外径(mm)	种类[1]	宽度(mm)	厚度(mm)		
2600	S	750	125	0.00845×10^3 (负 0.00435×10^3)	钢板接头 4 根螺栓
2950	S	900	125	0.00720×10^3	钢板接头 4 根螺栓
2950	S	1100	125	$0.22\sim2.10\times10^3$	钢板接头 4 根螺栓（3根主梁）
3150	C：平板形	900	125	$0.10\sim0.44\times10^3$	钢板接头 1 根螺栓
4050	C：平板形	900	175	$0.22\sim2.10\times10^3$	钢板接头 1 根螺栓
4550	C：平板形	900	200	$0.10\sim0.29\times10^3$	钢板接头 1 根螺栓
				$0.50\sim0.71\times10^3$	系杆拱接头 1 根螺栓
5100	C：平板形	900	200	$0.14\sim1.07\times10^3$	系杆拱接头 1 根螺栓
6000	C：平板形	900	250	$0.43\sim2.13\times10^3$	钢板接头 1 根螺栓
6900	C：平板形	1000	350	$1.90\sim3.00\times10^3$	球墨铸铁接头 3 根螺栓
7600	C：平板形	1000	300	$0.58\sim1.86\times10^3$	球墨铸铁接头 2 根螺栓
				$2.39\sim7.49\times10^3$	系杆拱接头 2 根螺栓
7800	G：平板形	1000	300	$1.25\sim3.87\times10^3$	钢板接头 2 根螺栓
				$2.85\sim14.7\times10^3$	系杆拱接头 2 根螺栓
9500	G：平板形	1200	400	$3.42\sim5.34\times10^3$	系杆拱接头 2 根螺栓
9800	C：中子形	1000	550	$1.44\sim5.18\times10^3$	长大直螺栓接头 5 根螺栓
13900	C：平板形	1500	650	$23.7\sim79.4\times10^3$	系杆拱接头 2 根螺栓
	G：平板形			$59.4\sim204.3\times10^3$	系杆拱接头 2 根螺栓
4500×3000 椭圆	S	750	175	$0.01\sim0.03\times10^3$	钢板接头 4 根螺栓
				$0.16\sim2.05\times10^3$	系杆拱接头 4 根螺栓
	G：平板形	1000	175	$0.15\sim2.55\times10^3$	钢板接头 1 根螺栓
				$0.41\sim5.46\times10^3$	系杆拱接头 1 根螺栓

注：[1] S——钢制管片；
　　　C——混凝土管片；
　　　G——复合管片。
　　[2] 正弯矩试验值。

另外，环接头的剪切弹簧系数，目前尚未确立用解析方式来评价该值的手法，如果过小评价该值，则计算结果偏于危险，当不能进行试验时，采用取该值为无限大进行计算的方法。因为剪切弹簧系数的值对弯矩的计算结果影响很大，所以在设定时必须深入进行分析研究。图 4-10 及图 4-11 所示为回转弹簧系数及剪切弹簧系数对截面内力的计算结果影响的实例。

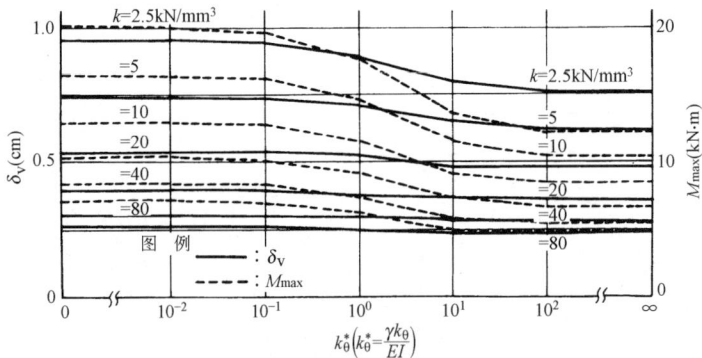

图 4-10　回转弹簧系数对截面内力及变形的影响实例

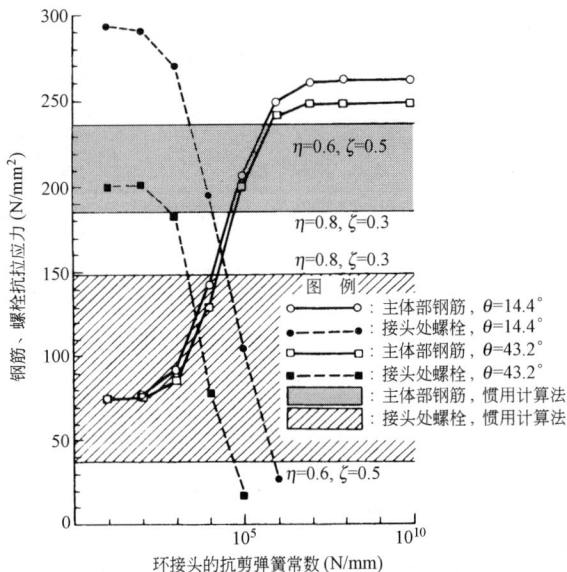

图 4-11　剪切弹簧系数对截面内力的影响实例

4.4.4 构件设计

构成管片的各个构件的设计是按容许应力法进行设计的。另外，设计上大致分为长期作用于隧道的荷载（主要荷载）的设计，以及对于隧道施工时和完工后瞬时作用的荷载（附加荷载除外）进行设计两种。前者是利用管片中的各种材料的容许应力，而后者是适当提高这些容许应力来对安全性进行核查。

表 4-12 及表 4-13 所示为钢管片，球墨铸铁管片及混凝土管片的各种构件的设计概要。表中钢管片的弧面钢板的设计，是在管片的构件设计中惟一采用极限荷载设计法的。

就复合型管片来说，它是将使用钢材的部分或全部作为钢筋，用与混凝土管片同样的思路来设计主断面。

另外，除这些表中所示项目之外，当使用由半径方向插入 K 型管片时，一般情况下是检查 K 型管片向隧道内脱落的安全性。

4.5 二次衬砌设计

二次衬砌通常是为了对隧道偏离中线进行纠正、防腐、防水及防震等而实施的，以达到对一次衬砌的管片进行加固的效果。

二次衬砌多半都选用素混凝土，有时也可以按照将来荷载的变化情况设置若干钢筋。就铁路、道路等的隧道来说，从耐久性观点考虑，也有以控制二次衬砌裂缝宽度为目的的，还有防止因开裂而导致混凝土剥离或脱落为目的而实施的，多半都配置网筋及最少钢筋。另外，最近也有代之以现浇混凝土的二次衬砌而使用钢管，球墨铸铁管及FRPM管等的内插管来施工二次衬砌的。此时在一次衬砌（管片）与内插管之间浇筑填充材料（表 4-14）。

二次衬砌的设计必须要考虑一次衬砌的种类及特性，一次衬砌与二次衬砌的接合状况，土体条件、环境条件及施工方法等。

钢管片及球墨铸铁管片的构件设计概要

表 4-12

结构构件的种类	管片主体部分		接头部分				纵肋	吊钩铁件
			管片接头		环接头(主梁)			
	主梁	表面板	接头板	螺栓	接头板	螺栓		
对于弯矩及轴向力的设计　当利用计算惯用法、修正惯用计算法时	取(1+ζ)M为设计用弯矩	取(1-ζ)M或主体部分的60%为设计用弯矩(有时也考虑轴向力)	将主梁的整个断面及表面板的一部分(单侧25t，t:表面板的厚度)作为主要断面来对照检查应力	将接头板作为梁的两端固定，对照检查螺栓在拉力作用下的应力强度　由主面板位置及螺栓位置的力的平衡条件来计算螺栓的拉力并对照检查单位应力	—	—	—	—
对于弯矩及轴向力的设计　当利用计算梁式弹簧模型计算法时	将主体部分的最大弯矩作为设计用弯矩	同上	同上	同上(有时也要考虑轴杠杆反力)				
对剪力的设计　当利用计算惯用法、修正惯用计算法时	取主体部位的最大剪力为设计用剪力	取主体部位的最大剪力为设计用剪力(只将主梁作为有效断面来对照检查单位应力，有时也省略)	取接头处的最大剪力为设计用剪力	核对因螺栓滑移而作用在接头板上的承压力　对于每处接头的全部螺栓都要核查单位应力	—	—	—	—
对剪力的设计　当利用计算梁式弹簧模型计算法时	取主体部位的最大剪力为设计用剪力	同上	同上	同上				

续表

结构构件的种类	管片主体部分		接头部分				纵肋	吊钩软件
	主梁	表面板	管片接头		环接头(主梁)			
			接头板	螺栓	接头板	螺栓		
对局部压曲的设计	按照主梁的宽厚比(板宽/板厚)核查单位应力	—	—	—	不能计算设计剪力		—	—
对环向剪力的设计　当利用计算惯用法、修正惯用计算法时	—	—	—		(参考从前的工程实例)	(由垂直自重土压力及自重的剪力，有时也要每一个环的计算必要的螺栓根数)	—	—
当利用梁弹簧模型的计算法时	—	—	—		取环的半径方向及切线方向的合力所产生的最大剪力为设计剪力；核查由于螺栓滑移而作用在主梁上的承压力所产生的单位应力	对照检查螺栓的抗剪应力		

续表

结构构件的种类	管片主体部分		接头部分				纵肋	吊钩铁件
	主梁	表面板	管片接头		环接头(主梁)			
			接头板	螺栓	接头板	螺栓		
对于千斤顶推力(偏心量 1cm)的设计	—	记到纵肋顶中	—	—	—	—	将纵肋及表面板的一部分(单侧 20t, t: 表面板的厚度)作为有效断面来核查单位应力	—
对壁后注浆压力的设计	—	用相对两边固定的矩形板的设计法或相对两边的钢索支承的板设计法来核查单位应力	—	—	—	—	—	—
对起吊荷载的设计	—	—	—	—	—	—	—	对于相当一个管片重量的拉力来核查抗拔力

（注：表中“对施工荷载的设计(在屈服点或屈服强度上有可能加成容许应力)”为行项总标题）

表 4-13

混凝土类管片的构件设计概要

结构构件的种类	管片主体部分 平板形 主断面	管片主体部分 中子形 主梁	管片主体部分 中子形 横挡板	接头部分 管片接头 接头板	接头部分 管片接头 螺栓	接头部分 管片接头 锚筋	接头部分 环接头 接头板	接头部分 环接头 螺栓	接头部分 环接头 锚筋	接头部分 中子形 纵肋	吊钩铁件
对于弯矩及轴向力的设计 — 当利用惯用计算法、修正惯用计算法时	取$(1-\xi)M$为设计弯矩	作为双钢筋矩形断面来核查单位应力(有时要考虑螺栓孔等的断面缺损情况)	将主梁及横挡板断面作为有效断面来核查单位应力	取$(1-\xi)M$或主体部分的60%作为设计弯矩(有时也要考虑轴向力)	作为单钢筋矩形断面计算螺栓拉力所产生的弯曲应力来核查单位应力	将接头板作为两端固定梁对螺栓拉力用下的锚筋的粘结应力来核查对于下用的锚筋的粘结应力拉力	—	—	—	—	—
对于弯矩及轴向力的设计 — 当利用梁弹簧模型的计算法时	取主体部分的最大弯矩为设计弯矩	同上	同上	取接头部分的最大弯矩为设计弯矩(有时也要考虑轴向力)	同上(有时要考虑杠杆反力)	同上	有时可略去核查单位应力			—	—
对剪力的设计 — 当利用惯用计算法、修正惯用计算法时	将主体部分的最大剪力作为设计剪力	将主体部分的最大剪力作为设计剪力	也考虑斜向受拉钢筋来核查单位应力	对于因螺栓滑移所产生的承压力接头板的承压力应力来核查	对于每处接头的全部螺栓进行冲剪应力核查	对于接头铁件的冲剪力进行应力核查	—	—	—	—	—
对剪力的设计 — 当利用梁弹簧模型的计算法时	取主体部分的最大剪力为设计剪力	同上	同上	取接头部分的最大剪力为设计剪力	同上	同上	—	—	—	—	—

续表

结构构件的种类	管片主体部分			接头部分						中子形	吊钩铁件
	平板形	中子形		管片接头			环接头			纵肋	
	主断面	主梁	横挡板	接头板	螺栓	锚筋	接头板	螺栓	锚筋		
对于环间剪力的设计　当利用惯用计算法、修正惯用计算法时	—			不能计算设计剪力			(参考已有的工程实例等)	(由垂直土压力及自重求解每一个的剪力,有时也要计算必要的螺栓根数)	(参考已有的工程实例等)	—	—
当利用梁弹簧模型的计算法时	—					—	取环的半径方向及切线方向的合力的最大剪力为设计剪力　核查因螺栓滑移所产生的主梁承压力的单位面积应力	核查螺栓的抗剪单位面积应力	对接头铁件的冲剪剪力进行单位应力核查		—

续表

结构构件的种类	管片主体部分			接头部分						中子形	吊钩铁件
	平板形	中子形		管片接头			接头板	环接头		纵肋	
	主断面	主梁	横挡板	接头板	螺栓	锚筋		螺栓	锚筋		
对于千斤顶推力(偏心量1cm)的设计	—		—	记在纵肋的项目中	—	—	—	—	—	将纵肋及两侧的横挡板作为有效断面来核查单位应力	
对施工荷载进行设计(可加载到容许应力的1.5倍) 对壁后注浆压力的设计	—		—	用相对两边固定的矩形板的弹性设计法来核查单位应力	—	—	—	—	—	—	—
对起吊荷载的设计	—		—	—	—	—	—	—	—	—	对相当于1.5个管片的重量所产生的拉力来查核波阻力

二次衬砌的施工目的　　　　　　　　　　表 4-14

目　的	内　容
非结构体	① 管片防腐 ② 管片的防水及止水 ③ 隧道的内表面装饰 ④ 隧道的偏离中轴线修正 ⑤ 隧道的防振对策 ⑥ 管片的加固	管片内面环境的遮断 在自然流动方式的下水道中是必要的 在铁路隧道中考虑 从长期观点来看是防止管片劣化
结构体	① 分担内部压力荷载 ② 分担将来所产生的荷载 ③ 分担局部荷载 ④ 增加轴向刚度	下水道的虹吸涵洞、双断面管渠、地下河 差异沉降对策、地震时对策

盾构隧道二次衬砌的结构处理方法有以下三种：

1. 当将二次衬砌与一次衬砌合并作为隧道的主体结构时

当隧道衬砌局部受很大的荷载作用，或事先可以预料到待隧道完成后由于周边地基的开挖等而使作用在隧道上的荷载产生变化，或土压力等荷载随时间变化比较明显，或有内部水压力作用时等，此时大多将二次衬砌与一次衬砌作为主体结构来进行设计。

此时的设计中很重要一点就是要充分考虑一次衬砌与二次衬砌的接合状态，来计算两种衬砌的荷载分担，应力分担及其工作状态。也就是说由于接合状态不同，两衬砌的构造是叠合结构，还是复合结构或者是位于两者之间的结构？因此其差异较大。

对于平板形管片及复合形管片等，当在接合面比较平滑的状态下实施二次衬砌时，两衬砌将产生近似于叠合结构的工作状态。在设计中就有了按照两衬砌的抗弯刚度及轴向刚度使其分担荷载的设计法，而圆形盾构隧道的衬砌是封闭结构，它与简支梁的叠合结构的工作状态不同。为此提出了考虑两衬砌间的变位的协调性，来评价荷载的分配情况的结构解析法（双层环模型方法等），现已达到实用阶段（图 4-12）[10],[11]。

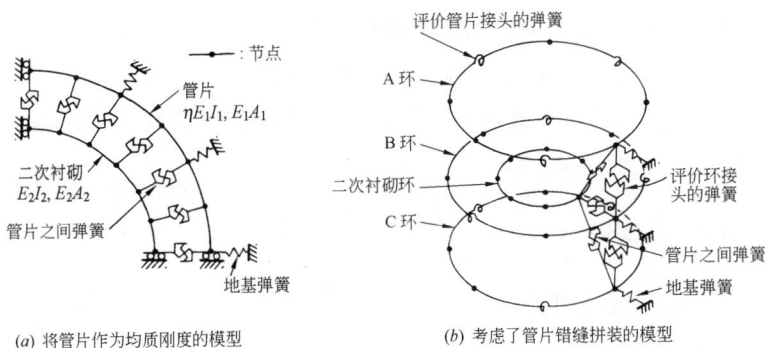

(a) 将管片作为均质刚度的模型　　　(b) 考虑了管片错缝拼装的模型

图 4-12　双层环模型概要

当在钢铁管片及中子型管片等普通箱形管片中施工二次衬砌时，或在平板形管片中配置相当数量的销丁筋时，则两衬砌就为近似处于复合结构的工作状态，就可以假定为整体结构进行计算。当在接合面上配置销丁筋组成复合结构时，其配置密度应满足刚度及承载力要求，以承担接合面处的剪力。

在接合面处设成凹凸状，一次衬砌及二次衬砌相互咬合时，就处于叠合结构与复合结构之间的工作状态。因此，由于凹凸相互咬合将产生约束效应，故应对作用于凹凸部位的剪力进行分析研究。合理设置凹凸，在进行各种试验及研究的基础上，有作为整体结构进行设计的实例。

2. 将二次衬砌单独作为隧道的主体结构时

即将一次衬砌作为临时结构，而将二次衬砌作为主体结构的思路。适用盾构工法的地基，今后将与山岭隧道工法一道逐步向自立性好的地基发展，那么，持上述思路的人还将有所增加。此时一次衬砌主要承受水压力及施工荷载，而二次衬砌则承受土压力及水压力等永久荷载，按此思路进行设计。然而，可以看出，作用于二次衬砌的荷载及地基反力等的评价方法，与只将一次衬砌作为主体结构时截然不同。所以，今后很重要一点，就是借助于现场观测等手段搞清楚这些评价方法。

3. 当只将一次衬砌作为主体结构时

一般情况下，基本上都省略了截面内力及应力的计算。但是，当采用内插管时，按来自一次衬砌的漏水所产生的外部水压力及二次衬砌的自重来设计二次衬砌。

4.6　抗震设计

4.6.1　隧道与地震

1. 地震时的盾构隧道的状态

地震时的盾构隧道的状态，一般可按如下思路进行分析。如果试比较一下隧道的重量与隧道所排开土的重量，那么隧道要轻很多。所以，当地震力作用时，作用于隧道上的惯性力远比作用于周边土体上的惯性力要小。所以当隧道之上有一定厚度的覆盖土时，就可以认为隧道与地基的振动同步产生振动。

2. 盾构隧道的结构特征

盾构隧道是用螺栓或与其类似的连接件将预制的管片连成一体，故在隧道的横断面方向及纵断面方向上为有很多接头的结构。接头的刚度比管片本身部位的刚度要小，所以盾构隧道的刚度与利用其他施工方法施工的隧道相比，无论是在横断面方向还是纵断面方向上都比较小，因此，利用盾构工法修建的隧道为柔性的，对周边地基的跟踪性相当好，这是它在结构上的一大特点。

3. 地震与地基变位

众所周知，地震灾害的大小除了与地震规模、震中距离、震源深度等有关之外，还在很大程度上依赖于该处地基的好坏。对于软弱地基比较厚的场所，周期较长且振幅较大的振幅条件下，地基变位将产生，反之在良好的地基中，可观测到在周期短振幅小的地基变位。对地上的建（构）筑物来说，由于其固有周期与地基的卓越周期之间的关系共振现象，将给建（构）筑物的震害以很大影响，而对地下建筑物来说，振动能量将被周边地基吸收，这种逸散衰减大，难于考虑共振现象。所以，构成问题的是地基变位的大小，也就是位移振幅。因此，地下建筑物越是位于软弱地层越厚的地基中，受到地震的影响似乎就越大。

另外，对于均匀系数小的松散的饱和砂层来说，由于地震动将产生砂土液化现象。地基的液化及其伴随而来的地基的侧向流动，无论是地上还是地下，都将对建(构)筑物产生重大的灾害。盾构隧道也不例外，在分析研究隧道的安全性时，液化现象是个大问题。

综上所述，与其他的地下建筑物相比，盾构隧道是柔性建(构)筑物，所以，它可以紧密跟踪地基变位。因此，在考虑盾构隧道的抗震设计时，最重要的是能否正确把握住地震时的地基变位状态。

4.6.2 隧道与抗震设计

1. 抗震设计的对象条件

导致很多土木建(构)筑物遭到震害的兵库县南部地震，观测到基底层的水平加速度为 600 伽以上，即大地震。有数据报告称，即便在这样一场大地震下，地下盾构隧道的震害也只出现竖井连接部位附近的漏水及二次衬砌的开裂现象，没有特别显眼之处。

通常条件下，有某种厚度的覆盖土的良好的均匀地基中的隧道，基本上不受地震的影响，即使省略了抗震分析也无妨。然而当隧道处在如下条件下时，就应该考虑将受到地震的影响，就必须进行慎重的抗震研究(图 4-13)。

(1)竖井连接部位，土中接合部及分支结构连接部位

竖井与盾构隧道在其断面形状、结构特性及变形特性方面均不相同，地震时的变位状态也差异很大。土中接合部及分支结构连接部位，与异种建(构)筑物之间接合部也一样。

就这些的连接部位及接合部来说，地震时建(构)筑物之间将产生相对变位，产生很大截面内力的可能性也相当大。

(2)管片种类的变化及二次衬砌的有无

隧道施工过程中，管片的种类变化或者有无二次衬砌的区间混杂在

一起时,在其边界隧道的纵断面方向的刚度将产生变化,从而产生大的截面内力集中。

(3)软弱地基中的隧道

即使是位于均匀地基中的隧道,当地基比较软弱时,地基的位移振幅比较大,特别是在纵断面方向整体上将产生很大的相对变位。

(4)当地质、覆盖土及基底深度等地基条件急骤变化时

隧道由软弱地基及比较硬的地基中穿过时,当覆盖土厚度及基底面深度产生急剧变化,且变化地点附近地基变位不连续,则在隧道的纵断面方向将产生很大的相对变位。另外,在隧道横断面内,如有软弱地基及较硬质地基的交界时,则在隧道横断面方向上,同样也将产生很大的相对变位。

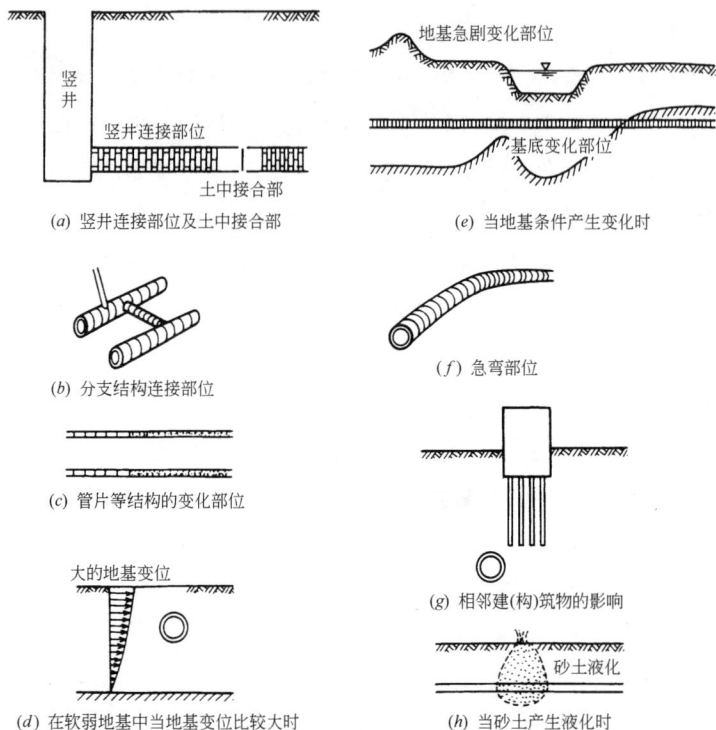

(a) 竖井连接部位及土中接合部

(e) 当地基条件产生变化时

(b) 分支结构连接部位

(f) 急弯部位

(c) 管片等结构的变化部位

(d) 在软弱地基中当地基变位比较大时

(g) 相邻建(构)筑物的影响

(h) 当砂土产生液化时

图 4-13　受地震影响很大的条件

（5）当有急曲线部分时

在隧道的急曲线处，地震波的入射方向与隧道的轴线方向将产生急剧变化，所以，在隧道的纵断面方向上，易于产生很大的截面内力。

（6）当在松散的饱和砂土中的隧道有可能产生液化时

当在担心产生液化的地基中有隧道时，液化的砂土将丧失其抗剪强度，另外，瞬时的超孔隙水压力，将使之产生向上的渗透流，那么作用在隧道上方的土荷载将减轻，所以隧道就失去了抗浮的作用。另外，液化的砂质土视密度将增加，浮力也将增大。结果隧道有可能产生上浮。

（7）当距地上建(构)筑物的基础很近时

作为地震的影响，地上建(构)筑物将承受惯性力的作用，此时基础底面的建(构)筑物反力将产生增减。伴随着这种增减作用，作用在隧道上的荷载将产生变化。另外，隧道周边的天然土体很有可能受到扰动。

盾构隧道在设计上，多半都采用静力学上稳定的圆形断面，荷载的平衡是其基本条件，当在其上作用类似地震这样的局部外力及不平衡的外力时，就很难说其是稳定性很好的建(构)筑物。另外，最近除采用多圆形盾构隧道中有代表性的圆形断面之外，采用其他形状的断面的趋势有所增加。在这些盾构隧道中荷载的平衡上是比较微妙的，所以，当进行抗震设计时，必须慎重进行分析研究。

通常对盾构隧道的抗震性分成如下几步进行研究：

① 隧道及隧道周边地基的稳定性研究；

② 隧道横断面方向的力学特性研究；

③ 隧道纵断面方向的力学特性研究。

对中小口径的隧道来说，主要在对①进行研究的基础上，以③为中心进行研究，与其相反对大口径的隧道来说，按需要也对②进行研究。

2. 地震的规模

通常情况下，较为合理的用于抗震设计的地震规模及设计基本思路如下：

（1）大规模地震

在规划的隧道使用年限内，发生一次左右的地震，隧道衬砌由于输入相当大的地震动而导致局部产生屈服，或者产生局部破坏，但可以确保隧道的内部空间断面，按此思路进行设计。

（2）中等规模地震

在规划的隧道使用年限内，发生数次地震，由于输入地震动的作用而产生的隧道衬砌的应力及变位量在短时间内都在容许值之内，这样来进行设计。

3. 地基的属性值

当进行地下建(构)筑物的抗震设计时，在充分掌握地震时地基的工作状态及隧道的特性的基础上，不能只根据计算结果，必须进行综合判断。这是因为在分析时所用的输入地震动，地基的属性值等包含有各种各样的假定条件，计算结果未必能给出正确的解答。

地震波是从震源开始在构成地层的多样地基中传播，让该隧道位置的基底层乃至表层地基产生振动。隧道由于地震所产生的振动概念如下所示。传至基底层的地震动，由于表层的土的抗剪强度所致，将向地表处传播。表层的振动被土的能量所吸收而产生逸散衰减效应，由地表面及土质边界层反射回来的振动及后发生的振动相互重复干扰，或者变小，或者变大。所以，地震的影响时时刻刻在变化。而时间历程反应分析是追随这些振动过程的地震反应分析。另外，在时时刻刻的变化中，如果假定将最大的反应得到的一点能够静态地表现出来的话，那么地基变位的概念就比较易懂。根据地基变位的隧道反应分析就是所谓的地震变位法。在盾构隧道的抗震设计中，虽然有各种各样的方法，如果大致进行分类，则有如下几种。即在考虑了地震的动态的情况下，用简单的计算公式求解地基变位，再让其静态地作用在隧道上这种所谓的狭义的地震变位法，还有直接计算有隧道地基的动态行为的动态解析法。当为后者时，有只求地基变位，按时间历程使其作用在隧道上的时间历程反应分析法，和地基与隧道一起进行解析的动态解析法。

在狭义的地震变位法中，有关地基特别重要的项目有如下三项：

① 水平方向上成层状表层地基的各层的剪切波速度；

② 基底的剪切波速度；

③ 地基弹簧的常数。

如果给出这些项目，则就可以用简单的公式推算出表层地基的固有周期及波长，就可以从图表中得到设计用反应谱。由地基的变形系数及剪切弹性系数与 N 值等来推算地基弹簧的常数。

另外，在地基与隧道一起进行解析的动态解析法中，如下三项特别重要：

① 输入地震动(一般是输入基底的加速度波形)；

② 表层地基的剪变模量；

③ 衰减常数。

剪变模量及衰减常数对地基变形的依赖性很大，如果变形大，则剪变模量就小，另外，衰减常数将变大。由共振法土质试验及动三轴试验，就可以得出剪变模量及衰减常数对变形的依赖性。还有由原位试验法——PS地层探测的弹性波速度，可以求解当变形较小时的剪变模量。

4. 代表性地震与抗震规范之间的关系

表 4-15 所示，为日本过去所发生的有代表性地震及与其相关编制的抗震设计规范类资料。该表是以地下的线形建(构)筑物为对象。

4.6.3 隧道及其周边地基的稳定性分析

1. 地基液化

地基一旦产生液化，有效应力将显著减少，导致丧失强度。当在这种地基中有隧道时，隧道有可能产生上浮，因荷载的平衡条件产生变化，隧道的截面内力就有所增加。为此，就必须充分研究隧道周边地基的液化问题，当判断不安全时，就必须采取地基改良等对策。

有代表性的灾害地震与抗震规范类之间的关系 表 4-15

有代表性的灾害地震	发生年月	抗震规范类的动向	发行年代
关东地震	1923/9/1	目前抗震设计中设定的地震	
鸟取地震	1943/9/10		
南海地震	1946/12/21		
福井地震	1948/6/26		
新泻地震	1964/4/16		
松代地震	1965 年夏震群	楼井等(电中研)的埋设管的研究	1967
海老的地震	1968/2/21		
		石油管线标准、告示	1973
十胜冲地震	1974/5/9	石油管线技术标准	1974
伊豆半岛地震	1974/5/9		
		沉管隧道抗震设计指南	1975
		建设省土研总编制新抗震设计法(草案)	1977
伊豆大岛近海的地震	1978/1/14		
宫城县海岸地震	1978/6/12		
		隧道抗震接头技术标准(草案)	1979
		管道设施抗震工法规程及编制说明	1979
		排水管道设施地震对策规程及编制说明	1981
		煤气导管抗震设计指南	1982
日本海中部地震	1983/5/26		
		共用沟设计指南	1986
		原子能发电厂抗震设计技术指南	1987
		下水道设施的地震对策手册(草案)	1992
钏路海岸地震	1993/1/15		
北海道西南海岸地震	1993/7/12		
北海道东方海岸地震	1994/10/4		
三陆远海地震	1994/12/28		
兵库县南部地震	1995/1/17	首次近代都市震中区地震灾害	

2. 液化的判定方法

一般情况下，判定液化是利用 F_L 法。F_L 法是用土的动态抗剪强度比 R 及地震剪切应力比 L，用 $F_L=R/L$ 求解对于液化的抵抗比 F_L，以此来判定液化程度的方法。涉及 F_L 法的规范、规程类的有《道路桥规范》、《国铁建造物设计标准及编制说明》、《共同沟设计指南》等。利用 F_L 法判定液化的流程如图 4-14 所示。

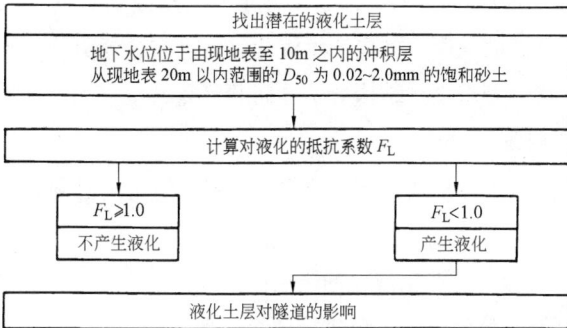

图 4-14 F_L 法判定液化的流程图

除此之外，还有在模型化的地基中输入地震波进行地震反应分析，求解可能产生液化土层的等价地震加速度，并以有效上部荷载压力为参数的等价 N 值相比较判定液化的方法。

3. 浮力研究

假定土的有效重量为零，则：

$$\gamma_e = \gamma_s - \gamma_w = 0 \quad 得 \quad \gamma_s = \gamma_w$$

式中　γ_e——土的有效重量；

　　　γ_s——土的单位体积重量；

　　　γ_w——水的单位体积重量。

所以，在液化的地基中，可以认为相当于 γ_s 的孔隙水压力在起作用，据此浮力也将变大。用下式对照检查浮力作用下的安全性，希望至少也要确保 1.1 以上的安全系数。

$$F_s = G/U$$

式中　F_s——安全系数（1.1 以上）；

　　　G——对浮力的抵抗值（有效覆盖土压力、衬砌重量）；

　　　U——浮力。

当隧道整个断面都位于液化地层时，将 D 作为隧道外径，用单位宽度的如下公式可计算浮力 U：

$$U = \gamma_s \cdot \pi D^4 / 4$$

对于浮力的研究，一般是对盾构隧道的横断面方向进行分析，但是，当只在隧道的纵断面方向产生液化时，也有让浮力作用在隧道纵断面方向的结构模型来进行结构力学方面的研究。

4. 液化对策

当判断出由于地基液化使隧道偏于不安全时，就必须采取如下所示的液化对策：

① 选择避开可能产生液化的土层的线形；

② 对可能产生液化的土层进行地基改良；

③ 选择使用铁矿石（铁矿粉）等的重型管片；

④ 在隧道内设置钢锭等以增加重量。

4.6.4   隧道横断面方向的抗震设计

1. 横断面方向的结构模型

（1）只有一次衬砌的隧道

只有一次衬砌的隧道的横断面方向的结构模型，大致可以分为承担长期荷载的设计上所用的框架结构模型（图 4-15）及二维动态分析模型（图 4-16）两种。在框架结构模型中，既有惯用计算法所用的理想刚度均匀环模型，又有考虑了修正惯用计算法所用的弯曲刚度的低减系数（n）及错缝拼装的拼接效应（ζ）的刚度均匀环模

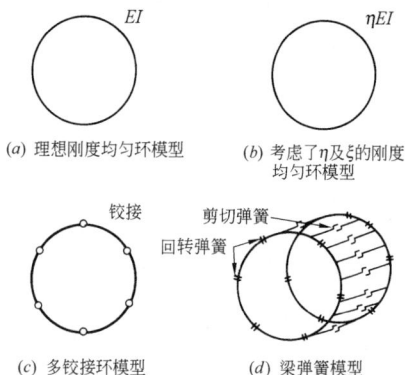

(a) 理想刚度均匀环模型

(b) 考虑了 η 及 ζ 的刚度均匀环模型

(c) 多铰接环模型

(d) 梁弹簧模型

图 4-15   框架结构模型

型、多铰接环模型，还有将管片接头处模型化为回转弹簧模型，以及将环接头处模型化为剪切弹簧的梁弹簧模型。

　　另外，动态分析模型就是将地基与隧道耦合的结构模型，一般用二维 FEM 分析模型。

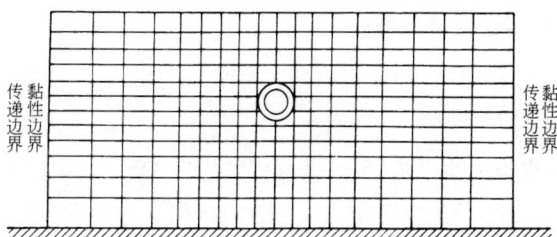

图 4-16　二维动态分析模型

（2）有二次衬砌的隧道

　　对有二次衬砌的隧道来说，如何评价一次衬砌及二次衬砌相互之间的相互作用其结构模型不同。当看成整体结构时（当在钢管片及球墨铸铁管片上实施二次衬砌时，当在平板式管片中充分设置抗剪键时），可以选用用在惯用计算法及修正惯用计算法的模型［图 4-17(a)］。当看成叠合结构时（当在平板式管片上实施二次衬砌时），可以选用梁弹簧的模型（双层环结构模型）［同图 4-17(b)］。另外，如果能确切地评价这些构架模型，也就可以用 FEM 模型来考虑与地基耦合的分析。

2. 抗震设计手法

　　盾构隧道的抗震设计方法大致有如下两种：

　　（1）忽略不计隧道，首先只求地震时的地基的变位行为，然后将得到的全部地基变位或将其进行若干折减后的值作用在隧道上，对照检查所产生的截面内力及变形量的方法。

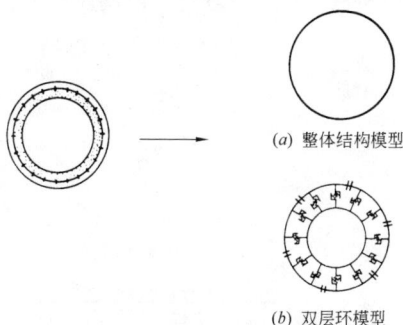

(a) 整体结构模型

(b) 双层环模型

图 4-17　有二次衬砌的盾构隧道的横断面结构模型

　　（2）地基与建（构）筑物耦合求解，直接对照检查作用在隧洞上的截面内力及变形量的方法。

方法(1)是首先求解地基变位的，其求解法也有各种方法：

① 将表层地基看作产生抗剪振动，只考虑一次振型，利用速度反应谱求解反应变位振幅的方法 ［图 4-18(a)］

② 利用一维地震反应分析的方法 ［同图 4-18(b)］

③ 利用 FEM 的方法 ［同图 4-18(c)］

④ 利用弹簧—质点系(多质点系)模型的方法 ［同图 4-18(d)］

其中①、②是将地基假定为水平方向成层状的物质。①所用的设计用的速度反应谱不同，在《石油管线技术标准》、《水道设施抗震设计指南及编制说明》、《共用沟设计指南》、《煤气导管抗震设计指南》等多个标准及规程类中都采用了，可用简单的公式求解地基的地震变位，是最常用的方法。②是用一维的质点系模型或多次反射理论的方法，可以时间历程求解地基变位。③、④是二维的动态反应分析法，即使不是水平成层的地基也可以计算，可以时间历程求解地基变位。这些方法中，地基属性值的评价及分析区域、边界条件等的设定将对地基变位的时间历程反应有很大影响，故应慎重分析。另外，在分析上也相当费事费成本。当地基为三维的不成层的状态时，也可以考虑利用三维的动态反应分析法，但是，在计算时间及成本、地基属性值的推定精度、分析区域

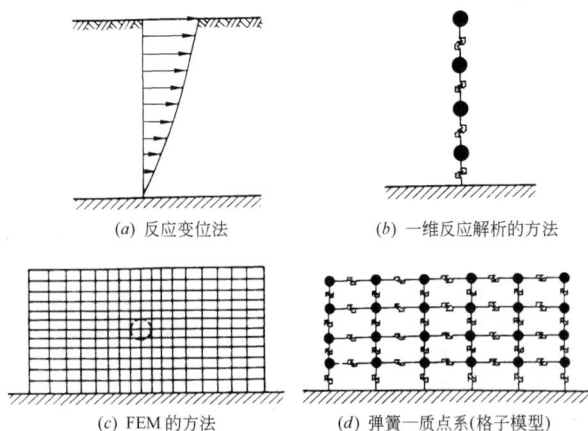

(a) 反应变位法   (b) 一维反应解析的方法

(c) FEM 的方法   (d) 弹簧—质点系(格子模型)

图 4-18　地基变位的计算法

与边界条件的设定等问题上，若考虑计算机的能力及容量等，就目前现状而言，不一定是一种合理的方法。

在上述的隧道的横断面结构模型之中，让由①~④的任何一种方法求得的地基变位作用于框架结构模型上，就可以求出作用于隧道上的截面内力及变形量，其作用方法一般是将隧道周边地基看成弹簧，将地基变位作为"弹簧初变位"[图 4-19(a)，(b)]。当以时间历程给予地基变位时，可以按时间历程计算作用于隧道上的截面内力及变形量。除此方法之外，也有将包括隧道在内的比较狭窄区域的周边地基分割成 FEM 单元，由两侧得到的地基变位静态地或以时间历程作用的思路[4-19图(c)]。

方法(2)是指对地基与隧道耦合进行解析，直接计算隧道所产生的截面内力及变形量，一般是二维 FEM 法，与方法(1)中的③一样，在地基属性值的评价、分析区域、边界条件的设定上必须慎重判断，同时还必须分析研究包括所需时间及费用的计算，对所得结果的评价等问题。

综上所述，隧道横断面的抗震设计法利用其组合就有各种各样的变化，但是，通常情况下方法(1)中的①即狭义的地震变位法最常用。

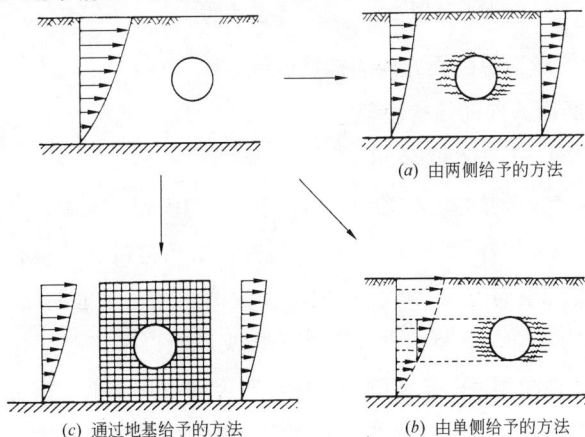

(a) 由两侧给予的方法

(c) 通过地基给予的方法

(b) 由单侧给予的方法

图 4-19　地基变位作用在结构模型上的方法

与此相反，隧道的重量与周边地基的重量相比，相当大而重时，作为地震的影响，可以认为由隧道质量产生的惯性力起主导作用，所以，作为抗震计算法另有地震系数法等(图4-20)。此时，当分析研究地震的影响时，通常是要考虑如下地震力：

① 由地基变位、变形所产生的土压力及侧向压力；

② 作用于隧道及其上的土的惯性力；

③ 伴随地震动的土压力及水压力。

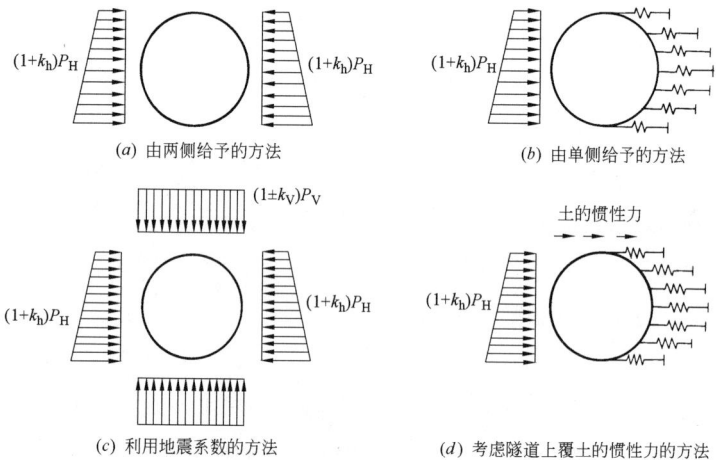

(a) 由两侧给予的方法　　　　　　　(b) 由单侧给予的方法

(c) 利用地震系数的方法　　　　　(d) 考虑隧道上覆土的惯性力的方法

图 4-20　地震系数法的计算

4.6.5　隧道纵断面方向的抗震设计

1. 纵断面方向的结构模型

（1）只有一次衬砌的隧道

只有一次衬砌的隧道的纵断面方向的结构模型，大致可分为受长期荷载作用的梁结构模型及 FEM 模型两种。梁结构模型就是将隧道作为一根梁，将隧道周边的土体作为地基弹簧而作用在梁上的结构模型(图4-21)。盾构隧道在纵断面方向上有环接头，所以环接头部位与主体部位相比，其轴向刚度、抗弯刚度及抗剪刚度将有所降低。因此就有如下两种结构模型，一种是以梁整体的刚度降低情况来评价刚度降低的结构模型，另一种是用轴向弹簧、回转弹簧及剪切弹簧来忠实评价环接头的

结构模型。在前者的结构模型中，有按经验确定刚度增减率的，也有
用分析法推算含环接头在内的隧道变形的。后者称为"等价刚度梁
模型"。

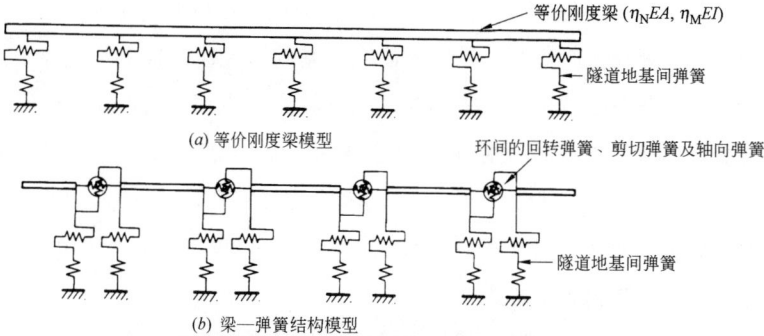

(a) 等价刚度梁模型

(b) 梁—弹簧结构模型

图 4-21　隧道纵断面方向的梁结构模型

这些可均匀地使刚度降低的梁模型，虽可以推定隧道整体地震时
的状态，但对所得的截面内力及变形量不能区别，是隧道主体部位的还
是环接头部位的，也不能直接求解环接头部位等局部位置的值。隧道纵
断面方向的地震灾害并不是隧道主体本身，一般都集中反映在环接头部
位，环接头处产生的应力及变形是抗震设计上的主要核查项目。等价刚
度梁模型，虽可由所得到的截面内力及变形量计算出环接头部位的应力
及变形，但是这些数值并不是局部数值的概念，而是一个平均值的
概念。

梁—弹簧结构模型，主要用于求解每一处环接头的力与变形的关
系，将它与立体的框架结构模型(当为钢管片、球墨铸铁管片及中子形
管片等情况下)或圆筒壳模型(当为平板形管片与复合管片时)组合，将
其与梁—弹簧系结构模型进行对比，确定用到此处环接头中的各种弹簧
常数。同时提出了不通过立体分析模型求解各种弹簧系数的简易手法。
另外，因这种模型可以容易向等价刚度梁模型置换，并且用梁—弹簧结
构模型，可以忠实地评价较长的隧道中的一部分(着眼点附近)，除此之
外的部分置换成等价刚度梁模型，还可以缩短计算时间。这种模型的长

处就在于，可以如实地评价环接头部位，在考虑了环接头部位的局部的刚度降低的基础上，可以直接得到产生在此处的截面内力及变形量。

FEM 模型为耦合地基与隧道的模型，通常考虑到地基的三维条件变化而选用三维 FEM 模型。当与隧道横断面方面相比较时，在要求更广的分析区域的基础上，必须慎重分析研究地基的属性值的推定及边界条件的设定等。另外，解析中所需的时间及计算成本也相当高，随之而来的问题也较多。还有在该耦合解析中不是说不能应用二维 FEM 模型，但是，在二维 FEM 模型中，很难考虑地基在厚度方向(分析平面中的垂直纵深方向，一般取单位宽度)的隧道的刚度，所以说基本上不采用。

(2) 有二次衬砌的隧道

有二次衬砌的隧道，由于一次衬砌与二次衬砌之间的结合状态不同，其结构模型的评价也不同。当在钢管片及球墨铸铁管片中施工二次衬砌，或在平板形管片中配置相当数量的抗剪键时，就可以将一次衬砌与二次衬砌之间的结合状态看成比较坚固的。此时借助于立体结构模型，提出了将其置换成一根梁—弹簧结构模型的方法。该结构模型就变成了与图 4-21 相同的模型。当在平板形管片中施工二次衬砌时，因两衬砌间的结合状态不那么紧密，若在某种程度的地震力作用下两衬砌间将产生剥离，有可能产生不一致的工作状态。由此可以将两衬砌间看成叠合结构，此时就提出了将其置换成二根梁—弹簧结构模型的方法(图 4-22)。如果能确切地评价这些梁—弹簧结构模型，将其应用到 FEM 模型中，也就可以考虑与地基之间的耦合问题了。

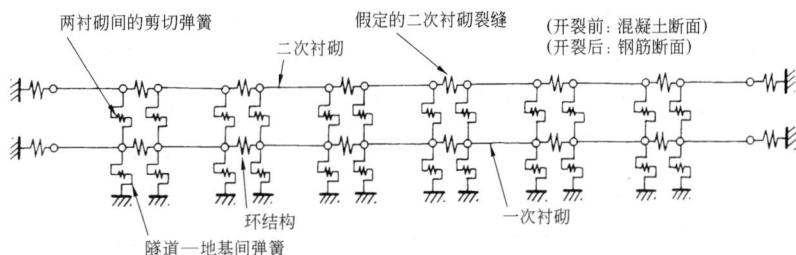

图 4-22　考虑了二次衬砌的隧道长度方向的梁—弹簧模型

2. 抗震设计法

盾构隧道的纵断面方向的抗震设计法与横断面方向的基本相同，大致有如下两种：

（1）忽略不计隧道，首先只求地震时地基的变位状态，而后将得到的全部地基变位或作若干折减的地基变位作用在隧道上，再求解对照检查所产生的截面内力及变形量的方法。

（2）地基与隧道耦合求解，直接对照检查隧道产生的截面内力及变形量的方法。

这些方法与横断面方向的抗震设计手法不同之处在于，必须考虑取一定的地基范围，还要选取地震动的波长等。

方法（1）中首先需要求解地基的变位，该方法中主要内容如下：

① 将表层地基看成产生剪切振动，只考虑一次振型，用速度谱求解反应变位振幅的方法；

② 利用一维地震反应分析的方法；

③ 利用弹簧—质点系（多质点系）模型的方法（图 4-23）；

④ 利用 FEM 模型的方法。

其中①、②是假定地基在水平方向上为层状的方法。与横断面方向的设计手法不同之处在于，用将隧道中心位置的地基变位（②中为最大值）取为振幅，波长 L 的正弦波，来假定隧道纵断面方向的地震动的地基变位分布，方法（1）所述的结构模型，地基弹簧的初变位施加在作用

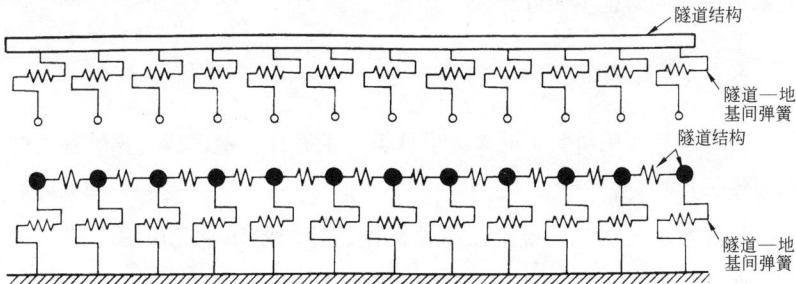

图 4-23 利用多质点系模型的动态分析模型

点。对于相同的变位振幅，如果波长变短，则隧道处所产生的截面内力及变形量就变大，如果变长，则计算值就变小。所以，该方法中重要的一点就是应确切选定波长。③与④中都不是呈层地基，虽可以按时间历程求解地基变位，但必须慎重分析研究地基属性值的评价及边界条件的设定等问题，特别是当与横断面方向相比较时，多半都要求选择大的分析区域，相当费时且增加成本。

在只分析地基变位时，一般利用二维分析法，但是，当根据地基条件及隧道线形必须将地基取为三维时，那么，也就必须应用三维的动态分析手法。然而，如若考虑到目前计算机的容量，虽不能说不可能进行三维动态解析，但是相当困难，除特例之外几乎不用。利用③和④得到的隧道中心位置的时间历程反应变位与①及②一样，在方法(1)中所说的隧道纵断面方向的结构模型上给予弹簧初变位，按时间历程计算隧道中所产生的截面内力及变形量。

方法(2)一般是在三维 FEM 模型中设定隧道的结构模型，直接按时间历程计算隧道中产生的截面内力及变形量的手法，所以，有与方法(1)中④相同的问题，要求对所得结果进行工程上的评价及判断。应用二维的 FEM 问题如上所述并不是一般性问题。

综上所述，盾构隧道的纵断面方向的抗震设计法，要考虑利用组合方式所出现的各种各样的变化情况，通常应用方法(1)中①的方法，即狭义的地震变位法最多。另外，在纵断面方向的抗震分析中，不采用地震系数法，同时也不太合理。

4.7 管片加工

管片因其所用材料不同，故可分类为钢管片、钢筋混凝土管片、球墨铸铁管片、复合管片。

一般常用的钢、混凝土及球墨铸铁管片的制作流程如图 4-24～图 4-26所示，另外，其制作状况如图 4-27～图 4-29 所示。

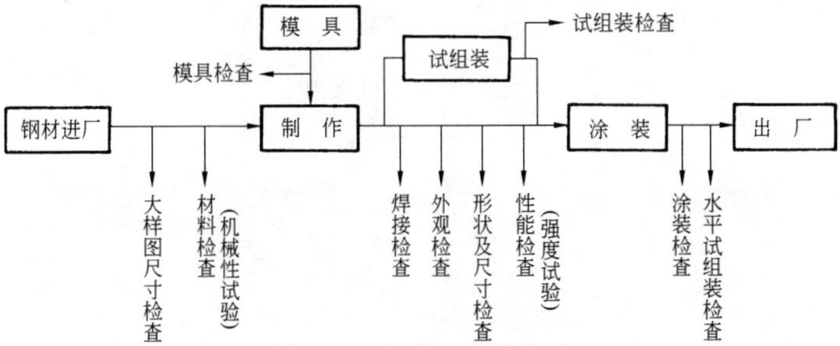

图 4-24　钢管片制作流程

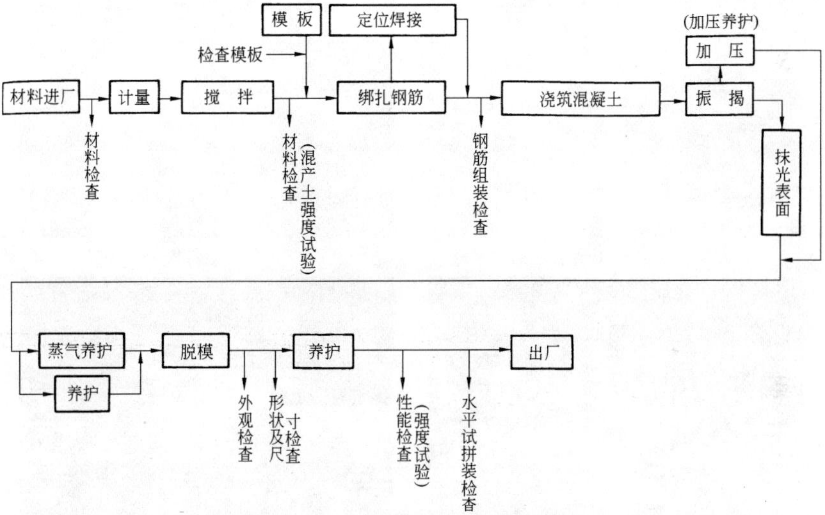

图 4-25　混凝土管片制作流程

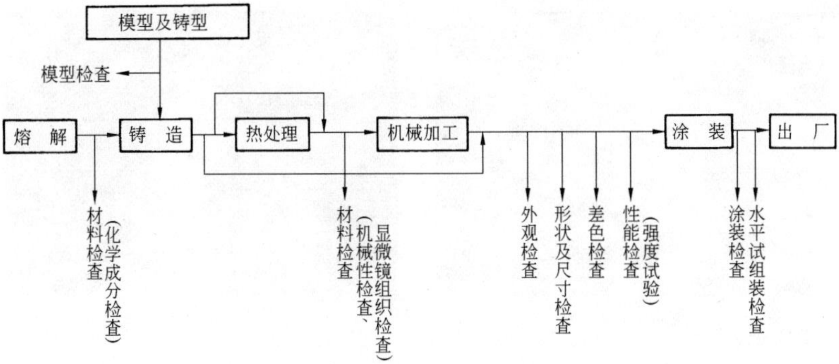

图 4-26　球墨铸铁管片制作流程

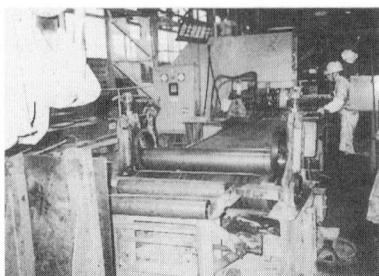

(a) 表面板加工

(e) 弯制纵肋，剪切加工

(b) 主梁弯制加工

(f) 试组装

(c) 开孔加工

(g) 焊接

(d) 剪切加工接头板

(h) 尺寸检查

图 4-27　钢管片制作工艺

(a) 剪断钢筋

(e) 支模板及浇筑混凝土

(b) 钢筋加工

(f) 表面抹光及快速养护

(c) 绑扎钢筋

(g) 脱模

(d) 钢筋笼入模

(h) 水中养护

图 4-28 混凝土类管片制作工艺

(a) 木模

(d) 浇筑

(b) 铸型造型

(e) 密封槽及填料密封槽机加工

(c) 上下铸型拼装

(f) 浇筑内填混凝土

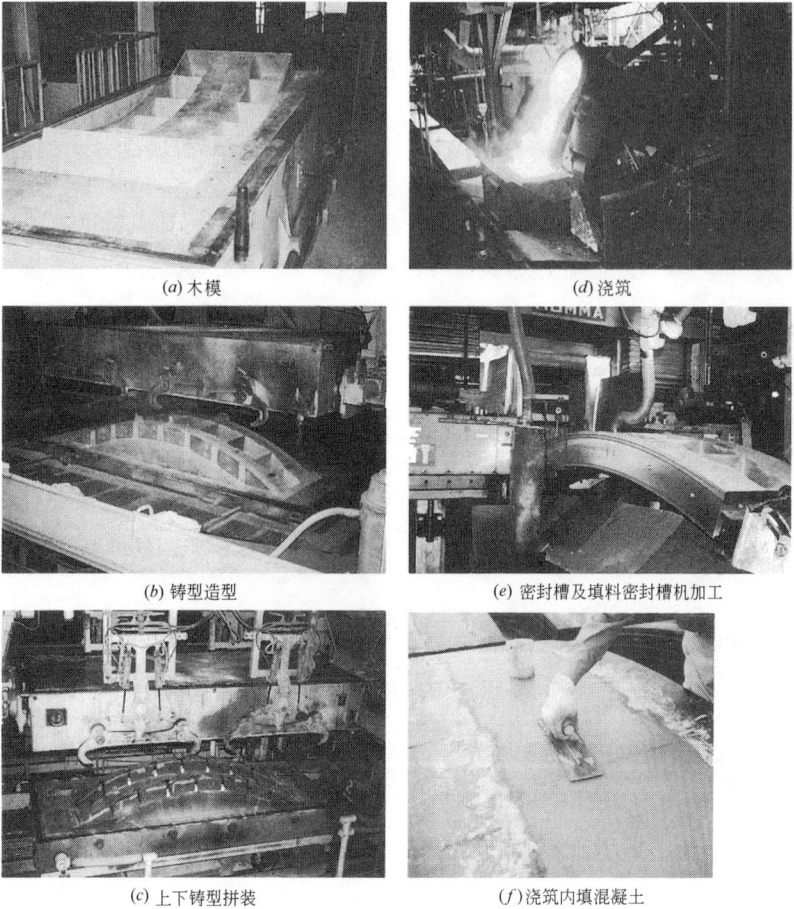

图 4-29　球墨铸铁管片的制作工艺

参 考 文 献

［1］　たとぇば，Szech K.：The art of tunnelling，AKA DEMIAIKADO，BU-DAPEST，1966.

［2］　土質工学会：「山留めシールド工事にぉける土圧・水圧と土質の挙動」に関すゐシンポジウム報告書，1992.5.

［3］　土木学会：トンネル標準示方書(シールド工法編)・同解説，1996.7.

［4］　木村・野本・渡辺・小泉：トンネル覆工に作用する土圧と覆工変形の相互作用に関する模型実験，トンネル工学研究論文報告集，Vol. 5，1995. 11.

［5］　小山・清水・佐藤：トンネルと地盤の相互作用の設計上の取扱いに関する一考察，土木学会論文集，No. 511/Ⅲ-30，1995. 3.

［6］　村上・小泉：シールド工事用セグメントのセグメント継手の挙動について，土木学会論文報告集，No. 296，1980. 4.

［7］　土木学会：セグメントの設計，トンネルライブラリー第6号，1994. 6.

［8］　村上・小泉：シールドセグメントリングの耐荷機構について，土木学会論文報告集，No. 272，1978. 4.

［9］　今野・小泉：リング継手のばね定数がセグメントリングの断面力に及ぼす影響，土木学会第43回年次学術講演会，1988. 10.

［10］　半谷：二次覆工を有するシールドトンネル覆工の力学的特性に関する研究，鉄道技術研究報告，No. 1303，1985. 10.

［11］　村上・小泉：二次覆工で補強されたシールドセグメントの挙動について，土木学論文集，No. 388，1987. 12.

第5章 盾构及其设计

5.1 盾构的种类与特征

盾构的断面形状由所用的管片的形状来决定。以圆形断面用的最多，其优点是不引人注意的由形状决定的结构上有利及施工中不易侧倾。由于隧道的用途不同，也有采用马蹄形、矩形、多圆形等非圆形断面形状的盾构，但是，与圆形相比，必须解决在强度及定位控制上的不利等问题。

本章阐述目前最常用的圆形盾构。

盾构的种类有手掘式、半机械式、机械式、泥水式及土压式。盾构由护盾、挡土装置、挖掘装置、推进装置(盾构千斤顶)、管片拼装装置(举重臂)、动力设备、排土设备、配电设备等组成。对于机械式、泥水式、土压式的盾构来说，动力设备、排土设备、配电设备等都设置在后配套台车上。

在盾构主体的前部的切口环处装有挡土装置、挖掘装置，中部支撑环作为承压隔板千斤顶的反力座，以及作为设置盾构千斤顶、动力设备等的空间或作为推进操作的场所来使用。在后部盾尾中装有管片拼装装置，盾尾后部装有密封装置。

表 5-1 汇总了盾构的种类及其特征。

5.2 开挖面的稳定

有关盾构掘进时的开挖面稳定的思路，开放式盾构与密封式盾构之间截然不同。前者基本上依靠土体的强度，在确保土体自稳性的同时向前掘进。与此相反，而后者则是在盾构承压隔板前面充满泥浆或对切削下来的土砂施加压力，以此平衡由于开挖引起的在开挖面所释放的土

盾构的种

分　类	密　封　式		
	土　压　式		泥　水　式
	泥　土　压	土　压	
形态			
挖掘方法	·利用安装在刀盘上的刀具进行全断面挖掘		
开挖面的稳定及挡土	·在盾构与开挖面之间设有土仓室，在土仓室对切削下来的砂中加入添加剂以提高其流动性，然后用盾构千斤顶对土仓室及螺旋输送机内的土砂进行挤压，使之产生与开挖面的土水压力相平衡的泥土压力，以此挡土。 ·原则上不使用辅助工法。	·在盾构与开挖面之间设土仓室，利用盾构千斤顶对土仓室及螺旋输送机内滞留的挖掘土砂进行挤压，使之产生与开挖面的土水压力相平衡的土水压力，以此挡土。 ·原则上不使用辅助工法。	·在盾构与开挖面之间设土仓室，对输入到土仓室的泥水施加压力，以此进行挡土。 ·原则上不使用辅助工法
	·不能用肉眼直接观察到开挖面。		
开挖土砂的处理程序	·处理方法1 →螺旋输送机 →台车上的皮带输送机 →挖掘土搬用车 ·处理方法2 →螺旋输送机 →土砂加压泵 →土砂搬送泵		·挖掘土 →搅拌挖掘土砂 →排泥泵 →排泥管 →土砂分离处理设备
全景照片			

类与特征

表 5-1

开 放 式		
手掘式	半机械式	机械式
·使用尖镐、十字镐及铁锹等人工挖掘	·利用单斗挖土机、反铲及伸臂凿岩机等挖掘装置进行部分开挖	·利用安装在旋盘处的刀具进行全断面开挖
·利用工作面千斤顶、半月形千斤顶、移动式护罩千斤顶、上承式千斤顶等挡土装置进行挡土。	·挡土方式与手掘式相同，但与手掘式相比，工作面更大一些，挖掘过程中的挡土不像手掘式那么方便。	·通常是用在自稳性比较好的土体中，而对自稳性比较差的土体则辅助使用面板进行挡土。
·很多场合下都是利用气压工法、药液注入法及降低地下水位工法等的辅助工法来保持开挖面的稳定。	·很多场合下都是利用气压工法、药液注入法及降低地下水位工法等的辅助工法来保持开挖面的稳定。	·与手掘式一样，很多场合下都是采用辅助工法来保持开挖面的稳定。
·可以直接用肉眼观察到开挖面		
→人工装载 →机内的皮带运输机 →土方搬运车	→装载装置 →机内的皮带运输机 →台车上的皮带运输机 →土方搬运车	→切削铲斗 →溜槽 →机内的皮带运输机 →台车上的皮带运输机 →土方搬运车
1980 年前后应用实例最多，盾构工法开发不久即投入应用		

压及水压，从而保持开挖面的稳定。

5.2.1　开放式盾构开挖面的稳定性

在开放式盾构中，利用安装在盾构中的挡土机构及开挖面的地基改良确保开挖面的稳定，向前掘进。

1. 挡土机构

作为盾构的挡土机构通常都是采用防护罩及挡土千斤顶的办法。首先是将设在盾构前端的防护罩切入土体中，这样边防止开挖面坍塌，边掘进，然后在已开挖处设置矢板及支架等，边用挡土千斤顶撑住，边向前推进。防护罩的形状视土体的特性及开挖外径等而异，有如图 5-1 所示的多种形式，与下部先行相比，让防护罩的上部先行到达开挖面，使用带有一定边坡坡度的防护罩的情况较多。当开挖自稳性好的土体时，防护罩的长度较短，当自稳性比较差时就稍长一些。因较长的防护罩会导致盾构偏离中线并同时增大推力，因此希望尽量使用短的防护罩。当必须使用长的防护罩时，要在防护罩的顶端设置利用千斤顶可伸缩的移动式活动罩，这样可以有效地防止顶部土体坍塌。

台阶形　　　　垂直形　　　　倾斜形
图 5-1　防护罩的形状

挡土千斤顶有半月形千斤顶、工作面千斤顶及上承式千斤顶等。半月形千斤顶是顶住防护罩内侧的千斤顶，工作面千斤顶是设置在加固防护罩立柱上的千斤顶，上承式千斤顶是设置在作业台上的千斤顶。这些千斤顶的前端都为平面结构，借助于支架，矢板或钢材等就可以顶住土体。

2. 开挖面土体的地基改良

作为开挖面土体的地基改良工法有气压工法、降低地下水位工法及药液注入工法等，这些工法可以单独使用，也可以并用。

气压工法是以滞水性有压气效果的地基为对象的，是利用压缩空气的排水挡土效果来防止开挖面的涌水及防止开挖面坍塌的工法。该工法设备比较简单且容易进行压力管理，故在开放式盾构中最多用。然而因其是在高压室内作业，故存在作业环境及作业效率等问题，另外，由于地层不同必须制定防漏气，防喷发及防缺氧空气的溢出对策，所以现在并不常用。

降低地下水位工法是沿隧道的线路，从地上利用井点工法及深井工法排出开挖面处的地下水来加固地基，也有在隧道内利用井点等降低地下水位的工法。

药液注入工法是在土体空隙或节理处，强制注入药液以提高地基的止水性和强度，从而保持开挖面稳定的一种工法。该工法施工性好，还可以只改良限定的范围，故应用较多。注入施工有两种，一种是先于盾构掘进进行注入，另一种是伴随着盾构掘进在隧道内进行注入。

5.2.2 密封式盾构开挖面的稳定性

泥水式盾构及土压式盾构等密封盾构，是利用泥水压力或土压力保持开挖面稳定，积极防止开挖面坍塌的同时，有效控制开挖面的变形，从而防止地基被扰动。

1. 泥水式盾构开挖面的稳定性

泥水式盾构的开挖面稳定机理有如下几点：

(1) 在开挖面处形成一层难透水的泥膜，让泥浆压力有效地作用在开挖面(图 5-2)。

(2) 随着泥浆向土体渗透，泥浆中的细颗粒成分进入土体的空隙中，增加了土体的强度。

(3) 调节流体输送泵的转数，给土仓室的泥浆施加压力，可控制开挖面的土压及水压等。

所以，为了确保开挖面的稳定，就必须基于土质调查结果设定合适

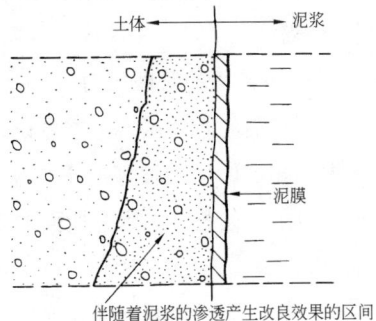

图 5-2 泥水式盾构的开挖面状况

的开挖面的泥水压力，与此同时，为了使该压力产生有效作用，还必须确切地管理泥浆的品质。泥浆的品质管理项目有泥浆相对密度、黏度、pH 值、过滤特性、含砂量等(参照第 7 章 7.3 泥水式盾构的掘进管理)。

2. 土压式盾构开挖面的稳定性

土压式盾构的开挖面稳定机理的特征如下：

(1) 在已开挖的土砂中加入添加剂，通过刀盘及搅拌叶片强制搅拌，改良成有塑性流动性及止水性的泥土(土压式盾构中只搅拌不使用添加剂)。

(2) 将泥土充满土仓室及螺旋输送机内，利用盾构千斤顶的推力对泥土施压，保持开挖面的土压及水压平衡。

所以，为了使土压稳定地作用在开挖面上，可在确保开挖面稳定的状态下顺利地排出挖掘土砂。同时为了可确保泥土的塑性流动性及止水性，必须认真进行管理。

当在开挖土砂中，含有 30％左右的细微颗粒且颗粒级配良好时只搅拌，就可以确保泥土的塑性流动性。但是，当砂子及砾石含量较多时且颗粒级配不好时，就必须在开挖土砂中注入膨润土或黏土等添加剂进行混拌，调整颗粒级配改良成良好的泥土。有时也添加泡沫或高分子材料来改良泥土的特性进行开挖。特别是当颗粒级配不好，只添加泡沫及高分子材料得不到理想的改良效果时，有时也并用添加膨润土及黏土等造泥材料。

3. 开挖面的管理压力

开挖面的管理压力考虑并设定地下水压(孔隙水压力)、土压及预备压力。在自稳性比较好的土体中，虽有时可忽略不计土压来设定泥水压，但是，如若考虑到开挖面的变形及防止地基沉降时也希望一并考虑土压。

由钻探资料是可以准确地把握住地下水压力的，但是，当季节变动或位于河流附近时，有时要受到河流水位变动的影响，所以，也要考虑这些因素来设定地下水压。

土压力分为静止土压力、主动土压力及松动土压力几种，视开挖对象地基不同要分开选用。静止土压力是因开挖而被释放的压力，所以，用该土压力进行压力设定时，开挖面在没有变形的情况下是最理想值，但是，开挖面的管理压力相当大，故装备的设备也大。主动土压力是开挖面产生破坏之前的压力，是管理值中的最小值。另外，当土体良好且覆盖土层较厚时（盾构外径的 $1\sim2$ 倍以上），可以考虑利用土的成拱效应，因此，就用松动土压力进行评价。

预备压力就是弥补施工中损失的压力，通常取值为 $10\sim20\mathrm{kN/m^2}$（$0.1\sim0.2\mathrm{kgf/cm^2}$）左右。

开挖面的管理压力是对适当间距（例如 20m 间距）的开挖断面的土质，计算管理上限值及下限值，考虑施工条件的同时，设定这一范围内的管理值。当土体的自稳性比较好时取较小的压力，当必须将地基的变形控制在很小范围时，就取较大的压力。

（上限值） $P_{\max}$＝地下水压力＋静止土压力＋预备压力

（下限值） $P_{\min}$＝地下水压力＋（主动土压力或松动土压力）＋预备压力

下面将给出主要的土压力或土压力系数的计算公式：

（1）静止土压力

·Jakey 公式（砂层） $K_0=1-\sin\phi$ (5-1)

·Brooker 公式（黏土层） $K_0=0.95-\sin\phi'$ (5-2)

式中 K_0：静止土压力系数，ϕ，ϕ'：内摩擦角

（2）主动土压力

·当考虑全部覆盖土压力时

·兰金（Rankine）公式

$$K_a=\tan^2(45°-\phi/2)$$ (5-3)

式中 K_a——主动土压力系数；

ϕ——内摩擦角。

·当考虑松动土压力时

・泰沙基(Terzaghi)公式

$$B = R \cdot \cot\{(\pi/4 + \phi/2)/2\} \qquad (5-4)$$

$$\sigma_v = \frac{B(\gamma - c/B)}{K \cdot \tan\phi}(1 - e^{-K \cdot \tan\phi \cdot H/B}) + p_0 e^{-K \cdot \tan\phi \cdot H/B} \qquad (5-5)$$

$$\sigma_H = K_a \cdot \sigma_v$$

式中　B——松动宽度；

　　　σ_v——垂直土压力；

　　　σ_H——水平土压力；

　　　K——经验土压力系数($=1.0$)；

　　　R——开挖半径；

　　　H——覆盖土厚度；

　　　p_0——上部荷载；

　　　ϕ——内摩擦角；

　　　C——黏聚力；

　　　K_a——主动土压力系数。

・村山公式

村山公式是通过改变原点 O 及松动宽度 B，求解开挖面稳定时所需

要的最大水平力 P 的公式。参照图5-3 利用下式进行计算。

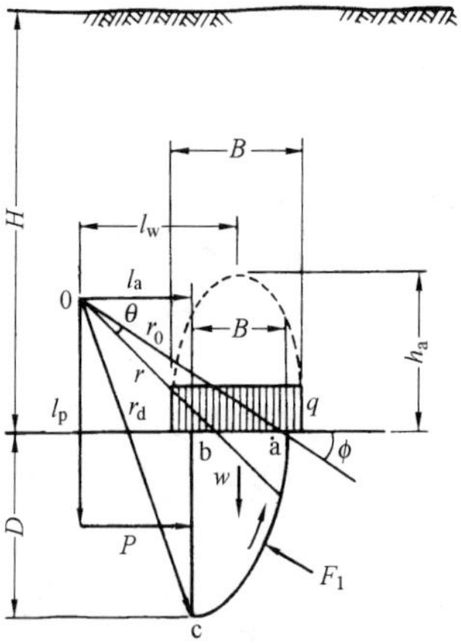

$$r = r_0 \cdot e^{\theta \cdot \tan\phi} \qquad (5-6)$$

$$q = \frac{\alpha B(\gamma - 2c/\alpha B)}{2K \cdot \tan\phi}(1 - e^{-\frac{2KH}{2B}\tan\phi}) \qquad (5-7)$$

$$P = \left\{ \frac{1}{l_p} w \cdot l_w + q \cdot B(l_a + B/2) \right.$$

$$\left. - \frac{c}{2\tan\phi}(\gamma_d^2 - \gamma_0^2) \right\} \qquad (5-8)$$

图 5-3　村山理论中开挖面的平衡[2]

式中　q——松动土压力；

　　　α——试验常数($=1.8$)；

C——黏聚力；

ϕ——内摩擦角；

K——经验土压力系数（$=1.0$）；

H——隧道覆盖土厚度；

w——滑移线所包围的土体（abc）的重量。

5.3 盾构机种类选定

手掘式、半机械式及机械式等开放式盾构应用在如下三种情形，当土体有足够的自稳性时，或者用气压工法、药液注入工法及其他辅助工法改良后土体呈稳定状态时，或地表条件容许地基有适量变形时。

泥水式、土压式等密封式盾构是控制用承压板隔开的刀箱内的土压力及水压力，使开挖面处于稳定的状态下进行掘进的方式，原则上不使用辅助工法。

密封式盾构与开放式盾构不同，不能直接观察到开挖面的状态。所以，要使用仪器间接地监视并掌握这种状态。为此，当采用密封式盾构时，必须在深入研究开挖面的稳定方法等特征的基础上选择合适的机种。

图 5-4 所示为从盾构规划开始至选定机种的工作流程，在选择盾构时最应注意的是确保开挖面的稳定。为此，应该注意土质条件（种类、强度、渗透系数、细颗粒含有率、砾径）及地下水的条件，同时充分明确场地（基地面积）条件、竖井周边的环境条件、施工线路上的地上及地下建（构）筑物的条件、特殊场地条件等所要求的功能，在此基础上，还必须连同安全性、经济性等一并考虑，才能选择出合适的机种。如果选择错误，就不得不采用多余的辅助工法，还可能导致无法开挖及推进，有时还可能引发大的工程事故。

表 5-2 所示为与土质相适合的机种，表中给出了［土木学会《隧道标准规范（盾构工法篇）及编制说明》］中的各机种的评价，以及与土质的匹配情况及注意事项。

机种选定

| 盾构／土质 | | | 开 放 式 | | | | 机械 |
地质分类	土 质	N值	手掘式 适用性	注意事项	半机械式 适用性	注意事项	适用性
冲积黏性土	腐殖土	0	×		×		×
	淤泥黏土	0~2	△	地基变形	×		×
	砂质淤泥及砂质黏土	0~5	△	地基变形	×		×
		5~10	△	地基变形	△	地基变形	△
洪积黏土	壤土及黏土	10~20	○		○		△
	砂质壤土及砂质黏土	15~25	○		○	—	○
		25 以上	△	开挖机械	○		○
软岩	硬黏土及泥岩	50 以上	×	—	△	地下水压力	△
砂质土	淤泥黏土混砂	10~15	△	地下水压力	△	地下水压力	△
	松散砂土	10~30	△	地下水压力	×		△
	密实砂土	30 以上	△	地下水压力	△	地下水压力	△
砂砾及卵石	松散砂砾	10~40	△	地下水压力	△	地下水压力	△
	固结砂砾	40 以上	△	地下水压力	△	地下水压力	△
	混有卵石的砂砾	—	△	开挖作业的安全性，地下水压力	△	地下水压力，超挖量	△
	巨砾及卵石	—	△	砾石的破碎，地下水压力	△	地下水压力，超挖量	×

注：1. 适用性符号如下所示：

　　○——原则上适用的土质条件；

　　△——应用时要研究辅助工法及辅助机构等；

　　×——原则上不适用的土质条件。

　　2. 开放式盾构多半都并用气压工法，但是适用与否应进行充分研究。

一览表　　　　　　　　　　　　　　　　　　　　　　　　　　**表 5-2**

方式	密封式					
	土 压 式				泥 水 式	
	土　压		泥 土 压			
注意事项	适用性	注意事项	适用性	注意事项	适用性	注意事项
	×		△	地基变形	△	地基变形
	○		○		○	
	○		○		○	
地基变形	○		○		○	
土砂的堵塞	△	土砂的堵塞	○		○	
	△	土砂的堵塞	○		○	
	△	土砂的堵塞	○		○	
地下水压力	△	土砂的堵塞	△	刀具的磨损	△	刀具的磨损
地下水压力	○		○		○	
地下水压力	△	细颗粒含量	○		○	
地下水压力	△	细颗粒含量	○		○	
地下水压力	△	细颗粒含量	○		○	
刀具及面板的磨损，地下水压力	△	地下水压力	○			
刀具及面板的磨损，地下水压力	△	螺旋输送机标准，刀具面板的磨损，刀具标准	○		△	刀具标准，送泥对策
	△	刀具标准，螺旋输送机标准	△	刀具标准，螺旋输送机标准	△	砾石的破碎，送泥对策

3. 挤压式盾构在冲积黏土中应用有一定限制，另外，它还跟踪地基变形，最近已不用了，从对象中删除。

4. N 值是给出各土质的标贯值。

5. 注意事项中只给出了该当△的地基及形式中最主要的项目，有关其他注意事项就省略了。

规　划

调	场地条件	·物件、土地利用情况 ·未来计划 ·道路种类、交通状况 ·工程用地的状况 ·河流、湖泊及运河等的状况	环境保护	·噪声、振动 ·地基变形 ·地下水利用 ·废弃物处理 ·房屋、历史文物等
查	地基条件	·土层构成（砂质土、黏性土、砂砾等） ·地下水［水位（头）、分布、水质］ ·有无缺氧空气、有害气体 ·各层的工程性质 　（强度特性、变形特性、透水性）	障碍物	·地上、地下建(构)筑物 ·埋设物 ·水井、古井 ·建造物遗迹、临时工程遗迹 ·其他

设计条件整理

·形状、尺寸
·总长
·覆盖土厚度
·线形（最小曲线半径、左右及上下曲线、坡度）
·工期

分析研究	开挖面稳定	·自稳性 ·土层构成 ·支承方式	土质（占掘进总长的比例） 渗透系数、孔隙水压力及含水率 土的硬度（N 值、抗压强度） 细颗粒成分比率 砾石的大小（长径×短径）	环境保护	·地下水污染，枯竭 ·振动、噪声 ·日照、景观 ·交通
	地基变形	·影响范围 ·水平、垂直变位 ·相邻建(构)筑物变位		其他	·障碍物处理 ·挖掘土处理 ·挖掘土搬运 ·作业用地(面积等)

适用可能的机种选定（复数）

开放式 —— 手掘式
　　　　　半机械式
　　　　　机械式
密封式 —— 泥水式
　　　　　土压式 —— 土压
　　　　　　　　　　泥土压

对策工法的研究

·开挖面的稳定
·地基变形
·初始开挖及到达部位的防护
·周边建(构)筑物的保护
·长距离施工
·急小半径曲线施工
·障碍物

对比研究	安　全		工程费用		工　期	
	·开挖面稳定 ·地基变形	·环境保护 ·作业环境	·掘进 ·衬砌	·盾构 ·对策工法	·掘进 ·衬砌	·对策工法

综合评价

盾构机种的选定

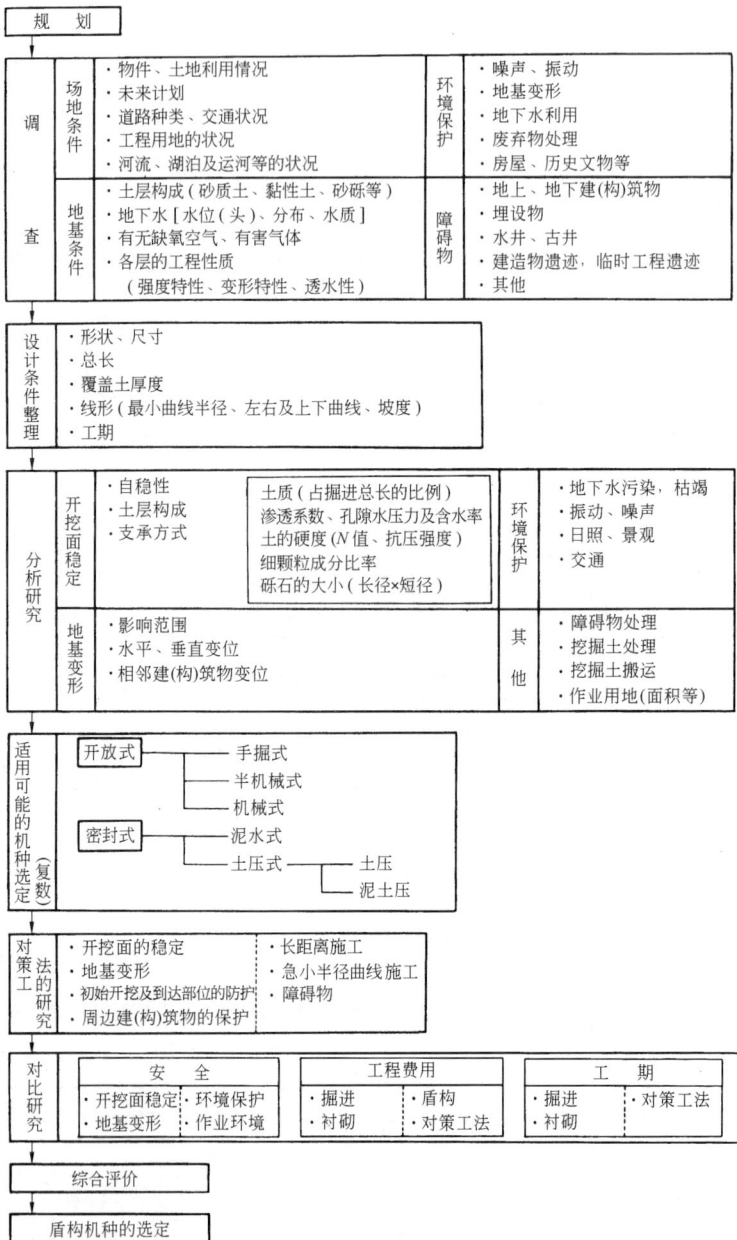

图 5-4　盾构机种的选定流程图

5.4 盾构的构造与设计

本文对盾构机能的每一个部位都详细阐述了盾构技术人员应该预先了解的盾构设计上的要点。

5.4.1 盾构主体

1. 盾构的外径

盾构的外径如图 5-5 所示，是由管片外径加上壁后注浆间隙与盾尾钢壳的厚度来决定。

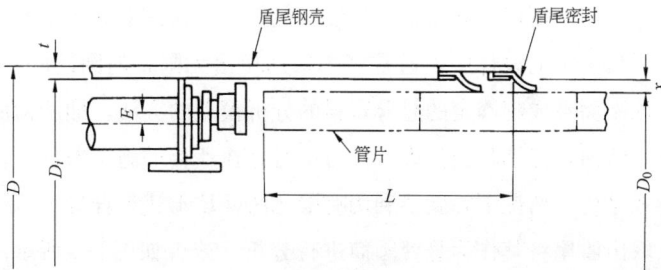

$$D = D_0 + 2(x + t)$$

式中 D——盾构的外径；
     t——盾尾钢壳厚度；
     D_0——管片外径；
     D_i——盾尾钢壳内径；
     x——壁后注浆间隙；
     E——偏心量。

图 5-5   盾构的外径［摘自《隧道标准规范(盾构工法篇)》］

壁后注浆间隙是在盾尾处，为了确保拼装管片有足够的空间。决定其大小的要素如下：

① 土水压力与盾构曲线掘进时的外部压力作用下盾尾的变形量；

② 土水压力作用下管片的变形量；

③ 曲线掘进时的盾尾管片的倾斜；

④ 管片外径的容许误差。

表 5-3 所示为按照盾构外径的壁后注浆

壁后注浆间隙的应用实例(单位:%)

表 5-3

盾构外径	壁后注浆间隙的应用实例		
	25mm	30mm	40mm
～3m	93	7	0
～5m	63	34	2
～7m	89	11	0
7m～	25	25	50

(最近的针对 200 台盾构的调查结果)

间隙的应用实例。当采用隧道轴向插入型 K 式管片（封顶块），增大管片宽度，增加盾尾密封条的层数等使盾构机长加长时，就不能单纯借鉴应用实例的数值，为了能按预计的曲线线形中顺利通过，就应该对壁后注浆间隙的大小进行几何学的分析研究，再进行设计。

　　盾尾钢壳的厚度，可以按照所产生的土水压力进行设计，但是，在盾尾内，要求将管片拼装到准确的位置上，因此，很重要一点不单纯要有足够的强度，还要给予能抵抗变形的足够刚度。使之产生作用的荷载，当然要以管片为准，但是，当变换盾构方向时，有很大的地基反力也将产生作用，所以，必须给盾构设定最严格的条件来进行分析。

　　在盾构主体的设计中，通常多半采用切出无限长的圆筒的一部分，利用将该断面看成超静定的悬臂弯梁的分析模型的方法，即所谓的简易分析法。然而，特别是当为大口径盾构时，在严格的施工条件下，或在采用新式结构等情况下，就要利用有限元法（FEM）进行详细分析。此时或者只取出盾尾将其作为悬臂圆筒进行分析，或者如图 5-6 所示，取盾构整体进行分析等，其中分析模型也很多。

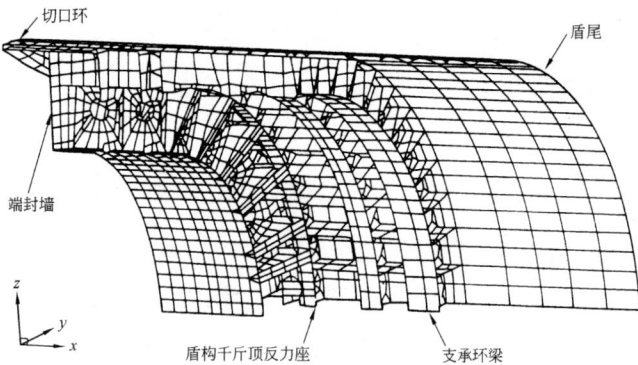

图 5-6　FEM 整体解析模型实例

2. 盾构的长度

　　盾构的长度（机长）是左右盾构推进时的灵敏性的重要因素。盾构的长度为切口环长度、支承环梁长度、盾尾长度及刀具长度之总和，决定盾构长度的因素有如下六个：

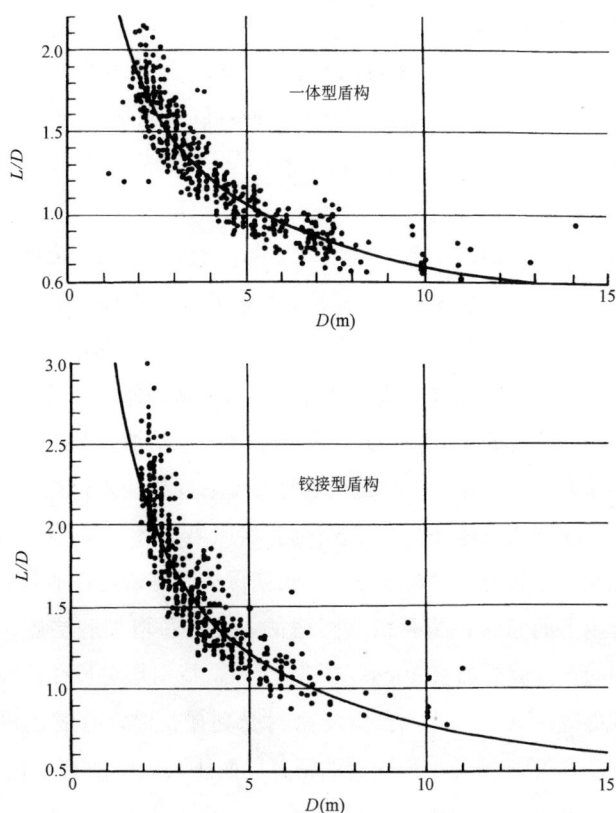

图 5-7 盾构长径比的应用实例

① 开挖面的掘进及挡土机构；

② 刀具的支承结构及驱动装置的结构；

③ 管片的宽度；

④ K 式管片插入方向；

⑤ 盾尾密封的设置层数；

⑥ 有无铰接的结构。

作为评价盾构长度的指数有长径比(长度与外径之比)。盾构的外径即使增大，盾构的机长也增加不多，所以，越是外径小的盾构其长径比就越大。图 5-7 所示为长径比的应用实例。

3. 盾尾密封

在盾尾端部止水用的密封——盾尾密封，要求具有耐压性、耐久性、对拼装的管片之间产生错缝的追踪性，以及破损更换时容易程度。为此开发出了以金属刷为材料的密封，现在基本上都在盾构中得到应用。

利用金属刷的盾尾密封如图5-8所示，是由夹在刷子之间的金属网薄片构成。这些都是用10～20cm长的块状物制作而成，沿盾尾端部的圆周方向布设。这种密封仅靠密封主体是不能充分发挥止水效果的，所以可借助于堵住刷子线间及网状薄片的网眼来确保初期的止水性。为此，布设两层以上的密封层，并在密封层之间供给油脂等的堵孔用填充材料。供给方法有两种，一种是从管片的壁后注浆注入口供给，另一种是通过安装在盾构主体外侧的配管供给(参照第5章5.4.7附属装置)。

盾尾密封层数的多少，是以期待长期保持盾尾密封性能及以确保高水压力作用下的止水性为目的来考虑的。通常每增加一层盾尾密封层数，盾构的长度就要加长40cm左右，所以，特别是对长径比较大的小口径盾构更应注意。另外，当盾尾密封受到损伤时，有时也设置如图5-8所示的，为了替换开挖面附近的密封层而注入液体的抢修用密封层，

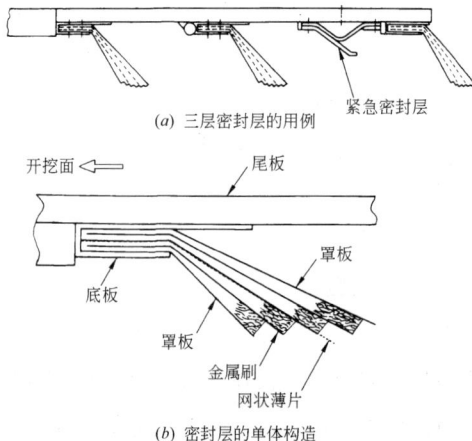

(a) 三层密封层的用例

紧急密封层

(b) 密封层的单体构造

开挖面　尾板　罩板　底板　罩板　金属刷　网状薄片

图 5-8　金属刷式盾尾密封

这种密封层是由凸状结构的环形橡胶管与唇形密封圈组合而成。

5.4.2 推进机构

1. 盾构千斤顶

盾构的推力，是靠沿盾构主体的内周配置的盾构千斤顶（液压千斤顶）来提供的。因千斤顶推力很大，所以在设计上应特别注意千斤顶本身的强度。

盾构千斤顶除了可产生简单的轴向力之外，还应注意像如下所述那样，有可能因千斤顶垫板倾斜而产生$5\%\sim8\%$推力的横向荷载。这是盾构固有的特性，在 JIS 中横向荷载的规定值取推力的1%左右。

随着盾构的推进，在盾构的轴心与管片端部之间将产生某些角度变化，为了吸收该角度变化，通常盾构千斤顶不与盾构主体进行刚性连接，而是借助于硬质橡胶等弹性材料安装在盾构主体上。

2. 盾构千斤顶的装备数

承受盾构千斤顶推力的管片，按其材质及结构有一定的对于隧道轴向压力的容许值。对于盾构千斤顶的配置，装备台数及每台千斤顶的额定推力，都必须考虑该管片的承载力来决定。

3. 千斤顶垫板

作用在一台盾构千斤顶杆的单位面积上的作用力高达 $50N/mm^2$（$500kgf/cm^2$）。为了分散这种力，再将均布的力传递给管片，而将千斤顶垫板（也叫铁靴）安装在盾构千斤顶的顶杆前端。当管片的表面材质为混凝土时，在千斤顶垫板接触的管片的表面，贴上橡胶等缓冲材料，其目的是不损伤并保护管片。

千斤顶垫板可相对于千斤顶的轴心，在整个方向上倾斜$3°\sim5°$的角度，千斤顶的轴心与管片的端部表面即便不呈直角，通过一些措施也能使千斤顶垫板均匀地顶到管片的端部表面。这是为了对应曲线施工时矫正姿势及推进方向的修正时所产生的盾构与管片的相对倾角（俯仰及摇摆）所想出的办法，但要注意当达到极限角度时，千斤顶垫板有可能产生脱落。

4. 偏心量

为了最大限度地利用管片的强度，必须尽可能地将千斤顶的顶推位置对准管片的形心位置。为此，千斤顶杆的端部大多都采用图 5-5 所示的结构。

因千斤顶的推力大小不同，该偏心量有一定界限。偏心量一大，千斤顶杆的挠度也大，就易于产生顶杆损伤、漏油等事故。

5. 千斤顶冲程

影响盾构千斤顶冲程设计的主要因素有以下四种：

① 管片的宽度；

② 空驶冲程的余量；

③ 顶推冲程的余量；

④ K 式管片的插入方向。

在确定冲程余量时，必须考虑盾构与管片之间的倾斜。对于外径 7m 以内的盾构来说 150mm 左右的余量就足够了，如比其还大，多半就要设定得更大一些。

当使用轴向插入型 K 式管片时，必须有插入 K 式管片的空间。该空间的大小视 K 式管片的插入角度不同而异。因此，在事前进行充分研究的基础上，必须额外附加一些该空间内的冲程余量。

6. 推力

在盾构推进装置的推力设计中，应考虑的主要推进阻力有以下几种：

① 开挖面前面压力的阻力；

② 盾构主体与土体之间的摩擦力；

③ 刀具切入土体的阻力；

④ 后台设备的牵引阻力；

⑤ 盾构外周的突起物的阻力。

从施工实际状态，虽可易于掌握开挖面前面的压力，但对其他项中与此相关的摩擦系数及推算地基反力等比较困难，所以很难把握其实际状态。

从以往实例来看，除了开挖面前面的阻力之外的其他阻力的合力，多半取盾构的单位面积为 $300\sim400kN/m^2(30\sim40tf/m^2)$ 左右就足够了。

由于为了纠正盾构的姿势及方向和曲线施工，有时必须对盾构千斤顶进行半边顶推操作。所以，装备于盾构中的总推力多半取各阻力之和，再增加 $50\%\sim100\%$ 的数值。通常装备推力的目标值，当为开放式盾构时为 $700\sim1100kN/m^2(70\sim110tf/m^2)$ 左右，当为密封式盾构时，为 $1000\sim1500kN/m^2(100\sim150tf/m^2)$ 左右。

5.4.3 铰接机构

1. 曲率半径及铰接机构的采用

小半径曲线的施工是利用盾构千斤顶的单侧推进来控制盾构的推进方向。小口径盾构有 80m 以下的曲线半径，中等口径盾构有 120m 以下的曲线半径，大口径盾构有 $200\sim250m$ 左右的曲线半径的隧道施工中，基本上都在盾构主体中装备铰接的设备，已经定型化。

2. 铰接机构的种类

通常都是将整体的圆筒状制作的盾构主体（壳体）分成前壳与后壳来加工制作铰接机构，然后用复数的铰接千斤顶将两者连成一体来制作铰接机构。

铰接结构大致有如下两种，应选择符合其机能特性的种类。

（1）V 形铰接机构

如图 5-9(a)所示，是一种前后壳的屈折形状呈 V 形的机构，铰接角的中心位于钢壳附近。该种机构中，基本上不装备连接前后壳体的栓销，所以，可以在任意方向上让壳体转向。如果转向角度一大，曲线外侧的壳体间的开口量也大，故它有难于确保密封机能这一缺点。

（2）X 形铰接机构

如图 5-9(b)所示，是一种前后壳的屈折形状呈 X 形的机构，铰接角的中心位于连接前后壳的栓销位置处。由于确定了铰接角中心，所以后壳前部加工成球面，即使转角变大但壳体间的开口量也可以保持一定。

	(a) V 形铰接机构	(b) X 形铰接机构
(c) 顶推前壳的铰接		
(d) 顶推后壳的铰接		

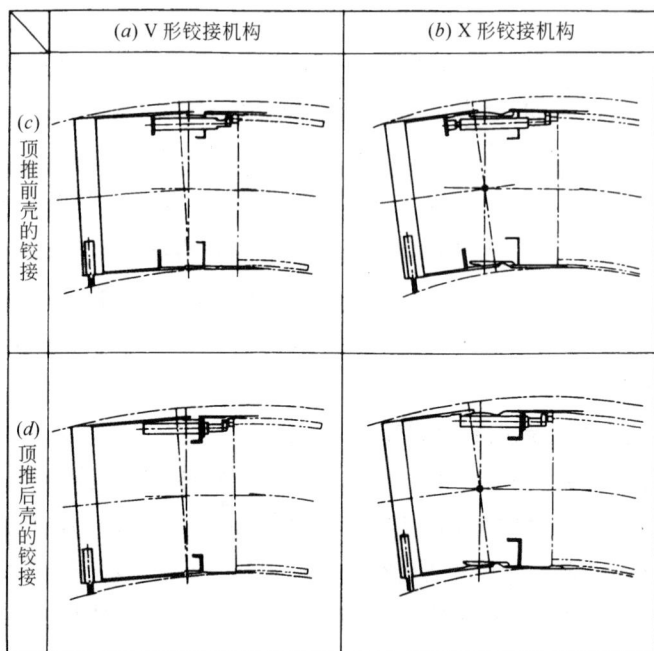

图 5-9　铰接机构的种类

为此可以较容易地确保密封机能。因其是设有栓销的结构，故不能在任意方向上让壳体自由地转向，对于栓销设在轴向之外的情况，只能利用栓销周围较小的空隙进行小角度的转向。

　　除按这种铰接机构的不同进行分类之外，也可以按盾构千斤顶的装备方法的不同进行分类的。还有如图 5-9(c) 所示的前壳承受盾构千斤顶反力的结构(推前壳)及图(d)所示的后壳承受反力的结构(推后壳)。当推前壳进行铰接时，相对于后壳而言，千斤顶的轴心将产生倾斜，所以，由于千斤顶的伸长，千斤顶垫板与盾尾钢壳之间将产生干扰。为了避免出现这种状况，就用弹簧等弹性部件支承千斤顶，选用了干扰时适时可改变千斤顶轴线倾斜状况的构造。当推后壳时就没有这种缺点，另外，即使不单侧推，在方向变换时也能将必要的力矩施加给前壳，很适合小半径曲线的铰接盾构。

3. 铰接千斤顶

可按设定转角来决定铰接千斤顶的冲程。千斤顶的推力视铰接机构及盾构千斤顶的反力作用方法不同而改变。当为推后壳的 V 形铰接时，为了保持铰接形状就用伸出侧的压力来抵抗铰接千斤顶。因此最好以千斤顶的公称推力为基础来决定铰接千斤顶的所需推力。与此相反，当为推前壳的 V 形铰接时，以缩回侧的压力来抵抗千斤顶。另外，当为 X 形铰接时，半数的千斤顶以伸出侧的压力，另外半数则以缩回侧的压力来抵抗千斤顶，所以，不能仅靠公称推力来进行评价。

当为推前壳的铰接时，铰接千斤顶的作用在于边保持中间拐弯状态，边牵引后壳。所以，当后壳进入土中时所产生的盾尾钢壳与土体之间的摩擦力就成了决定推力的关键因素。一般如有盾构千斤顶的总推力的 1/2 左右的推力就足够了。当为顶推后壳的铰接时，作用于前壳的开挖面压力所产生的阻力，切削钻头的推进反力及前壳的摩擦力则是决定推力的主要因素。一般情况下，用盾构千斤顶的总推力的 80％～100％来设计推后壳铰接时的铰接千斤顶的推力。

5.4.4 掘进机构

1. 刀盘

刀盘通常与地基接触，在苛刻的环境中运转，如开始施工了就不容易改进，所以，必须对结构强度、耐久性及机能性等方面充分斟酌分析、研究土质条件来设计刀盘。

刀盘的形式及应用 表 5-4

		种　　类	适 用 土 质	适用盾构机种
刀盘	断面形状	平 板 形	全部细颗粒土及小砾石	泥水式及土压式
		半 圆 形	大砾石、卵石、基岩	
		圆 形	大砾石、卵石、基岩	
	正面形状	面 板 式	全部细粒土、小砾石、卵石、基岩	泥水式及土压式
		辐 条 式	全部细粒土、小砾石、卵石	土压式

表 5-4 所示为刀盘按形式所进行的分类。

如果刀具状态正常，那么切削刀头磨损的可能性就小，但通常还会在外周部位等采用加焊硬面法（硬质焊条的堆焊）等耐磨损对策。

2. 刀具

一般称之为刀具的是加工成平刃形状的切削土砂用的工具。

刀具由母材部分（钻柄）及刃尖部分（刀刃）所组成。为了确保刀具所要求的耐久性，首先必须选择适合土质的形状。表 5-5 所示为刀具的形状与适用土质。其次必须选择适合土质的刀刃材料。刀刃使用以碳化钨为主要材料的烧结超硬质合金。

该超硬质合金中，有如表 5-6 所示的矿山工具钢的 JIS 的分类标准，一般使用 E5 类材料。虽然超硬质合金硬度越高，耐磨性也越好，但韧性反而低，遇有冲击就变脆。

为了能掘进到整个开挖面，必须布置适当的刀具，因为盾构的外径越大，位于外径一侧的刀具将切削更多的土砂，所以要用复数的刀具可以切削到相同轨迹（线路）那样来进行设计。如增多线路（轨迹），则可以提高刀具的耐磨损寿命。

当掘进地基中含有较大的砾石时，就必须选择耐冲击荷载的材质。另外，为从冲击角度来保护刀具，很多情况下都装有大量的保护性刀具。保护性刀具的材质可与刀具超硬质合金的刀刃部位的材质相同，以及如图 5-10 所示的滚刀（圆盘式刀具）。

图 5-10　滚刀

当掘进地基中为基岩及含有较大的卵石时，滚刀是必不可少的，滚刀挤压硬质地基，利用切削刀头的旋转的滚动式钻头的自转，就可以产生压坏硬质地基的机能。

刀具的形状与适用土质

表 5-5

安装方法	使用部位	形　式	示意图	使用分类
螺栓连接式	刮刀、切刀	标　准　型		砂、淤泥、黏土层用
		1块插入刃型		砂砾层用
		2块插入刃型		大砾石用
		双层刀刃型		大断面、长距离掘进，砂、淤泥黏土层用
销子连接式	刮刀、切刀	标　准　型		固结淤泥、黏土层用、泥岩层用
		插入刀刃型		固结淤泥、固结黏土层、泥岩与砂砾夹层用
焊接式	先行刀	双　刃　型		固结淤泥、黏土层、泥岩层用，柱式喷射地基改良区间用
	外周面板保护刀、导向刀	插入刀刃型		砂砾层及长距离掘进时的刀具外周板保护用
	外周保护刀具	标　准　型		砂、淤泥、黏土层用
		插入刀刃型		砂砾用

刀具刀刃材料的分类（JIS M 3916　矿山工具用硬质合金刀片）　　　　**表 5-6**

JIS 分类编号	特　性　值		化　学　成　分		
	硬度（HRA）	抗折力 kgf/mm²(N/mm²)	W(%)	Co(%)	C(%)
E1	90 以上	120(1177)以上	87～90	4～8	5～6
E2	89 以上	140(1373)以上	85～89	5～10	5～6
E3	88 以上	160(1569)以上	83～87	7～12	5～6
E4	87 以上	170(1667)以上	82～86	8～13	5～6
E5	86 以上	200(1961)以上	78～85	9～17	5～6

注：1kgf/mm²＝9.81N/mm²，W：钨，Co：钴，C：碳

3. 刀盘的支承方式

盾构的切削刀头的支承方式有如图 5-11 所示三种。

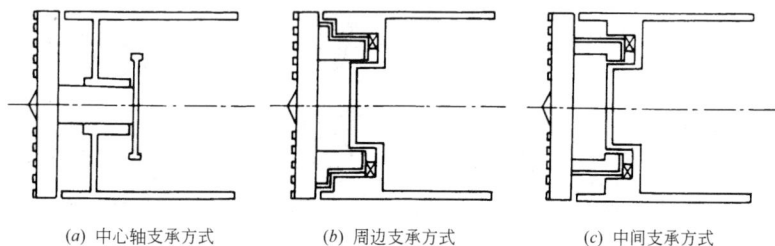

(a) 中心轴支承方式　　　　　(b) 周边支承方式　　　　　(c) 中间支承方式

图 5-11　切削刀头的支承方式

（1）中心轴支承方式

利用带有圆形断面的轴支承刀盘中心的支承方式。是一种简单的结构，与其他支承方式相比，对于由作用在刀盘的偏心荷载所产生的力矩抵抗强度较弱。为此，当应用于大口径盾构及有巨大砾石与基岩等的工程时，必须分析研究是否有足够的强度。

（2）周边支承方式

这是一种为克服中心轴支承方式强度上的弱点的支承方式，是将刀盘的外周边缘支承在环状上的结构。特别是在中小口径的盾构中，

对于刀盘的偏心力作用下的强度较大且又有机内中央空间比较大的长处。当为该支承方式时，必须有可将挖掘土砂能提升到排土装置设置的高度的叶片，在黏性比较大的地基中，有土砂易于黏附于叶片上的缺点。

（3）中间支承方式

是一种兼顾中心轴支承方式的简洁及对于周边支承方式偏心荷载作用下的结构上的优势两大特点，是在从中心轴到外周的刀盘中间位置，用突出盾构本体的复数支承脚来支承的方式。通常用于从中小口径到大口径的盾构中。

4. 驱动方式

在刀盘的旋转驱动机中，有电动马达及液压马达两种。

因电动马达有能源效率高且噪声及发热量低等优点，故使用较多。然而，如产生超负荷，将产生数倍于恒定扭矩的扭矩，有可能使动力传输系统产生故障。为此必须借助于离合器等，在电动马达之前就截断超负荷。当用电动马达驱动时，为了无级控制刀盘的转数，就必须利用变频器等来实现变频控制。

液压马达的长处是易于对应超负荷及易于变化转数，与电动马达相比轴向长度较短，还有可缩短盾构机长的优点。

通常选择哪一种均可，当预测有卵石的易于产生冲击荷载的地质条件及小半径曲线施工想缩短盾构机长时，多半都选择液压马达。

5. 轴承

在刀盘的主轴用轴承中有滑动轴承及滚动轴承两种，根据以下所述之优点多半都采用有利的滚动轴承。

① 轴承的精度高，轴芯摇摆少，可易于确保轴承用土砂密封的机能。

② 轴承的摩损少。

③ 轴承座的结构紧凑，可缩短机长。

滚动轴承中最常用的是如图 5-12 所示的三排组合的轴承。轴承外轮或内轮切齿，可作为直接接受来自刀具马达的动力结构。

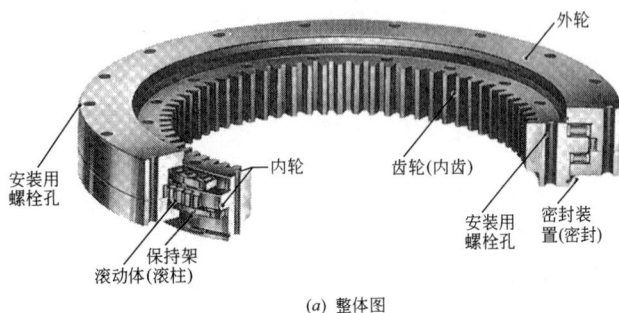

(a) 整体图

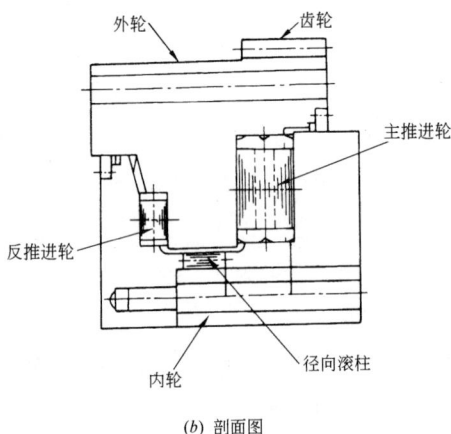

(b) 剖面图

图 5-12 三排圆筒型滚柱轴承

6. 轴承用土砂密封

轴承的密封中有图 5-13 所示的各种形状及尺寸，基本密封机构的思路在以下几点是相通的：

① 密封主体必须带有唇部的结构；

② 必须是在外部压力作用下，唇部紧贴金属表面（接触面），必须是产生按照外压力大小相符的接触压力的自动密封型。

③ 唇部与唇部接触面之间的润滑，以及为了控制在外部压力作用下唇的局部大变形，必须在唇之间间歇地供给润滑油进行密封，应是能

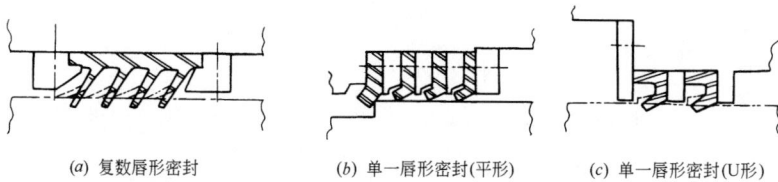

(a) 复数唇形密封　　　　(b) 单一唇形密封(平形)　　　(c) 单一唇形密封(U形)

图 5-13　轴承土砂密封的形状

保持住压力的结构。

对所有的密封都要利用静态及动态试验的手段来确认至少也要有 $1000kN/m^2$（$10kgf/cm^2$）以上的耐压性。

7. 开挖外径与盾构的外径

原则上希望盾构的外径应与利用刀盘的外径相一致。然而实际上开挖外径要比盾构外径略大一些。这是因为，盾构的外径在长度方向或多或少有些加工误差及考虑到最外周的刀具磨耗所致。如果没有这些考虑，就不仅仅要求大幅度提高盾构钢壳的加工精度，有时还将因刀具的磨损导致将大于开挖外径的盾构顶进未开挖区域，结果或者需要相当大的推力，或者扰动了地基。

8. 刀具的扭矩与转数

为了掘进开挖面所必要的刀具的扭矩，要在如下所示的抵抗扭矩中再加上一些余量。

① 刀具的切削抵抗扭矩；

② 刀具与土砂之间的摩擦力所产生的扭矩；

③ 刀具使土砂隆起或搅拌的抵抗扭矩；

④ 轴承、动力传输齿轮等的机械抵抗扭矩；

⑤ 轴承密封的摩擦力所产生的扭矩。

各自的抵抗扭矩的大小要按地基的硬度、土质、土压力的大小及轴承结构等来决定，但现在有一种按照盾构的外径通过数理统计来判断所需扭矩的简易法，即采用下式计算所需的装备刀具的扭矩 T。

$$T = \alpha D^3 \tag{5-9}$$

式中 T——装备扭矩 $[kN \cdot m(tf \cdot m)]$；

　　　α——比例系数；

　　　D——盾构的外径(m)。

比例系数也叫作扭矩系数，机械式盾构 $\alpha = 8 \sim 14$，泥水式盾构 $\alpha = 9 \sim 15$，土压式盾构 $\alpha = 14 \sim 23$。

刀具的转数如果太小，将导致掘进速度降低，如果太多则将扰动开挖面，并将加速磨损刀具及刀盘。为此，刀盘的外周速度可按在 1min 内切入 $15 \sim 20m$ 左右的范围这种思路来设计转数。

通常外径越大的盾构在盾构中心附近的旋转速度也就越小，所以，必须充分研究有关刀具的切入深度。

9. 超挖装置

当进行曲线施工及纠正施工偏差时，为了减轻盾构在方向变化时所产生的抵抗土压力，在通常的开挖外径以上，必须设有超挖装置。这种超挖装置分为全周超挖装置(超挖刀)及部分超挖装置(仿形刀)，都装有从刀盘的外周用液压千斤顶来伸缩的特殊刀具。

当为仿形刀时，是在隔板后方位置的刀盘旋转中心处，设置旋转液压接头(旋转联轴器)，即便是刀盘正在转动，千斤顶也能执行伸缩操作，就可以超挖开挖面外周的任意范围。

所需超挖量可由方向改变时的盾构与地基之间的几何位置关系求得，但是，盾构中装置的超挖能力，应按计算值的 1.5 倍来进行设计。

能进行大超挖量的超挖装置，当然要有从刀盘外周呈悬臂状态伸出比较大的刀具。所以，必须充分研究其强度。

另外，当为仿形刀时，如果使用频率一高，超挖刀具伸缩次数将增加，所以，要从防止土砂磨损的角度来保护可动部分，或者采取防止土砂堵塞等措施。

5.4.5 管片拼装装置(举重臂)

1. 管片夹持结构

在夹持管片的结构中，按照管片的种类可分为以下几种结构。

(1) 钢管片

设在管片的吊具孔中插上销子夹住，作业人员易于插入销子，所以在管片拼装机一侧的托座上，必须尽可能地加长其头部。

(2) RC 平板形管片

在管片的壁后注浆注入孔的螺丝孔中拧入有销孔的吊具，在该孔中插入销子并夹住。吊具于管片表面突出，所以，必须认真考虑管片拼装机一侧的拖座与管片拼装机的结构构件不干扰吊具并且能旋转。

(3) RC 中子形管片

在两侧的环接头的螺栓孔中，由内侧插入带平板的销子，通过液压千斤顶及弹簧等外力挤压并夹持该平板。也有利用千斤顶等直接在螺栓孔中插入销子的结构。

管片夹持装置万一脱落，将导致重大事故，所以，应该让销子或结构部分的强度有足够余量，应优先考虑结构上的安全性。另外，虽有诸多国家采用真空装置的夹持结构，但日本从劳动安全的角度考虑，未曾采用。

2. 旋转装置

这是一种让管片拼装机绕盾构轴旋转，将管片在圆周方向上，从夹持位置运到最终拼装位置的装置。该旋转装置如图 5-14 所示，将中空环状的旋转轴由盾构主体支撑，利用液压马达等使之产生旋转力的装置。作为旋转轴的支承方式，一般是由轴的外侧以复数的滚轴支承的结构，就大口径的盾构来说，也有用轴承支承轴内侧的。

总之，必须预先分析研究盾构主体，由于土水压力的作用即使产生一些变形也不能妨碍管片拼装机的旋转。

旋转力只需由管片的重量所产生的扭矩最大的拱脚线位置将管片

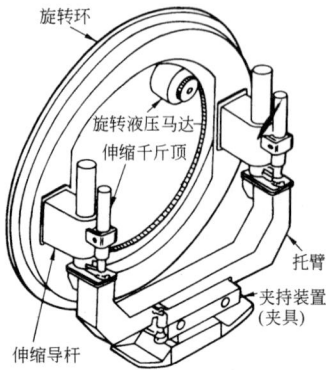

图 5-14 管片拼装装置

向上托举的力。但要注意有时场合不同，贴在管片上的止水用密封材料的挤压力将变大。另外，旋转速度高速时为 250～400mm/s，低速时为 10～15mm/s。

3. 上下移动装置（伸缩装置）

这是一将夹持的管片在半径方向移动，拼装到预定位置的装置。就大口径及中口径的盾构来说，一般是利用一组千斤顶让附在夹持装置上的门形托臂上下移动的结构，就小口径的盾构来说，是利用 1 台千斤顶将安装在平行环端部的夹具上下移动的结构。

上下移动装置所要求的力视 K 式管片的形状不同而异，基本上能够上下起落，相当于一环管片的重量就可以了。

一般伸缩速度为 50～200mm/s。

4. 前后移动装置（滑动装置）

K 式管片中按其插入方向，有半径方向插入型及轴向插入型两种。

当为半径方向插入型时，夹具在隧道轴向的滑动量有 200mm 左右就可以。

就轴向插入型来说，为了插入 K 式管片，必须能在开挖面方向移动 K 式管片。为此，在夹具中必须有较大的滑移量。该滑移量由 K 式管片的插入角度来决定，所以，必须预先进行充分研究。

5. 有效空间

将管片拼装机的旋转不受干涉的区域称为有效空间。该空间区域作为开挖面的排土通道，液压管及电缆管线线路，又是作业人员的安全通道等，因此在设计上应该尽可能加宽一些。

6. 管片防摇装置

只是夹住管片，如管片拼装机一旋转，则管片将产生摇摆，有时将与管片拼装机的结构部分等产生碰撞，管片本身或管片拼装机将受到损坏。因此，以防止受损为目的设置了管片的防摇装置。其中有通过液压千斤顶等在管片内侧面 2～4 点处施加主动力的可动式，和只减小并控制摇摆量的固定式两种。当为 RC 平板式管片时，就一定要设置该装置，而对除此之外的管片为了容易拼装作业及增加安全性有时也设置该装置。

7. B 管片的提升装置

当由下拼装管片最后插入 K 式管片时，有时 K 式管片的插入空间太窄，此时就要将两侧的 B 式管片向两侧略提升一点，设置可确保 K 式管片的插入空间的装置。该装置使得易于拼装，且可以防止混凝土受到损伤等。

该装置是利用液压千斤顶使活塞杆伸缩的装置，装配在盾构主体上或装在管片拼装机上。

5.4.6 后配套台车

为了缩短临时推进距离，希望尽可能地将盾构的动力设备及控制装置都设在盾构主体之内，但多半主体内空间比较狭窄，为此，就必须将这些设备搭载在如图 5-15 所示的后配套台车上。

在设计后配套台车时，应尽早确定搭载机器的规格才能合理布置这些设备。在布设时，必须考虑曲线通过时与管片的位置关系，以及坑内搬运台车通过时必要的空间。

当设置容量 6000l 以上液压传动油罐时，根据《消防法》的有关规定作为危险品受到限制，故有义务取得所辖官厅的设置许可并设置危险品保安监督员(参照《消防法》第 3 章)。

5.4.7 附属装置

1. 同步壁后注浆装置

这是一种待盾构通过后，同时填充施工时在盾尾产生的空隙，防止

图 5-15　后配套台车

地基沉降的装置。

　　如图 5-16 所示，在盾尾的外侧设置壁后注浆用的配管，边推进边注入壁后注浆材料。有时注入材料易于粘附于管内，故必须设冲洗装置。普通冲洗方法是水冲，也有待推进结束后，利用液压千斤顶可开闭注入口的塞子在管道内进行闭式清洗的。然而，即使如此也可能产生注入管堵塞现象，所以，为了能够维修保养配管也有时在盾尾钢壳的内侧

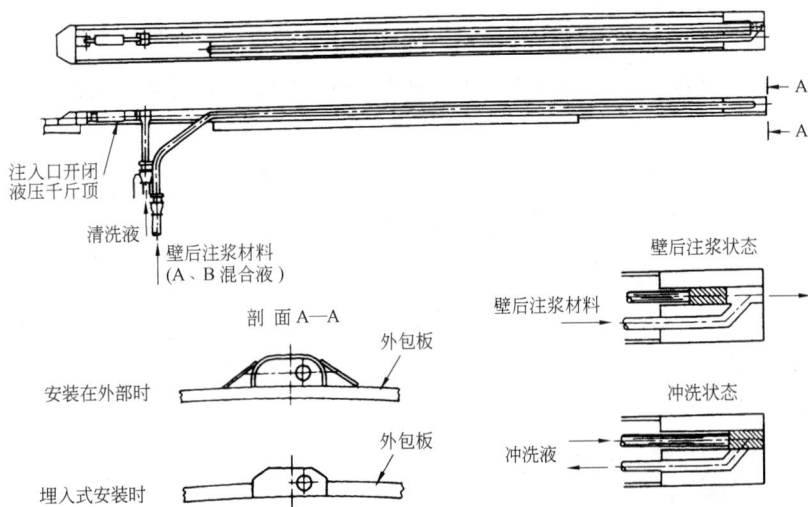

注入口开闭
液压千斤顶

清洗液

壁后注浆材料
(A、B 混合液)

剖面 A—A

外包板

安装在外部时

外包板

埋入式安装时

壁后注浆状态

壁后注浆材料

冲洗状态

冲洗液

图 5-16　同步壁后注浆装置

设置检查清扫口。

该装置因突出到盾构主体的外侧，对密封式盾构，必须采取在掘进中盾尾密封通过时防止漏水的措施。另外，在改良地基及硬质地基内掘进时，必须进行相当突起量的超挖。当在基岩内掘进时或者采用在盾构内切削竖井墙壁等特殊掘进方法时，要注意有设置此种装置本身的问题。

2. 盾尾密封填充管

当选用金属刷的盾尾密封时，仅用此种盾尾密封是不能止水的。此时必须用其他材料来堵塞刷子线材之间的间隙及金属刷中的网式薄板的网眼。为此所用的就是盾尾密封的填充材料，所用材料有含易于堵网眼的纤维素的高黏度油性或树脂类的材料。

在掘进之前，就将填充材料预先涂在金属刷之间的空间及刷子内，而随着盾构的推进，粘附在管片外表面的填充材料被消耗掉。该消耗部分必须及时补给，其补给方法有利用管片注浆孔的方法，也有在盾构主体中设置填充材料供给管的方法。

一环管片的填充材料的消费量 $Q(\text{m}^3)$ 一般用下式计算：

$$Q = \pi \cdot D \cdot B \cdot t \times (1.5 \sim 2.0) \qquad (5\text{-}10)$$

式中　D——管片外径(m)；

　　　B——管片宽度(m)；

　　　t——管片表面填充材料的附着膜的厚度(m)。

附着膜的厚度 $t = 0.0005(\text{m}) = 0.5(\text{mm})$

如图 5-17 所示，填充管由盾尾外侧通过，利用注入泵可将填充材料压送到盾尾密封间。

因是用细管压送高黏度的填充材料，故必须设定已考虑了管内压力损失的注入泵压力。另外，为了以数米间距从设置在圆周上的注入口处正确进行注入，必须深入分析研究可以个别注入的泵的台数及分配阀门的规格。

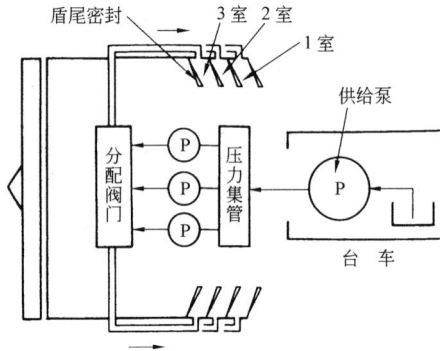

图 5-17　盾尾密封填充系统

3. 正圆度保持装置

就外径 6m 以上的盾构来说，为了在盾尾内尽可能比较小控制已有管片的变形，使之易于拼装下一道的管片，就必须设置正圆度保持装置。通常该装置要具备两种机能，一种是在垂直方向上可让管片张开的机能，另一种是即使盾构正在向前推进也有可保持其张开位置的机能。

张力多半都是相当于 2～3 环的管片重量的力。在吊着管片的状态下盾构向前推进时，还必须使其具有一定间隙以防卡住。

4. 盾构倾斜计

在盾构掘进中应该管理的姿势角度有俯仰角、侧倾角及偏转角。如果只是侧倾及偏转角，那么，利用重力的双轴电气式角度检测器就很容易地检测出来。然而，对于重力轴周围的角度变化的偏转角，就必须用其他的检测器，就要采用检测距正北的变位角的偏心旋转式陀螺仪及在前后布置的二块标板上从后方照射激光，利用聚光点坐标之差检测的方法等。利用激光的方法可以检测出所有的角度。

5.4.8　特殊装置

1. 刀具磨损检测装置

在长距离及硬质地基中施工时，必须监视刀具的磨耗状况，如果有异常的磨耗及缺损时，就要采取相应对策。刀具的磨耗检测装置通常选择数个刀具，或者另外装备磨耗检测用的刀具来检测磨耗情况。

检测方法有如图 5-18 所示的超声波式、通电式及液压式等。如为了连续追踪磨耗的进展情况，则超声波式的检测方法最好。

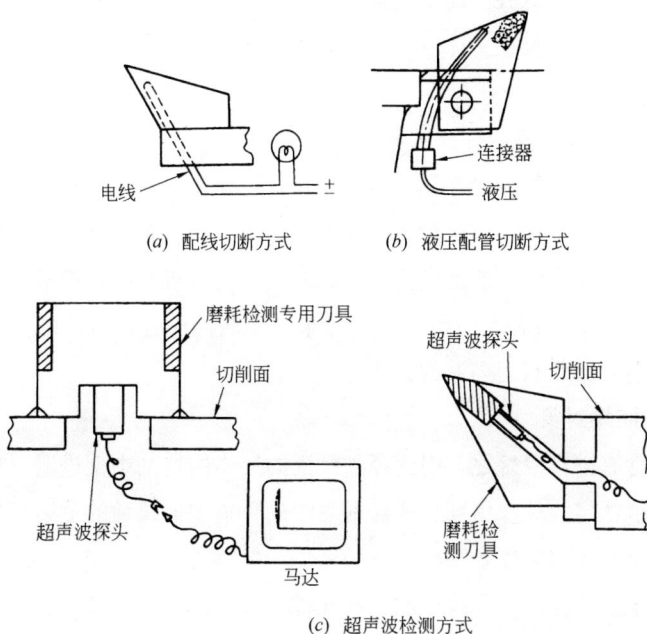

(a) 配线切断方式   (b) 液压配管切断方式

(c) 超声波检测方式

图 5-18　刀具磨耗检测方法

2. 开挖面的坍塌检测装置

这是一种是为了检测开挖面上部有无坍塌的特别装置，有接触式及非接触式两种。

（1）接触式坍塌检测装置

利用液压千斤顶将探头推到开挖面附近的土体上，利用液压变化来捕捉贯入土体开始的位置（不产生破坏区域）的方法。也有在探头的端部设置土压力计，利用贯入的观测值的变化情况检测的方法。

其中很多都是装备在开挖面尽可能近的位置的盾构主体顶端的，当然也有装备在刀盘外周，在圆周方向的数个点来观测的实例。

（2）非接触式坍塌检测装置

其中有利用超声波借助于土体的密度差探测声波强烈反射位置的方法，还有利用电磁波借助于土体的电容率差探测电波强烈反射位置的方法等。安装位置设在主体一侧或刀盘一侧均可，与（1）不同之处是可以边掘进边观测。

3. 开挖面前方的探测装置

开挖面前方的异物探测装置，是目前在地质探测技术中已经达到实用化的装置。现在与非接触式的开挖面坍塌检测装置一样，利用电磁波的装置其实用化的可能性最大。除此之外，还有观测冲击波的一种——瑞利（Rayieigh）波在土中传播速度分布的方法，还有试验性地利用疏密波的反射方法及利用声波的方法等。

4. 防爆对策

在含有游离甲烷之类引火爆炸性大的气体的地基中掘进时，盾构隧道坑内被认定为处在周期性或经常爆炸性环境中的 1 种的危险场所，对于盾构则应提出防爆要求。

对于设置在这种环境中的电气元件，必须采取如表 5-7 所示的任何一种结构防爆措施。

通常是在盾构的后方设置气幕，在此之前的坑口一侧可以进行充分的换气，作为安全地带只将掘进面一侧看成 1 种的危险场所，多半都只对盾构机内所用的电气元件采取防爆措施。

各种危险场所的电气元件防爆结构　　表 5-7

工厂电气设备防爆指南（气体防爆 1985）			防　爆　结　构
0 种	1 种	2 种	
	○	○	耐压防爆结构
	○	○	内压防爆结构
	○	○	安全增强型防爆结构
○	○	○	基本安全防爆结构(ia)
	○	○	基本安全防爆结构(ib)
	○	○	注油防爆结构

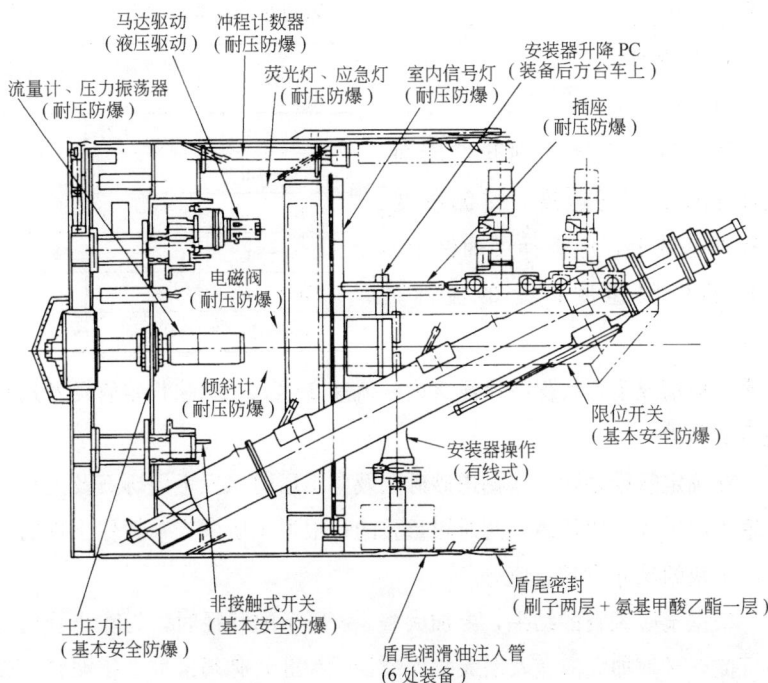

图 5-19 盾构的防爆对策实例

作为防爆对象有电机、电磁阀的工作线圈、传感器类、照明器具等，应像图 5-19 所示实例这样，尽可能选用不使用电的机器来代用，如果可能的话应将电气元件设置在气幕的后方。

5.5 泥水式盾构的装备与设计

5.5.1 送排泥管

相对于盾构外径的送排泥管径的目标值多半采用表 5-8 所示的数值。

然而，近年来由于隧道断面的大型化，多圆形及自由断面等特殊断面的采用及快速化施工等，出现了许多不能用以往的经验来评价开挖断面面积及切削土砂量的情形。此时就必须各自分别研究送排泥系统的能力来进行设计。

1. 排泥管

（1）管径

排泥管径在考虑到开挖断面、送泥浓度、掘进速度、排泥浓度、砾径等基础上，应选择可确保土砂沉淀的极限速度以上的流速的管径。

盾构外径及送排泥管径　　表 5-8

盾构外径	排泥管径（in）	送泥管径（in）
2m 之内	2～4	2～4
2m～4m	3～6	4～8
4m～6m	4～6	6～8
6m～8m	6～8	8～10
8m～10m	8～10	10～12
10m～12m	10～12	12～14

一般情况下，按保持排泥管内的流速 2～2.5m/s 来设定管径及送排泥泵的能力。

在确定管径之际，当掘进砂砾层及黏土层时，发生因砾石及土块等堵塞管内的频率比较高，此时很重要的是根据土质调查掌握住出现的砾径、土块的尺寸及其数值等。

根据土质调查的结果，要加大表 5-8 所示的管径时，为防止管内土砂沉淀，必须加大流速，增大排泥流量。为此，必须采取在排泥管上设置循环泵等措施。

（2）管道的磨耗对策及闭塞对策

当长距离掘进砂层及砂砾层时，有时管壁将产生显著磨耗。为此，希望预先就采取对管道的弯曲部分等进行更换，更换不可能部位从设计当初就采取或者加大管壁厚度，或者采用双层管等措施。

在排泥管中除了混进砾石及土块之外，也有时混入预想不到的木块等异物而堵塞管路的情形。为此，通常是准备备用管，当堵塞时在修复期间换上备用管继续掘进。

相对于正规的排泥管径而言，希望让备用的排泥管径有些余量。

2. 送泥管

管径

当在排泥循环回路上设置碾碎机等的砾石处理设备及循环泵时，有时可取与排泥管径相同直径的送泥管。通常为了降低损失水头，与排泥管径相比，取加大 1～2in 的管径。

在黏度大的地基中施工时，因刀具箱内易于粘附并固结土砂，以防止刀具箱内粘附并固结土砂为目的，有时要兼顾清洗确保大的送泥量。此时必须选用与容量相一致的管径，增设循环泵也是应对措施之一。

5.5.2 搅拌装置

1. 搅拌装置的作用与形式

泥水式盾构的搅拌装置是以防止砾石及土块等堵住排泥管的吸入口及在箱底内搅拌为目的而设置的。搅拌装置的形式如图 5-20 所示，以安装在刀具箱内的隔板处的独立旋转叶片的装置为主流。该搅拌装置的叶片一般是设在部分横穿箱内底部附近的排泥管的位置上。

当为小口径盾构时，因受到机械空间的制约，多半都难于设置独立旋转叶片式的搅拌装置，此时基本上都以安装在刀盘处的刮板（搅拌叶片）代行其机能。

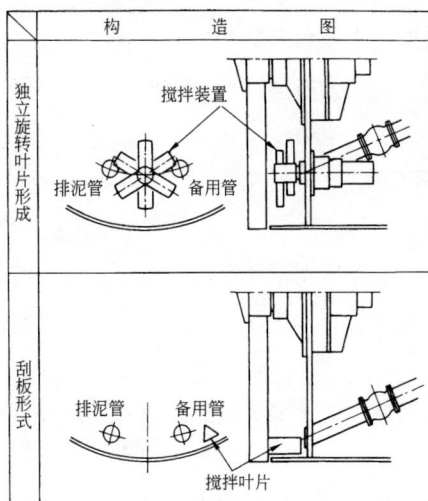

图 5-20 搅拌装置的形式

独立旋转叶片式的搅拌装置有时因卡住砾石及木片等异物而使叶片不能旋转，或者是由于夹住异物条件下刀具扭转力的作用，有使叶片产生变形及脱落等事故的危险性。

为此，必须充分研究刀盘及刀箱内各部与叶片之间的间隙。

2. 转数

如果搅拌装置的转数（叶片穿过排泥管的次数）太

小，则易于引起因砾石及土块等堵塞排泥管。希望转数能大一些，然而如果一味地增加转数，在搅拌装置的叶片与土砂密封处将产生异常的磨耗等，机械将增加负荷，与此同时机械也将大型化。为此，从技术可靠性及经济性两个方面来看，叶片由排泥管中穿过的次数以4～5次/s左右为目标来确定搅拌装置的转数为宜。

3. 装备扭矩

泥水式盾构的刀具箱内呈泥浆状态，搅拌装置的搅拌旋转抵抗扭矩以比刀盘的切削扭矩小的数值就可以进行搅拌。

如果将该搅拌扭矩的实例数值用与刀具的切削扭矩一样的扭矩系数（叶片直径的立方比）来表示，则取 $\alpha=8\sim10$ 的较小数值。

作为开挖面的土质，当掘进易于塌陷的砂砾层与硬土块之间的夹层时，瞬时压力仓内的存土量将增加，可以想像到会出现土砂滞留在底部的情况。这种情况下搅拌装置的搅拌阻力将增大，有产生不能旋转的危险性，所以，必须考虑将搅拌装置的装备扭矩 α 加大到12～13左右。

4. 驱动方式

作为搅拌装置的驱动方式通常当为小口径盾构时，受到机内的空间的制约而采用紧凑的液压驱动方式，当为空间比较有余的中、大口径的盾构时，则采用机械效率高、噪声小的电力驱动方式。

5.5.3　刀盘开口槽布置及开口率

1. 刀盘开口槽的布置

当为泥水式盾构时，刀具箱内呈充满泥浆状态，对于透水性高的塌陷性地基将出现泥浆损失现象，很难限制开挖面中泥砂的流失，将导致开挖面的破坏。

为此以基本上限制土砂的流入量不要太多为目的而设置了面板，只让刀盘开口的土砂进入压力仓中。

作为限制土砂流入压力仓的手段，当开口数相当少时，因掘进速度的关系，此时刀盘将对开挖面前方的原地基产生顶推力，扰动地基增大了刀具扭矩。

所以,刀盘开口槽的布置一般是以盾构的外周长控制在3～4m之内的开口间距来确定。

应该按照盾构外径及土质条件等分别研究刀盘开口槽的设置。一般有图5-21所示的几种。

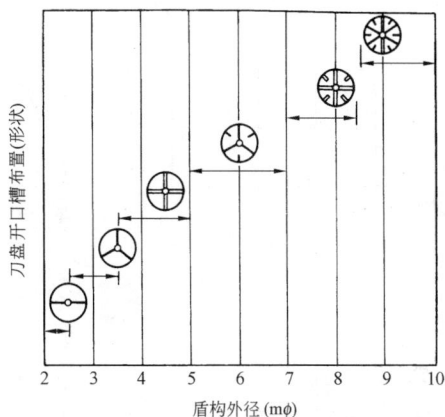

图 5-21 盾构外径与刀盘间距布置的关系

2. 刀盘的开口率

泥水式盾构的刀盘开口率如图 5-22 所示,按照土质不同,已有的应用实例有选用 10％～35％的。

当为塌陷性比较大的冲积砂层时,为了防止过多的土砂流到刀具箱内而扰动并破坏了开挖面,缩小开口槽宽度,将开口率控制在 10％～25％左右。

当稳定性比较好的洪积黏性土中,为了防止切削土砂粘附固结在开口槽处,为了提高切削土砂的流入性就必须加大刀盘开口槽宽度,将开口率加大到 20％～35％左右。

当为砾石层时,一般是按来自土层的最大砾石直径来决定刀盘开口的尺寸,有时也按照排土设备(排泥管)的尺寸装备滚刀使之具备在开挖面处碾碎砾石的能力,以此限制刀盘开口的尺寸。

3. 开口槽开关装置

（1）形式

按照开挖过程中的土质的变化来调整开口槽的开口量,或者以防止停止时开口槽的土砂流入为目的,有装备全关可能的开口槽开关装置。该种开口槽开关装置的代表形式如图 5-23 所示。

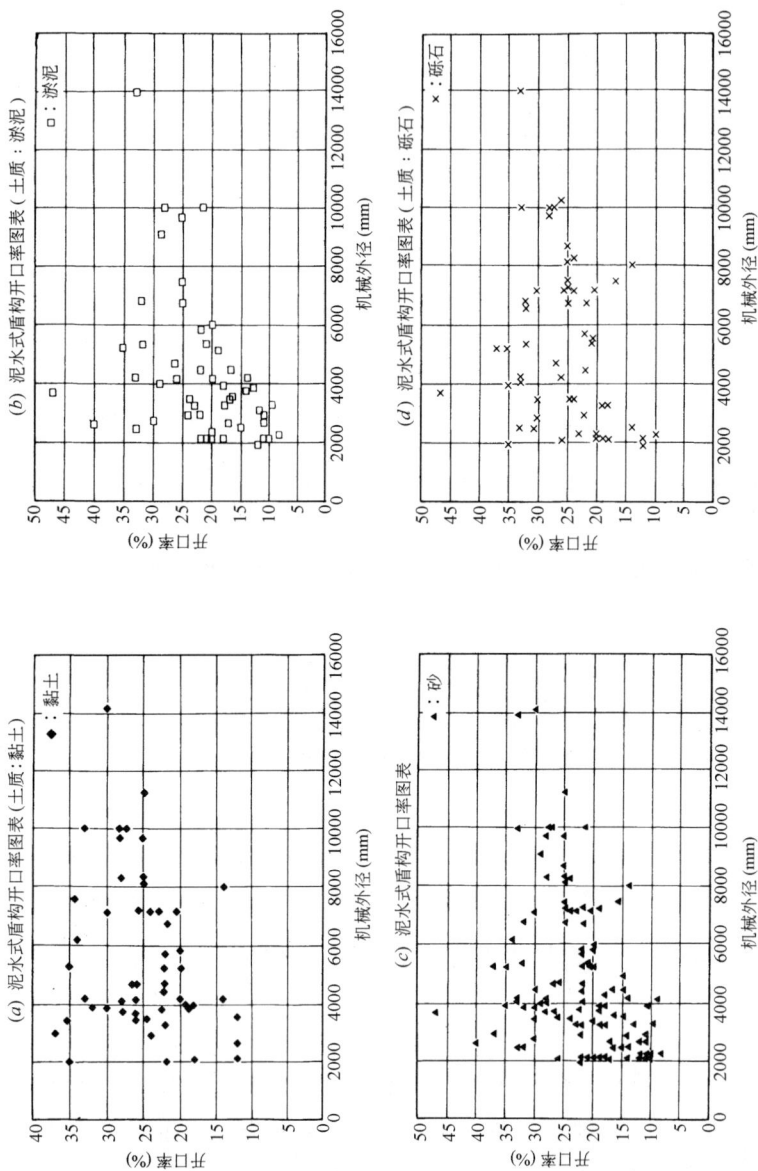

图 5-22　泥水式盾构中不同土质的刀盘开口率

（2）选择中的注意事项

按照土质不同，有时土砂将粘附并固结于开口槽开关装置附近，也有出现被砾石卡住的现象等，这样开口槽开关装置就不能正常工作了。此时刀盘扭矩将增大，有时将陷入不能掘进的地步。

就近年来的泥水式盾构来说，对于从冲积层到洪积层的复合地基的掘进中由于提高了施工技术，可以按照各种土质来控制掘进速度，又可以调整泥浆的送泥浓度进行泥浆管理，所以也选用了比较多的不装备开口槽开关装置的机械。

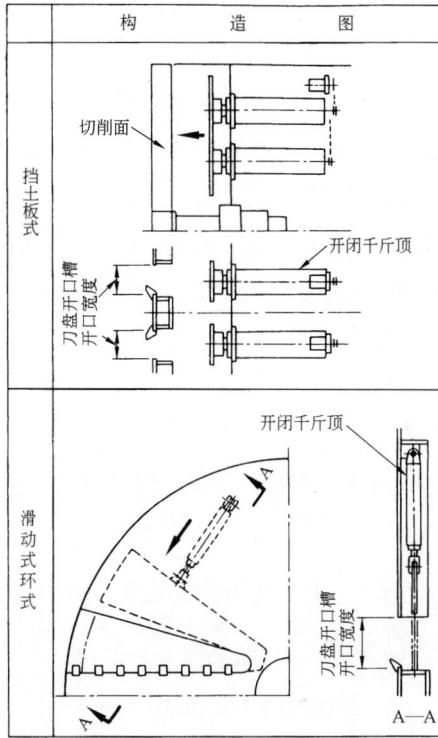

图 5-23 开口槽开闭装置形式

5.5.4 机内送排泥浆阀门的功能

1. 阀门形式与操作方式

设置在盾构处的送排泥浆阀门，由于受到机内空间条件的限制，多半都将自动旁通阀设置在机外后方，除长期停止之外一直都开着，而无需频繁开关操作的机内送排泥浆阀门，一般是设置手动阀门，以此来进行控制。

就掘进混杂有卵石的砂砾层来说，因考虑管被堵塞的情况当必须频繁进行开闭操作时，当不易使用手动开关操作装有大口径管的大断面盾构时，或在小口径盾构中机内直接操作有困难时，宜采用电动式及液压式等的遥控操作方式。

2. 设置上的注意事项

设置于机内送排泥浆阀门要与钢管或柔性管相连接，这些还要与设置在后方台车上的流体输送管相接，所以在铰接盾构中，当施工小半径曲线时，机内的送排泥浆管线中将受到来自后方台车的约束力等外力的作用，将使配管处或阀门处受到损伤，此外还要考虑到大量的地下水有可能涌入到机内或坑内。所以，应预先充分研究在这些外力作用下各种阀门的安装方向及配管部位的支撑方法等。

3. 其他阀门设备

在机内除送排泥浆管线之外，还设有手动的旁通阀、循环管用阀、预备排泥管用阀门等装置。

另外，在竖井内的初始掘进时，作为向开挖面填充泥浆用的排气阀，以及观测并管理开挖面的泥水压力的水压计等设置在隔板处。

5.6 土压式盾构的设备及其设计

5.6.1 添加剂的注入及搅拌

1. 添加剂的注入目的

当为细颗粒（$75\mu m$ 以下的淤泥及黏土成分）含有成分较少的砂层或砂砾层时，切削的土砂缺乏塑性流动性，透水性也大，即便想原封不动地充满压力仓及螺旋输送机内，此时或导致刀具扭矩上升，或使得切削土砂不能充满螺旋输送机内就将喷发土砂及水，因此，更难于保持开挖面的压力。

对这些细颗粒含量少且难于引起塑性流动的土质中当选用土压式盾构时，就必须在切削土砂中注入添加剂并进行搅拌，给切削的土砂以塑性流动性，必须进行改良，使之透水性降下来。

装备有添加剂的注入机构及其搅拌机构的机械就是泥土压式盾构。

借助于注入并搅拌添加剂将切削土砂改良成有一定塑性流动性的泥土，以降低刀具的切削阻力及提高止水性，另外，还可以降低刀具的磨损程度。再者，当采用土砂压送泵的方式时，还可进一步提高压送性等。

2. 注入口的位置及个数

当为泥土压式盾构时，添加剂的注入口位置和个数就显得尤为重要。

注入口的位置基本上是以设在使切削土砂与添加剂之间的搅拌混合即泥土化最有效的刀盘的前部为主流。除此之外，按其用途也可以将注入口适当设置在压力仓的内部及螺旋输送机之处等。

注入口的个数必须按照土质，开挖断面面积，刀盘的形状、添加剂的材质等分别进行研究，大致标准如表 5-9 所示，对于外径为 3m 之内的小口径盾构多半在中心部位设一处。随着外径的加大注入口个数也必须增多。

盾构外径与添加剂注入口个数　表 5-9

添加剂注入位置 / 盾构外径	刀具前面	
	中心处	刀具外周处
3m 以下	1	0～1
4～5m	1	1～2
5～6m	1	2～3
7～8m	1	3～4
10m	1	4～5

当在注入泵管线的一个系统中有复数个注入口时，基本上都是分别切换注入泵管线来使用。但是，万一在一个系统的注入泵管线中同时使用复数个注入口时，添加剂就不能在各管线中均匀流动，只向配管阻力小的部位流动，所以，有可能引起注入口的堵塞及导致注入量不足等。因此，针对任何大小的开挖断面面积，都应当是一台泵 1 个注入口这样的注入系统。另外，还希望建立注入管线若被堵塞可以进行清扫及修复的维修保养系统，也有时设置备用管线，需要时切换到备用管线上进行排障。

3. 注入口的形状

设置在刀盘前面的添加剂注入口在掘进过程中直接与土砂接触，当停止掘进时或不使用注入口时因不喷射添加剂，开挖面的土砂及水将侵入（倒流）其中。在此条件下为了维持其注入机能，防止土砂、砾石及异物等对注入口的损伤及堵塞，设置注入口的防护刀具及安装防止土砂及水倒流的阀门（图 5-24）是必不可少的。

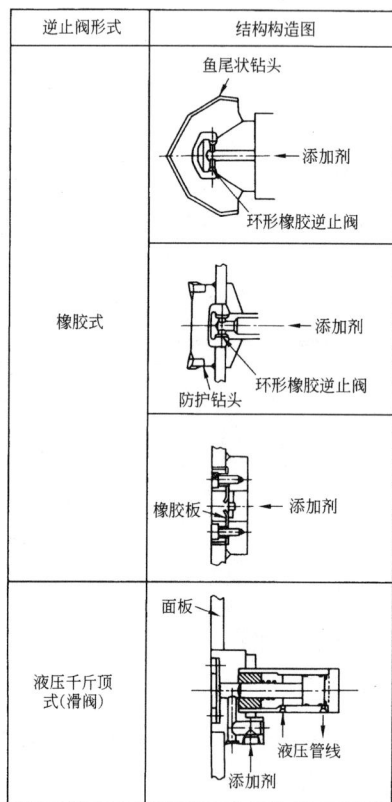

逆止阀形式	结构构造图
橡胶式	鱼尾状钻头 添加剂 环形橡胶逆止阀 添加剂 环形橡胶逆止阀 防护钻头 橡胶板　添加剂
液压千斤顶式（滑阀）	面板 液压管线 添加剂

图 5-24　添加剂注入口形状图

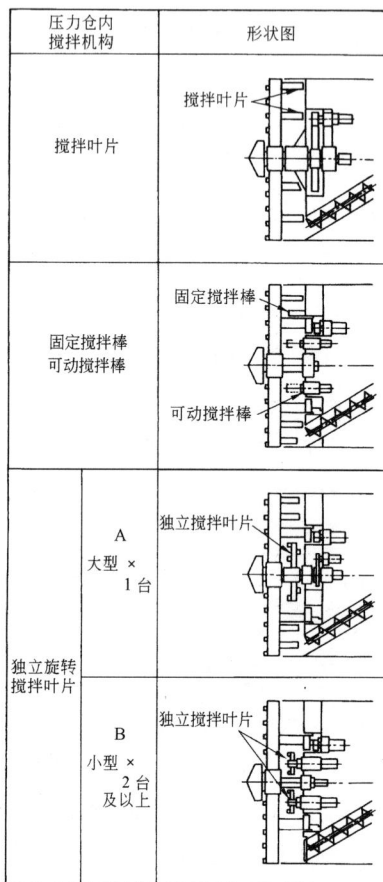

压力仓内搅拌机构	形状图	
搅拌叶片	搅拌叶片	
固定搅拌棒 可动搅拌棒	固定搅拌棒 可动搅拌棒	
独立旋转搅拌叶片	A 大型 × 1 台	独立搅拌叶片
	B 小型 × 2 台 及以上	独立搅拌叶片

图 5-25　添加剂搅拌机构图

4. 添加剂的搅拌机构

切削土砂与添加剂之间的首次搅拌是在搅拌效果最好的开挖面前方部位进行。此时，刀具、面板、辐条等起到搅拌机构的作用。

为防止压力仓内的切削土砂粘附及固结的搅拌机构如图 5-25 所示。

① 安装在切削刀盘背面的搅拌叶片；

② 防止刀具和切削土砂共转的固定叶片；

③ 用液压千斤顶等可调整向固定叶片的刀具箱内的突出量的可动搅拌叶片；

④ 设置在隔板处的独立旋转搅拌叶片等。

可按土质及挖掘断面积、切削刀形状及支撑方式等条件适当选用。

当设置独立搅拌叶片时所需转数希望按切削刀旋转时的箱内的外周速度与搅拌叶片的安装位置的箱的内周速度基本平衡，并考虑叶片的外径来进行设定。

作为切削刀的支承方式，当采用中间支承方式或外周支承方式时，支承件本身也将起到搅拌机构的作用。

5.6.2 切削面板形式及开口率

1. 切削面板形式

在土压式盾构的切削面板形式中有花板形（面板形）及辐条形两种，施工时应按盾构外径、开挖土质、掘进距离、开挖面有无障碍物需处理等施工条件来适当选择。

当在砾质土及基岩层中多数设置滚刀等辅助刀具时，或者当有用人力拆除开挖面的障碍物等特殊施工条件时，通常采用花板形，除此之外多半采用辐条形。

2. 开口槽的开口率

当为土压式盾构时，以刀具箱内及螺旋输送机内所充满的切削土或泥土的压力来平衡开挖面的土压力及水压力以达到开挖面的稳定，基本上不期待刀盘起挡土效果。

开口槽附近为了使其难于粘附并固结切削土，比较重视提高对切削土砂的排出性，一般有加大开口率的趋势。

当为土压式盾构时，开口率也与切削面板的形状之间有关系，在有些实例中其范围比较离散，约为 $30\%\sim70\%$。

5.6.3　土压管理

1. 土压计（土压检测器）

土压式盾构基本上是将切削土砂或泥土的压力保持在设定值，同时进行掘进。为了检测土仓室的填充压力，装备有土压计。

土压计一般采用电气的壁面式土压计。当因砾石及异物等受到损伤、粘附土砂或产生电气故障等导致土压计不能检测出正常数值时，这在开挖面的保护管理上将是致命的。作为对策有如下两种方法，可按工程条件适当选用：

① 设置备用土压计，异常时切换使用。

② 设置土压计的更换机构进行检查及更换。

其中②是不进行开挖面的地基改良等，在遮断土砂及水的基础上，在机内就可以安全地检查及更换土压计的方式。

总之土压计是土压式盾构的生命线，应根据开挖断面面积、土质、掘进距离等对土压计的形式，安装位置及其个数等进行认真分析研究。

土压计的更换机构中有如图 5-26 所示的球面交换式、旋转式及挡板遮断式等。

2. 土压计的安装位置

土压计是以检测开挖面的土压力为目的，因此，比较理想的是安在刀具前面位置，但是当基于以下理由而有困难时，一般是设置在刀具箱内的隔板处。

① 伴随着刀具的转动检测值出现了很大浮动，不稳定。

② 因与土砂，砾石及异物等直接接触，故损伤概率很大。

③ 万一产生损伤等问题时，难于采取维修及更换等对策。

④ 因安装在旋转部位，必须使用电气式的旋转接头，安装空间有限，不经济。

3. 控制方式

在土压式盾构的开挖面稳定控制中最重要的是在于"如何使刀具

形 式	形 状 图
球 面 交 换 式	观测土压力时　　　　　　　　　　更换土压计时 掘进面一侧　　　土压计 球面座
旋 转 式	观测土压力时　　　　　　　　　　更换土压计时 土压计 检测面　　　　　　　　　　　　　　2　　3　1　土压计
挡 板 遮 断 式	掘进面一侧 开闭板　　　　　　　　开闭板 开闭板呈"闭"状态 开闭板呈"开"状态　　　土压计

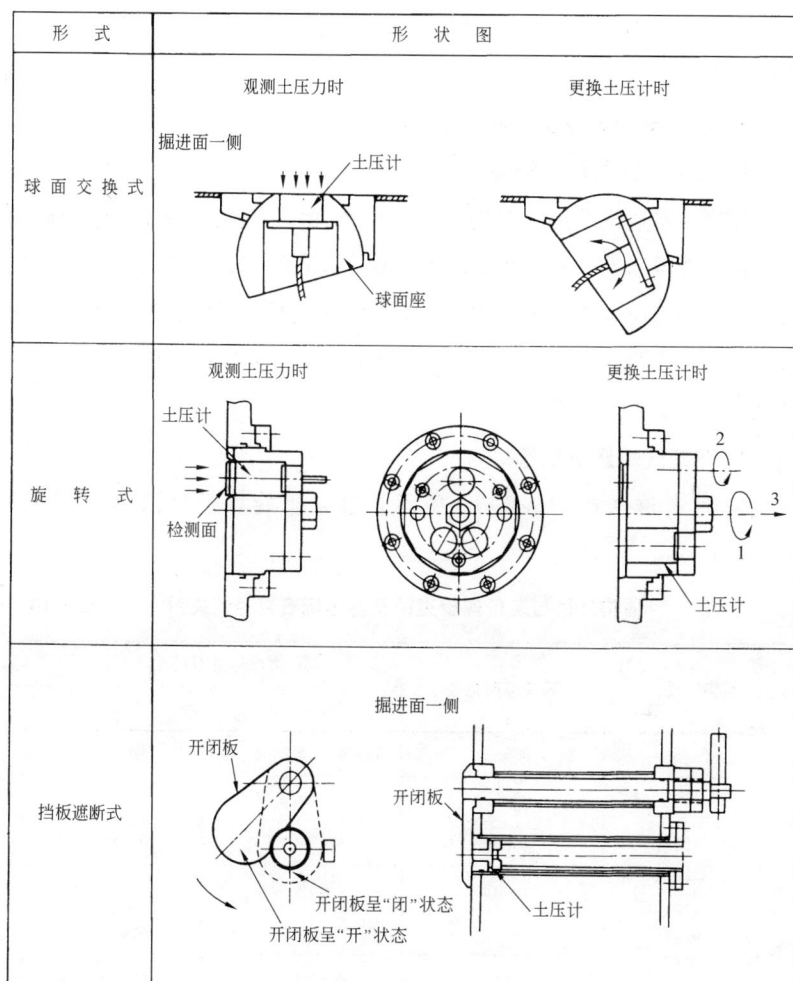

图 5-26　土压计更换机构

箱内充满的泥土量与掘进量相等而进行均衡地排土", 基本上是借助于控制螺旋输送机的排土量进行管理。

通常在该排土量的管理中有手动控制方式、体积控制方式, 土压控制方式三种, 以土压计检测出的刀具箱内的泥土压力为管理土压力值, 控制螺旋输送机转数的土压力控制方式占主流。

土压式盾构的开挖面稳定的基本思路请参照第 5 章 5.2 密封式的开挖面稳定。

5.6.4　螺旋式输送机的排土机构

1. 排土形式及砾石的搬运能力

螺旋式输送机的排土机构如图 5-27 所示，有轴式（带轴）螺旋输送机、止水性虽略差一些但在搬运大砾石上有利的带式（无轴）螺旋输送机两种。这些都应按照开挖土质、地下水压力及开挖断面面积等可适当选择。如若对比两者的砾石搬运能力，当螺旋直径相同时，带式螺旋输送机可以搬出更大的砾石。

2. 螺旋式输送机的选择

螺旋式输送机如表 5-10 所示，通常螺旋直径可以用到 $300\sim1000$mm。

盾构外径与装备螺旋直径及搬运砾石直径的关系　　　　表 5-10

盾构外径	装备螺旋直径	最大搬运砾石尺寸(mm)	
		轴　式	带　式
$2\sim2.5$m	300mm	$\phi105\times230l$	$\phi200\times300l$
$2.5\sim3.0$m	350mm	$\phi125\times250l$	$\phi250\times340l$
$3.0\sim3.5$m	400mm	$\phi145\times280l$	$\phi270\times375l$
$3.5\sim4.5$m	500mm	$\phi180\times305l$	$\phi340\times400l$
$4.5\sim6.0$m	650mm	$\phi250\times405l$	$\phi435\times650l$
6.0m 以上	$700\sim1000$mm	$\phi280\times415l$ $\phi425\times750l$	$\phi470\times700l\sim$ $\phi650\times1000l$

由螺旋直径、轴径（当为带式时为中空直径）螺旋间距及板厚可以求出砾石等的搬出可能的最大尺寸。考虑到估计的砾石大小及可能装备的螺旋式输送机的直径，可以选择轴式的或带式螺旋输送机。

一般情况下，当重视止水性时选择轴式的，当用轴式不能搬出预计的砾石时选择带式的。另外，也有当掘进黏着力比较大的土质时为了防

	构　造
轴驱动方式 轴式	搬运砾石短径：$d_x = \dfrac{D_1 - D_2}{2}$ 搬运砾石长径：$l_x = P - t$
轴驱动方式 带式	搬运砾石短径：$d_x = \dfrac{D_1 - D_3}{2}$ 搬运砾石长径：$l_x = P - t$
外筒驱动方式 轴式	
外筒驱动方式 带式	

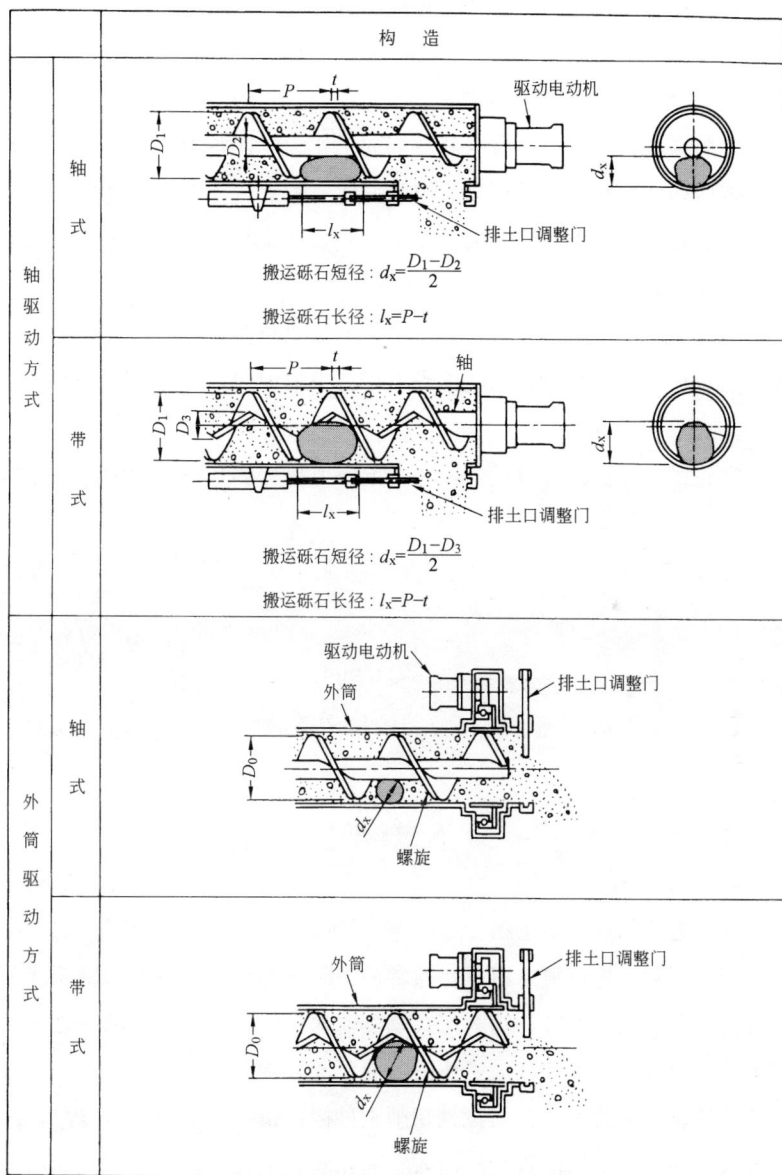

图 5-27　螺旋式输送机的驱动方式的比较

止螺旋式输送机内粘附土砂及防止伴随着打滑现象而降低排土量为目的而选用带式螺旋输送机的。

3. 转数设定上的注意事项

螺旋式输送机的排土量与其转数成正比。因此，为了确保比较大的排土能力如增加转数当然可以，但是只优先考虑排土能力而过分地增加转数，螺旋的磨耗也与转数成正比而加剧，螺旋将产生异常磨损，这是损伤机械的原因之一。

另外，为了搬出大砾石，如若不考虑开挖断面面积而加大螺旋式输送机的直径，则螺旋的转动就不得不变得极端地慢，有时使转数控制不稳定。

螺旋式输送机的转数设定，在上下限值目标的基础上必须综合分析研究盾构外径及螺旋直径。

转数（N_s）的上限值考虑到防止螺旋的异常磨损，以下式为目标值：

$$N_s \leqslant 25r/min$$

另外，下限值从确保旋转控制的稳定性的角度出发，以下式为目标值：

$$N_s \geqslant 2r/min$$

4. 驱动方式

驱动方式如图 5-27 所示大致有轴驱动方式及外筒驱动方式两种。

当使用轴式螺旋输送机时，通常多半都采用将驱动装置与轴相连的轴直接驱动方式；另外，当为带式螺旋输送机时，因为没有轴而是采用将螺旋的一部分与外筒连成一体的外筒驱动方式。

外筒驱动方式不仅容易设置切削土砂搬出设备（皮带运输机等），还有可以确保坑内下部的管片的搬入空间比较大的优点。不过，在驱动部分易产生与土砂共转的闭塞现象，也易于加速螺旋的磨损。另外，驱动部位的外径尺寸要比螺旋式输送机的外筒直径大，就铰接盾构来说，当转弯时螺旋式输送机将产生移动，会大幅度地制约机内的通行空间、测量空间等坑内侧的空间。

5.6.5 止水机构

在土压式盾构的止水机构中有如图5-28所示的各种方式。

在选择时必须要选择适合土质、地下水压力等土体条件及开挖断面面积、掘进距离、施工曲线半径等施工条件，且又可以顺利排出切削土砂的方式。

1. 螺旋式输送机单体的止水界限的目标

对于地下水压力的止水性能要用螺旋式输送机内的切削土（或泥土）的充填压力所产生的土塞效应来判断。

从以往的施工实例来看螺旋式输送机单体的止水性能界限为地下水压力 $300kN/m^2$（$3kgf/cm^2$）左右，而如果达到 $200kN/m^2$（$2kgf/cm^2$），就必须相当慎重采取对策。此时就不单单是螺旋式输送机单体（闸门止水方式），必须与其他的装置结合起来共同采取措施。

2. 止水对策

将螺旋式输送机与其他装置结合起来的止水对策在图5-28所示方式中主要可以采用如下四种。

① 机械分开式（旋转叶片、阀门等）；

② 压送泵式；

③ 多段螺旋式输送机式；

④ 泥浆泵式。

其中当掘进砂砾层时，①及②由于砾石卡住螺旋导致送料器不能旋转或压送管内被堵塞而不能排土。

就③方式来说多半都为两段布置，但是当施工小半径曲线时或遇有特高水压力时就要考虑三段以上的情况。④的方式与泥水式盾构一样，必须设置坑内的流体输送设备及地上泥水处理设备，就必须充分研究含竖井基地的设置空间等问题，通常是不经济的。

排 土 形 态	机　　构　　图
闸门方式	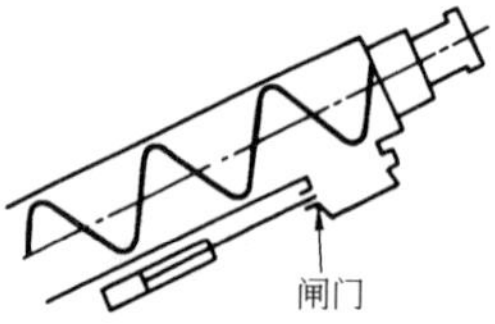 　闸门方式 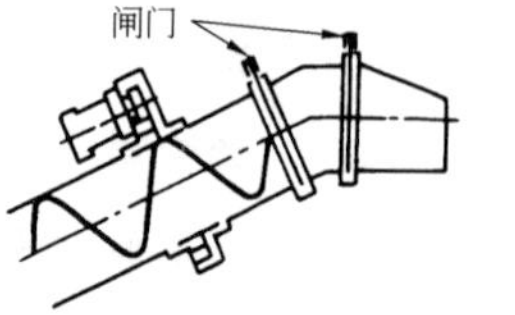　　　　　　　　双层闸门方式
机械分开方式	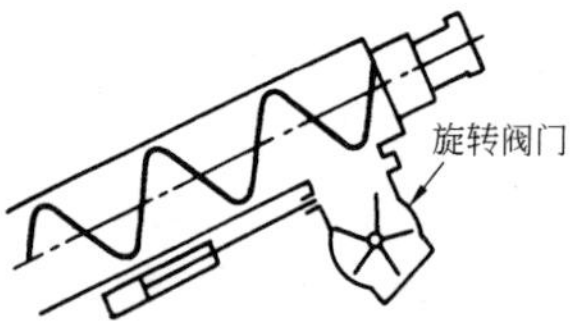 　旋转式布料器 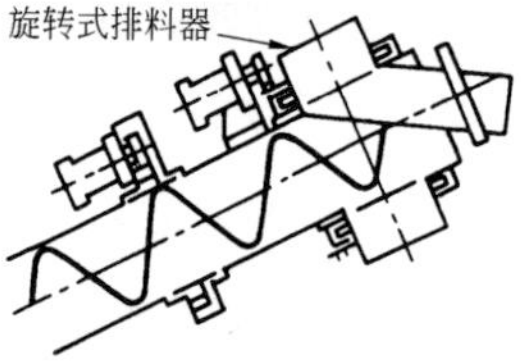　　　　螺旋式排料方式
二次螺旋式输送机方式	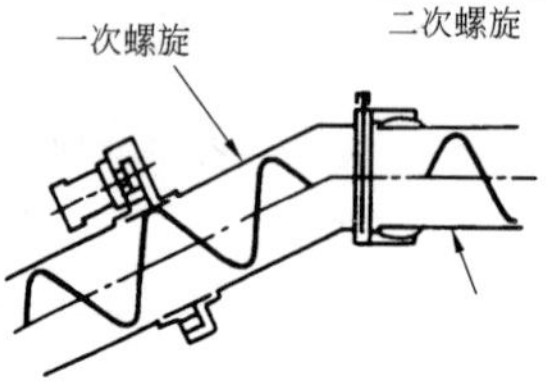 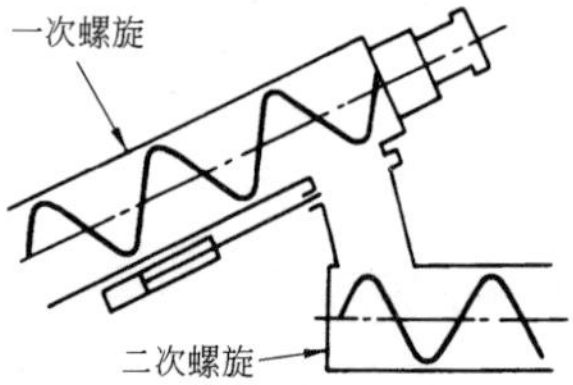
压送泵方式	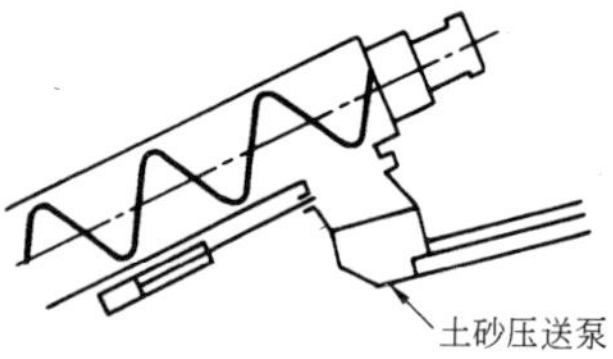
泥浆泵方式	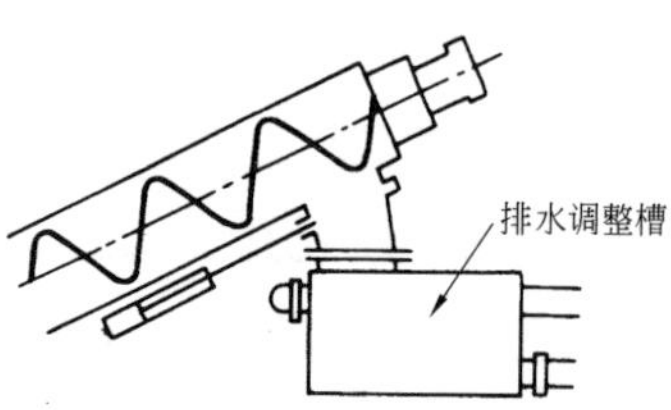

图 5-28　土压式盾构的排土及止水形态

5.7　盾构机的制作、运输及现场拼装

5.7.1　盾构机的制作

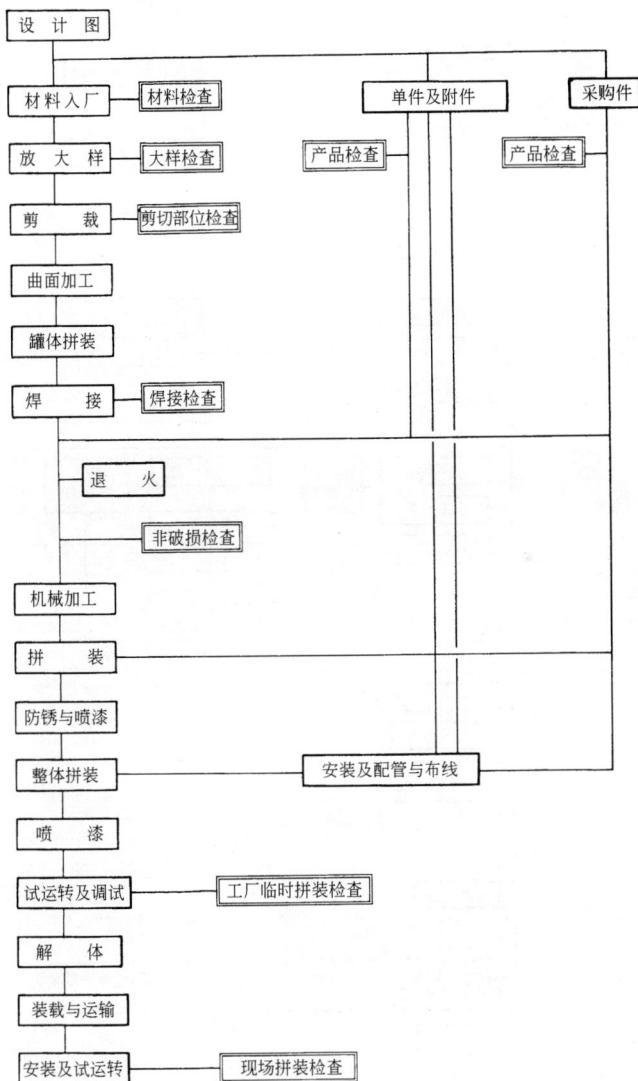

```
┌─────────┐
│ 设 计 图 │
└─────────┘
     │
┌─────────┐   ┌────────┐          ┌──────────┐        ┌────────┐
│ 材料入厂 │──│材料检查 │          │ 单件及附件 │        │ 采购件 │
└─────────┘   └────────┘          └──────────┘        └────────┘
     │                        ┌────────┐            ┌────────┐
┌─────────┐   ┌────────┐      │ 产品检查 │            │ 产品检查 │
│ 放 大 样 │──│大样检查 │      └────────┘            └────────┘
└─────────┘   └────────┘
     │
┌─────────┐   ┌──────────┐
│ 剪 　 裁 │──│ 剪切部位检查 │
└─────────┘   └──────────┘
     │
┌─────────┐
│ 曲面加工 │
└─────────┘
     │
┌─────────┐
│ 罐体拼装 │
└─────────┘
     │
┌─────────┐   ┌────────┐
│ 焊 　 接 │──│ 焊接检查 │
└─────────┘   └────────┘
     │
┌─────────┐
│ 退 　 火 │
└─────────┘
     │
┌──────────┐
│ 非破损检查 │
└──────────┘
     │
┌─────────┐
│ 机械加工 │
└─────────┘
     │
┌─────────┐
│ 拼 　 装 │
└─────────┘
     │
┌──────────┐
│ 防锈与喷漆 │
└──────────┘
     │
┌─────────┐   ┌──────────────┐
│ 整体拼装 │──│ 安装及配管与布线 │
└─────────┘   └──────────────┘
     │
┌─────────┐
│ 喷 　 漆 │
└─────────┘
     │
┌──────────┐   ┌────────────┐
│ 试运转及调试 │──│ 工厂临时拼装检查 │
└──────────┘   └────────────┘
     │
┌─────────┐
│ 解 　 体 │
└─────────┘
     │
┌──────────┐
│ 装载与运输 │
└──────────┘
     │
┌──────────┐   ┌──────────┐
│ 安装及试运转 │──│ 现场拼装检查 │
└──────────┘   └──────────┘
```

图 5-29　盾构机的检测流程图

```
                        ┌─────────────────┐
                        │ 协商标准及决定标准 │
                        └─────────────────┘
                        ┌─────┬───────────────┐
                        │ 设 计 │ 初步设计及详图设计 │
                        └─────┴───────────────┘
┌─────────┐             ┌───────┐        ┌─────────┐        ┌─────────┐
│ 安排采购品 │             │ 放大样 │◄───────│ 确认大样 │        │ 选购材料 │
└─────────┘             └───────┘        └─────────┘        └─────────┘
                        ┌─────────┐
                        │ 绘制下料图 │                ┌──────────────┐
                        └─────────┘                │ 领取材料并分类 │
                        ┌───────┐                  └──────────────┘
                        │ 划　线 │
             ┌─────────┐└───────┘
             │ 制作配管 │ ┌───────┐        ┌──────────────┐
             └─────────┘ │ 剪　裁 │◄───────│ 确认尺寸及坡口 │
             ┌─────────┐ └───────┘        └──────────────┘
             │ 酸洗及防锈 │ ┌───────┐
             └─────────┘ │ 开　孔 │
                        └───────┘
                        ┌─────────┐        ┌──────────────┐
                        │ 曲面加工 │◄───────│ 确认弯制精度 │
                        └─────────┘        └──────────────┘
                        ┌─────────┐
                        │ 制罐加工 │
                        └─────────┘
                        ┌───────┐
                        │ 焊　接 │
                        └───────┘
                        ┌───────────┐
                        │ 焊接后热处理 │
                        └───────────┘
                        ┌─────────┐        ┌─────────┐
                        │ 模座找中心 │◄───────│ 确认尺寸 │
             ┌─────────┐└─────────┘        └─────────┘
             │ 验收检查 │ ┌─────────┐        ┌─────────┐
             └─────────┘ │ 机械加工 │◄───────│ 确认尺寸 │
                        └─────────┘        └─────────┘
                        ┌───────┐
                        │ 喷　漆 │
                        └───────┘
```

块体拼装

旋转轴承	拼装前圆筒	拼装中间圆筒	组装安装器	组装后方台车
刀具台座		安装盾构千斤顶		
切削头转筒		装设刀具电动机		

```
                        ┌─────────┐        ┌──────────────┐
                        │ 整体拼装 │        │ 确认拼装精度 │
                        └─────────┘        └──────────────┘
                        ┌────────────┐
                        │ 配管及电气工程 │
                        └────────────┘
                        ┌────────────┐
                        │ 工厂内试运转 │
                        └────────────┘
                        ┌────────────┐
                        │ 双方会同检查 │
                        └────────────┘
                        ┌────────────┐
                        │ 解体及准备送货 │
                        └────────────┘
                        ┌───────┐
                        │ 送　货 │
                        └───────┘
                        ┌─────────┐
                        │ 搬运及运送 │
                        └─────────┘
                        ┌───────┐
                        │ 卸　货 │
                        └───────┘
```

| 现场拼装 | 主体拼装、后方台车拼装、临时（正式）管片搬运装置组装及配管配线工程 |

```
                        ┌────────────┐
                        │ 现场试运转 │
                        └────────────┘
                        ┌───────┐
                        │ 交　货 │
                        └───────┘
```

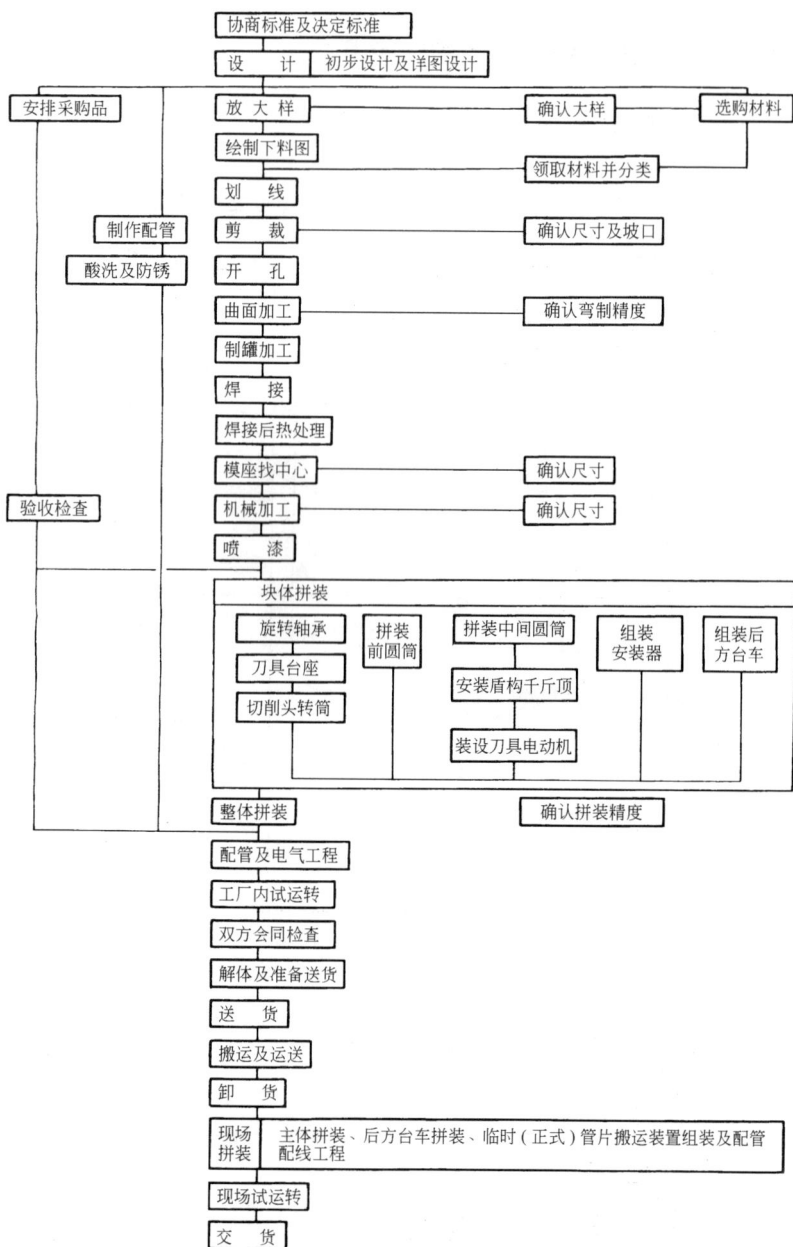

图 5-30　盾构机的制作工艺

图 5-31　曲面加工

图 5-32　退火

图 5-33　机械加工

图 5-34　工厂拼装及试运转

图 5-35　卸货

图 5-36　现场拼装

为了满足设计时所要求的性能，要求在有必备的制造设备及加工设备的工厂加工制作盾构机。图 5-29、图 5-30 就是其检测流程图及制作工艺。

制作工艺及作业内容

（1）实物尺寸

根据图纸，绘制含焊接接头的收缩余量（1～3mm）在内的大样图或根据计算结果的展开尺寸图，准备好划线加工必要的放样带及进行仿型。利用 CAD 绘制展开尺寸图，并将其直接输入到 NC 机器中就可以进行机械化及自动化作业。

（2）划线与剪裁

利用放样带及样板进行划线作业。划线后的剪裁大致可利用自动气割机，也有时直接利用 NC 机械剪裁的。

（3）曲面加工

对壳体等的曲面加工使用如图 5-31 所示的曲面机或液压压力机。另外，根据曲面加工原则，不预热材料直接进行冷加工。

（4）开孔

使用气割或钻头，有两种开孔方法，盾构千斤顶等的腹板贯通孔用气割开孔。对螺栓孔等开孔精度要求较高之处均用钻机加工，对精度上特别重要的孔在临时拼装时在确认孔位不错位等基础上进行配对加工。

（5）坡口加工

坡口加工基本上都利用气割加工。对于坡口加工后需要修正的部位用錾凿加工及砂轮机打磨。

（6）焊接加工

工厂的焊接基本上都用二氧化碳半自动焊，对于形状简单可自动化焊接的部位利用机械手进行自动焊接。对于形状复杂的以及临时固定时采用手工电弧焊（手工焊）。

（7）退火

当大口径盾构等必须进行分割盾构时，为了防止轴承处或分割面等机械加工时的变形，以除去残余应力为目的，对利用焊接加工拼装的构件进行退火处理（热处理）（图 5-32）。

（8）机械加工

对于机械式挖掘盾构机等的轴承部位的机加工及铰接盾构机球面部位等三维曲面加工使用车床加工（图 5-33）。另外大口径盾构机的分割部分利用铣床等对端面进行机加工。

（9）工厂拼装

利用焊接对拼成块的各构件待机械加工后对接，按现场条件作为一个整体拼装完成或者利用螺栓等临时拼装工具临时拼装成一体，再实施配管工程及电气布线工程。除超大口径的盾构机之外，盾构机通常都是优先在立式状态下拼装。对于盾构机千斤顶及刀具驱动马达等是在立放时利用吊车由上部吊入进行安装。之后横放进入最终拼装阶段。最终喷漆也是在这个阶段实施。

（10）试运转

工厂拼装的盾构机使用动力设备（有时为临时动力设备），对转盘、盾构千斤顶、管片拼装装置（举重臂）等进行试运转确认试验，确认是否能发挥预计的性能。工厂试运转时的状况如图 5-34 所示。

（11）解体及发送

根据现场出发竖井的状况及运输方式等，盾构机有时是整体发送的。但是，通常是将盾构机分解成必要的大小再发送。对液压配管及电线等都仔细地打包，对机械加工表面及密封类适当地安设保护罩再发送。另外，油箱内的油抽出后另行发送。

（12）制作工艺及工时

盾构机的加工制作图纸数量有时多达数百张，从设计开始到工厂的临时拼装，对于 2～3m 级的泥水盾构机也需要 6 个月左右。另外，对于部件达数万件的 14m 级的泥水盾构机来说，有的需要 30 个月（两年半）。其间在每个阶段均需按图 5-29 所示的检测程序确认各种机能及结构构造等。

5.7.2　运输

将在工厂临时拼装经试运转后的盾构机分割成适合运输及拼装的大小块，使用拖车等经陆路或者利用运输船经水路运往现场。当在海上或水上运输时，要在现场附近的港口除去淋水后再经陆路运往现场。

盾构机的分割问题是在设计开始时就首先必须确定的项目。一般道路的运送重量及尺寸限制是当然应该考虑的，还要根据投入竖井的开口尺寸、竖井附近的道路情况、可能适用的吊车起重量等来决定分割块数。对小口径盾构机一般不分块多半都整体搬运，只分割中口径及大口径的盾构机，一般是口径越大分割块数就越多。即使是小口径盾构机有时因现场位于山区，或者是竖井附近的道路狭窄等条件下也必须要进行分割的。另外，如有像东京湾横穿道路那样将盾构机直接由海上投入的条件，即使14m级的盾构机也只分割两块（一块1350t）进行搬运。如若考虑到盾构机的拼装精度及确保机械性能、缩短现场拼装时间及降低相应工程费用等以分割块数尽可能少为宜。为此，有必要从着手阶段就预先充分研究搬入路线的调查、交通管制等内容。

5.7.3　现场拼装

按照与现场的竖井状况相一致的拼装步骤，与工厂制造的同等精度拼装盾构机（图5-35、图3-36）。

1. 拼装空间

出发竖井的投入开口尺寸，也就是竖井四周各自最少都要比分割块大50cm左右。当为整体时，必须预先就考虑到含盾构机前部的刀具的突出量、含后部的螺旋输送机的突出量、含盾尾密封的突出量等在内的尺寸大小。

当为分割的盾构机时，作为安装时的作业区域左右必须有1m左右的空间余量，当要架设脚手架时，必须为2m左右。另外，作为在盾构机下部焊接作业中的空间最低也必须留出60cm左右的空间（参照

第 6 章 6.1 为出发竖井及到达竖井的设计与施工。前后方向根据切口环及盾尾的拼装顺序不同而异，因此必须联系前后的滑动量再决定。

2. 吊车

为了最大限度利用吊车的能力要在竖井附近地面铺设钢板对支座底脚进行加固，希望将吊车尽可能地设在竖井附近。然而，应注意有时由于电线等地上架设物的存在，其高度将受到限制。

另外，还必须注意如果竖井深度较深时吊车的必要钢丝绳长度就要加长，有时重量上将受到限制。

3. 拼装顺序及场所

通常都是将后方台车临时放在地上或竖井的中间地板上，多半在竖井下的初始掘进台架上拼装盾构机主机。就地铁盾构来说可以将已经构筑完的地铁车站处作为初始掘进场所来利用，将后方动力设备台车运至站台，以与正式掘进时的步骤相同的状态组装后方台车。另外，也有开口部位已确定，但当初始掘进位置产生错位时，就有可能出现需要横移（横拉）及纵移（纵拉）等的作业。

5.8　施工中盾构机的故障及对策

日本的盾构技术从 1965 年以后得到了快速发展。这种发展对于在日本特有的多种多样的地基条件及施工条件下发生的多起故障而言，是几经试行错误，不断摸索，反复试验努力积累的结果。这样的试行错误对今后的技术发展大有益处，本文将介绍一些施工中的盾构机的故障实例及其对策。

5.8.1　故障实例

对故障实例及其易于引起的状况进行分类则有如下几种：

① 困难施工条件下的故障；

② 采用新机构引发的故障；

③ 专业分工在各担当区域的边界的故障；

④ 构成盾构的机器使用界限认识不足及资料传递不畅引起的故障。

下面基于这些分类对故障的内容进行分析。

1. 困难施工条件下的故障

最近对目前毫无经验的高水压力下的施工、超急弯曲线施工、复合地基中的施工、长距离掘进等更苛刻施工条件下的隧道已经多起来了。在这些苛刻的施工条件下，即使是一点点错误也会给隧道工程中带来重大的恶劣影响。例如：切削钻头的形状及材质不适合地基条件（地质调查不足或钻头选择错误），当安装方法有错误时，地下水压力小时就可以像以往那样在不太高的大气压下简单地更换钻头。然而，就大深度的高水压力下的隧道来说是在开挖面之前进行作业，进入压力仓内并非易事，或者花费高额经费及工时重新建造竖井，利用冻结工法加固地基就必须重新更换钻头。首先介绍几例此类工程实例。

（1）盾尾密封

盾构千斤顶的推力小于开挖面前面的压力，盾构机向后退，盾尾密封反转受到损伤，机内漏水，还有因向盾尾密封处供油不足引起止水性能下降，产生机内漏水的实例。

在并用压气工法的开放型盾构及开挖面压力为 $100\sim200kN/m^2$（$1\sim2kgf/cm^2$）左右的密封式盾构中，有的使用麦秆束或碎纱布堵漏处理，从管片一侧注入药液进行修理是比较简单的，但是，担心在高水压力下隧道被水淹没，此时就必须利用特殊的管片，进行大规模的地基改良。

（2）刀盘轴承密封受损

由于轴承部位的密封受到损伤（异常磨耗、反转、缺损、产生太大间隙等），泥浆、土砂等将进入到轴承部位或盾构机内，导致刀具不能旋转，而不能掘进的实例。

究其原因有密封的形状及材质不良（最近国产机几乎没这类问题），密封安装不良，加工拼装时混进异物，润滑不良（量不足、配管漏油、时间的设定不良）等。此时，或者大量连续地注入高黏性油脂，或者在高水压力下利用冻结及药液注入工法等进行地基改良，更换密封，当损伤比较大时，也有时要花费数个月对密封表面及轴承等进行修理。

要充分考虑密封表面的温度观测、给油量、压力检测，定期进行油脂分析（水分、砂子成分、金属片等的混入），根据场合不同也应考虑设置三层密封等。

（3）刀盘的磨耗

刀具的异常磨耗，以及含松散的巨大砾石砂砾及砂质土层中，有刀盘的外周部位产生磨耗，产生滚刀偏磨或刀具脱落，掘进速度显著降低，地基产生沉降。

此时，要增设计划外的竖井，变更面板的入口门及增设滚刀，修补刀盘。

（4）刀具驱动用减速机的损伤

由于长距离掘进中的长时间运转、高速掘进的连续高负荷，在以往实例中无问题的减速机中，内部零件产生破损，经更换修理，运转率相当低。直接原因是温度的上升、给油量不足、润滑油品质劣化、零件材质变更等，在以往的运转过程中问题没表露出来。

因此，应检查额定荷载下的连续负荷运转情况，定期查验分析润滑油。

（5）搅拌器不能旋转及破损

搅拌器的叶片经常由于咬住了预想不到的异物（风化岩的岩芯、大砾石、残余的药液注入管、构筑竖井时的铁件等），导致不能旋转。根据地质条件确定是继续掘进，还是在压力仓内进行修理。极端的情况有因异物进入面板之间，使搅拌器的安装螺栓产生破损，机内产生漏水。还有因密封磨损及给油不良而不能旋转。此时，应该仔细分析研究预计的砾石大小、开口部位的大小、叶片形状及排泥管之间的相对位置等，与此同时还必须设置为保护搅拌器的冲击传感器。

2. 由于采用新机构引发的故障

（1）冻结工法中盾构在地下对接时轴承的损伤

在对接之际，相对的盾构机的面板之间的距离尽可能地接近，此时，发出异常声音，估计轴承可能产生损伤。这是因为突出刀盘的中心部位牵引机构不良所致，如不处理机内有可能浸水。

此时要限定气压，进入作业环境较差的压力仓内进行修理。究其原因是土中有预想不到的块状物，瞬间产生太大的荷载，尽管采用了新的机构，但设计上余量甚少。此时就应该提高设计上的安全系数，同时还应追加连锁系统。

（2）真空吸附式管片搬运装置中管片的掉落事故

曾发生过这样的实例，在将管片提拉到安装器上部的真空吸附装置中时，管片掉下来了，虽然没有导致人身事故，但管片破损了，盾构千斤顶顶杆也受到破坏。假如下面有人将酿成大事故。

事故原因是管片的裂缝处产生漏气导致吸附力不足。虽然都有连锁及后备系统，但事故还是发生了。

此时要采取增设真空度计，确认下面是否有人，事前检查管片等措施。

3. 由于专业分工过细在各担当区域边界的故障

（1）临时掘进时的延长液压管及控制电缆的处理不良导致的故障

当施工人员使用库存零件或使用租赁品时，由于内部清理不够，连接时混入垃圾或泥水等导致液压回路及控制回路不畅通，产生液压油缸运转不良，变频调速电动机不能旋转控制，安装器不能控制等故障。

此时必须充分清洗管路并清扫连接部位，与此同时还必须对变频调速电动机采取高次谐波等对策。

（2）在硬质黏土层的送排泥浆的流量不足导致的故障

当在硬质黏土及泥岩中掘进时切削土碴滞留并固结于压力仓中，这将产生开口槽的闭塞效应，土碴搬运不畅导致掘进速度降低，由于土碴粘附于开挖面侧面板上导致刀具扭矩不足。也有导致面板变形及搅拌器不能旋转的实例。

原因是没有认识到在硬质黏土层中送排泥浆流量在经验上应取砂及淤泥地基的流量的 1.5～2 倍左右,轻易地按标准计算值确定流速及流量、管径。

此时有的对应实例采取降低掘进速度,或者在掘进途中利用开挖面旁通管,当开挖面在稳定上有问题时,或者降低送泥密度,或者为了在压力仓内搅拌增设循环泵等。

在加工制作盾构机方面也必须充分注意不能仅按送排泥系统的作业人员及施工人员的要求来加工制作,也要考虑现场土质适时采取措施。

(3) 泥土压式盾构添加剂注入口的堵塞

由于刀盘的添加剂注入口及注入管被堵塞而导致添加剂及气泡不能充分进入开挖面,切削土砂就丧失了流动性,很多实例都产生扭矩不足,掘进速度降低及刀具的异常磨耗。

其原因是停止运转后清洗不够及在重新掘进时忘记启动添加剂的注入泵。

此时,或者采用喷射高压水进行清洗,或者采用在刀盘的外周处增设注入口的措施。

增设备用注入口、设计或容易清洗的结构等的对策,必须将新结构在操作上的注意事项如实地转达给施工人员。

(4) 由于刀具的异常磨损引起的掘进速度降低

通常是按占区间大半以上的地基条件来选择刀具的,但是,即使是数米乃至数十米的短区间,当地基强度发生很大变化时,或者遇到残余的药液注入管等情况时,或在初始掘进及终点掘进中为了对其他建(构)筑物进行防护而在冻土及改良地基中掘进时,如不事前进行充分调查就选择切削刀具,必将引起切削刀具的严重磨损,降低掘进速度。

另外,也有改良土与其他土体之间的边界经改良的大土块与刀盘共转,引起扭矩不足或地基沉降。此时应果断更换刀具,如上所述作业环境相当恶劣。另外,对改良土的大土块共转实例中有的利用地上钻孔将其分割成小块进行处理。

4. 盾构机的各零部件的使用界限认识不足及资料传递不畅引起的故障

（1）刀盘的变形

大口径盾构机的刀盘一般是承受不了所装备的盾构千斤顶的全部推力。为此，如果刀具不旋转，就会成为非推进系统，将给刀盘面板施加很大的土压力，当扭矩增加很大时，推进速度或者下降或者停止，此时就要设连锁系统。

掘进固结黏性土层等的土压式盾构，在刀盘的中央部位将粘附黏性大的切削土砂，一经固结就很难处理，曾有刀盘变形的实例。此时，要修补和加固刀盘，与此同时还要改造中心部位的结构。

其原因是粘附的土碴与开挖面之间的摩擦系数小，而且切削土砂的粘附限定在中央部位，扭矩不提高，连锁系统不运转，集中荷载就施加到中央部位所致。之后严密地进行推力管理就继续推进了。就特殊地基而言必须直接观测变形及施加到花盘上的土压力。

（2）仿形刀的损伤及运转不良

仿形刀装置因安装空间的关系不能太大。为此，在最大伸长状态下当切入深度较大时，在坚硬的地基中将负担全部装备的刀具扭矩，仿形刀装置产生变形，滑动面的灼伤等，引起动作不良。结果不能进行曲线施工，有时还会扰动土体引起地基沉降。

此时应按操作说明书等充分掌握装置的界限，与此同时必须根据土质条件以具体数字标明掘进速度、旋转速度等。

（3）壁后注浆材料及药液注入改良后土的粘附

壁后注浆材料及地基改良材料有时将粘附在盾构钢壳上，曾有即使利用全部千斤顶也不能推进的实例。此时必须进行超挖，并用辅助的千斤顶设法进行推进。当在一段时间盾构停止推进时，为了不粘附这些材料，很重要的是应该让盾构机进行若干移动。当超挖比较大时，为了不让注入材料流向开挖面一侧，也有时加上挡板。

5.8.2 事前分析研究的步骤

当构成盾构的机械产生故障时，就要考虑如表 5-11 所示的推迟工期，对环境的影响加大及与之产生的修复费用等问题。预测其大小，从修理难度（表 5-12 给出实例）大的入手，利用 FTA(Fa-ult Tree Analysis)（故障树分析法——译者注），利用以往的故障实例集进行设计审查（Design Review）、质量检查、机能检查，应制作出即使是预料之外的负荷及错误操作也不致引起重大故障的可靠系统及后备系统（含备品的准备）。

故障项目及对工程的影响　　　　　　　　　　　表 5-11

对工期的影响	1. 掘进、管片拼装等效率的降低 2. 修补期间的损失 3. 故障使运转率下降 4. 人身事故造成停业
对环境及安全上的影响	1. 地基沉降 2. 管片的损坏 3. 作业人员的人身事故
对费用的影响	1. 机械的修复费 2. 为修复用的土木工程作业 3. 管片裂缝等的修补 4. 工作用油、壁后注浆材料、盾尾密封材料等计划之外的消耗 5. 修理期间的经费

密封式盾构的不同零部件修理难易度（时间及费用）　　　表 5-12

不同部位的故障类型	原　因	影　响	难易度
盾构机主机 ·盾尾板的变形	不合理的曲线掘进，强度不足	变形	大
·盾尾密封的变形及破损	卡住异物 填充材料不足 填充材料不良 管片变形	机内漏水	小→大
推进机构 ·盾构千斤顶漏油	液压杆粘附异物垃圾 偏心荷载过大	大量时不能曲线掘进 盾构后退	大

不同部位的故障类型	原　　因	影　　响	难易度
·千斤顶垫板（铁靴）变形，脱落	错误操作 强行曲线掘进 安装不良	人身事故 千斤顶损伤 管片损伤	小
铰接机构 ·铰接千斤顶的变形，破损	容量不足 强行曲线掘进 安装不良	不能曲线掘进	小→大
·铰接密封的变形，破损	卡住异物 安装不良	机内漏水	小→大
掘进机构 ·刀具的磨耗，脱落	刀具选择不好 安装不良 赋予条件不好	掘进速度降低 不能掘进	小→大
·仿形刀的损伤，工作不良	强度不足 卡住异物 错误操作	不能弯曲前进 超挖量大，产生沉降	中→大
·刀具的异常磨损，清碴处理不好，变形	与土质不适合	不能掘进	中→大
·开口槽遮闭装置工作不顺，变形	结构不良 卡住异物 黏性土，粘附注入材料	推进不良	中→大
掘进机构 ·驱动电机的损伤	冷却不足 高负荷下的防止机能不良	速度降低 不能掘进	小
·同上减速机及离合器的损伤	润滑及冷却不良 设计结构不合理	不能掘进	小
·小齿轮及传动装置的变形，损伤	设计及工作不良 调整不好 卡入异物	不能掘进	中→大
·旋转及推进轴承的损伤	设计及工作不良 调整不好 卡住异物	不能掘进	大
·刀盘轴承密封的变形，损伤	形状及安装不良 给油不足	刀具不能旋转	大

注：大：隔板出盾构机外，需要冻结，地基改良等的土木工程，修理时间大约需1个月至
　　　数个月

　　中：能用简单的辅助工法或在盾构机内修理，期间需要1～3周时间。

续表

不同部位的故障类型	原　因	影　响	难易度
管片拼装机构 ·通常管片拼装机运转不好	错误操作	拼装速度降低	小
·自动化管片拼装机运转不好	精致系统操作不当 各传感器控制不好	不能拼装	中→大
附属装置 ·同时壁后注浆管的堵塞	壁后注浆材料不适合 清扫不充分 形状不良	地基沉降 推力增大 钢壳变形	中
·同时壁后注浆管的堵塞 （当管片中无注入孔时）			大
·盾尾密封填充材料注入装置堵塞，运转不好	与填充材料不匹配 （泵的能力及管径）	密封损伤及漏水	小→大
·正圆保持装置的运转不好	错误操作	管片变形	小
·管片搬运装置的损伤	曲线时的干扰	拼装速度降低	
排土机构 ·螺旋输送机 ·螺旋卸料器 ·轴承处密封的损伤	给油不足	不能推进 机内漏水	中→大
·搅拌器的损伤	卡住异物 给油不良	不能旋转 掘进速度降低 机内漏水	中→大

　　小：修理需数日才能完成。

　　→：大深度高水压条件下难易度的增加。

参 考 文 献

[1]　土木学会編：トンネル標準示方書（シールド編）·同解説，1988.6.

[2]　二村　敦：シールドトンネルの新技術（6），トンネルと地下，Vol. 21，No. 11，p. 71，1990.

第6章　盾构的始发井及到达井

6.1　始发井及到达井的设计与施工

盾构隧道一般都修建在市区的道路之下，将竖井规划在道路宽度之内，多半都在有交通限制及地下埋设物等很多限制条件下进行施工。盾构工程用竖井的种类有如下几种：

① 始发井；

② 到达井；

③ 中间工作井；

④ 其他（调转竖井等）。

这些竖井按其用途不同形状各异，本文将以始发井为中心予以介绍。另外，其他竖井除内空尺寸的设定之外，都可用与始发竖井同样的思路进行设计。

始发井以图 6-1 所示流程为基础进行设计。本文给出了每个研究项目的内容。

1. 形状尺寸的设定

决定始发井的必要内空尺寸时应考虑以下项目：

① 盾构拼装中必要的

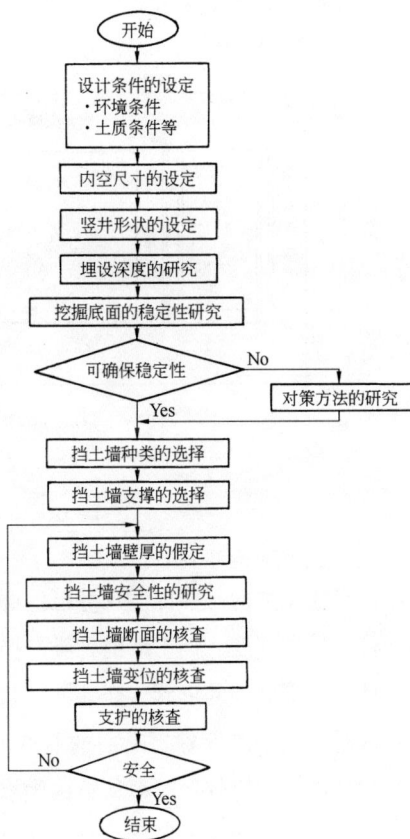

图 6-1　竖井结构的设计流程

尺寸；

　② 盾构掘进必要的尺寸；

　③ 材料及切削土砂搬运设备必要的尺寸；

　④ 盾构隧道用途上必要的尺寸。

　　通常始发竖井的必要内空尺寸多半都是由②来决定。图 6-2 及表6-1 所示为泥水式盾构掘进必要的标准内空尺寸[1]（当为土压式盾构时取表 6-1 的盾构机长含螺旋输送机的长度）。另外，当竣工内径超过 ϕ5000mm 时，多半都以表 6-1 所示的标准尺寸为基础，考虑按其内径的施工实例来决定内空尺寸。

（平面图）

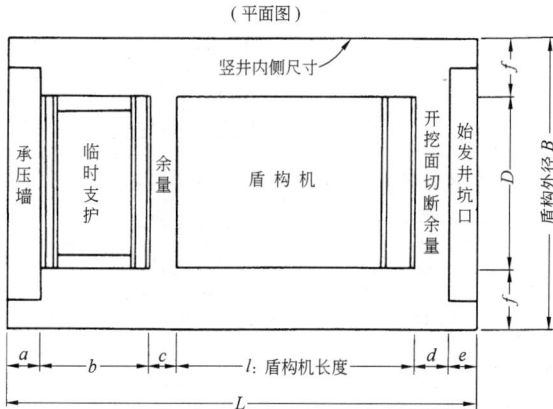

图 6-2　始发井的标准图

　　如果始发井的必要内空尺寸已经确定下来，那么，接着就要考虑土体条件、掘进深度、挡土墙的种类、挡土支护、周边的土地利用情况及经济性等确定竖井的形状。竖井的形状一般取矩形或圆形。当掘进深度比较浅时，从使用性好、断面的有效利用角度来考虑多半选用矩形断面；当掘进深度比较深时，从结构优越性及施工性来看有多用圆形形状的倾向。另外，竖井的形状也有时受地上制约条件等限制而选用异形形状的。

始发井的标准尺寸[1]（单位：mm） 表 6-1

竣工内径	长度(L)								宽度(B)		
	反力墙(a)	临时支护(b)	余量(c)	开挖面切断余量(d)	始发井坑口(e)	a+b+c+d+e	盾构机长度(l)	合计	盾构机外径(D)	盾构机安装作业宽度(f)×2	合计
1500	500	2000	200	600	400	3700	4300	8000	2270	1000×2	4300
1650	500	2000	200	600	400	3700	4400	8100	2470	1000×2	4500
1800	500	2000	200	600	400	3700	4500	8100	2670	1000×2	4700
2000	500	2000	200	600	400	3700	4500	8200	2870	1000×2	4900
2200	500	2000	200	600	400	3700	4500	8200	3070	1000×2	5100
2400	500	2000	200	700	500	3900	4700	8600	3280	1000×2	5300
2600	500	2000	200	700	500	3900	4800	8700	3480	1000×2	5500
2800	500	2000	200	700	500	3900	4900	8800	3700	1100×2	5900
3000	600	2000	200	800	500	4200	5000	9200	3950	1100×2	6200
3250	600	2000	200	800	500	4200	5100	9300	4200	1100×2	6400
3500	600	2000	200	900	600	4400	5200	9600	4450	1100×2	6700
3750	600	2000	200	900	600	4400	5200	9600	4700	1100×2	6900
4000	600	2000	200	900	600	4400	5500	9900	4950	1100×2	7200
4250	600	2000	200	900	600	4400	5700	10100	5250	1100×2	7500
4500	600	2000	300	1000	700	4600	5800	10400	5550	1100×2	7800
4750	700	2200	400	1000	700	5000	5900	10900	5850	1100×2	8100
5000	700	2200	400	1000	700	5000	6000	11000	6150	1100×2	8400

注：1. 当不设反力墙可以初始掘进时，减去反力墙(a)的长度。

2. 本表给出的是竖井的内侧尺寸。

当使用钢板桩作为挡土材料时，加算钢板桩的高度(H)，长度(L)，宽度(B)按下式计算。

$$L = L + 2H$$
$$B = B + 2H$$

式中 H——使用的钢板桩高度。

3. 竣工内径 1500～2800mm 的临时支护为临时管片两圈的量。

2. 挡土墙的种类

一般所用的挡土墙可按图 6-3 所示进行分类。对于预制板桩方式，当掘进深度比较浅时使用钢板桩；当比较深时多半采用钢管板桩挡土墙。就现浇方式而言当掘进深度较浅时，使用柱列式连续墙、泥水固化壁；当掘进深度较深时，

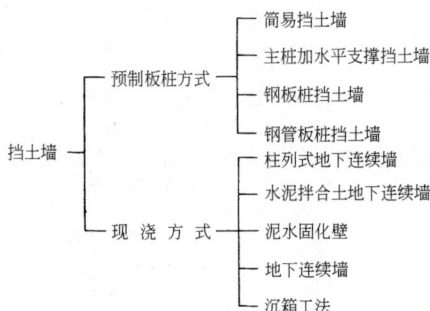

图 6-3 挡土墙的种类

挡土墙的特

项目 ＼ 名称	钢板桩挡土墙	钢管板桩挡土墙	柱列式地下连续墙
示意图			
概　要	·钢板桩在接头处卡住，连续地将钢板桩打入土中进行挡土墙施工的工法。断面形状有 U 形，Z 形，直线形及 H 形等。	·钢板桩在接头处卡住，连续地将钢管桩打入土中建造挡土墙施工的工法。接头的连接材料有型钢及钢管等。	·在土中连续建造有钢筋笼或型钢的现浇水泥浆柱，从而进行挡土墙施工的工法。
特征　优　点	·作为有止水性的挡土墙是造价最便宜的方法。·材质均匀，可靠性好。	·挡土墙的刚度比较大，故可适用于大规模工程。·材质均匀，可靠性好。·止水性好。	·止水性比较好。·挡土墙的刚度比较大，故可适用于大规模工程。·噪声及振动小。
特征　缺　点	·必须采用减小由于锤击所产生的噪声及振动的工法。·只限于较小规模工程。·与其他种类相比刚度比较小，故必须充分研究由于变形对周边的影响。	·必须采用减小由于打入所产生的噪声及振动的工法。·不可能拔出来，在很多实例中都是残留于土中。	·如若与钢板桩挡土墙相比，工期、工程费用上不利。·只限于掘进较浅的情况。

征的比较表

表 6-2

水泥拌合土挡土墙	泥水固化挡土墙	地下连续墙	沉 箱 工 法
·这是代之以柱列式地下连续墙的砂浆，使用水泥拌合土建造挡土墙的工法。	·使用膨润土溶液开挖并在沟槽中插入 H 型钢、钢板桩及预制板等，然后在稳定液中掺入固化剂，使稳定液固化，从而进行挡土墙的施工。	·利用膨润土溶液或聚合物稳定液对地基起稳定作用来开挖地基，连续地在土中造挡土墙的工法。作为挡土墙的种类有 RC 制、钢制及 SRC 制的。	·通过开挖沉箱主体内底面的地基，由于自重等作用使其下沉到土中所定的位置，建造结构物的工法。施工方法有开口式、气压式及压入式沉箱等。
·止水性好。 ·噪声及振动小。	·止水性好。 ·挡土墙的刚度大。 ·噪声及振动小。	·止水性好。 ·刚度大，也适用于大深度。 ·主体可以利用。 ·噪声及振动小。	·对于垂直、水平方向的荷载作用下屈服强度大，可靠性好，承载力大。 ·施工时的振动及噪声小。 ·比较廉价。 ·可在比较狭窄的场所施工。
·质量的离散性比较大。	·施工条件对工期影响较大。	·在工期及费用方面不利。 ·必须对排出泥浆进行处理。 ·作业带比较大。	·在初期沉降期间必须进行充分管理，不要使之产生倾斜。 ·在下沉开挖时为了不影响周边地基也有时必须采取措施。

有使用地下连续墙及沉箱的倾向。

最近以减薄壁厚为目的正在开发有高刚度且高强度的钢制及 SRC制的地下连续墙，已逐步达到实用化。表 6-2 所示为这些挡土墙的特征。

3. 挡土工程的设计[3]

当设计挡土工程时一般要进行以下研究：

① 入土深度的研究；

② 挖方底面稳定性的研究；

③ 挡土支护工程的研究；

④ 挡土墙安全性的研究；

⑤ 主体利用的研究。

（1）入土深度的研究

为了确保挡土墙的稳定，对于在土压力及水压力作用下必须确保有足够的入土深度。对于入土部分的土压力的分布目前实测数值甚少，又不能定量把握其大小，现在是用兰金(Rankine)与库仑(Coulomb)的土压力公式及对这些公式进行若干修正的土压力公式求其土压力。

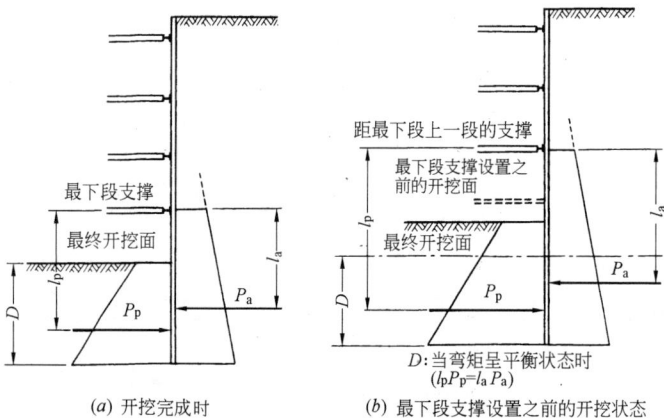

（a）开挖完成时　　　　（b）最下段支撑设置之前的开挖状态

图 6-4　平衡的入土深度的求法

挖方底部的破坏现象[2)]　　　　　　　　　　表 6-3

分类	地基的状态	现　　象
隆起	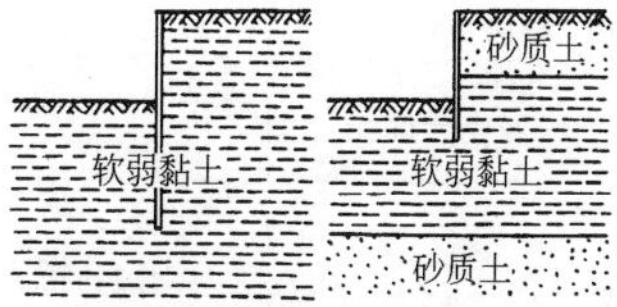 当在挖方底面附近有软弱黏土时，主要为冲积黏土地基；当为堆积很厚、塑性且含水比很高的黏性土时	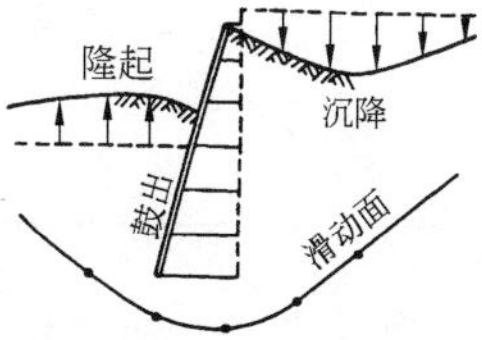 由于挡土墙背面土的重量及挡土墙附近的地表荷载等的作用，产生了滑动面，挖方底部隆起，挡土墙鼓出，周边地基产生沉降，最终导致挡土墙破坏
涌砂	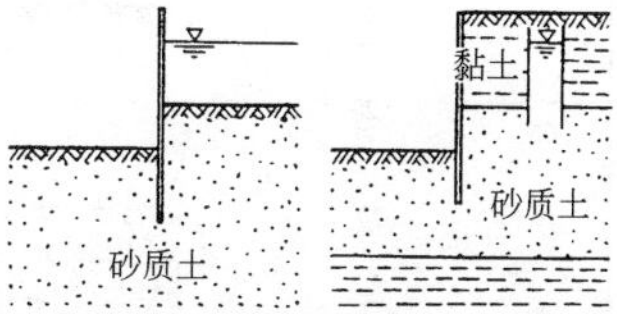 当为地下水位较高的砂质土时，挡土墙附近又有河流，海洋等地下水的补给水源时	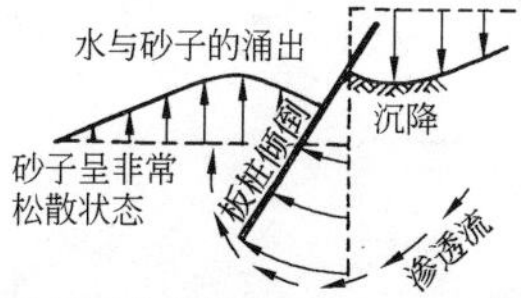 当选用透水性挡土墙时，由于水位差将产生向上的渗透流。当该渗透压力超过土的有效重量，就像沸腾一样向上涌，挖方底面的土丧失了抗剪阻力，挡土墙就失稳了
地基底部隆胀	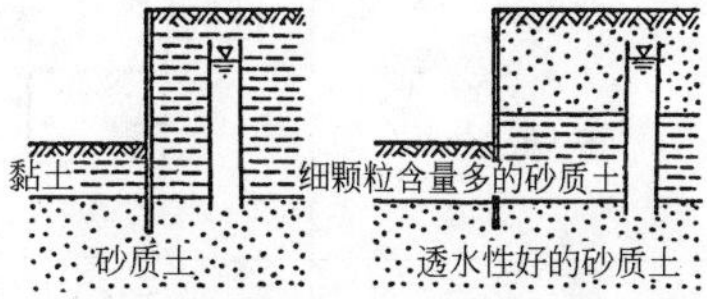 当挖方底面附近有按从不透水层到水头高的透水层顺序构成土层时，不透水层不单纯为黏土，也含有细颗粒含量多的砂质土	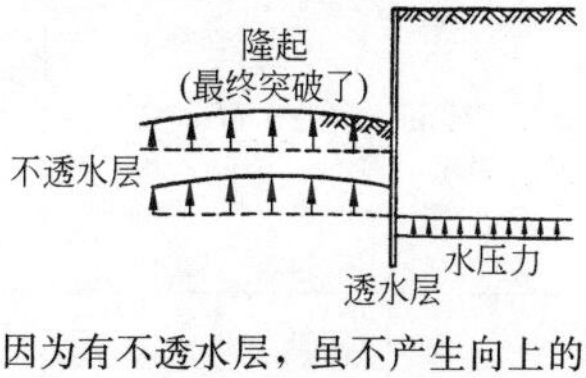 因为有不透水层，虽不产生向上的渗透流，但是在不透水层下面作用有向上的水压力，该水压力如果大于上方土的重量时，挖方底面就向上鼓胀，最终突破不透水层，导致涌砂状的破坏
管涌	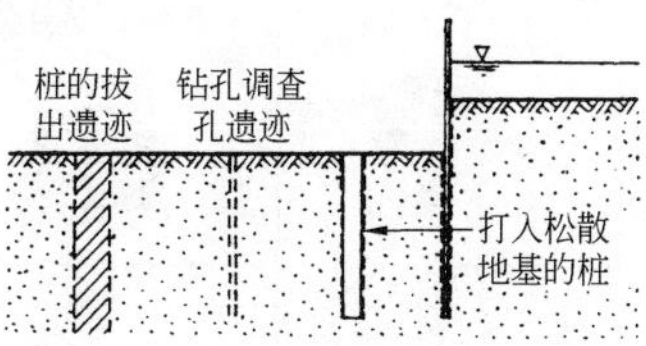 与涌砂及地基底部隆胀相同的地基，当易于形成水脉的状态时，作为人工的水脉如上图所示	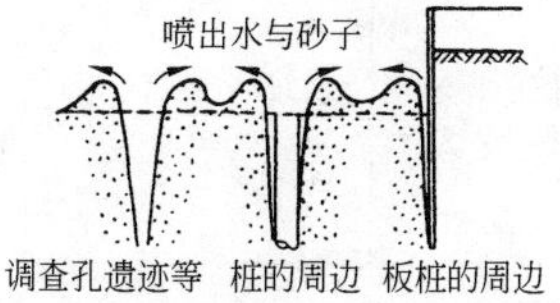 由于渗透流冲刷软弱地基部位的细土颗粒，在土中形成水脉，该水脉顺次向上涌动连粗颗粒也冲刷出来，使水脉扩大，最终导致管涌状破坏

对于隆起的

研究公式	相对于深度当取土的非排水抗剪强度 S_u 为一定时	临界稳定数		研究公式
		$F=1.0$ $H/B,$ $B/L\to0$ $D_m>B$	F：各公式的建议值 $H/B=0.5\sim2.0$ $D_m>B$ （通常的埋深）	
泰沙基（Terzaghi）及泊克（Peck）的公式	$\dfrac{\gamma \cdot H}{c}=\dfrac{5.7}{F}+\dfrac{\sqrt{2}}{B}H$	5.7	4.5～6.6 $(F=1.5)$	(a)当没考虑入土深度时
Tschebotarioff 的公式	$\dfrac{\gamma \cdot H}{c}=\dfrac{5.14}{F}+\dfrac{H}{B}$ $(L/B>2)$	5.14	3.07～4.57 $(F=2.0)$	
Bjerrum・Eide 的公式	$\dfrac{\gamma \cdot H}{c}=\dfrac{Nc}{F}$	5.1	6.0～7.5 $(F=1.5)$	
建筑学会旧规范公式	$\dfrac{\gamma \cdot H}{c}=\dfrac{6.28}{F}$	6.28	5.23 $(F=1.2)$	
建筑学会修正公式	$\dfrac{\gamma \cdot H}{c}=\dfrac{1}{F}(n+2a)$	4.28 $\left(a=\dfrac{\pi}{5}\right)$	4.4～5.1 $(F=1.2)$	
圆弧滑动法				

分析研究[6]　　　　　　　　　　　　　　　　　　　　　　　表 6-4

的说明

---

(1) $D_m \geqslant B/\sqrt{2}$

$$F = \frac{5.7c}{\gamma \cdot H - \dfrac{\sqrt{2}}{B} c \cdot H}$$

(2) $D_m < B/\sqrt{2}$（当考虑与硬土层相接产生滑动时）

$$F = \frac{5.7c}{\gamma \cdot H - \dfrac{c \cdot H}{D_m}}$$

(b) 当考虑了入土深度时……（略）

(参)Finn 公式在(1)式中，不认为在 H 深度内 c 有效产生作用，就取 $3R$ 为有效长度。

$$\therefore F = \frac{5.7c}{\gamma \cdot H - 4.2c}$$

(a) $D_m > B$

$$F = \frac{5.14c \left(1 + 0.44 \dfrac{2B - L}{L}\right)}{H \left\{\gamma - 2c \left(\dfrac{1}{2B} + \dfrac{2B - L}{BL}\right)\right\}}$$

当 $L > 2B$ 时

$$F = \frac{5.14c}{H \left(\gamma - \dfrac{c}{B}\right)}$$

(b) $D_m < B$（当认为与硬土层相接产生滑动时）

$$F = \frac{5.14c \left(1 + 0.44 \dfrac{D_m}{L}\right)}{H \left\{\gamma - 2c \left(\dfrac{1}{2D_m} + \dfrac{1}{L}\right)\right\}}$$

当 $L > 2D$ 时

$$F = \frac{5.14c}{H(\gamma - c/D)}$$

$$F = N_c \frac{c}{\gamma \cdot H + q}$$

圆形或者正方形　$B/L = 1.0$

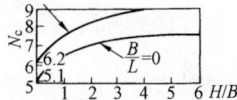

$$F = \frac{M_r}{M_d} = \frac{x \displaystyle\int_0^{\pi} c(x \mathrm{d}B)}{W \cdot \dfrac{x}{2}}$$

· 当认为挖方底下至相当深度地层一样时

$$F = \frac{M_r}{M_d} = \frac{2\pi c}{(\gamma \cdot H + q)}$$

$$F = \frac{M_r}{M_d} = \frac{x' \displaystyle\int_0^{\frac{\pi}{2} + a} c(x' \mathrm{d}\theta)}{W \cdot \dfrac{x'}{2}}$$

$$\left(a < \frac{\pi}{2}\right)$$

· 当认为挖方底下至相当深度地层一样时

$$F = \frac{(\pi + 2a)c}{\gamma \cdot M + q}$$

$$F = \frac{M_r}{M_d} = \frac{取 O 点为中心的抵抗力矩}{由土块 ABDE 发生的起动力矩}$$

挡土墙的入土深度，当在开挖完成时或者最下段水平支撑设置之前时，按图 6-4 所示，利用土水压力作用下的力矩平衡来求入土深度[3]。实际上通常都是取这些数值中大值的 1.2 倍左右的长度作为入土深度。

（2）挖方底面的稳定性的研究　黏土及砂质土是在不同状态下引起挖方底面的破坏的。挖方底面失稳现象如表 6-3 所示[3]。

1）对隆起的研究

就软弱黏土地基来说，由于挖方底面的强度不足土层或者陷下去了，或者产生滑移，挖方底面产生隆起，或者挡土墙产生大变形，有时背面地基产生沉降。对于隆起的研究公式如表 6-4 所示有多个建议公式[6]。各建议公式都有各自的特点，当选用时，必须充分掌握各自的特点再选用，或者用几个公式计算进行分析研究。

作为防止隆起的对策有以下所示几种方法，要充分考虑周边环境、施工性、安全性及经济性后再选择。

① 增加挡土墙的入土深度及刚度的方法；

② 缩小挖方平面规模的方法；

③ 进行地基改良的方法。

2）对涌砂的研究

当挖方底面为砂质土时，就必须对涌砂的稳定性进行研究。关于涌砂代表性的研究方法有如图 6-5 所示的泰沙基方法及极限水力坡降的方法[2]。这些任何一种方法都是按地下水压力与土的自重之间相平衡的条件进行分析研究的方法。

因地下水位有季节性变化，所以很重要的是要尽可能正确地掌握其变化，并将其反映到研究公式中。

作为防止涌砂的对策有以下几种：

① 加长挡土墙的入土深度的方法；

② 降低地下水位工法；

③ 地基改良工法；

$$F_s = \frac{W}{U} = \frac{2\gamma' \cdot L_d}{\gamma_w \cdot h_w} \geqslant 1.2 \sim 1.5$$

式中　F_s——安全系数；
　　　W——土的有效重量；
　　　U——平均超孔隙水压力；
　　　γ'——土的水下重度；
　　　γ_w——水的相对密度；
　　　L_d——入土深度；
　　　h_w——水位差；
　　　h_a——平均过剩孔隙水头$\left(\frac{1}{2}h_w\right)$。

超静水
压力分布

(a) 泰沙基的方法

$$F_s = \frac{i_c}{i} = \frac{G_s - 1}{1 + e} \cdot \frac{l}{h_w} = \frac{\gamma'}{\gamma_w} \cdot \frac{l}{h_w}$$

式中　i_c——极限水力坡降；
　　　i——水力坡降$= h_w/l$；
　　　l——流线的长度；
　　　G_s——土颗粒的密度；
　　　e——孔隙比；
　　　γ、γ_w、h_w——同上。

(b) 极限水力坡降的方法

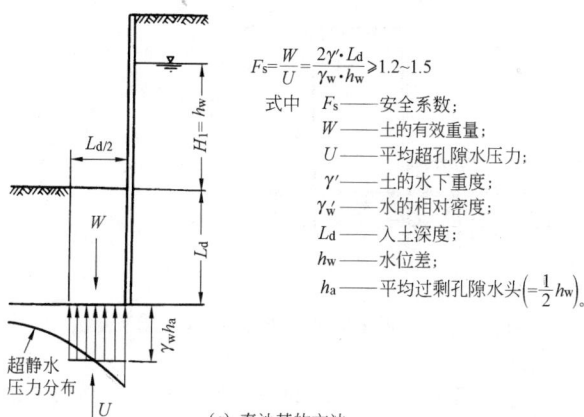

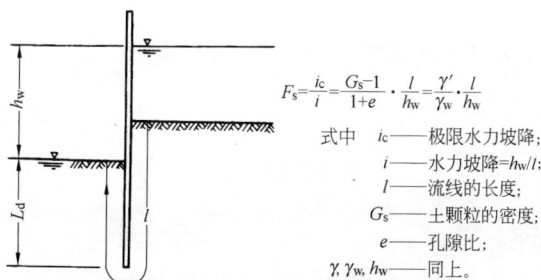

图 6-5　涌砂的分析研究方法

④ 水下开挖工法。

3）对地基底面隆胀的研究

如图 6-6 所示，当挖方底面之下有不透水层时，就必须对由于地下水压力导致挖方底下土层隆胀而引起破坏的所谓地基底面隆胀进行研究。在地基底面隆胀的研究中有相对于作用在不透水层下面的地下水压力只以土的自重来抵抗的思路，还有用土的自重与挡土墙的摩擦阻力及考虑土的抗剪阻力的方法。就通常的槽状开挖来说是希望仅以土的自重来抵抗的思路，对盾构掘进竖井来说，其形状尺寸小，可以指望土与挡土墙之间的墙面摩擦阻力，所以，可用后者的方法。另外，当想正确地求解自流水头时，取安全系数为 1.1 左右即可，但是，当自流水头的调

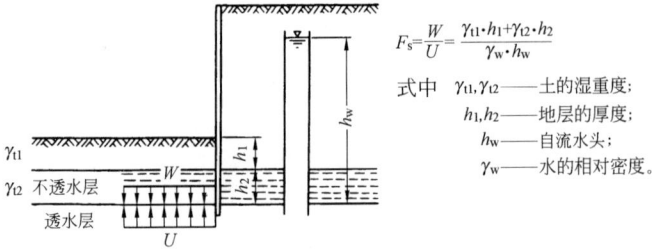

$$F_s = \frac{W}{U} = \frac{\gamma_{t1} \cdot h_1 + \gamma_{t2} \cdot h_2}{\gamma_w \cdot h_w}$$

式中　γ_{t1}, γ_{t2}——土的湿重度；

　　　　h_1, h_2——地层的厚度；

　　　　h_w——自流水头；

　　　　γ_w——水的相对密度。

图 6-6　地基底面隆胀的研究方法（荷载平衡法）

查不充分时，或者当期待挡土墙面的摩擦阻力时，就必须考虑其可靠性来确定安全系数。

作为防止地基底面隆胀的对策有以下所示几种方法：

① 降低地下水位工法；

② 地基改良工法；

③ 水下开挖工法。

4）对管涌的研究

管涌是由于渗流冲刷地基中薄弱部位的细土颗粒后在土中形成水脉，并逐渐扩大产生破坏挖方底面的现象。这是一种含打桩等人为因素引起的局部涌砂现象。所以，当施工时要认真地调查有无地质勘察的钻孔遗迹，还必须注意在施工过程中不要形成诱发管涌的因素。

（3）对挡土支撑的研究

在选择挡土支撑时不单纯要考虑侧向压力的大小，还要充分考虑与挡土墙之间的适当组合及开挖与修建时的施工条件。通常所用的挡土支撑的种类及特点如表 6-5 所示。

在盾构的始发井中，必须拼装盾构的空间，所以，竖井底部的支撑间距要足够大。另外，也必须有投入盾构机的开口空间，因此，水平方向上也不得不加大支撑的间距。所以，就必须加大设置在盾构机正上方支撑的断面刚度。为此，多半都采用框架结构支撑。

表 6-5

挡土支撑的种类及特点

项目＼形式		水平支撑方式	锚杆方式	逆作法方式
示意图		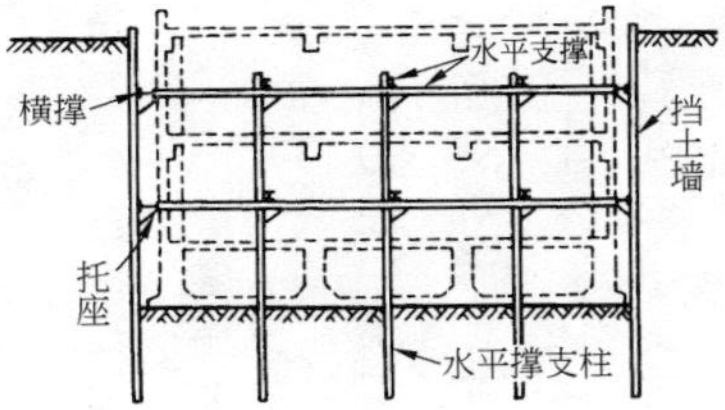	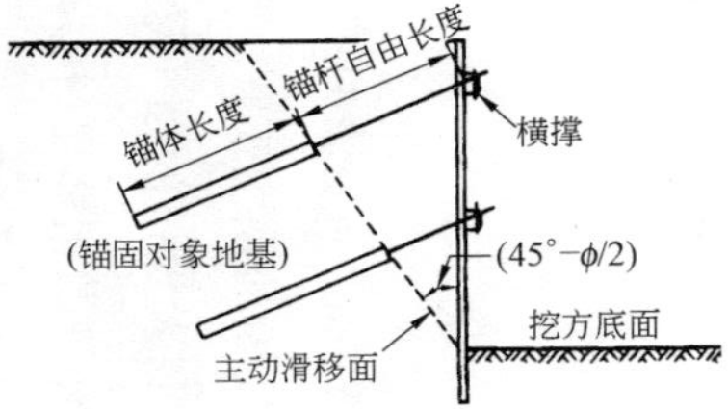	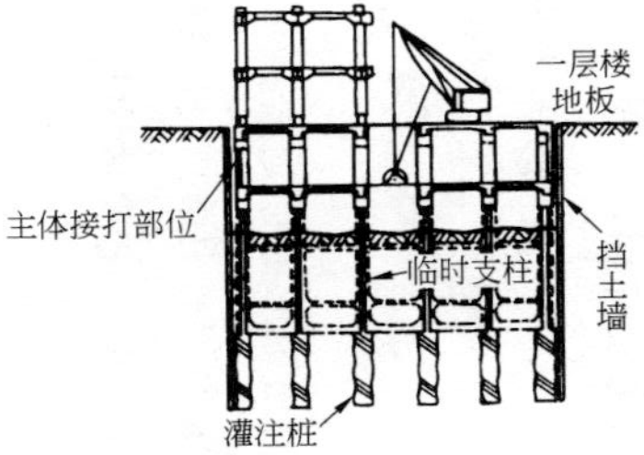
概要		· 利用水平支撑及横撑等支撑挡土墙的方法。	· 代替水平支撑在挡土墙背面的地基中打设锚杆拉住挡土墙的方法。	· 由上部依次施工主体结构物的一层楼地板、侧墙并以此代替支承挡土墙的方法。
特点	优点	· 可适用于全部的地基。· 易于变更支撑的布置及层数等。· 施工实例较多。	· 挖方面积大时比较有利。· 也可适用于任意断面及偏土压作用时。· 作业空间宽敞，机械化施工容易。	· 作为支撑的刚度大，故可控制挡土墙的变形。· 可以提高挡土工程的稳定性。
	缺点	· 当机械挖方时，支撑多半产生障碍。· 当作用偏土压力时比较不利。· 如大规模还将增加支撑数量。	· 必须有良好的锚固土层。· 当有既有构筑物及用地限制时，有时难于应用。· 在可发挥支撑机能之前需要养护的时间。	· 自重大，必须足够的支撑。· 必须充分确保养护时间。· 必须采取止水措施。

锚杆方式的支撑在拼装盾构机方面比较有利，但是在初始掘进时必须如实地拆除有碍隧道部位的锚杆。另外，用于圆形竖井的内衬砌方式在确保内部空间方面比较有利。

（4）对挡土墙的安全性研究

通常盾构始发井所用的挡土墙无论是矩形断面还是圆形断面都为闭合的形状。因此，希望将其作为土水压力等作用的立体结构进行设计，从方便计算的角度考虑一般是将其分成垂直的梁式结构与平面框架结构来处理。

在挡土墙的垂直方向的断面计算中可用如下三种方法：

① 惯用计算法；

② 弹塑性法；

③ 有限元法。

惯用计算法虽然不能忠实地反映出实际的挡土墙的工作状态，但是目前有很多的应用实例，可适用于较小规模的挡土工程。而弹塑性法是现在一般所用的方法，适用于中等规模到大规模的挡土墙工程的方法。另外，有限元法是能评价开挖等对周边环境及相邻建（构）筑物影响的有效方法。

其中弹塑性法是在挖方底面附近设定一个弹性区，可以进行接近于实际的模型化处理。背面一侧及开挖面一侧土压力的选用方法各企业均不相同，但本文参考图 6-7 中土木学会的思路予以介绍。该方法是将水平支撑作为弹性支点进行模型化处理，就圆形竖井来说，要进一步考虑断面形状，用弹簧（称之为形状弹簧）来评价拱效应，将此模型用于计算。而就矩形竖井来说，一般是不考虑挡土墙的约束效应，这是因为矩形断面不能期待类似于圆形断面类的形状效应，且单元间的接头又是不连续等。就槽状的挖方工法来说，虽不能期待挡土墙的约束效应，但对于类似于始发井一样平面上较小又接近正方形的形状来说，是可以充分地期待挡土墙的约束效应，即使是矩形竖井也可以期待挡土墙的约束效应，可以将其作为形状弹簧进行评价

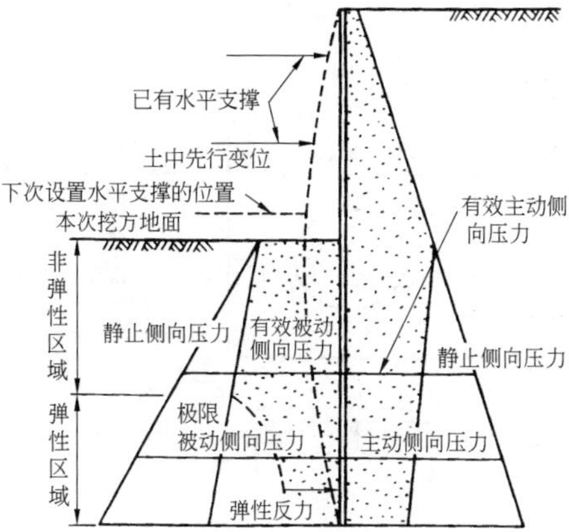

图 6-7 弹塑性法的模型图

计算。图 6-8 所示为评价这种情况下弹簧系数方法的实例[4]。

盾构用竖井是为了盾构的初始掘进及到达掘进能在挡土墙中设的开口部位。开口部位为薄弱环节，通常采用加固其周围主体部位的方法。图 6-9 所示为侧墙的开口部位周边的设

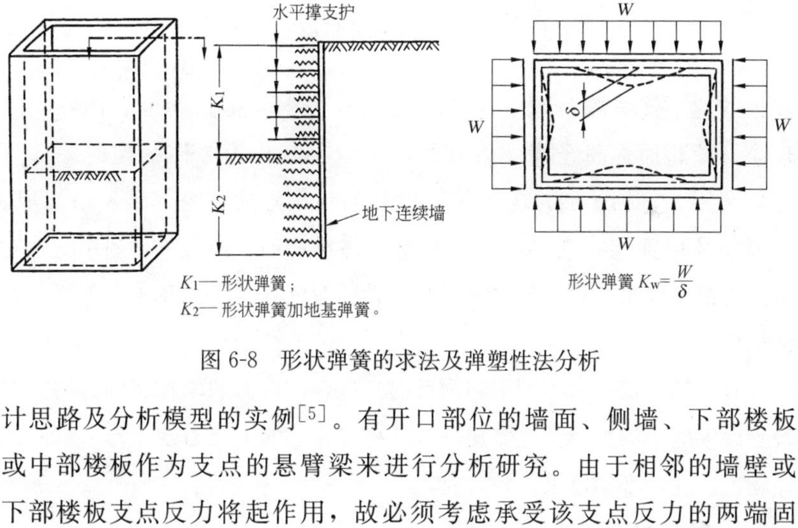

K_1—形状弹簧；
K_2—形状弹簧加地基弹簧。

形状弹簧 $K_w = \dfrac{W}{\delta}$

图 6-8 形状弹簧的求法及弹塑性法分析

计思路及分析模型的实例[5]。有开口部位的墙面、侧墙、下部楼板或中部楼板作为支点的悬臂梁来进行分析研究。由于相邻的墙壁或下部楼板支点反力将起作用，故必须考虑承受该支点反力的两端固定梁进行分析研究。另外，在这些计算中所求得的截面内力即使很小，壁厚与钢筋量也要取与同一截面上没有开口部位的面同等以上的壁厚与钢筋量。

（5）对主体利用的研究

随着竖井深度的加深作为挡土墙多半都采用刚度大、变形量比

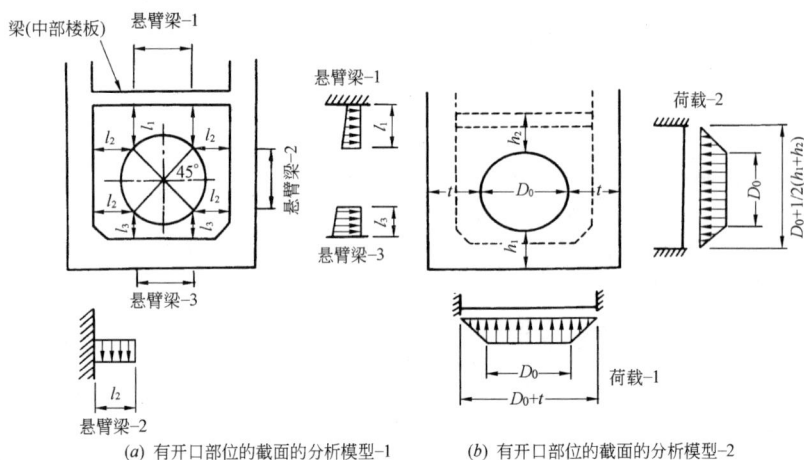

(a) 有开口部位的截面的分析模型-1　　　(b) 有开口部位的截面的分析模型-2

图 6-9　开口部位的分析模型实例

较小的地下连续墙。地下连续墙与其他挡土墙相比其可靠性好，以减小开挖断面提高经济性为目的还可以将其作为主体结构的一部分进行利用。将挡土墙作为主体利用时的结构形式有整体墙、搭接墙、分离墙及单独墙。当将挡土墙作为主体结构的一部分进行利用时，对于施工精度要求的可靠性更大一些，必须考虑其经济性及工期等来选择结构形式。

有关挡土墙的主体利用问题目前尚有容许应力的增加率的思路，混凝土温度应力的影响及主体建(构)筑物建成后的土压力变化等未解决的课题，因此，必须慎重分析研究。

4. 竖井施工

当施工竖井时，很重要的是要充分考虑工程的规模、工期、土质条件、场地条件、障碍物拆除及改设、环境保护等，分析研究安全且经济的施工计划。编制施工计划时的注意事项如下[3]：

① 设计图纸及计算书的研究；

② 对周边环境的处理；

③ 确保施工的安全性；

④ 地下水对策的研究；

⑤ 确保工程用地；

⑥ 确保切削土砂处理场；

⑦ 确保施工精度；

⑧ 确认辅助工法的效果；

⑨ 实施观测管理；

⑩ 整理工程记录。

施工中的噪声、振动、地基沉降、地下水位下降、尘埃及交通堵塞等将对周围居民的生活环境带来或大或小的影响。所以，必须分析研究并选择尽可能减小对周围环境影响的施工方法及对策方法。另外，当施工时更重要的是应确立可以安全施工的安全管理体制。

竖井的开挖一般都是在地下水位以下施工，因此，要考虑降低挡土墙背面的地下水位。地下水位的降低有时可导致地基沉降及井水枯干等。为此当上层有冲积层的黏土时，当周边有水井等的情况下，要采用不让地下水位降低的方法，特别是在充分的施工管理的基础上进行施工就显得格外重要。

当前施工条件越来越困难，进行适当的观测管理是防事故于未然的不可缺少的手段。所以，更重要的是通过事前分析等设定适当的管理标准值[7]，有效地反馈观测数据进行施工管理。

6.2 盾构始发及其设备

6.2.1 盾构的始发

待始发井施工完成之后，搬入竖井中的盾构机就开始从始发井处向土体掘进。此时必须在防止始发井土体坍塌的同时，拆除临时墙(挡土墙)进行掘进。这是在盾构施工中最应引起注意的一道作业。到目前为止采用了如图 6-10 所示的各种各样形态的掘进方法。现将其分类如下。

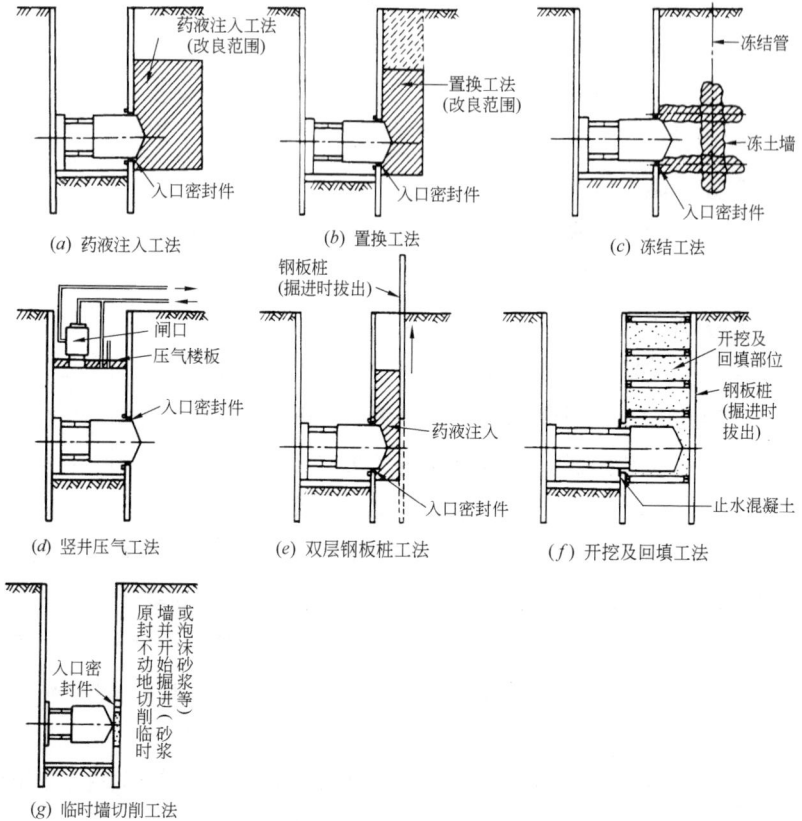

（a）药液注入工法　　　（b）置换工法　　　（c）冻结工法

（d）竖井压气工法　　　（e）双层钢板桩工法　　　（f）开挖及回填工法

（g）临时墙切削工法

图 6-10　盾构的始发方法

　　① 根据地基改良等情况保持始发井前面土体稳定的同时，拆除临时墙体进行掘进的方法［图 6-10(a)～(d)］。

　　② 将始发部位做成双层墙结构，边拔除前面的墙，边掘进的方法［图 6-10(e)～(f)］。

　　③ 用盾构机边直接切削临时墙，边掘进的方法［图 6-10(g)］。

　　在选择始发方法时，必须要考虑施工的安全性、地基状况及施工环境等，目前密封式盾构的施工占主流，多半都采用①的地基改良手段——边保持土体的稳定，边拆除临时墙进行掘进的方法。其中对大断面及大深度的盾构来说都采用施工精度及改良体的可靠性好的高压喷射搅拌工法、冻结工法等地基改良手段。特别是当大深度条件下水压较高时，有可能因地基改良中施工不当而冒水，土砂坍塌等，所以，事前要由竖井内利用检验钻孔等充分确认地基改良的效果是很重要的步骤。当已发现有改良不到位之处时，应及时补充注入，待确实达到改良效果之后，拆除临时墙壁。

图 6-11 所示为边进行始发井处的地基改良，边掘进时的施工步骤的实例。

最近在始发井的挡土墙中使用盾构机可以切削的新材料来代替钢筋，开发出了盾构机边直接切削这种新材料、边掘进的工法，还有开发出的在盾构准备完成阶段用千斤顶拔出挡土墙（SMW）的芯材，然后用盾构机边切削所剩砂浆、边掘进的工法比较引人注目。这些工法是可以不必拆除临时墙，无需释放土体应力就可以使盾构安全推进的工法。

在盾构推进时减小盾构的推进速度及推力，另

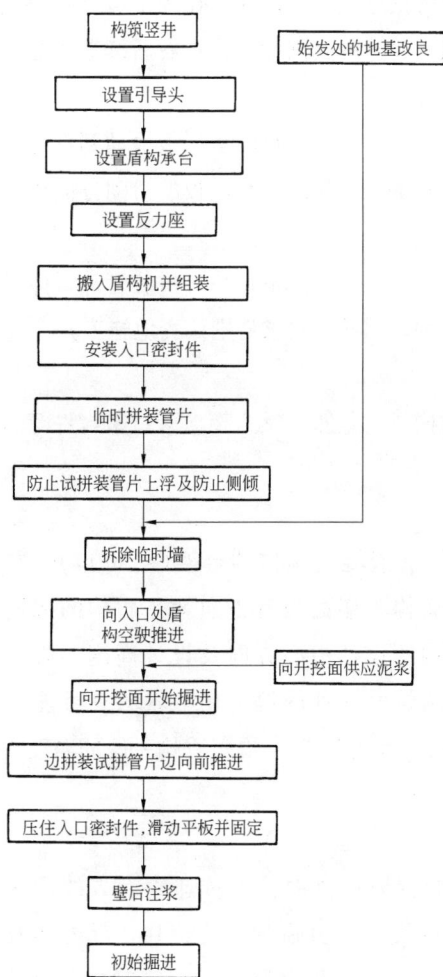

图 6-11 盾构的始发步骤实例

外，还要边降低对开挖面的压力，边推进。然后如果已进入地基改良区间，就要慢慢地提高压力，在出改良区间之前，上调到所规定的管理压力，继续掘进。

在盾构掘进时，临时拼装的管片及反力架将承受盾构的推力及刀具扭矩所产生的反力，所以，要采取防止临时拼装的管片上浮，防止材料、设备搬入开口部产生变形等措施，与此同时，在施工时必须进行认真的管理。特别是临时拼装的管片的真圆度，将左右后续管片的施工精度，因此，要求认真进行管理。

盾尾待由入口密封处通过后，立即让密封的承压板滑动到管片的外周并进行固定，以防止入口密封翻转。最近在承压板的滑动方面也有使用不用挡板的承压铁件的。

接着进行第1次的壁后注浆，该壁后注浆在临时拼装管片解体时的管片与始发井之间，起止水作用，因此，要求特别认真地施工。

6.2.2　盾构始发设备

在盾构的始发设备中有盾构机的基座、反力架、入口密封件等。如图6-12所示。

（1）盾构机基座

盾构机基座是用钢材或钢筋混凝土制作的台架（图6-13），在其上拼装盾构机并进行掘进。盾构基座的设置方向就是盾构的掘进方向，所以，要准确地测量盾构的设计中心方向及设计高度，必须慎重进行安装。但是，当预料到始发井处的地基非常软弱有可能在盾构机自重的作用下产生沉降时，也有时预先抬高盾构基座的高度，进行组装等调整。

（2）反力架

该设备是让盾构机掘进时将盾构机的推力传递给后方的承压墙上（挡土墙、修建的墙体等）的设备，由临时拼装管片，反力架及调整临时拼装管片的组装开始位置的钢材等所组成。临时拼装管片使用正式的管片，待用管片拼装机拼装之后用盾构千斤顶推向后方，安装到所定位置。

待初始掘进完成之后，拆除临时拼装的管片，经肉眼检查确认有轻微损伤等情况时，修补之后，可在隧道中再度使用。另外，由于场合不同，也有准备临时拼装专用管片的。临时拼装管片的拼装精度（真圆度）将影响正式管片的拼装精度，因此，必须尽可能地拼装成真圆形。另外，在其拼装开始位置要使用钢材等按设计调整正式管片的第 1 环与竖井坑口部的位置关系。当要拆除临时拼装管片的顶部管片作为材料、设备的搬入用开口时，因其要受到盾构掘进时推力的影响，所以，必须用钢材等加固该开口部位。

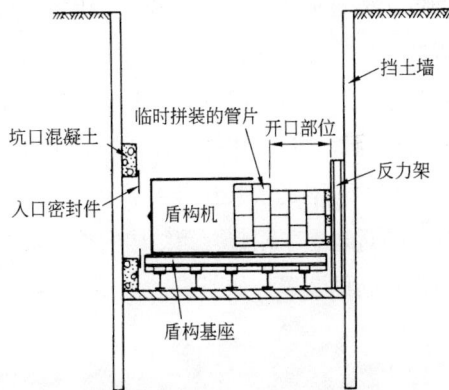

图 6-12 盾构始发设备的实例

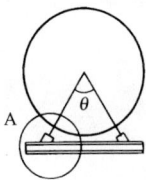

(a) 一般使用的形式

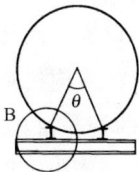

(b) 一般使用的形式

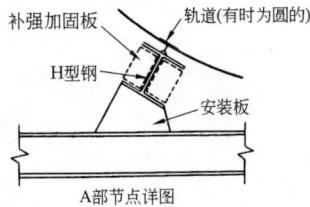

A部节点详图

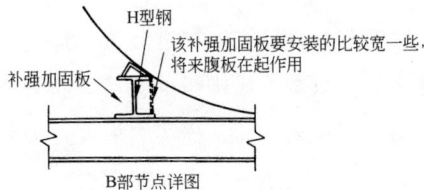

B部节点详图

图 6-13 盾构基座

反力架一般使用钢材制作，为了使盾构机的推力能顺利地传递给后方的反力墙等处，要在其空隙处浇筑混凝土，或者插入垫板。

（3）入口密封件

入口密封件是设置在始发坑口处的环状橡胶密封件，是为了防止在始发时由始发坑口与盾构、始发坑口与管片之间的地下水、泥浆、开挖面的土砂等流入竖井内，另外，待盾尾通过后当进行第1次壁后注浆时以防止壁后注浆材料流入坑内为目的而使用入口密封件。入口密封件是在掘进坑口的主体或坑口的混凝土中预先埋入带盖螺母的钢环，待组装橡胶密封件之后，用螺栓拧紧安装压板。还在密封件内侧设置防止密封件反转的可滑动反转防止板，待盾尾通过后让该板滑动到管片的外周处。最近也有采用带有销结构的挡板式的反转防止板，可自动地防止密封件反转的装置。如图6-14所示。

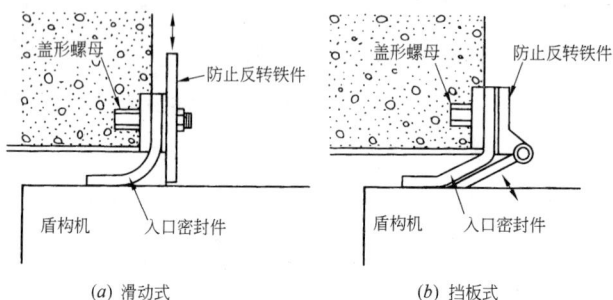

（a）滑动式　　　　　　　　（b）挡板式

图6-14　入口密封件

6.3　盾构到达及其设备

沿所规定的设计线形掘进隧道的盾构机到达预先设置在到达井的开口部之后，只剩下盾构机的钢壳，拆除内部结构，将盾构机拖至竖井内搬出。但从以往的工程实例来看几乎都将盾构机的钢壳留在土中，但是当盾构直径较小时，在通过竖井、调转竖井等处将盾构机拖至竖井内。

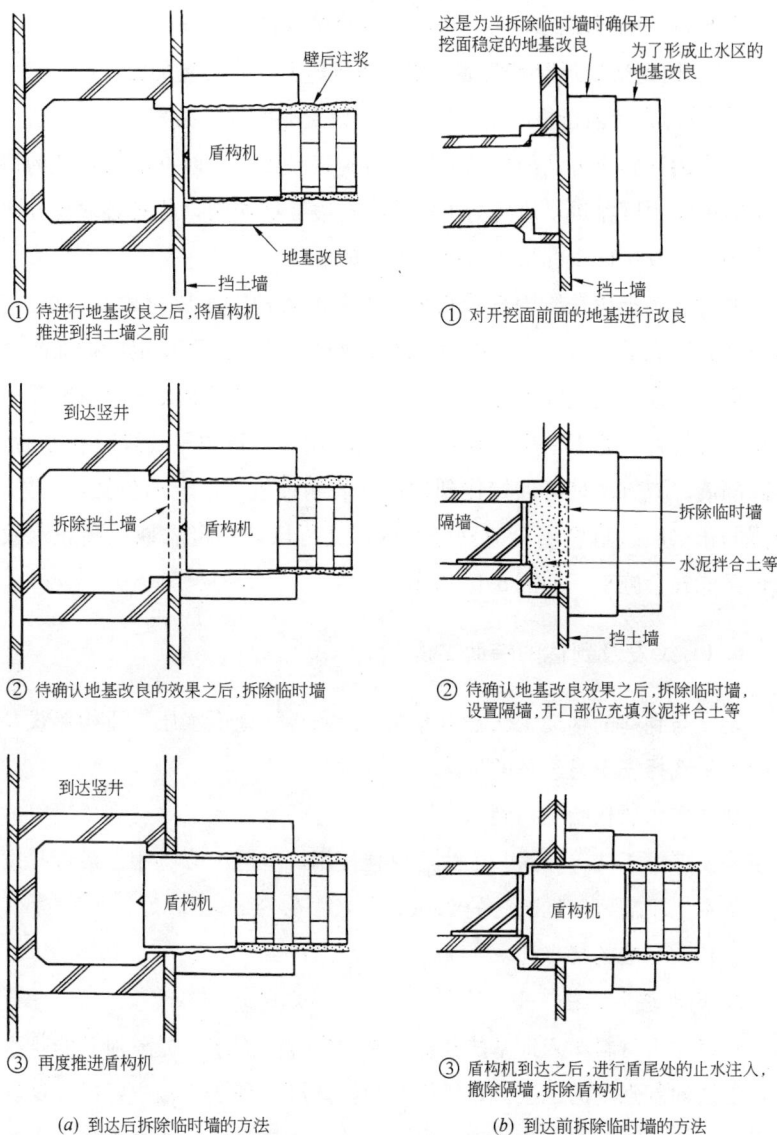

① 待进行地基改良之后,将盾构机推进到挡土墙之前

① 对开挖面前面的地基进行改良

② 待确认地基改良的效果之后,拆除临时墙

② 待确认地基改良效果之后,拆除临时墙,设置隔墙,开口部位充填水泥拌合土等

③ 再度推进盾构机

③ 盾构机到达之后,进行盾尾处的止水注入,撤除隔墙,拆除盾构机

(a) 到达后拆除临时墙的方法

(b) 到达前拆除临时墙的方法

图 6-15 盾构的到达方法的实例

根据拆除临时墙的时期不同，盾构的到达方法有如下两种。

① 盾构到达后拆除临时墙，之后再推进到所定位置的方法。

② 盾构到达前待拆除临时墙之后，设置隔墙到达的方法。

前者因其施工方法简单而多用在盾构直径较小的地下水压较低的情况下。由于再度掘进，盾构与土体之间的边缘被切断，此时必须充分注意有地下水及土砂由此处流入到竖井内的危险。

后者多半都用在盾构直径较大、大深度且地下水压较大的情况下。待盾构到达之前进行临时墙前面的地基改良，等开挖面稳定后拆除临时墙，再用钢板等设置隔墙之后用水泥拌合土或贫水泥混凝土等填充开口部位。在这种状态下令盾构掘进并到达隔墙处，待盾尾处进行止水后，拆除隔墙。该方法是可以堵住到达口将盾构推进到所定的位置，另外，盾尾的止水注入材料不会流到竖井内，又可以确实可靠地提高止水效果，又能安全施工。如图 6-15 所示。

6.4　始发及到达的辅助工法

始发与到达的辅助工法必须考虑土质条件、地下水压、盾构形式及外径等来选择安全且经济的工法。

现在作为盾构始发与到达的辅助工法有药液注入工法、高压喷射搅拌工法及冻结工法等，这些工法可单独使用，也可组合应用。最近开发出了基本上不需要辅助工法的 NOMST 工法及 SPSS 工法等。

各辅助工法的特点如下。

1. 药液注入工法

是将注入材料压入地基的孔隙中并使之产生固结，提高地基的止水性，提高地基强度的工法。在盾构的初始掘进与到达工程中，以改良隧道周边土体的透水性、防止地下水及土砂等从隧道坑口处流入竖井内为目的而使用的工法。

2. 高压喷射搅拌工法

这是利用水或硬化剂切削土体，混合搅拌切削的部分土砂与注入材料，或者进行置换形成有一定强度改良体的工法。在盾构的始发与到达工程中，在临时墙的外侧形成改良区段，用以控制拆除临时墙时的土压力及水压力为目的而使用的工法。

3. 冻结工法

这是暂时冻结并固化软弱地基及有地下水的地基，修建成具有完全挡水性的冻土及有高强度的隔水墙或承重墙的工法。在盾构的始发及到达工程中，特别是当盾构断面较大时及当深度较大且水压较高，在拆除临时墙时，以形成良好的改良体为目的而使用此工法。

4. 临时墙切削工法

这是用盾构机直接切削初始掘进处的挡土墙并进行掘进的工法，作为已有工程实例的代表性工法有 NOMST 工法和 SPSS 工法。

（1）NOMST（Novel Material Shield-cuttable Tunnel-Wall System）工法

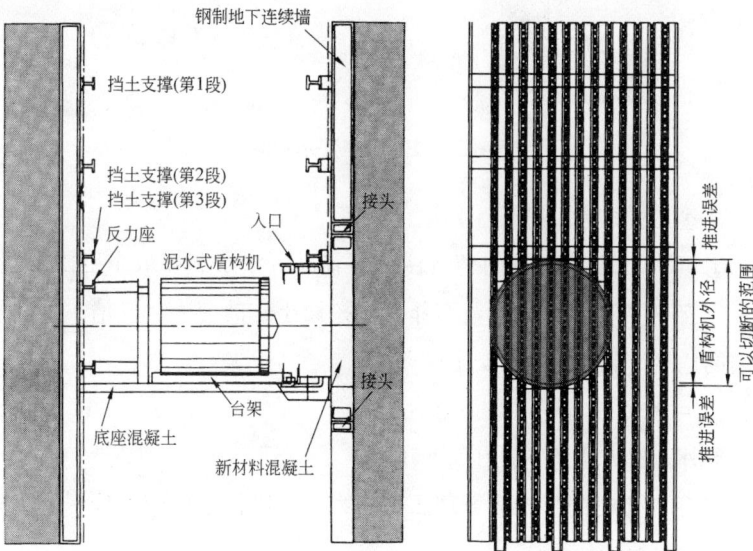

图 6-16 NOMST 工法示意图

这是一种新材料混凝土（使用碳纤维、芳族聚酰胺等的纤维增强树脂代替钢筋），以石灰石为粗骨料用易于切削的高强混凝土修建的挡土墙，并且可用盾构的刀具直接边切削边初始掘进或终点到达的工法。如图 6-16 所示。

（2）SPSS（Super Packing Safety System）工法

这是一种在入口密封件使用尼龙纤维加强的环形橡胶管（超级密封件），待盾构切入后在管内充气或注入泥浆使之鼓起，以该压力来防止地下水及泥浆流入竖井内，与此同时用刀具直接边切削挡土墙边推进的工法。目前在挡土墙中有用钢纤维加强混凝土（SFRC）的。如图 6-17 所示。

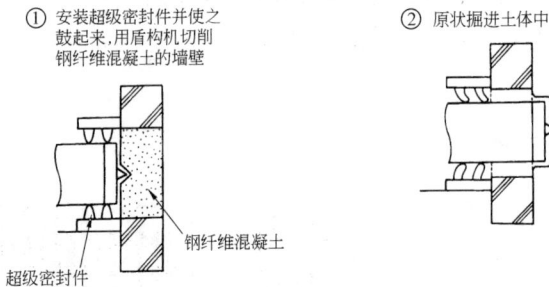

① 安装超级密封件并使之鼓起来,用盾构机切削钢纤维混凝土的墙壁

② 原状掘进土体中

钢纤维混凝土

超级密封件

图 6-17　SPSS 工法示意图

这些工法的特征如下：

① 可将始发及到达的药液注入等辅助工法限制在最小范围内；

② 不需要拆除临时墙，不释放开挖面土体的应力，取消了拆除临时墙的危险作业，可确保安全性；

③ 可缩短工期等。

另外，作为注意事项有如下几点：

① 因掘进时的开挖面管理压力变大，所以很重要的是确保入口密封件的止水性；

② 必须采取防止磨损刀具的措施；

③ 当在盾构外周处有同步壁后注浆装置等突起物时，必须考虑突起部分的切削方法，确保入口密封件与突起部分之间的止水性等。

6.5 始发与到达的防护设计

始发与到达防护的目的如下[8]：

① 确保拆除临时墙体时的土体的稳定性及防止地下水流入竖井内；

② 防止地下水及土砂从盾构机周边处流入；

③ 防止对竖井周边的地表及地下埋设物等产生影响。

始发与到达防护工程的设计应在明确上述目的的基础上考虑土质条件、地下水位、盾构形式、覆盖土厚度及作业环境等，按照图 6-18 所示流程图进行设计。

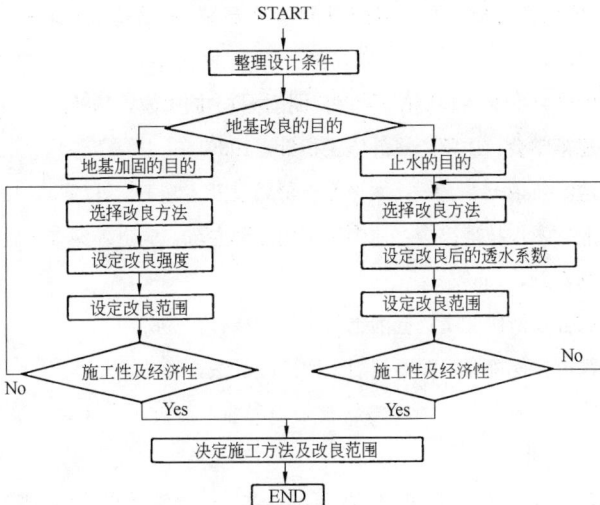

图 6-18 始发与到达防护工程的设计流程图

初始掘进防护的地基改良是在砂质土地下水位较低时及黏土中，为防止拆除挡土墙时开挖面土体坍塌而进行的地基改良。另外，当为砂质土地下水位较高时，盾构完全穿过土体后，为了防止地下水流入竖井内，必须对盾构机长＋α 的范围进行地基改良。另外，终点到达防护所采取的改良范围也基本相同。

计算改良厚度及改良宽度的简易公式有以下几个。

① 有关改良厚度的简易公式：

·圆弧滑动的计算

·冲剪的计算

·抗弯抗拉的计算

② 有关改良宽度的简易公式：

·厚壁圆筒理论的塑性区域的计算

·主动滑移的计算

参 考 文 献

[1]　日本下水道協会：下水道用設計積算要領（管路施設（シールド工法）編），1994.

[2]　土木学会：トンネル標準示方書（開削編）・同解説，1986.

[3]　日本建築学会：山留め設計施工指針，1989.

[4]　先端建設技術センター：大深度土留め設計・施工指針（案），1994.

[5]　日本トンネル技術協会：地中送電用深部立坑，洞道の調査・設計・施工・計測指針，1982.

[6]　鉄道総合技術研究所：掘削土留工設計指針，1987.

[7]　日本鉄道技術協会：深い掘削土留工設計法，1993.

[8]　二村：シールドトンネルの新技術(10)Ⅲ. 設計・施工，トンネルと地下，1991.3.

[9]　日本ジエットグラウト協会：ジエットグラウト工法　技術資料，1995.4.

第 7 章　盾构的掘进与施工管理

7.1　试掘进与正式掘进

盾构的掘进大致分为试掘进及正式掘进两种。盾构由竖井处开始掘进，盾构的运转及流体输送等必要的后续设备全部进入隧道坑内之前为试掘进，之后的掘进为正式掘进。

1. 试掘进

试掘进是盾构刚刚开始掘进土体的反复试验不断摸索状态，所以，要收集盾构推进时的数据（推力、刀具扭矩等）及地基沉降量的观测结果等，再以这些数据为基础，判断开挖面的管理压力、壁后注浆量、壁后注浆压力等的设定值合适与否，这是初期摸索的重要阶段。要勤于观测盾构机及管片的位置，掌握机械的方向控制特性，例如应尽早地掌握由于机械自重机头易于下沉，或带有某种斜度也能直接推进等特性，目的是为了能沿设计线路正确地推进下去。现列举出试掘进时的特点如下。

① 因将后续设备临时放置在地面上等，所以，必须确保一定的空间。地铁等作为试掘进井多半都利用站台处，从开始时就可以将后续设备放置在站台处。

② 后续设备中大量的液压管、电缆、配管等均是沿盾构机布设，伴随着不断推进必须不间断地运送很多的液压软管，并继续不断地延长。

③ 在竖井下为了试拼管片将材料、设备搬入井内，则其开口部位就变得狭窄一些。

④ 施工速度与正式掘进相比很受限制。

2. 转换阶段

试掘进一经结束即拆除临时拼装的管片、反力架、盾构机基座等，竖井下的空间就拓宽了，就可以将后方台车搬入井内。当后方台车较长时，也有时随着掘进的进行依次搬入后方台车的。这就是试掘进向正式掘进作业的转换阶段。

在转换阶段因要拆除竖井下的试拼管片及反力架，所以，在试掘进与正式掘进的转换阶段对于盾构的推进反力的取法之思路就要改变了。在试掘进阶段是由正式的管片与土体之间的摩擦力及临时拼装的管片，反力架来提供盾构的推进反力，与此相反，在正式掘进时推力均由正式的管片与土体之间的摩擦力来提供。所以，当拆除临时拼装的管片时，必须认真校核只由管片与土体之间的摩擦力能否确保推进反力。为了确保推进反力的必要的管片长度可用下式计算：

$$L > F/2\pi r f \tag{7-1}$$

式中　L——距竖井的管片长度(m)；

　　　F——盾构千斤顶的推力(N)；

　　　r——管片的外半径(m)；

　　　f——有壁后注浆材料的管片与土体之间的摩擦力(N/m^2)。

3. 正式掘进

正式掘进是以试掘进阶段得到的数据为基础，边进行适当的掘进管理，边高效率地进行掘进阶段。正式掘进阶段的特点如下。

① 后续设备已设置在井内，液压管、电缆等的延长只是主管、主电缆的延长，作业已进入高效期。

② 已拆除竖井内的临时拼装管片、反力架等，井下空间拓宽了，材料、设备的搬进搬出比较容易。

7.2　盾构隧道的线形管理

对于确保隧道用地比较困难的城市来说多半都是贴进官民边界来修建隧道，为了不侵犯官民边界就必须进行适当的线形管理。

1. 坑外测量

在盾构隧道施工之前要在地上进行中心线测量及纵断面测量，设置线形管理的基准点。中心线测量的基准点一般是以坐标值进行管理，在地上进行导线测量（希望组成闭合导线），将各竖井的中心点及曲线的IP，BC，EC 点等按照坐标值设置在地上。另外，将一级水准点或将以此为基准的点作为原点来设置水准测量的基准点。在这些测量中不单纯施工区段，还必须确认与相邻工区之间的关系，又必须与业主及相邻工区的负责人核对测量结果。另外，应定期复测设置在地上的基准点，与此同时又因为有丢失或被移动的可能性，为了能复原应预先设置参考点。

2. 坑内测量

将坑外测量所设置的中心线及水准点导入竖井下，并且要随着盾构的掘进依次将其延长到隧道坑内。

首先在始发井内将坑内测量基准的盾构掘进方向的点（两点）设置在竖井上，然后用钢琴线（$\phi0.2\sim0.5mm$ 左右）将测锤〔重量 $100\sim150N$（$10\sim15kgf$ 左右）〕降至竖井下，如图 7-1 所示由 2 个方向观测经纬仪，将基准点设置在底板上。此时最好将测锤放在盛有液体的容器中，以防测锤摇摆。竖井下的空间一般较狭窄，基准线距离多半都较短。该测量精度将对隧道的施工精度有很大的影响，所以，必须慎重反复进行基准线的设置。另外，当线形管理的精度要求非常高时，或者当基准线距离相当短时，利用观测孔校核及利用回转罗盘进行校核比较有效。观测孔

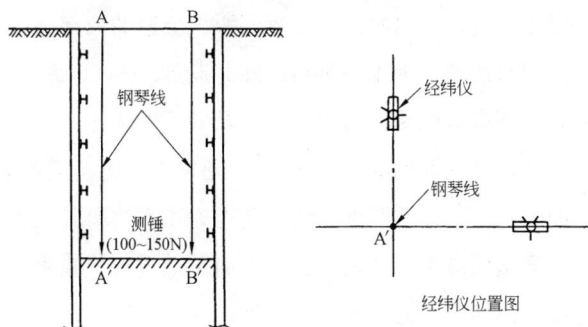

图 7-1　将基准线降至坑内的测量

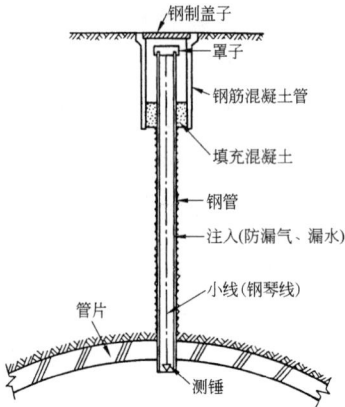

图 7-2　观测孔的施工实例

是利用普通的钻机由地表打设贯穿管片的孔（$\phi 100 \sim 200$mm 左右），由此将测锤降至隧道坑内，拉长测量基准线距离，以此提高测量的精度。如图 7-2 所示。

为了防止观测孔与管片之间漏水，希望尽可能避开管片接头设置观测孔。使用钢卷尺将水准点导入坑内，此时要对钢卷尺进行温度校正及拉力校正，以提高测量精度。

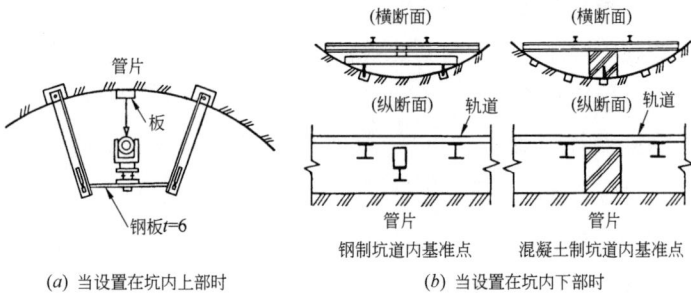

(a) 当设置在坑内上部时　　(b) 当设置在坑内下部时

图 7-3　坑内测点的设置图

为了把握盾构掘进过程中盾构及管片的位置，要将设在竖井下的基准点依次移设于坑内。坑内的测点设置间距视隧道的内部空间及曲率半径等而异，一般直线部位为 40~50m，曲线部位 20~30m 左右。如图 7-3 所示。另外，因其有可能受到盾构的推力及壁后注浆压力等的影响，故应避免设置在接近开挖面的部位。该测点（通常称之为坑道内基准点）有设置在隧道的上部及下部的两种方法，前者为了不妨碍其他作业又能工作就必须设置测量用脚手架。而后者虽可简单地进行校核测量，但进行其他作业时就有不能进行测量等不足之处。测点随着盾构的推进有移动的可能性，故必须定期进行复测及修正。

3. 掘进管理测量

随着盾构的掘进要测量盾构及管片的位置，掌握与设计线路之间的距离。作为测定项目有盾构的位置、俯仰情况、侧倾、偏转及盾构千斤顶冲程、盾尾空隙、管片的位置等。将这些测量结果图形化并立即反馈到下一次的推进中就显得格外重要。

俯仰情况就是盾构在垂直方向的倾斜，可用俯仰计（倾斜仪）或测锤进行测定。扭转则表示盾构的旋转，可用扭转计（倾斜仪）或测锤进行测定。另外，偏航就是盾构水平方向的倾斜，可由后方用经纬仪测量或用设置在盾构中的回转罗盘进行测定。

盾构千斤顶冲程用钢尺或冲程计数器测定，盾尾空隙用钢尺等测定，最近已开发出了在管片的拼装中利用超声波等测定盾尾空隙的新技术。

推进管理测量方法有多种多样，下面介绍一下由后方利用经纬仪进行测量管理方法的一个实例（图7-4）。

（1）平面测量

① 在盾构内设两个视准点，在视准点处设测锤，或水平设置带刻度的标杆（图7-5），确定盾构的中心点。

② 在设置于隧道坑内的导线点处架设经纬仪，观测后方的坑道内基准点。再反转经纬仪测量与盾构内的视准点之间的距离。当为曲线时，要测定角度。

③ 测定左右的千斤顶冲程。

（2）纵断面测量

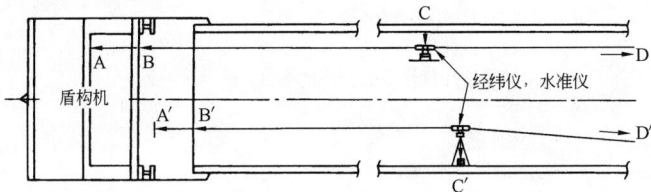

图 7-4　掘进管理测量的实例

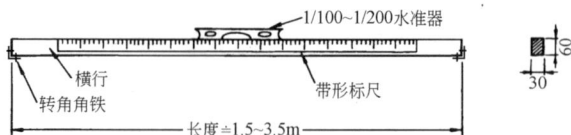

图 7-5 带刻度标杆的制作实例

① 在盾构内设二个测点。

② 在坑内安设水准仪，以临时水准基点作为基准测量点的高度。

③ 测定上下的盾构千斤顶冲程。

（3）测量结果的汇总

以上述测量结果为基础，绘制盾构及管片与设计线之间的位置关系图，图 7-6 就是其中一例。

对纵断面方向的测量结果也同样汇总。

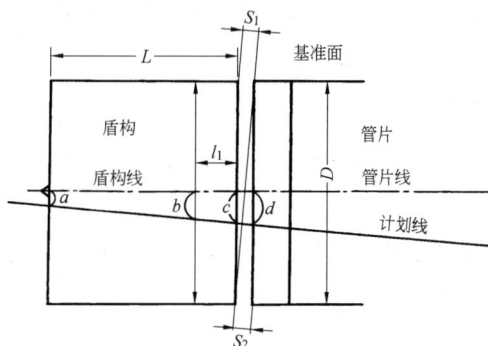

a—盾构前端与设计中心之间的距离，$a=(b-c)\times L/l_1+c$；

b—盾构与设计中心之间的距离（测量）；

c—盾构与设计中心之间的距离（测量）；

d—管片与设计中心之间的距离（测量）；

S_1—相对于设计线法线的盾构的距离：$S_1=(b-c)\times D/l_1$；

S_2—相对于设计线法线的管片的距离：$S_2=S_1+\Delta S$；

L—盾构机长；

D—管环外径；

l_1—盾构测点间距离；

ΔS—盾构千斤顶冲程差（观测）。

图 7-6 测量结果的汇总方法实例

由这些图就可以把握住盾构是沿设计中心线掘进，还是偏离了。另外，由管片中心的偏离及倾斜就可以把握住隧道的线形。由这些结果来选择以后掘进时的千斤顶及作出异形管片的配置方案等。

4. 掘进管理

盾构基本上按掘进的开挖面向前推进，所以，管理盾构的倾斜度及其位置，同时管理拼装管片位置的工作相当重要。

盾构的方向修正（偏航、俯仰）是通过调整盾构千斤顶的使用台数，给予盾构以扭矩来修正方向，但是，当地基较硬时或在曲线施工中必须进行大的方向修正时，就要使用仿形刀来超挖想弯曲的方向。此时，如果盾构急于转弯盾尾空隙就减少了，有时就难于拼装管片，所以，必须边确保盾尾空隙，边进行方向修正。当盾尾空隙大幅度地减少时就要拼装偏离中线修正用的异形管片，以确保盾尾空隙。

扭转的修正是将刀具在盾构的扭转方向同一方向旋转，利用此时所发生的扭转反力来纠正侧倾。对具有除圆形之外的开挖断面的盾构来说，由于扭转盾构空隙就没有了，有时就无法拼装管片，所以，要装备强制修正扭转的千斤顶。

7.3 泥水式盾构的掘进管理

泥水式盾构的基本思路是在刀具箱内充满泥浆，以该泥浆的压力在开挖面处形成泥膜或渗透区域，以此来达到开挖面稳定的工法。一般情况下所设定的泥浆压力要比作用在开挖面上的土水压力略高一些[20～50kN/m²(0.2～0.5kgf/cm²)]。为此，在掘进管理中泥浆的品质、泥浆压力及切削土量的管理是很重要的项目。对于泥浆的品质管理及泥浆压力的设定已在第5章5.2.2的密封式盾构的开挖面的稳定一节中已经详细阐述了，本文只介绍泥浆压力的管理及切削土量的管理。泥水式盾构系统如图7-7所示，其掘进管理流程图如图7-8所示。

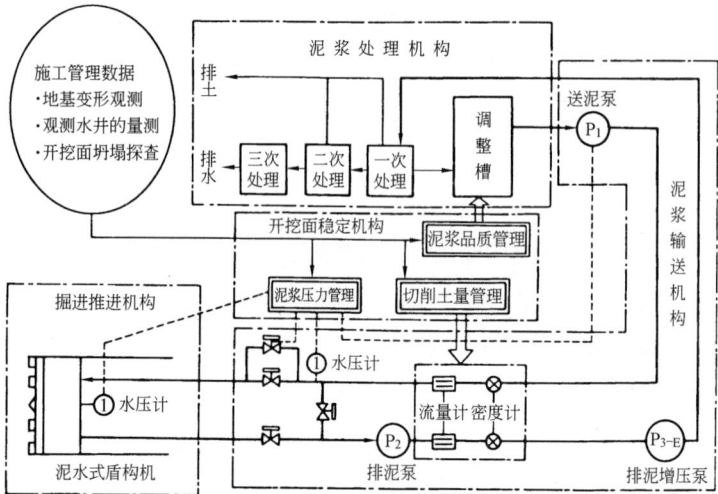

图 7-7　泥水式盾构的系统示意图

7.3.1　泥浆压力的管理

1. 掘进时

利用设在盾构承压板的水压计检测开挖面的水压力,为了使之在设定值的范围内,利用水压调节计变更送泥泵(P₁)的转数来进行压力控制。为了避免掘进时所发生的排泥管闭塞而使压力上升,也有时设置压力调整阀或水锤缓冲装置。

2. 旁路运转时

利用设在送泥管处的水压计检测送泥压力,为了使其在设定值范围内,用与掘进时同样的方法进行控制。

3. 盾构停止时

预计由于泥浆向土体中渗透等泥浆压力将出现降低现象,因送泥管的阀门已经关闭,不能补给泥浆。为此设 1～2in 左右的管的旁通回路,开闭该回路的开挖面压力调节阀来调节泥浆压力。

7.3.2　切削土量的管理

1. 观测与管理

因泥水式盾构无法肉眼直接观察开挖面,故利用设在送排泥系统上的流量计及密度计间接地进行观测，采用由观测结果管理开挖土量的方法。管理项目如图7-9所示二项，一项是伴随着掘进的挖掘量（排泥流量与送泥流量之差），另一项是干砂量（排泥干砂量与送泥干砂量之差）。由于从这些观测值很难判断超挖量及开挖面是否坍塌，所以，决定利用统计手法的处理来判断开挖土量。为了弥补该缺点也有时并用开挖面探查装置。在该方法中有利用探测棒的直接探测法和利用超声波等的间接探测法，但就目前现状而言精度上都有问题。然而后者由于可进一步提高探查装置的精度，将来有望可以成为开挖土量管理的主要手段之一。

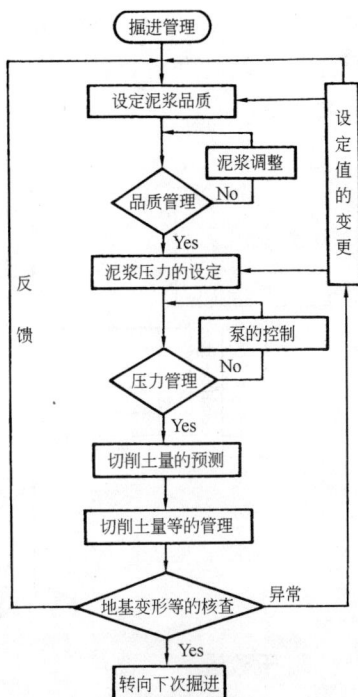

图 7-8　泥水式盾构的掘进
管理流程图

2. 掘进量

计算开挖体积仿形头等不超挖的标准情况下用下式表示：

$$Q=\frac{\pi}{4}\cdot D^2\cdot S_t \tag{7-2}$$

式中　Q——计算开挖体积（m^3）；

　　　D——盾构外径（m）；

　　　S_t——掘进行程（m）。

经观测的单位掘进行程的开挖体积可用下式来表示：

$$Q_3=Q_2-Q_1 \tag{7-3}$$

式中　Q_1——送泥流量（m^3）；

　　　Q_2——排泥流量（m^3）；

　　　Q_3——开挖体积（m^3）。

利用 Q 与 Q_3 之比可以判定逸泥状态（泥浆或者泥浆中的水渗透到土

体中的状态 $Q>Q_3$)、喷水状态(因泥浆压力低，土体中的地下水流入的状态 $Q<Q_3$)。另外，通常当在不坍塌的正常状态下掘进时，多半都记录逸泥状态。

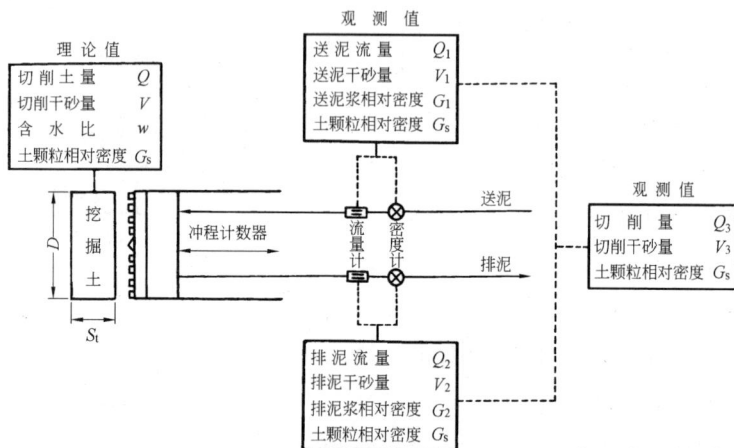

图 7-9　切削土量的管理

3. 干砂量

干砂量系土体或送排泥浆中土颗粒所占的体积。当取土颗粒的实际相对密度在土体中、送泥浆中、排泥浆中均相同时，就可用下式表示计算干砂量：

$$V = Q \cdot \frac{100}{G_s \cdot w + 100} \tag{7-4}$$

式中　G_s——土颗粒的实际相对密度；

　　　　w——土体的含水比(%)。

可用下式表示观测的干砂量：

$$V_3 = V_2 - V_1$$
$$= \frac{1}{G_s - 1}\{(G_2 - 1) \cdot Q_2 - (G_1 - 1) \cdot Q_1\} \tag{7-5}$$

式中　V_1——送泥干砂量(m^3)；

　　　　V_2——排泥干砂量(m^3)；

　　　　V_3——切削干砂量(m^3)；

　　　　G_1——送泥浆相对密度；

G_2——排泥浆相对密度。

式(7-5)的数值是单位掘进行程之值，实际上应积分瞬时的观测值进行计算。

经对比 V 与 V_3 可以判定为逸泥状态($V>V_3$)或是超挖状态($V<V_3$)。

4. 统计处理

（1）开挖量

计算开挖体积如果能得到行程数，就能求得该数值，就可将其作为一个标准值。然而，在观测的控制体积中含有逸泥等的影响，即使将其与每环的理论值进行比对也不适于管理。为此，就要采用统计法来处理观测值，由以往的 30 个左右的数据(也有时对 1 环取多个数据)利用最小二乘法进行推算，求解下一个数据的期望值与标准偏差，再由此来确定管理值的上限及下限的方法(图 7-10)。

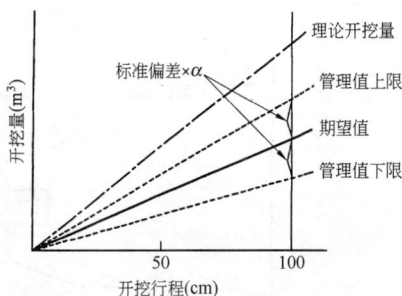

图 7-10 开挖土量管理曲线的模型实例

（2）干砂量

以每隔 100～200m 间距所采取的钻探数据为基础，再由开挖面所出现的各层厚度、土颗粒的实际相对密度及含水比来计算干砂量，但如果考虑其推算精度，取其为标准值是不合适的。为此，进行与开挖量一样的统计处理，再由期望值与标准偏差来确定管理值的上限及下限。

综上所述，是利用间接的观测方法进行泥水式盾构的开挖土量的管理，因此，就必须预先理解这不是直接求解实际开挖量的方法。

5. 注意事项

过去都认为泥水式盾构的开挖土量管理的误差中计量仪器的误差占主要成分，但必须注意在以下情况干砂量等数据上还将产生误差：

① 送泥相对密度的变化；

② 逸泥现象导致干砂量的变化(如果逸水则不受影响)；

③ 土颗粒实际相对密度的变化；

④ 掘进时间的变化。

7.4　土压式盾构的掘进管理

土压式盾构工法是在给予塑性流动性与不透水性的状态下使切削土

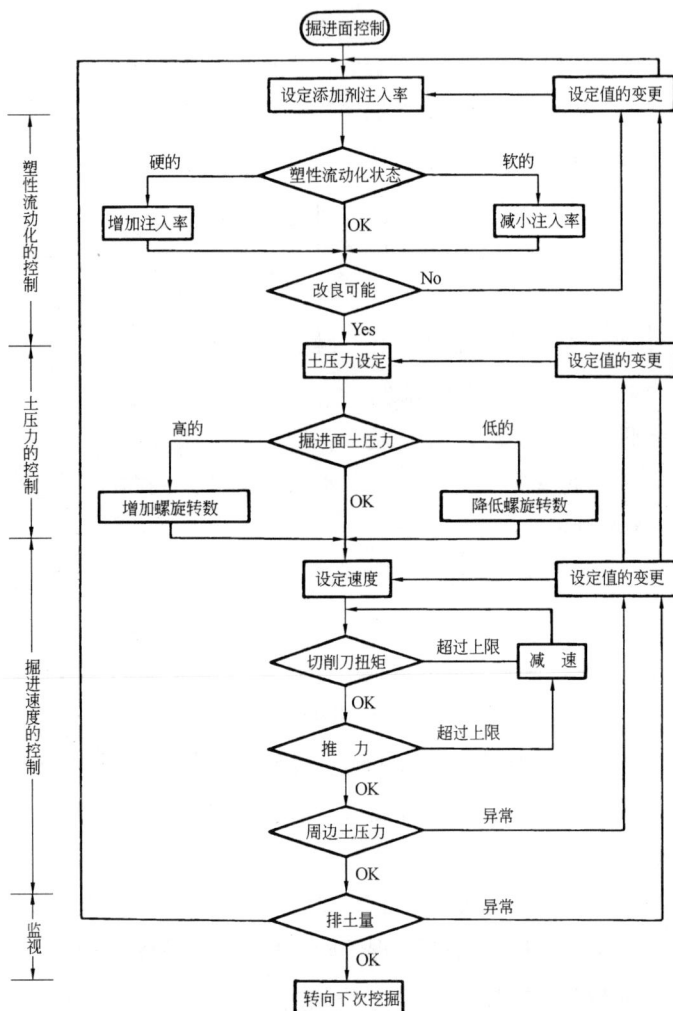

图 7-11　土压式盾构的掘进管理流程实例

砂充满刀具箱，再利用螺旋输送机等控制土仓室的压力，达到使开挖面
稳定的工法。在掘进管理中，以开挖面的土压力管理和切削土砂的添加
剂管理（塑性流动化管理）为主，但排土量的管理也是重要的项目。土压
式盾构掘进管理流程如图 7-11 所示。

在管理项目中，土压管理及添加剂的使用目的等已在 5.2.2 密封式
盾构的开挖面稳定及 5.6 土压式盾构的装备与设计中详细阐述了，本节
主要介绍添加剂的管理及排土量管理。

7.4.1 添加剂的管理

1. 添加剂的特性

在添加剂中必须选择适合土体土质及切削土砂搬送方式的材料。作
为添加剂的必要性质要发挥其流动性，易于与切削土砂混合，不引起材
料离析及无公害等。一般所用的添加材料大致有四类：矿物类，表面活性材料类，高吸水性树脂类，水溶性高分子类（图7-12）。这些材料可单独或组合使用。下面将介绍各种添加材料的特点。

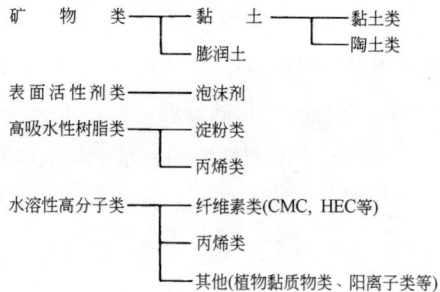

矿　物　类 —— 黏　土 —— 黏土类 / 陶土类

　　　　　　　膨润土

表面活性剂类 —— 泡沫剂

高吸水性树脂类 —— 淀粉类 / 丙烯类

水溶性高分子类 —— 纤维素类（CMC, HEC等）/ 丙烯类 / 其他（植物黏质物类、阳离子类等）

图 7-12　添加剂的分类实例

（1）矿物类

为了使切削土砂成为有流动性及不透水性的良好泥土，就需要使用
微细颗粒成分。这就是以黏土、膨润土等为主要材料的矿物类添加剂。
其优点是使用实例最多且廉价，但是也有黏土和陶土的黏性不稳定及切
削土砂易呈泥状等缺点。

（2）表面活性剂类

注入特殊发泡剂及使用压缩空气制造的气泡就是表面活性剂类的添
加材料。它不但可以改善切削土砂的流动性及不透水性，而且还可以防
止粘附切削土砂，进而还有消泡功能，是后处理较容易的一种添加
材料。

（3）高吸水性树脂类

高吸水性树脂如果与水接触则瞬时就吸水而成为胶凝状的高分子化合物，既吸水又不溶于水中，在水溶解中分散，不因地下水而稀释，在防止高水压地基的喷涌等方面将发挥出很大的效果。然而，在盐分浓度高的海水及含金属离子多的地基或强碱性与强酸性的地基中吸水能力有降低的倾向。

（4）水溶性高分子类

水溶性高分子类材料溶于水，呈黏稠性的化合物。现已开发出多种多样此类材料，按其主要原料可以大致分为纤维素、丙烯类及其他（植物黏质物类，阴离子类等）。增加黏性及粘结性好的材料很多，除了可以改善切削土砂的流动性及止水性之外，还有泵的压送性比较理想。另外，为了使切削土砂处理容易，现已开发出了散布一些可以分解胶凝化的分解处理材料。

2. 塑性流动化的管理

切削土砂的塑性流动化是土压式盾构工法中最重要的要素，必须经常不断地掌握压力仓内土砂的塑性流动性，将其反馈到盾构的控制中。掌握压力仓内土砂的塑性流动状态的方法一般常用的有如下所示的几种方法。

（1）排土特性的管理

这是利用目视及已经取样的土砂的坍落度试验等来掌握压力仓内土砂的流动化状态的方法。坍落度的管理值由于切削土质及添加剂的特性与有无采用泵压送方式不同而异，但就砂质地基而言多半都按10～15cm进行管理。

（2）螺旋效率的管理

这是对比由螺旋输送机转数得到的计算排土量与由掘进速度得到的计算排土量，推算土砂的流动化状态的方法。通常当压力仓内土砂的塑性流动性良好，顺利地进行掘进时两者有很好的相关性。

（3）盾构机械负荷的管理

这是根据刀具压力、刀具扭矩、螺旋输送机的扭矩等机械负荷的时间变化来推定的方法。

任何方法也只不过是定性地判断刀具箱的塑性流动状态，实际上必须根据试掘进的状况及地基变形的结果等确定切削土的最佳特性及其容许范围来进行管理。

7.4.2 切削土量的管理

1. 切削土砂的搬运方法

在土压式盾构工法中的切削土砂的搬运方法上一般多选用轨道方式及泵压送方式，但是，近年来也开发出了已达实用化的连续皮带运输机方式。以下将介绍各种方式的特点。

（1）轨道方式

这是从螺旋输送机的排土口一次用皮带运输机将切削土砂搬送到后方台车后端然后用切削土砂搬运车运出的方法。这样不按切削土砂的特性就可以运出，故施工实例甚多。然而，缺点是因切削土搬运车要交替或更换等而难于持续排土，以及搬运时土砂洒落恶化坑内的施工环境等。

（2）泵压送方式

这是利用土砂压送泵和压送管线将切削土砂连续压送至坑外的储料场的运送方法。利用一台土砂压送泵可搬运的距离视添加剂及土质特性不同而异，大致为 $400\sim500m$ 左右，超过这个距离就必须设置增压泵。据施工实例的调查结果，利用普通的添加剂泵可压送土体的粒度分布，$75\mu m$ 以下的含有率为 15% 以上，$2mm$ 以下的含有率为 85% 以上，$50mm$ 以上的含有率为 0 时就大致可以满足要求。然而，为了确保泵的压送性有时需要注水，或者增加添加剂的注入量，有时就恶化了运出土的土砂特性。

当土中有甲烷及硫化氢等可燃性气体或有毒气体时，采用该方法既可以降低气体向坑内的泄漏程度，又可以提高作业的安全性。

（3）连续皮带运输机方式

随着土压式盾构的大断面化及施工的长距离化与快速化施工，作为连续搬运大量切削土砂的方法近年来已经开发出来了。这就是在始发井及井外的作业基地处安设皮带运输机的延伸装置，与盾构掘进相对应延伸该装置的方式。

2. 切削土量的管理

为了边保持开挖面稳定，边顺利进行掘进，就必须确切地排出与掘进量相一致的切削土砂。然而，实际土体中的土量与切削土量之间的变化率及切削土砂的单位体积重量上还是有距离的。另外，由于添加剂的种类及其添加量或搬运方法等不同，切削土体积与重量将产生变化，很多情况下难于定量地掌握切削土量。又因切削土砂呈现出半固体的性质，变换成流体所排出的土砂也有多种多样。为此，只单独地进行切削土量的管理也很难确切地判断开挖面的稳定状态，通常都并用进行刀具箱的压力管理。切削土量的管理方法大致有重量管理及容积管理两种。重量管理上就是用验收切削土运输车重量及在坑内设置计量漏斗等检测管理切削土重量的方法等。另外，在容积管理上一般用比较单位掘进量的切削土砂运输车台数的方法，还有由螺旋输送机的转数来推算的方法。当泵压送切削土时，也可以实施利用压送泵的泵送数及设置在排土管上的流量计、密度计等来推算并管理切削土量的方法。

7.5　管片的拼装

7.5.1　作业基地的储存与运输

1. 储存

当储存管片时为了既不损伤管片主体及密封材料，也不使之受到腐蚀就必须采取确实可靠的防护措施。

当将管片的内面向上呈船形堆放时(图7-13)，设定层数，必须采取在管片之间垫上木材等措施。钢制管片注意不要生锈及不要受到油类的污损，还要注意不要使之产生永久变形。特别应该注意的是混凝土类管片重量大且易产生损伤。

在管片的表面需要贴附止水用的密封材料，必须采取避免雨水浸湿

图 7-13 管片临时堆放情况

及避开日光直射等措施。贴附密封材料之后当储存在室外时，利用薄膜进行防护必不可少。

2. 运输及使用

当运输及使用管片时必须充分注意别损伤管片主体及密封材料。

贴在管片上的密封材料及混凝土类的管片的边角处易于产生损伤，搬运时要采取防护措施的同时，堆放及起吊降落时特别应引起注意。另外，混凝土类的管片是按完成后的土体外力及推进时的施工荷载设计配筋的，搬运时要考虑将作用与其不同的荷载，故必须对起吊位置进行研究。

7.5.2 管片拼装方法

1. 拼装方法

（1）管片的拼装

管片待盾构推进完了后，迅速拼装成环状。除特别情形之外，拼装按图 7-14 及图 7-15 所示进行错缝拼装。当进行纠偏及小半径曲线施工时有通缝拼装，当预计会产生相邻环的拼接效应时，必须考虑要尽可能避开这种情况。

（2）管片拼装顺序

搬入隧道内临时堆放的管片安装在盾尾。此时为了不在管片之间夹有异物，必须对盾尾内进行认真地清扫。管片一般是由下部的 A 管片开

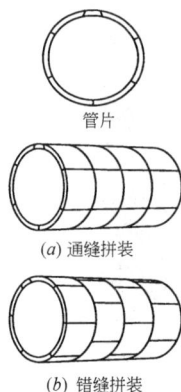

(a) 通缝拼装

(b) 错缝拼装

图 7-14 管片拼装方法

图 7-15 错缝拼装的盾构隧道

始，依次在左右两侧交互拼装，其后是 B 管片，最后拼装 K 管片(图 7-16)。

(3) 管片定位及盾构千斤顶的操作

当拼装管片时，首先拉进管片拼装位置的盾构千斤顶，用管片拼装机夹住管片。管片的夹持，当为钢铁制管片时用设有吊钩的拖座，而混凝土类管片则多用采取在壁后注浆孔中拧入吊钩(夹板)，在其中插入销子的方式。

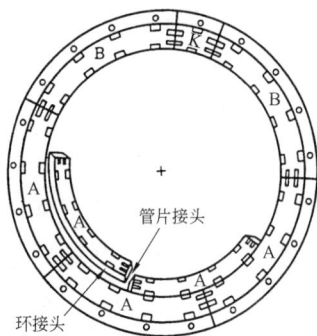

图 7-16 管片拼装顺序

夹持的管片用下面止振用的定位千斤顶支承，让管片拼装机旋转，旋转安装在所定的位置附近。该临时定位是利用管片拼装机的旋转动作和向半径方向移动的千斤顶及向轴向移动的滑动千斤顶来定位。之后微调这些千斤顶，为了不让相邻的管片接头表面相撞，应慎重进行定位。在定位中也可利用止振用的定位千斤顶(参照第 5 章 5.4.5 管片拼装装置)。当将管片设置在所定位置之后，就用螺栓等连接拼装管片，顶推拉入的盾构千斤顶迅速压住。

当拼装管片时，如一起全部收缩盾构千斤顶，则由于对开挖面保持压力的作用使盾构后退，这不单纯是开挖面的稳定问题，另一方面，也很难确保管片拼装的空间，所以，重要的是按照管片的拼装顺序，千斤顶只收缩该处的管片部分就可以了。

(4) 接头螺栓的拧紧

用管片拼装机将管片安装到所定位置之后，首先拧紧管片螺栓，再拧紧环接头螺栓。

(5) K管片的拼装方法

K管片插入B管片之间，所以，必须充分注意不要损伤管片及不要产生密封材料的剥离，正确压入K管片。插入K管片时，为了使其有一些拼装余量，也有装备将B管片向半径方向的外侧推上的千斤顶的实例。

半径方向插入型K管片因有接头角度问题，故觉得K管片有点下沉的感觉，因此必须注意如作用轴向力，将助长这种倾向。轴向插入型K管片难以向下方向错动，而端部有轻微上翘的倾向。另外，盾尾的长度要加长到管片宽度的1/3~1/2左右。

(6) 环拼装后的再度拧紧

待拼装1个环的管片后，利用全部的盾构千斤顶均匀压紧新拼装的管片，充分拧紧接头螺栓(正式紧固)。

由于盾构的推力及盾尾脱出后的土水压力等作用所产生的变形有时在拼装管片时已拧紧的螺栓被松动。为此，在开挖面进行到千斤顶推力不受影响的位置后，再用扭矩扳手等以规定的扭矩再度拧紧。该再度拧紧的位置视隧道外径、管片种类、隧道的线形、地基条件等而异，一般在盾尾后方10~50m左右。

2. 真圆的保持

将管片拼装成真圆形并予以保持，这从确保隧道的施工精度，提高施工速度及止水性方面和减少地基沉降等方面都是很重要的项目。

管片待盾尾脱出后，壁后注浆材料在某种程度硬化之前，利用保持真圆的装置是比较有效的，当为断面比较大的盾构隧道时，很多情况下都装备有用千斤顶等的真圆保持装置(图7-17)(参照第5章5.4.7

附属装置）。

图 7-17　真圆保持装置

3. 管片的拼装误差及其管理

当拼装管片时，如管片产生错缝或开口等，那么，拼装中的管片与已有管片的转角处将成为点接触或线接触状态，在此处如作用千斤顶推力，有时将产生缺陷或开裂（图 7-18）。为此，当拼装管片时，严密对准各管片的接触面，充分拧紧螺栓等日常管理就是很重要的项目。

另外，如盾构方向与管片的方向不同，则盾构与管片将产生挤压（图 7-19）现象，管片将产生损伤及变形。随着管片宽度的加大，此种情形将有所增加，在其防止方法上必须预先详细研究与曲线半径及管片宽度相对应的盾构方向控制方法，充分进行隧道的线形管理及盾构的方向控制管理与测定每个环的盾尾空隙都是很必要的。另外，当管片产生诸如损伤及变形之类的挤压时，就必须瞬时改变盾构的方向以杜绝产

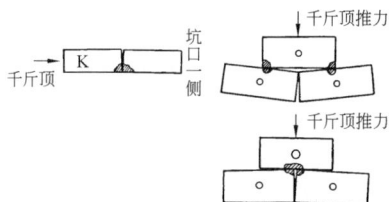

图 7-18　由于错缝及开口产生
　　　　　的管片损伤

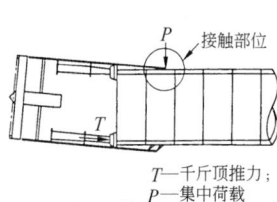

图 7-19　盾构机与管片的
　　　　　挤压（碰撞）

生挤压现象。作为控制挤压的手段最近做了如下所示的尝试。首先由过去的施工数据求解盾构缓曲线部位的盾尾空隙频度分布形状（正态分布时的形状），作为该形状不产生变化的分布，求解可将盾尾空隙控制在 0 以下的概率（也就是挤压发生的概率）为 5％时的分布的平均值。将该平均值作为盾尾空隙的管理目标值，为了能保持业已求得的频度分布形状，如果用可间接观测盾尾空隙的装置（图 7-20）进行盾构的掘进管理，则就可以将挤压发生的概率控制在 5％以下。将该盾尾空隙的管理目标值作为设计值，为了控制挤压现象，就可用几何学的计算方法有效地求解出盾构缓曲线部的曲线半径与管片宽度之间的组合方式。

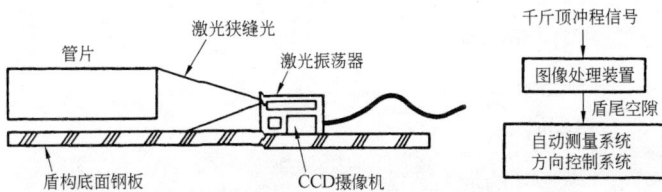

图 7-20 盾尾空隙的观测系统实例

4. 楔形环的使用

在盾构工程中除了曲线施工之外，还要进行纠偏，这就要使用 1 环管片宽度不完全一致的有斜度的管片（图 7-21）。楔形环当斜度（斜度/管

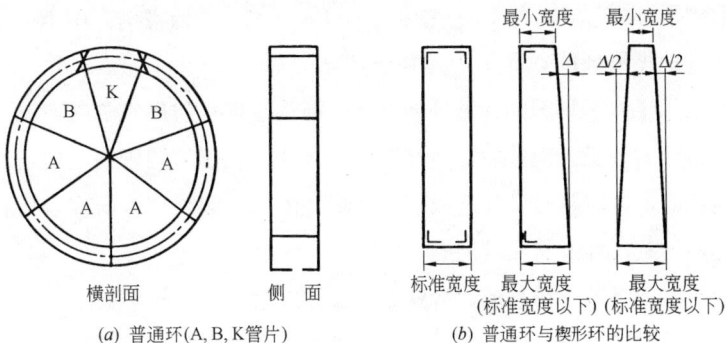

(a) 普通环(A, B, K管片)   (b) 普通环与楔形环的比较

图 7-21 楔形环

片外径)较小时多半使用单侧楔形,而当斜度大时则使用双侧楔形。

斜度 Δ 的计算 当以楔形环的最大宽度为标准时,可用下式计算:

$$管片的外周长 = m \cdot B_T + n \cdot B$$

$$管片的内周长 = m(B_T - \Delta) + n \cdot B$$

$$\frac{m \cdot B_T + n \cdot B}{m(B_T - \Delta) + n \cdot B} = \frac{R + D_0/2}{R - D_0/2}$$

$$\therefore \Delta = \frac{n/m \cdot B + B_{Tr}}{R + D_0/2} \cdot D_0$$

式中　R——隧道中心曲线半径(mm);

　　　Δ——斜度(mm);

　　　m——楔形环数;

　　　n——普通环数;

　　　B_T——楔形环的最大宽度(mm);

　　　B——普通环的宽度(mm);

　　　D_0——管片外径(mm)。

如果将斜度加大,或者连续使用楔形环时,螺栓孔将错位,由于盾尾遭到碰撞将难于拼装,通常斜度多半取 15～70mm 左右。图 7-22 就是取楔形环(T)与普通环(S)之组合为 $T:S=2:1$ 的实例。用于小半径曲线处的楔形环的宽度多半为普通环宽度的 1/2～1/3 左右。此时一般将减小用于楔形环间的普通环的宽度。当难于确保盾尾空隙时,也有时缩小管片的外径,但壁后注浆材料将侵入并固化于盾尾密封之内,返回直线段时,有时将对管片造成恶劣影响,因此,必须慎重研究包括盾尾密封的形状尺寸及材质等问题。

为了不将管片拼装成通缝就必须在锥度量上打一些余量。

纠偏用的楔形环数一般为由总环数减去曲线用的楔形管片数的所剩环数的 3%～5% 左右。纠偏用的楔形环多半都兼顾使用以其宽度为基础

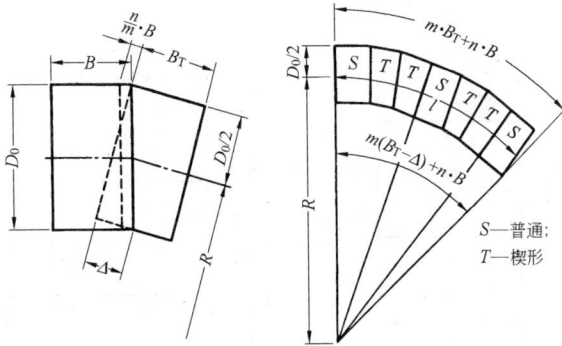

图 7-22 曲线部位管片组合图

S—普通；
T—楔形

的缓曲线用的楔形环，如果让 K 管片的位置产生变化也可以进行细微的纠偏。但此时必须注意别将管片拼装成通缝。

7.5.3 管片的自动拼装

管片的拼装作业系在狭窄的场地用管片拼装机夹持大的重物——管片，边进行精密地操作，边拼装。当断面比较大且又是高空作业时要考虑到作业人员有被夹住或坠落的危险性。另外，管片的接头一般都是手工作业，手工拧紧很多螺栓等很费事，这对于作业人员来说是重体力劳动且又是艰苦的作业。

以杜绝此种作业为目的，开发了自动拼装管片的装置，现已达到实用化(参照第 11 章 11.8.4 管片自动拼装系统)。

就目前现状而言，这些系统的费用与人工费相比要高出许多，故自动拼装装置只限于大断面的盾构工程，采用件数也不多。然而，今后以大断面盾构工程为中心，以减少危险作业、减轻艰苦作业及省力化为目标，管片的自动拼装装置的采用一定会有所增加。

7.6 壁后注浆

在管片与土体之间的空隙(尾部空隙)处注入填充材料。图 7-23 所示为从壁后注浆的规划到施工的流程图。

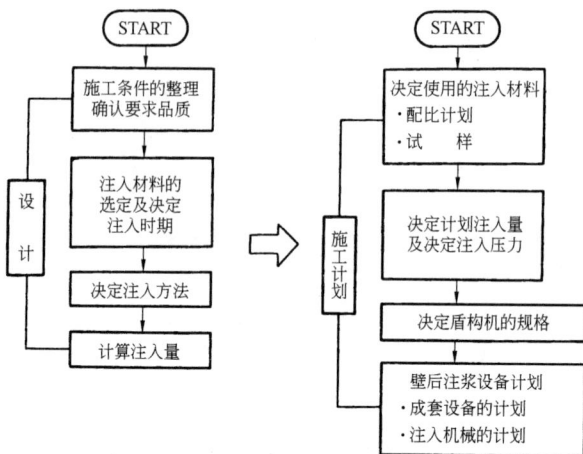

图 7-23　从壁后注浆的设计到施工的整体流程图

7.6.1　壁后注浆的设计

1. 注浆的目的

管片拼装完了之后如推进盾构则由于盾尾钢壳厚度，盾尾空隙及超挖等而出现尾部空隙。如原封不动不加处置，土体将产生应力释放，周边地基产生变形。结果地表及相邻建(构)筑物将产生沉降、倾斜及损伤等恶性事件。壁后注浆的第一个目的就在于将这类地基变形防止于未然，当然还有其他重要的目的。现汇总这些目的如下。

① 控制隧道周边地基的松动，防止地基变形。

② 让管片早期稳定，顺利地将千斤顶的推力传递给土体。另外，还使作用在管片的土压力均匀化，降低发生在管片的应力及变形，同时还可易于控制盾构的方向。

③ 当采用防止漏水及压气工法时，还可形成防止漏气的有效层。

2. 注浆材料

（1）要求品质

注入材料所要求的一般性质如下：

① 不得丧失流动性；

② 压送时不得引起材料离析；

③ 必须早期产生匀质的大于土体的强度；

④ 充填性理想；

⑤ 注入后的体积减少要小；

⑥ 水密性要好；

⑦ 有适当的粘性，必须能防止漏到开挖面处并可防止漏向尾部；

⑧ 无公害且经济性好。

（2）按使用材料的分类

图 7-24 所示为按使用材料的特性分类的注浆材料。其中图上的①～④四种比较常用。

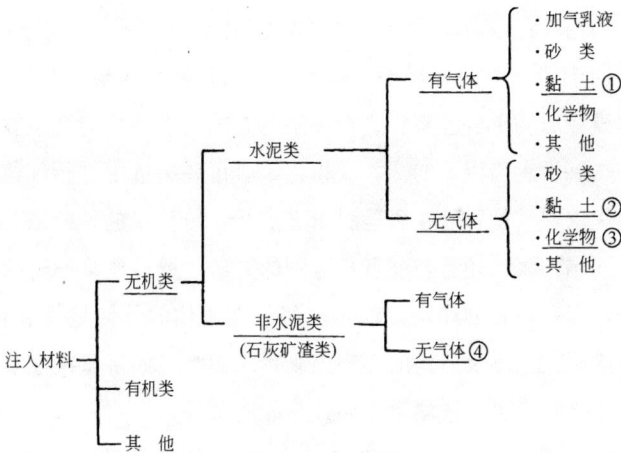

图 7-24　按使用材料分类

（3）按注入状态分类

按注入时的特性对注入材料进行分类如图 7-25 所示。可塑状型在静止状态下给出了固体的特性，在加压状态下给出了液体的特性。其中目前使用最多的是图中底下画一横线的可塑状型的材料，其比例已超过 90%。

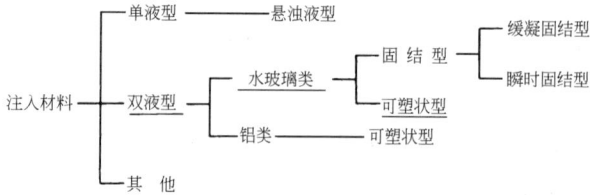

图 7-25　按注入状态分类

3. 注浆时期

（1）一次注浆

如按注入时期对一次注浆进行分类则如下所示，当选定注浆方式时，要充分研究含土质条件及环境条件在内的注浆装置的维护管理，来自开挖面的约束，或盾尾密封的构造等之间的关系。

① 同步注浆　这是与尾部空隙发生的同时进行注浆及充填的方法，其中有由设在盾构上的注浆管进行注浆的方法与由管片的注浆软管进行注浆的方法。后者与以下的②、③相比，有可在掘进中进行注浆、可早期充填的优点，其位置处在盾尾脱出之前是不能注浆的，所以，也有的称之为半同步注浆，还有与前者相区别的方法。壁后注浆的时期当然是越早越好，现在前者的注浆方法是注浆管在盾构的外侧呈突起状布置，它有可能给周边土体及盾构的姿势控制带来影响，如果每次注浆后不认真清洗，注浆管有可能被堵塞，导致不能注浆等。

② 立即注浆　待 1 环掘进完了就由管片的注浆管进行注浆的方法。

③ 后方注浆　在数环后方由管片的注浆管进行注浆的方法。

日本隧道技术协会汇总了有关壁后注浆的实态调查报告[11]（以下称之为 JTA 调查），注浆时期与盾构外径，注浆时期与开挖面代表土质的关系如图 7-26 及图 7-27 所示。在与盾构外径的关系中，外径越大同步注浆的比率就越高，从中可以看出盾构外径 5m 以上时同步注浆约占 70% 左右。另外，在与开挖面代表土质的关系中，同步注浆

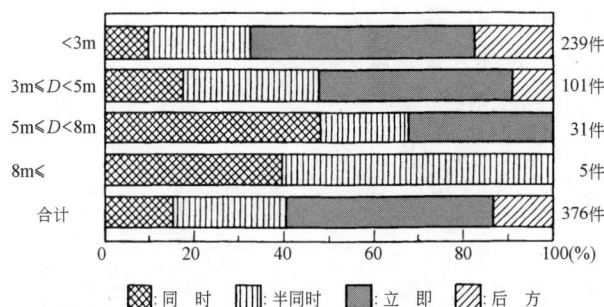

图 7-26 壁后注浆时期与盾构外径（D）

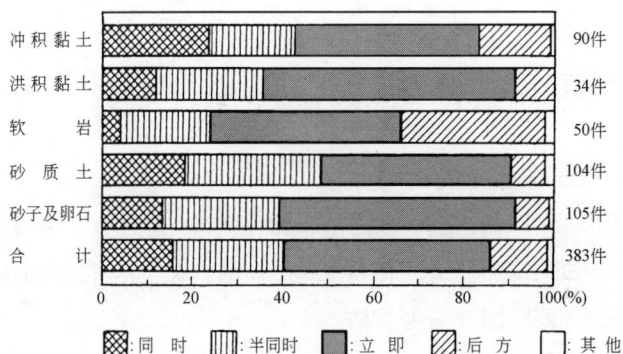

图 7-27 注浆时期与开挖面代表土质

为冲积黏土及砂质土，从中可以看出后方注浆为土体可自稳的软岩较多。

（2）二次注浆

二次注浆是以弥补一次注浆的缺点为目的进行的注浆，其内容如下（图 7-28）：

① 一次注浆的未充填部分的完全充填；

② 对注浆材料的浮浆及气泡消失等造成的体积减少的补充；

③ 防止对周边土体的松动领域的扩大为目的进行补充。

有关注浆材料在①，②目的中多半使用与一次注浆相同的材料，在③目的中则使用药液注浆材料。

4. 注浆量与注浆压力

壁后注浆的管理一般是压力管理及注浆量管理并用。

① 压力管理是经常保持注浆设定压力的方法，注浆量则不一定；

② 注浆量管理经常是注入一定量的方法，注浆压力将产生变化。

总之，单独使用一种是不行的，希望用两种方法进行综合管理。

最近由于开发出了利用探头

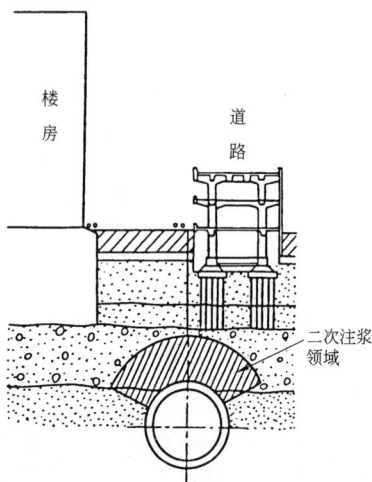

图 7-28　二次注浆(药液注入)示意图

(触压)式及反射波(超声波、电磁波、弹性波等)式的土体坍塌探查装置，观测土体的松动状况，土体与盾构之间的空隙及尾部空隙量等，选用与这些观测结果同步的注浆方法。

(1) 注浆量

注浆量除了要受到注浆材料向土体中渗透及泄漏影响之外，还要受到曲线施工、超挖、壁后注浆材料的种类等的影响，实际上是无法明确规定的，通常可按如下思路进行计算。

① 注浆量的计算　可用下式计算注浆量：

$$Q = V \times \alpha$$

式中　V——计算空隙量；

　　　α——注浆率。

② 计算空隙量　计算空隙量是由开挖体积减去隧道体积所得的数值。

③ 注浆率的设定　注浆率 α 是考虑了注浆材料的特殊性质(体积变化)，土质及施工中的损失的加成系数，以实际情况为基础进行

设定。

据 JTA 调查得知标准区间（不利用辅助工法的区间）的注浆率的实际利用情况如图 7-29 所示，平均为 143%。

就软弱黏土地基来说如果注浆率设计太大，必须注意由于开裂注入而产生二次固结。

（2）注浆压力

注浆压力应该由土压力、水压力、管片的强度及盾构的形式与使用材料特性进行综合判断。然而，目前现状是以施工实例为基础按如下所示来确定。

① 在管片注浆口处一般为 $100\sim300\mathrm{kN/m^2}(1\sim3\mathrm{kgf/cm^2})$，多半都取孔隙水压力$+200\mathrm{kN/m^2}(+2\mathrm{kgf/cm^2})$左右。

② 如注浆压力太大，要注意就钢制管片来说钢壳将产生过度地变形，而对半径方向插入型的 K 管片来说有时接头螺栓将被剪断。

③ 当使用双液型可塑状类型的注浆材料时，很重要的是对胶凝时间的选定，如果极端地缩短胶凝时间，则必须注意将导致注浆压力的上升及注浆管的堵塞。

对注浆量及注浆压力都要经过某种程度的反复试验不断摸索，希望

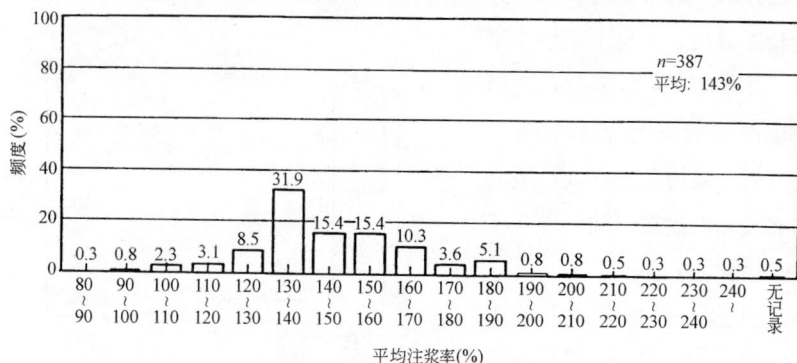

图 7-29　标准区间的平均注浆率

在确认注浆效果，周边土体与对其他建(构)筑物的影响等的基础上再决定。即便在实际施工中也必须每隔一定范围都要确认效果，再将其效果反馈到实际施工中。

7.6.2　壁后注浆设备

壁后注浆设备中主要有材料储存设备、计量设备、材料拌合用搅拌机、拌完材料的储槽、旋转搅动装置、注入及压送泵，其他还有坑内材料搬运用台车、注浆用配管、注浆喷嘴处的混合装置(当为双液型材料时)、控制及记录装置等。视注浆方式不同设备也有所不同，其种类有多种多样。

1. 注浆方法

在注浆材料搬运及注浆方法中有如下所示几种：

① 直接压送方式　这是由坑外的壁后注浆设备直接压送注入到管片等注浆口的方法，多用于小口径断面或掘进长度较短的盾构。

② 中继设备方式　这是由坑外的壁后注浆设备压送到坑内的后方台车上设置的中继设备处，然后再用中继设备的注浆泵进行注浆的方法，此法适用于掘进长度较长，断面较大的盾构。现在用该方式的较多。

③ 坑内搬运方式　这是用旋转搅动罐车等将用坑外的壁后注浆设备搅拌的材料运至注浆现场再用坑内的注浆泵进行注浆的方式，不受掘进长度限制，又易于定量注浆。

④ 坑内设备方式　这是在坑内的后方台车上装备一套壁后注浆设备的方式，但必须有较宽的设置空间，现在不太采用此方式。

据 JTA 调查得知直接压送方式已超过 90%(图 7-30)，这是按注浆状态的分类，这

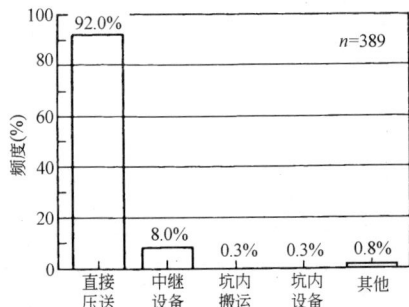

图 7-30　注浆材料的搬运方式(重复回答)

是与多采用双液型水玻璃类的可塑状型的理由相同。也就是说现在使用的注浆材料多选用 A 液（主要材料），B 液（硬化剂）的两个系统的压送形态有方便运输的优点，现在正在开发 A 液的可使用时间相当长的材料。

2. 自动壁后注浆设备

最近开发了与掘进同步的"同步壁后注浆系统"，其应用实例正逐年增加，作为沉降对策取得了理想的结果。

下面介绍一下在泥水式盾构工法中（盾构外径 ϕ4550mm，施工长度 1470m）使用的双液型同步自动壁后注浆系统的一个实例[9]（图 7-31）。

（1）自动壁后注浆系统概要

本系统由表 7-1 所示各种方式构成，作业只操作砂浆泵起动开关 ON 与 OFF 即可。

自动壁后注浆系统的控制方式实例 表 7-1

方 式 名 称	控 制 内 容
① 手动流量控制方式	
② 注浆控制方式	与掘进速度协调按所定的注浆率进行注浆
③ 定压注浆方式	计算按照注浆压力的注浆流量，自动调整流量
④ 混合率控制方式	将 A 液、B 液的混合比率保持一定

自动壁后注浆系统主要机器的实例 表 7-2

① 坑外设备		② 坑内增压泵		③ 压送设备	
水泥筒仓	18t	砂浆旋转搅动罐	1.2m³	坑外：砂浆泵 E4R630 型	
辅助材料筒仓	18t	水玻璃槽罐	0.8m³	水玻璃泵 E4H40 型	
高速砂浆搅拌机	0.25m³			坑内：砂浆泵 E2R630 型	
砂浆旋转搅动罐	3.0m³			水玻璃泵 E4H40 型	
稳定剂槽罐	2.5m³				
水玻璃槽罐	13m³				
搅拌能力	9m³/h				
④ 其他的测量器具					
记录装置（注浆量、注浆压力、千斤顶速度、泵转数） 流量累计器 警报显示装置（注浆压力、泵用电动机、材料槽罐标尺等的异常警报）					

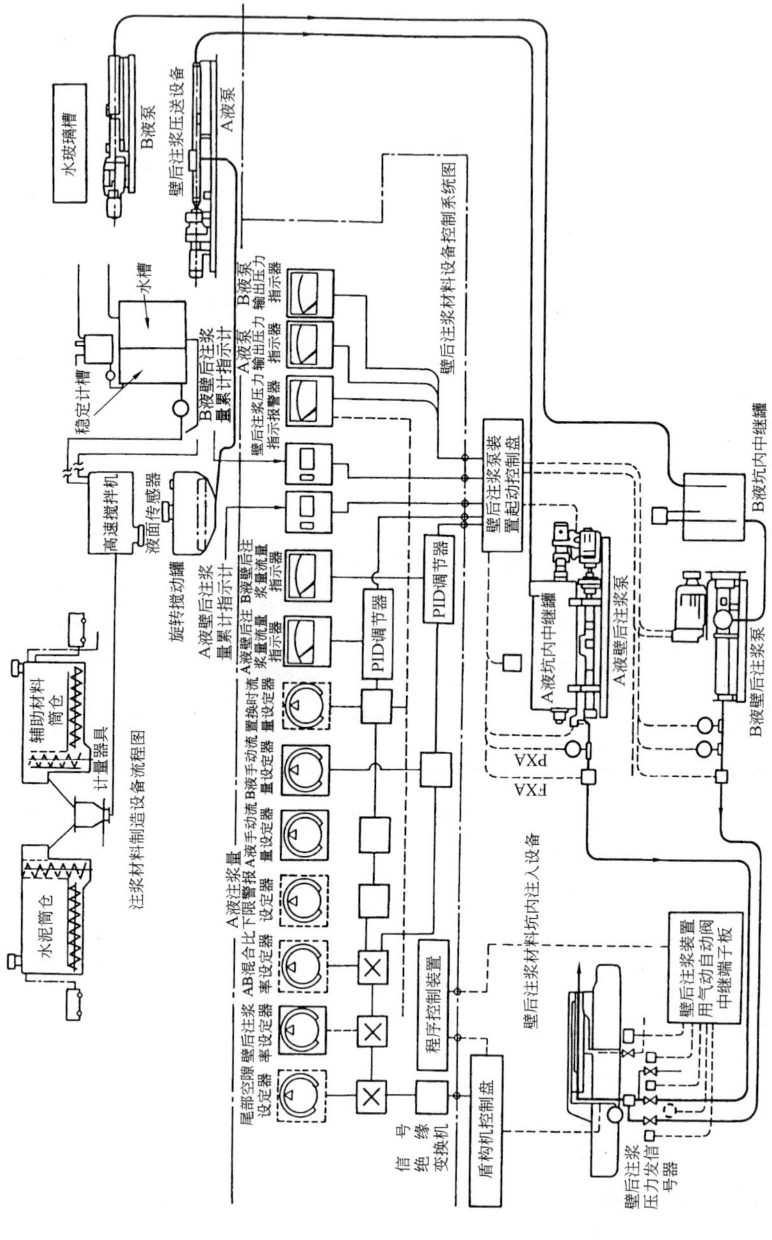

图 7-31　自动壁后注浆系统实例

（2）主要机器

表 7-2 所示为使用的主要机器。

7.6.3 壁后注浆的施工

1. 施工方面的注意事项

一般在壁后注浆作业中应注意如下事项：

（1）搅拌时（设备）的注意事项

① 使用材料及配比；

② 计量器具的精度及材料的投入顺序；

③ 水泥及膨润土的分散状态及有无混入不纯物质；

④ 搅拌时间及有无离析；

⑤ 拌合量。

（2）搬运及注浆时的注意事项

① 搬运（压送）过程中有无材料离析及搅拌装置的运转状况；

② 坑内配管及接头处的泄漏；

③ 注浆位置及止回阀的安装；

④ 注浆压力及注浆量；

⑤ 管片主体及接头的变形、变位；

⑥ 盾尾密封的泄漏及向开挖面陷进情况。

2. 小半径曲线处施工方面的注意事项

小半径曲线处的施工问题很多，例如：由于超挖土体受到扰动，注浆材料流向开挖面，推进反力的偏斜导致隧道的变形等。为此要求小半径曲线处的壁后注浆材料初期强度要高，最好有可充填到限定范围的可塑性。另外，最近为防止壁后注浆材料流向开挖面及流入超挖部位，有使用带袋的管片的方法，也有在管片的背面贴氨基甲酸乙酯泡沫的方法。

3. 品质管理方面的注意事项

壁后注浆材料中的流动性、强度、收缩率、水密性乃至胶凝化时间等都是选定材料时的重要因素，这些品质的好坏将对地表沉降、漏水及漏气、施工性等产生重大影响。为此必须定期进行如下试验及检查。

① 有关搅拌注浆材料的流值、黏性、泌水率、胶凝时间、抗压强度等的试验；

② 以实施正确的配比管理为目的的各种材料计量器具的定期检查。

7.7　隧道的防水工程

在隧道的建设中从环境保护及设施的维护保养两方面来看，隧道的防水都是重要的课题，过去曾实施了多种的防水工程。最近的都市隧道由于地下空间的密集化，呈现出向深层化发展的趋势，因此，要求各种防水材料的性能也能与高水压相适应。对应于这种要求的止水材料的开发现在日新月异，本节将介绍一下最近的盾构隧道的防水技术。

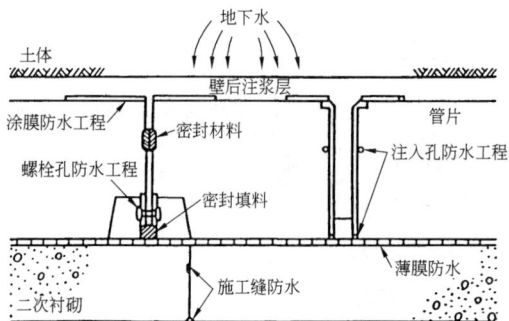

图 7-32　防水工程的模式图

7.7.1　防水工程的种类

盾构隧道的防水工程的模式图如图 7-32 所示。由该图可以看出防水工程大致有三个阶段，壁后注浆层、一次衬砌及二次衬砌[12,13]。

通常情况下，盾构隧道基本上一次衬砌就可以完全止水，而壁后注浆层及二次衬砌只是止水的辅助手段。

盾构隧道漏水的主要原因如图 7-33 所示，有环境条件、管片的构造、止水材料及施工状况等多方面的因素。盾构隧道是用螺栓等拼装管片而成的隧道，是一种接缝较多的建（构）筑物。隧道漏水大多由这些接缝渗漏造成的。所以，为了防止隧道漏水，要提高拼装制度，减少接缝

漏水
├─ 一次衬砌
│   ├─ 环境条件
│   │   ├─ 土质(渗透系数)
│   │   ├─ 土压力
│   │   └─ 地下水
│   ├─ 管片的构造
│   │   ├─ 接头构造
│   │   ├─ 制作精度
│   │   ├─ 形状(分块数、宽度)
│   │   └─ 材料特性
│   ├─ 止水材料
│   │   ├─ 密封材料
│   │   ├─ 密封填料 ─┬─ 材料特性
│   │   └─ 螺栓密封填料 └─ 形状及尺寸
│   ├─ 辅助工法 ── 壁后注浆工程
│   │   ├─ 注浆工法
│   │   ├─ 注浆材料
│   │   └─ 注浆状况
│   └─ 施工
│   ├─ 拼装精度
│   ├─ 管片的破坏(缺欠、裂缝)
│   ├─ 千斤顶推力(螺栓的紧固扭矩，偏离中心)
│   └─ 止水工程的施工状况
└─ 二次衬砌
    ├─ 环境条件
    │   ├─ 土质(渗透系数)
    │   ├─ 土压力
    │   └─ 地下水
    └─ 施工
        ├─ 混凝土的裂缝
        └─ 混凝土的施工缝(用止水板等的处理)

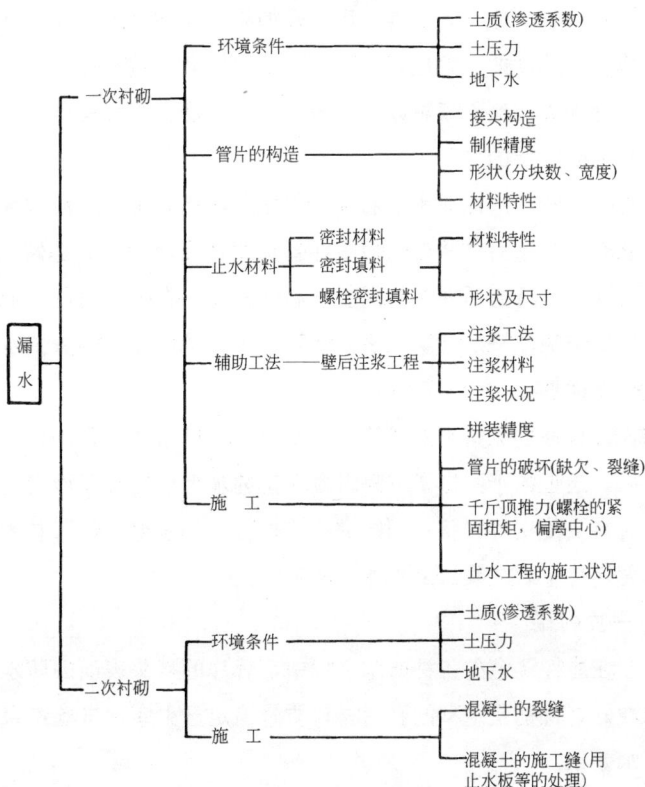

图 7-33 发生漏水的主要原因

开口才是第一位的。

7.7.2 各种防水工程的思路

1. 壁后注浆层

壁后注浆就是用适当的材料尽可能快速且如实充填盾尾空隙，超挖及由于盾构掘进而受到扰动的范围，实施的主要目的是防止地基沉降及使作用于隧道的土压力均布化等。

当开挖对象的土体比较硬，可长时间保持住其空隙时虽无问题，但就软弱地基及松散砂质地基来说将产生剥落、坍塌、地基沉降，故应尽早注浆。这是因为当偏压作用于隧道时，将使管片接头开口、错缝，这是引起漏水的主要原因。另外，反过来如果壁后注浆材料在壁面均匀分布，形成一定厚度的注浆层，则就可以杜绝在此种偏压作用下所产生的开口、错缝现象，这不仅可以防止漏水，而且可在很大程度上期待它本身起到作为防水层的作用。

就现在比较常用的泥水式盾构及土压式盾构来说，土体向盾尾空隙剥落的比较少，壁后注浆材料似乎在管片的背面流动，但是姑且不论与盾构掘进同步进行壁后注浆的同步壁后注浆法，在一定时间内原封不动地保持尾部空隙原来的状态，之后从管片进行壁后注浆的方式不能保证在管片的背面形成均匀的防水层。

这样以普通的见解来看对第一防水层——壁后注浆层的期望值就不大。然而，最近由于引进了有瞬时凝结型的水玻璃类等双液混合型的壁后注浆材料及使用可塑状的固结类注浆材料的同步壁后注浆技术，从防水的角度期待壁后注浆层的可能性就很大。

2. 一次衬砌

现在在盾构隧道的各种防水工程中，管片的接头表面的防水最重要且可靠性好。特别是定型的密封材料质量稳定已由室内试验结果等确认了其止水效果。

（1）密封材料

施工中是将密封材料贴在管片的接头表面所设的密封槽内。以往对钢管片多半是不设密封槽，直接将密封材料贴在所定的位置，而最近基于保护密封材料、确保可靠的止水性等理由，在轧制的过程中于扁钢上设密封槽的做法逐渐多起来了。

接头防水不可缺的密封材料就材料特性而言大致可以分为利用黏着性的材料，期待弹性回弹力的材料及期待遇水膨胀的膨胀压力的材料。

作为期待黏着性的材料一般有非硫化（未加硫）异丁橡胶。它是以材料本身的黏着性及密封材料的体积堵塞接缝进行防水的，其价格也便宜，在 1975 年前后使用的非常多。然而，该类密封材料因缺乏弹力，对于盾构掘进时的千斤顶推力无抵抗力，如图 7-34 所示在密封槽不能保护之处变薄变细产生塑性化，该塑性部分就成了水路，有止水效果大幅度降低的缺点，当比较高的水压力作用时不能使用。另外，已经塑性化由密封槽处挤出

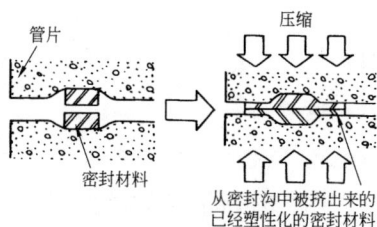

图 7-34   密封材料的塑性化

的材料使接头表面的磨耗系数降低了，特别是在半径方向插入型的 K 式管片中直接作用在接头螺栓上的剪力将增加，经试验证实这是导致 K 式管片脱落的直接原因。另外，该密封材料的特征中的黏着性也是其原因之一，当拼装管片时，密封材料由密封槽中被挤出而脱落的情形比较多见。最近其应用实例也激减，似乎在某种程度限定的情况下才使用。

从过去的应用实例中也可以看出，使用该种密封材料的隧道漏水比使用其他材料要更为严重。

作为可期待弹性回弹力的材料现在市场上销售的有天然橡胶系统的，加硫异丁橡胶、氯丁二烯橡胶等的合成树脂系统等的各种橡胶材料。在国内外的沉管隧道的接头处多半都使用该种橡胶，但在国内的盾构隧道中作为密封材料目前尚无单独使用该种橡胶的施工实例，目前使用在芯材中插入像氯丁二烯橡胶类的弹性好的材料，外面用未加硫的异丁橡胶包住芯材的称之为复合密封材料。这种复合密封材料本身的厚度较厚，当拼装管片时，密封材料易于从接头处脱落或剥离，密封材料本身即芯材与外包材料之间也易产生剥离等，因此，很难确保拼装精度及施工性。

在欧洲作为期待弹性回弹力的密封材料多半使用橡胶衬垫。橡胶衬垫的材质以 CR(氯丁二烯橡胶)、SBR(苯乙烯-丁二烯合成橡胶)占主流，最近使用经济性及耐热性比较理想的 EPDM(乙丙双烯单体)的施工实例有所增多。这些材料作为止水材料已经有几十年的历史了，但对其长期的耐水性也应该充分研究[14]。橡胶衬垫当初也是厚度大，因而降低了

管片的拼装性，又因密封材料本身的
弹性回弹力太大，在拼装管片时出现
了损伤管片接头端部的实例，但是，
现在已经改善了橡胶衬垫的断面形
状，如图 7-35 所示，在衬垫内设孔，
利用控制密封材料本身的弹性回弹力
来确保弹性回弹力的方法已取得成

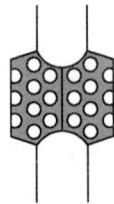

图 7-35　国外使用的密封材料形状
（谢菲尔德型实例）

功。这种新型于 1983 年前后首次应用在英国的谢菲尔德（Sheffield）隧道
中，故称之为谢菲尔德型。

　　作为期待遇水膨胀所产生的膨胀压力的材料，现已开发了称之为水
膨胀性密封材料。该种材料在日本已有约 15 年的使用历史。首先作为
吸水性材料似乎使用了有机类的材料等，但在耐久性上有问题，现在的
水膨胀性密封材料几乎都使用有吸水性的聚合物。水膨胀性密封材料如
按所用的膨胀材料进行分类有三种，水膨胀性聚氨酯类、特殊吸水性树
脂类、氨基甲酸乙脂橡胶单体。水膨胀性密封材料是利用与水之间的反
应产生自身膨胀，利用密封槽的容积约束其体积增加，如图 7-36 所示，
密封材料本身受到被压缩产生的弹性回弹力的作用，产生了遇水反应的
膨胀压力。利用该合力（接触面应力）抵抗水压力，以防止水的侵入。所
以，与以往的密封材料相比，水膨胀性密封材料的厚度可以减薄，它有
不影响拼装精度及施工性等优点。水膨胀性密封材料与其他密封材料相
比其价格要高一些，但使用的隧道漏水量却大幅度减少，显著地提高了
防水效果，其使用实例也在快速增加。然而，开发后的经过年数尚短，
所以，对其耐久性尚有担心。对于此类密

封材料的耐久性评价标准目前还不统一，
每个厂家、每项工程都在做各种试验。例
如：有报告表明，经对橡胶材料的大约浸
于水中 5 年后基础物性的硬度、抗拉强
度、延伸率的变化等试验结果证实基本上

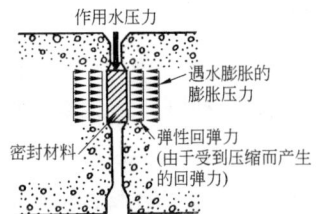

图 7-36　密封材料的止水效果

没有发现劣化现象，大致还是健全的。另外，对近年来有关等大项目，进行了关于耐药性及耐候性试验，还做了长期吸水材料的溶出量及膨胀压力试验，又做了有关膨胀系数的持续性的试验等，证实其可靠性得到了提高[15,16]。

水膨胀性密封材料因其密封材料本身保有适当的刚度及硬度，所以也可以期待弹性回弹力，而遇水膨胀的膨胀压力只作辅助机能考虑。对所定的水压力及一定量的开口及错缝由弹性回弹力来平衡，对超过上述数量的由膨胀压力来平衡。另外，该密封材料是以橡胶为基材的，因其橡胶材料中有它特有的黏弹性的性质，由于其应力松弛现象等随着时间的推移，弹性回弹力将产生降低。水膨胀性密封材料是可以利用其膨胀压力弥补其降低部分，长期保持止水性。这样水膨胀性密封材料可按管片的设计条件及施工条件等具备柔韧有余地应对的特点。由此可见今后其使用实例还将进一步有所增加。

（2）螺栓孔的防水工程

这里一般使用在螺栓垫圈与螺栓孔之间插入环形密封用垫圈，用螺栓压紧进行防水的方法（图 7-37）。

作为密封材料有合成橡胶，合成树脂及水膨胀性橡胶等。

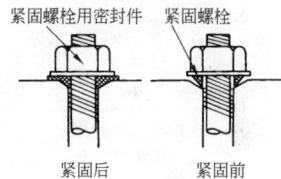

图 7-37 螺栓孔的防水工程

（3）注浆孔的防水工程

就 RC 管片来说多半都将壁后注浆孔兼作吊钩，注浆孔的外周部位与混凝土产生剥离，成为水路，多半都产生漏水事故。为此，预先采用在注浆孔的外周设置密封材料（O 型环）进行防水的方法。

此外，以防止来自壁后注浆孔漏水为目的，在壁后注浆用注浆孔螺钉端部的盖子处设置密封件进行防水。

作为这些密封件使用非膨胀橡胶（销子部位），水膨胀性橡胶（销子部位及注浆孔外周）。

（4）涂膜防水工程

在 RC 管片中，接头铁件及注浆孔周围是防水的薄弱环节。为此，以防止接头铁件及混凝土接合部位的漏水及管片背面的浸透水为目的，有时在这些部位涂敷环氧树脂类的防漏剂。

（5）密封工程

密封工程是设在管片接头表面内侧的密封槽内填充密封材料的防水工程。

密封工程的种类　　　　　　　　　　　　　　表 7-3

材料	环氧树脂类		硅酮类	
	水下粘结(油灰状)	弹性环氧树脂	改性硅酮树脂	硅酮树脂
形状	20～30mm　接缝嵌缝料	20～30mm　板状支承件(聚乙烯)　接缝嵌缝料	20～30mm　UXI板状支承件(聚乙烯)　接缝嵌缝料	20～30mm　板状支承件(聚乙烯)　接缝嵌缝料
施工性	• 为双液型，必须进行拌合，又要手工操作。	• 双液混合型，利用嵌缝枪充填。	• 单液型，无需拌合，盒式的可原状施工。	• 必须涂敷底涂料，后续施工同改性硅酮。
备考	• 硬化后的伸缩性差，对变形的追踪性不好。	• 除了矩形涵洞之外，实例甚多。	• 除 JR，东京电力之外都有应用实例。	• 在建筑工程中的应用实例较多。

作为密封材料多用以环氧类，聚硫橡胶类等为主要成分的材料（表7-3）。

3. 二次衬砌

二次衬砌是在进一步加固管片的同时为了防腐、防水、装饰、纠偏及防振等实施的。

如果在管片的接头表面完全可以防水，那么，从隧道的防水观点来看就可以省略二次衬砌，且伴随着明显的成本削减效果。然而，最近即便利用水膨胀性密封材料也达不到完全防止漏水的目的，现实中管片接头表面的完全止水还有一定难度。

为了利用二次衬砌防止来自管片接头表面的渗水，必须考虑将二次衬砌本身作为防水层。然而,实际上二次衬砌上仍旧存在裂缝及施工缝处渗水而产生漏水的问题。由于二次衬砌的干缩及隧道完成后因荷载变动而开裂,目前尚无法避免。另外,为了不使施工缝成为防水方面的薄弱环节也很难采取适当的措施。为此将二次衬砌本身看作防水层是比较有效的,但是,现实上是比较难的,实情是在完成后数年乃至经过 10年左右的隧道中二次衬砌的内面仍有漏水。从这些实情来看与其期待二次衬砌的防水效果,莫不如由隧道内侧供给一次衬砌的水分及氧气,使之起到防止一次衬砌的接头铁件及螺栓产生腐蚀作用更为实际一些。

4. 防水布工程

将二次衬砌用于防水的目的另一个方法是在管片与二次衬砌混凝土之间贴上防水布的方法。防水布是在 NATM 中作为喷射混凝土与二次衬砌之间的防水工程而设置的,最近用在盾构隧道工程中。表 7-4 所示就是在盾构隧道中实施的防水布或计划的工程实例。设置防水布并不单纯有利于防水,还可以防止浇筑二次衬砌时的干缩裂缝,另外,还可以因此提高隧道的抗震性。然而,贴防水布的防水工程将降低二次衬砌的施工性,今后希望在以提高含自动化等在内的作业性为目标的方面上进行一些改良。

防水布工程的施工实例   表 7-4

	东京湾横穿道路隧道	京滨运河横断隧道	德山曹达(株)海底隧道	横滨高速铁道 1 号线户塚~湘南台之间
用　　途	道路隧道	多功能使用	蒸汽管燃料煤气电气电缆	铁路隧道
隧道外径	$\phi 13900$	$\phi 3200$	$\phi 4400$	$\phi 7000$
隧道总长	10.0km	1.9km	3.0km	4.1km
土　　质	软弱黏土	砂质土	砂质土	洪积黏土
水 压 力	600kN/m²	250kN/m²	350kN/m²	200kN/m²
防水布厚度	0.8mm	2.0mm	1.0mm	1.0mm
备　　考		东京都	山口县	横滨市

(1) 防水布的种类

防水布的材料有掺橡胶沥青类、合成橡胶类及塑胶类等多种,日本在现在的隧道中所用的主要防水布材料有如图7-38所示的四种，乙烯醋酸乙烯聚合物(EVA)、乙烯聚合物沥青(ECB)、聚氯乙烯(PVC)、聚乙烯(PE)的塑胶类防水材料，其特征如表7-5所示。其中PE有在粘接处难于粘接的缺点，而PVC有一经燃烧将产生有害的氯气等缺点，所以，必须调查隧道的使用目的，周边环境条件，使用实例及防水布的特征等再来选择防水布。

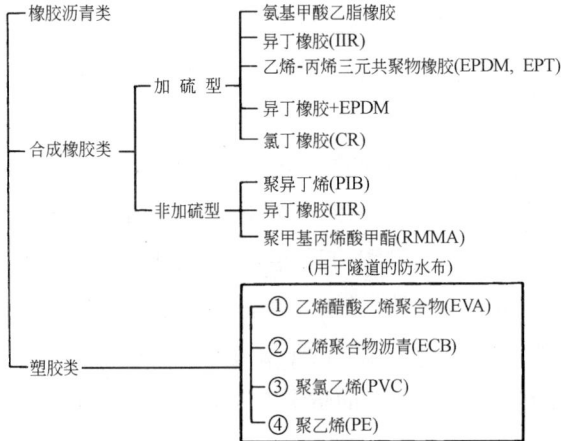

图7-38　防水布的种类

塑胶类防水布的一般特征　　　　　　　　　　表 7-5

① EVA	② ECB	③ PVC	④ PE
乙烯醋酸乙烯聚合物	乙烯聚合物沥青	聚氯乙烯	聚乙烯
由乙烯与醋酸乙烯的随机的共聚体组成，根据醋酸乙烯含量不同其性质而异。醋酸乙烯含有量一增加，则橡胶弹性、柔软性、粘结性、溶解性就提高了。醋酸乙烯含有量少的就显示出与聚乙烯相同程度的物理特性。 此外，与PVC相比，相对密度小、易于操作、延伸率大，现在日本的隧道工程中应用实例最多。	以乙烯为原料，混拌沥青制作而成。根据沥青含量不同其性质而异，由隧道用的软材质，到池塘，废弃物处理场用的高强度材质，范围很广，世界上都在用。 延伸熔敷性好，在日本的应用实例正逐年有所增加。	以乙烯与乙炔为原料，使之再与氯作用，聚合而成。根据使用的可塑剂可以得到硬质材料，用途广泛，但时间一长可塑性有可能消失，因此，必须考虑使用条件、环境条件后再选用。欧洲各国1965年以后使用隧道用防水布，日本最初于1961年用在道路隧道中(H型钢支架之间)，作为防水布的使用实例不多。 再者，其一经燃烧将产生有害的氯气，所以最近不常使用。	以乙烯为原料聚合而成。低密度的材料在低温条件下易于溶解，但强度略低些。高密度的材料硬且结实，但难于加工。 日本最初于1974年作为隧道防水布，用在道路隧道的竖井中。 在连接部位难于粘结，现在不使用。

（2）利用防水布防水的思路

利用防水布防水的思路有两种，完全防水型及引水型。在都市隧道中根据周边环境条件等，通常很难由隧道中排水，必须是漏水极少的隧道，因此，希望做成完全防水型。

即使防水布本身的耐水压力性能没问题，但是当在二次衬砌混凝土的施工缝等凹凸部位一经作用水压力，则该部分的防水布也有可能产生破损。为此在欧洲采用如图 7-39 所示设防水层，可以确认漏水部位并以该部分为对象进行修补的方法。

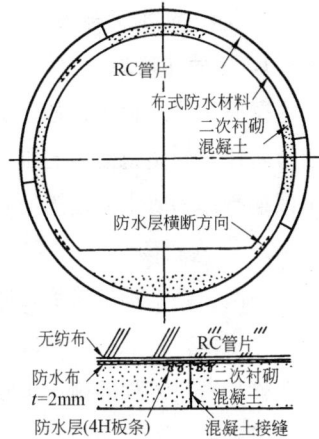

图 7-39 防水层

7.7.3 密封材料止水设计

管片接头处所用的密封材料相当于 JISB 0116（配管：衬垫及垫圈用语）中所示的衬垫，基于这种认识该止水的思路一般则依据图 7-40 所示的密封原理（衬垫理论）来处理。该原理是由于密封材料受

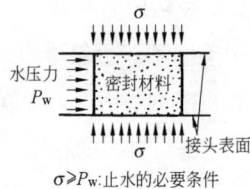

图 7-40 密封材料的密封原理

到压缩，在管片接头表面的密封材料中所产生的应力（以后称之为切向应力）如果大于作用的水压力，则就不产生漏水，而切向应力如果比作用的水压力还小，则就由接触面处漏水[17,18]。所以利用密封材料止水的必要条件是切向应力 σ 大于作用的水压力 P_w。该种思路的妥当性经过种种试验已得到认证。最近就有基于该思路将所设计的密封材料用于实际工程的实例[19]。

今后为了确立更合理且与实际状态相吻合的密封材料的设计方法，必须解决定量掌握水膨胀压力、长期应力松弛率、由于水压力的作用密封材料的切向应力的上升（自封效应）率等课题，希望以这些问题为对象继续试验及研究下去。

7.7.4　防水工程施工

1. 壁后注浆层

壁后注浆工程正在就注浆材料及施工方法的两个方面进行改良，如前节所述，如实施恰当的质量管理及施工管理，确实充填盾尾空隙，是可以期待作为防水层使用的。

2. 一次衬砌

一次衬砌工程中管片，螺栓孔及壁后注浆孔等在结构上必须做防水的部位很多。特别是管片接头表面的防水工程相当重要。

管片密封工程的施工步骤如下。

（1）基底处理

要用金属刷，碎纱布等擦掉粘附在密封沟处的浮浆皮、铁锈、油分及水分等污垢。

（2）胶粘剂的涂敷

用毛刷子等边保持均匀的厚度，边涂敷专用胶粘剂。胶粘剂中多半都含有机溶剂，因此，要在通风良好的场所进行作业。

（3）密封材料的粘贴

待按规定的时间养护完胶粘剂之后，贴密封材料，要充分压实，以提高胶粘力。密封材料粘贴后的注意事项如下。

① 密封材料及胶粘剂遇紫外线易于劣化。另外，当使用水膨胀性密封材料时一定要防雨水，还必须对防水布等进行防护。

② 密封材料粘贴后就不要长时间保管管片了，应尽早地拼装。

③ 当移动已贴完密封材料的管片时，要注意不要因吊车等的钢丝绳使密封材料产生剥离或损伤。

④ 当拼装管片时，注意不要违规操作管片拼装机而使密封材料产生剥离。

3. 二次衬砌

当一次衬砌的防水工程不完时，一次衬砌接缝及裂缝处将产生漏水。为此，在二次衬砌中混凝土的养护工程，接缝的防水工程及防水布的防水工程等施工管理就显得格外重要。

（1）混凝土的养护工程

为了使二次衬砌混凝土满足所规定的质量，在确实可靠地实施质量管理的同时，还必须以合理的浇筑循环进行施工。

以控制温度应力及因干缩而产生裂缝为目的待拆模后利用养护幕隔断隧道内风的流动，利用加湿器进行养护等方法也比较有效。

（2）接缝的防水工程

作为接缝的防水工程有用止水板的方法。然而，由于止水板周围的混凝土振捣不充分，排气不好及安装时的施工性比较差等，很少采用，最近多半采用设置水膨胀性的止水橡胶的防水工程。

当接缝处产生漏水时，进行利用V形槽的堵缝处理及止水注入（泡沫氨基甲酸乙酯等）的组合的防水处理方法。

4. 布式防水工程

布式防水工程在最近的盾构隧道中有时从提高耐久性及使用性，维护管理及景观上的考虑还在采用。

布式防水工程的施工步骤如下。

（1）基底处理

在管片的表面为了防止防水布产生破损，要尽量将其处理的平滑一些。为此，要充填处理螺栓孔等凹处。作为处理方法有充填砂浆，利用泡沫氨基甲酸乙酯材料堵孔及专用盖堵孔方法等。

（2）防水布的粘贴

为防止因防水布自重而产生下垂及浇筑混凝土时产生破损，必须将防水布固定在所定位置。作为固定方法有在布式防水材料上不开孔可安装的如图7-41所示的安装用圆盘的方法及如图7-42所示的平面紧固器的方法。

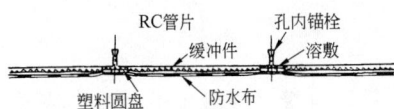

图 7-41 安装用圆盘的方法

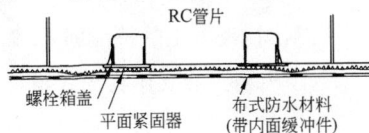

图 7-42 利用平面紧固器的方法

（3）防水布的连接工程

防水布是用缠绕适当长度的防水布的卷筒来施工，所以，在防水布中形成接缝，必须在现场连接。该连接部位的均匀性及连续性是确保止水可靠性方面最重要的因素。在现场连接中所用的溶敷机中有自行式电烙铁溶敷机及手动式热风溶敷机。作为防水布的连接工程以确保防水可靠性为目的，多半采用如图7-43所示的自行式电烙铁溶敷机，还有如图7-44所示的带检查槽的双重溶敷方式。

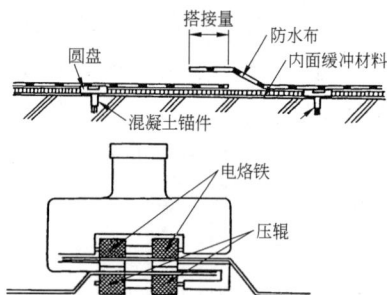

图7-43　利用自行式电烙铁的连接　　　　图7-44　带检查槽的双层接头

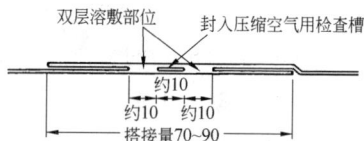

（4）检查

防水布的连接部位将对布式防水工程的有效性及可靠性产生很大的影响，要以双层溶敷连接部位为对象实施压缩空气检查。当在粘贴及连接作业中防水布已产生破损时，在进行适当修补的同时还必须利用负压检查法进行充分确认。

7.8　二次衬砌的施工

7.8.1　二次衬砌的施工计划

1. 二次衬砌的特征

二次衬砌施工的特征如下：

① 模板一般采用移动式模板；

② 利用地上的泵车压送及压力泵等，直接将混凝土运至坑内浇筑现场进行浇筑的方法；

③ 为了确保循环施工，必须缩短混凝土的养护时间。

2. 模板的选定

二次衬砌用的模板有移动式模板及可变式拱支架。通常使用移动式模板，当为特殊断面及小规模工程时，有时用可变式拱支架。本文将介绍一下移动式模板。

（1）模板的种类

按表 7-6 所示对移动式模板进行分类。

模板移动方式的特征 表 7-6

移 动 方 式	特 征
非伸缩型移动式	现在常用的方式
针梁型	梁长为模板长度的 2 倍以上，所以当配钢筋时只在特殊条件下使用。
伸缩式钢拱型	当增多 1 个循环的搭设长度，或曲线部位较多，或需要配筋时才使用。

（2）模板的选定

当选定模板形式及侧模时必须注意如下事项。

1）确定模板形式的注意事项

① 建（构）筑物的竣工尺寸正确无误的结构；

② 浇筑速度不引起变形的结构；

③ 与浇筑循环相一致的模板长度（一般为 8～12m）；

④ 当有曲线部分时，与曲率相一致的可分割的结构或曲线衬砌的曲率及有效的组合方法。

2）确定侧模的注意事项

① 浇筑衬砌顶端时可承受住浇筑压力的结构；

② 与混凝土衬砌厚度变化相对应的结构；

③ 能够迅速拼装及拆除的重量与块数；

④ 在侧模顶端设置检查口及排气管。

（3）模板的表面处理

移动式模板的混凝土浇筑面要进行表面处理，做成耐磨性、附着性及平滑性均理想的表面。有代表性的表面处理方式如表 7-7 所示。

模板的表面处理方式　　　　　　　　　　表 7-7

表面处理方式	处 理 内 容
树脂面层	环氧类粉体涂漆，树脂烘焙涂漆
陶瓷面层	在陶瓷中掺有重金属粉末的高温等离子喷镀
粘贴不锈钢板	粘贴不锈钢薄板
不锈钢板	在混凝土浇筑面处使用不锈钢

3. 施工流程

在二次衬砌施工之前，制作一次衬砌的施工成果表，为了能够确保必要的内部净空、衬砌厚度，研究制定二次衬砌的中心、坡度等二次衬砌的施工计划。

二次衬砌的一般性的施工流程如图 7-45 所示。当为复杂断面时，要与图中的重复部分平行施工。

7.8.2　准备工程

在二次衬砌施工之前，清扫隧道内部，对管片的漏水部位进行堵漏。

1. 坑内清扫

对于坑内清扫当然应该认真地清扫管片表面，在二次衬砌内不得混进木片、铁渣等异物。

2. 漏水处理

管片的漏水部位将对后来的二次衬砌的防止漏水方面带来很大影响，因此，完全彻底地止水就显得格外重要。管片漏水部位的止水方法

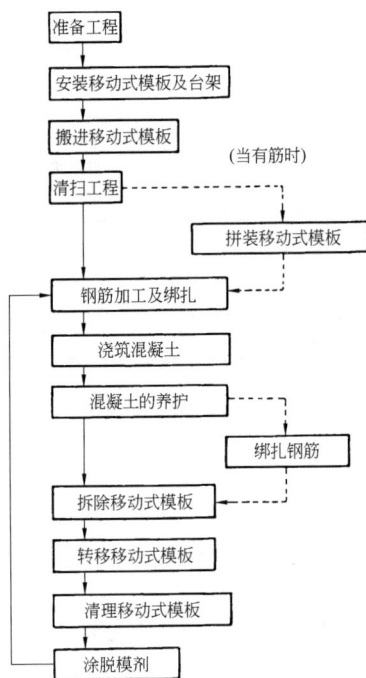

图 7-45　二次衬砌的施工流程图

如下：

　① 拧紧管片的螺栓，插紧注浆孔塞子；

　② 更换塞子的密封橡胶衬垫及封缝；

　③ 由近处的注浆孔进行二次注浆；

　④ 药液注入；

　⑤ 利用速凝砂浆，环氧树脂等堵缝。

3. 坑内测量

在支模之前预先测量设置移动式模板用的基准线，如预先在管片的上下左右弹上墨线或用穿孔器等打上印迹就更方便些。

7.8.3 混凝土工程

在二次衬砌混凝土的浇筑中因为商品混凝土车不能到达浇筑现场，故必须将商品混凝土运输与浇筑考虑为一个系统。

1. 混凝土的浇筑

在混凝土的浇筑中重要的是不要让商品混凝土产生离析，并且要连续地搬运到现场。为此在现场就要采取适合隧道内径、二次衬砌总长及竖井数等各个施工条件的混凝土浇筑方法。

在混凝土的浇筑机械中有如表 7-8 所示的组合方式，表中的①、③为一般选用的方法。

混凝土浇筑机械组合应用实例　　　　　　　　表 7-8

① 混凝土泵（固定式、移动式）＋配管
② 旋转搅动罐＋混凝土泵（固定式、移动式）＋配管
③ 压力泵送混凝土、螺旋压送混凝土机、气动压送混凝土＋配管
④ 旋转搅动罐＋管式压力灌注机＋配管

2. 混凝土的养护

通常二次衬砌的混凝土施工多半采用 1 天 1 个循环的浇筑方式，从混凝土的浇筑到拆模的时间只能确保半天左右。为此，就必须预先利用适当的模型计算并掌握拆模时混凝土所需的强度。再进一步必须考虑拆模时防止混凝土掉落、防止拆模后开裂的养护问题。下面给出了二次衬砌混凝土的养护实例。

① 在二次衬砌的始点设置临时墙遮断通风。

② 在移动式模板的终点用塑料布等做成塑料布幕，对二次衬砌的施工区间进行保温。

③ 在混凝土的浇筑现场附近进行加湿等。

④ 进行洒水保湿等。

3. 混凝土的质量

为了提高二次衬砌混凝土的质量，当然要确保设计上的衬砌厚度及内部净空，更重要的是防止开裂及接头等的开口及冷接缝等。出现上述问题的主要原因大致有商品混凝土配比的问题及施工方法上的问题，在实际施工中要分析研究以下问题。

（1）商品混凝土的配比

① 为了减少水化热，采用减水剂、AE 剂等减少单位水泥用量的方法，还选用缓凝剂、粉煤灰水泥及高炉水泥等。

② 为了防止因干缩而开裂，使用减水剂，AE 剂等以减少单位用水量的方法。

（2）施工方法

① 适当的养护时间　脱模之前的养护时间长达 15～19h。另外，混凝土脱模时的强度多半为 3～6N/mm^2（30～60kgf/cm^2）左右。

② 一次浇筑混凝土的长度　通常浇筑长度为 9m 左右，但从防止干缩裂缝及确保养护时间等来考虑，希望不要太长。

③ 希望在施工缝处使用隔离件（绝缘体）等。

7.8.4　二次衬砌的施工

1. 移动式模板的拼装及拆模时的注意事项

① 为了不伤及模板的表面，在搬运、拼装、拆模时的操作中都要引起注意。

② 如果模板上粘附混凝土后不及时清理而继续进行浇筑，时间一

长就很难清理，因此，应该及时清理模板后再涂隔离剂。

③ 为了防止施工缝等产生错缝或防止模板上浮，要插紧固销子及拧紧拼装螺栓防止上浮，确实固定稳定装置。

④ 为了确保浇筑混凝土时所用的观察孔封闭不产生错缝，要插入固定销子。

⑤ 混凝土的隔离剂因模板的表面处理方式及管片的种类等不同，有适合与否的问题，所以，在选定时必须分析研究。

⑥ 在曲线部位的施工中要使用适当的曲线衬垫，同时还要注意移动式模板的侧倾。如预先准备修正用曲线衬垫就更方便些。

2. 混凝土搬运时的注意事项

① 混凝土的搅拌到浇筑完之间的时间以《混凝土标准规范》规定的时间为标准，但还必须努力掌握由工厂至现场的交通状况、坑内运搬时间、浇筑状况等。

② 当混凝土浇筑的时间较长时，希望事先分析研究使用缓凝剂及流动化剂等问题。

③ 用混凝土泵压送混凝土的坍落度以《混凝土标准规范》之值为标准，但考虑到压送性当取比上述值要大的坍落度时，也有时选用流动化混凝土。

④ 当用混凝土泵送时中断压送，混凝土在配管内长时间闲置时，为了防止堵塞，要实施间隔时间运转。

⑤ 当采用压力泵、螺旋泵输送混凝土时，由于空气压力、空气消耗量等不同压送距离有所差异。为了防止管喷等现象，压送管应尽量少弯曲，作为水平或向上配管，不采用下坡度。

3. 混凝土浇筑时的注意事项

① 浇筑混凝土时在模板上将作用有浮力，所以要确保做好防止模板上浮及稳定加固措施。

② 由于过度振捣等在上浮模板处的混凝土表面有时产生麻面。为此，要注意振捣方法同时还必须考虑在模板上设置排气孔等。

③ 在浇筑侧向部位的混凝土时，一定要左右对称进行浇筑。

④ 有时拱顶混凝土流通不畅，特别是当为钢制管片及球墨铸铁管片时，必须采取易于排出拱顶气体的措施。

4. 其他注意事项

(1) 有筋的二次衬砌

当施工有筋的二次衬砌时必须注意如下事项。

① 要考虑仰拱部位的清扫、模板的移动、材料器具的搬运等，再决定钢筋的绑扎顺序。除了先浇筑仰拱部位的混凝土外，一般应先绑扎上部钢筋，最后绑扎下部的钢筋。

② 如果预先在管片上装设钢筋绑扎用的锚杆之类的夹具，那么就很方便。

③ 混凝土的排气孔处的钢筋如预先用钢筋进行加固，加大钢筋间距，那么就可以有效地防止混凝土堵塞。

④ 当浇筑的混凝土为素混凝土时，一般是加大坍落度，减小粗骨料的最大尺寸。

⑤ 浇筑混凝土时为了避免混凝土产生离析，通常使用混凝土泵。

⑥ 如果绑扎完的钢筋不加清理而搁置，脱模后的清理作业就很困难，模板的表面处理方式的研究就显得格外重要。

(2) 填充注入

当在拱顶不能完全充满混凝土时，待混凝土产生强度后就应注入砂浆或水泥乳液等。

(3) 施工缝的处理

作为施工缝的防水处理有如下几种方法：

① 在施工缝处夹入止水板或密封件；

② 在施工缝处涂敷特殊的油灰(即使是潮湿表面也有黏着性)；

③ 将施工缝做成凹凸状；

④ 预先将施工缝做成预留孔，并进行导水处理等。

(4) 防水工程

　　在二次衬砌的防水工程中有做成 V 形槽再用止水材料防水的方法，还有在一次衬砌与二次衬砌之间设置防水布的方法。

参 考 文 献

[1]　塚田・三好・高橋・河田：シールド工法の実際，鹿島出版会，1980.

[2]　日本トンネル技術協会：密閉型シールドの施工管理，1992.

[3]　松本：最新シールドトンネル，日経 PB 社，1994.

[4]　園田：シールドトンネルの覆工技術（10）組立て，トンネルと地下，1993.5.

[5]　シールドトンネルの新技術研究会：シールドトンネルの新技術，土木工学社，1995.

[6]　最新のシールドトンネル技術編集委員会編：ジオフロントを拓く，最新のシールドトンネル技術，技術書院，1990.

[7]　土木学会：トンネル標準示方書（シールド編）・同解説，pp. 146〜148，p. 175，1988.6.

[8]　三木・斎藤・下田・木村：裏込め注入工法の設計と施工，山海堂，pp. 103〜141，1990.6.

[9]　同参考文献［5］，pp. 135〜143，1995.1.

[10]　所他：シールド工事の施工と積算，経済調査会，pp. 176〜179，1989.12.

[11]　日本トンネル技術協会：「裏込め注入」に関する実態調査報告書，pp. 19〜24，1994.11.

[12]　小泉・小林：最近のシールドトンネルにおける防水技術，トンネルと地下，1991.6.

[13]　小泉・小林：最近のシールドトンネルにおける防水技術(その2)，トンネルと地下，1992.5.

[14]　滝本・小林・小泉：都市トンネルにおける止水技術の現状と課題，トンネルと地下，1994.4.

[15]　大原・新藤・野本：セグメントシール材耐久性試験に関する考察(その1)，第 45 回年次学術講演会講演概要集第 3 部，土木学会，1990.9.

[16]　磯・新藤・野本：セグメントシール材耐久性試験に関する考察(その 2)，第 45 回年次学術講演会講演概要集第 3 部，土木学会，1990.9.

[17]　岩崎：ガスケット入門，新高分子文庫 19，1982，2.

[18]　岩浪・近森：パツキン技術便覧，産業図書，1981.2.

[19]　野本・新藤：シールドトンネルの覆工技術(12)，トンネルと地下，Vol.24，No.8，1993.

[20]　同参考文献 [7]，pp.149〜150，pp.176〜177.

[21]　同参考文献 [9]，pp.72〜86.

[22]　同参考文献 [2]，pp.112〜119，1992.1.

[23]　同参考文献 [10]，pp.181〜187.

第8章 盾构施工设备

8.1 施工设备概要

在作施工设备计划时要考虑施工条件及工程情况等，且为保证安全施工，安全卫生也必须认真考虑。

下面将以密封式盾构的施工设备为中心予以阐述。

1. 主要施工设备

现将盾构工程中必要的主要设备汇总于表8-1所示。另外，在该表的内容栏中将在作设备计划时应予以考虑的项目及方式列出一些主要项目供在作计划时参考。

主要的盾构施工设备(对参考文献［1］做了补充修改) 表8-1

项 目	内 容	
① 材料堆放场、仓库	库存材料	室外：管片、钢轨、枕木、配管、油脂类 室内：管片密封材料、螺栓、电线、照明设备、碎纱布
	库存量	日进量、使用量、损失率
	作业场地	管片密封件，配管加工等
② 切削土砂搬出搬入设备	切削土砂搬出法 切削土砂搬出设备	轨道方式，管式(压送，流体) 储存设备：土砂漏头，土砂料坑 搬出设备：蛤壳式抓斗，吊车，履带式挖掘机
	材料搬出搬入设备	设备：门式吊车，履带式吊车，塔吊，切削土砂搬运循环系统及材料搬入循环系统
	作业时间范围 设备器材的重量	环境保护，交通量，夜间，白天 土方搬运车，管片，枕木，配管材料
③ 坑内搬运设备	坑内行走空间 搬运方法	坑内配管配置，后方台车区间的空间 管片，临时设备器材：轨道，卡车 切削土：轨道，卡车，传送带，泥浆泵，压送泵，空气输送，膜盒式输送
	隧道线形	曲率半径，横断面坡度，设备器材重量、大小
④ 壁后注浆设备	注浆材料	单液型：悬浊液型 双液型：水玻璃类(固结型、可塑型)、铝剂(可塑型)
	注浆方法	后方注入、随时注入、半同步注入、同步注入、坑内设备、坑外设备
	使用量 坑内搬运方法	地质条件，超挖量，注浆率 直接材料压送方式，坑内增压设备，坑内材料搬运

项　　目		内　　容
⑤ 电力设备	使用电能设备 标准与手续	考虑了电器设备负载率的最大负荷量计算 《电气事业法》,《电气设备技术标准》,《劳动安全卫生规则》
	停电时	变电所,配电线路等不同的备用电源的确保,自备发电机,排水及照明容量的确保
	维护保养检修	采用密封配电盘型送变电设备,断路器,警报装置,电线的粗细
⑥ 一次衬砌设备,作业台车	管片拼装装置	管片:材质,形状,尺寸,重量,块数 管片拼装机:环式、中空轴式、齿轮齿条传送式 夹持装置:手动螺纹式、液压千斤顶式
	真圆保持装置	管片提升装置,拉紧螺丝扣,真圆保持环,真圆保持装置
	作业台车的种类	二次注浆,嵌缝,管片螺栓的再度拧紧装置,漏水处理
⑦ 二次衬砌设备	模板的种类	移动方式分类:不能伸缩的、针梁、伸缩式 支承方式分类:中心梁、边梁、无梁
	坑内搬运机械 浇筑方法	旋转搅动罐车,混凝土泵(地上、坑内) 混凝土浇筑机,混凝土泵(地上、坑内)
⑧ 安全卫生,环境对策相关设备	照明设备	作业场所:(70lx以上)挖掘面,安装器处,各种机械设备操作部位,壁后注浆场所,运输机部位等 通道:坑内通道全线、楼梯等 应急照明:坑内通道全线、出入口及楼梯等
	通风设备	通风方式:送风式、排风式、复合式 换气量:使用机械,作业员($3m^3/min/人$)考虑风管接头漏气量等进行计算 缺氧空气、有害气体、可燃性气体等的对策(参考《劳动安全卫生规则》,《缺氧症防止规则》,《劳动省告示》,美国劳动卫生专门官员会议值等)
	通信联络设备 安全通道及升降设备	坑内外的通信,警报装置 安全通道:参照《劳动安全卫生规则》第205,504~557条 避难用设备:空气呼吸器、吸氧器、携带用照明器具、避难用通道 灭火器:消火栓、酸碱灭火器、强化液灭火器、泡沫灭火器、卤化物灭火器、二氧化碳灭火器、粉末灭火器 火灾的原因:普通火灾、油火灾、电气火灾 可燃性气体对策:采用防爆结构
	噪声及振动 水质污染 防止设备	噪声:隔声间、隔声墙 振动:隔振橡胶、隔振空气、橡胶、机械基础加固 水质:处理(中和,SS除去)
⑨ 密封式盾构设备	泥水式 土压式	泥浆输送设备、泥浆处理设备、运转控制设备、添加剂设备(制泥,气泡)等、运转控制设备
⑩ 辅助工法设备	气压工法	人出入闸、运料闸、压缩空气设备

2. 计划流程

盾构工程的施工设备的计划流程如图 8-1 所示。如图所示，当规划施工设备时，设备规模及决定设备配置是其主要的研究项目。

在设备规模研究中要考虑最大日掘进量、最大负荷量、共同因素、安全及环境方面等，以此编制规划，主要规模决定因素与各施工设备之间的关系大致如图 8-1 所示。另外，最近很难确保有宽敞的工程基地，所以，一般在配置施工设备时都要考虑立体利用基地用地及竖井内的计划。

8.2 泥水式盾构的施工设备

泥水式盾构的施工设备大致由泥浆输送设备，运转控制设备及泥浆处理设备所组成。

8.2.1 泥浆输送设备

泥浆输送设备由送排泥管设备及送排泥泵设备所组成(图8-2)。

送排泥管的设备基本上由送泥管、排泥管、阀门类及接长配管的辅助装置(伸缩管等)所组成。除此之外，还有由旁通管、旁通用阀门、流量计、密度计等组成的送排泥系统。送排泥的管径应由盾构外

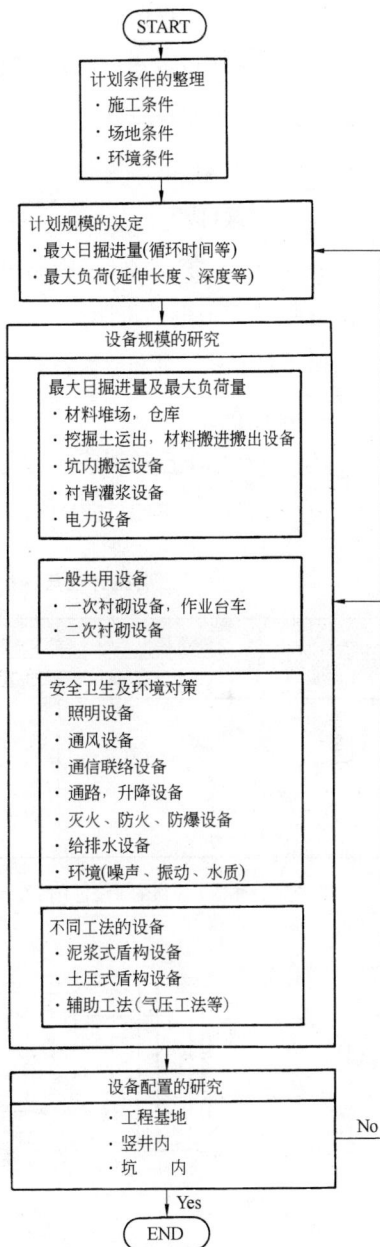

图 8-1 施工设备的计划流程图

径、掘进速度及土质条件来决定，多半都采用表 8-2 所示的管径。

送排泥泵的设备基本上有送泥泵(P_1)及排泥泵($P_2 \sim P_n$)，也有时设置砂砾处理用的循环泵(P_0)。另外，所用泵原则上都采用带有与配管直径相一致的吸入口的泥浆泵。

1. 送泥泵(P_1)

即送泥及开挖面水压的控制用泵，一般采用单侧吸进的离心泵。该泵用可变速(VS)电动机驱动，为了保持设定泥浆压力，利用开挖面水压的指示调节装置自动控制转数。

2. 排泥泵($P_2 \sim P_n$)

即将含切削土砂的泥浆输送到处理设备的泵。一般因是用单侧吸进的离力泵，故必须考虑固体物的通过问题。最接近开挖面的泵(P_2)要

盾构外径与送排泥管径之间的关系　　　　　　　　　　**表 8-2**

盾构外径(m)	送　泥	排　泥		
	管径(in)	管径(in)	流量(m^3/min)	流速(m/s)
2.0~3.5	6	4	1.3~1.7	2.5~3.3
3.0~6.0	8	6	3.4~4.0	3.0~3.5
5.0~7.5	10	8	6.5~7.5	3.3~3.8
7.0~10.0	12	10	12.0~13.0	3.9~4.3

注：就盾构外径 10m 级的来说也有时按排泥管 8(英寸)×2 的系统来作计划。

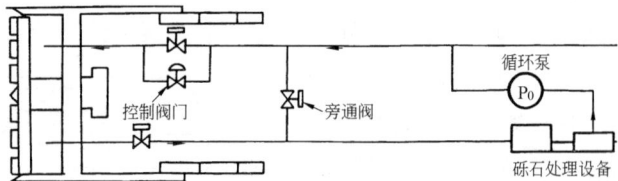

图 8-2　泥浆

有控制排泥浆量的机能。该泵要用与 P_1 同样的可变速电动机运转，为了保持设定排泥流量利用排泥流量的指示调节装置自动控制转数。设定流量，取可确保极限沉淀流速（如低于该流速就为沉淀土砂的流速）以上的流速的流量。排泥流量与流速多半都用表 8-2 所示数值作计划。用每一台泵的输出能力与输送长度决定 P_3 以后的泵的台数。

3. 循环泵（P_0）

即在砾石层或混杂砾石的土层中施工，当将砾石除去设备（水下碎石机）设置在由盾构至 P_2 泵之间时，为确保排泥流量所用的泵。

当出现排泥有障碍的大砾石时，必须加大从盾构隔壁至砾石处理设备的管径才能容易排出砾石。然而，为了加大管径，该区间的流速将变小，有时低于极限沉淀流速。此时就要增大该区间的泥浆流量（二流速），就要设置以产生循环为目的的循环泵。

4. 为了延长配管的辅助装置

随着盾构的掘进必须延长送排泥管线，与此相对应所用的就是伸缩

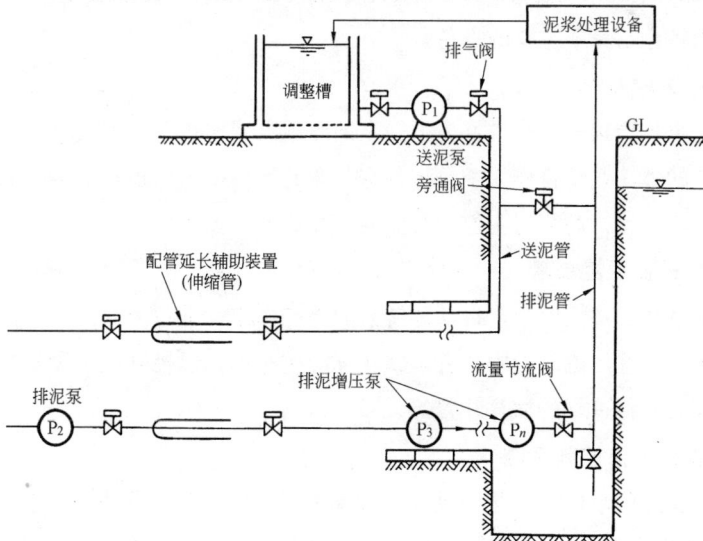

输送设备图

管及柔性软管类。

5. 砾石处理设备

当出现排泥泵通过极限粒径以上的砾石时(通常二块叶片推进器管径的1/2～1/3),所用的装置有除去砾石方式及破碎砾石方式(图8-3)。

除去砾石方式必须有除去后的搬运装置(通常使用开挖土搬运车),因除去作业需花费很大的劳动力,最近很少采用。

破碎砾石方式有机内处理及坑内处理两种,通常采用无需将盾构改变成特殊结构的坑内处理方式(水下碎石机)。此时原则上必须设置循环泵。

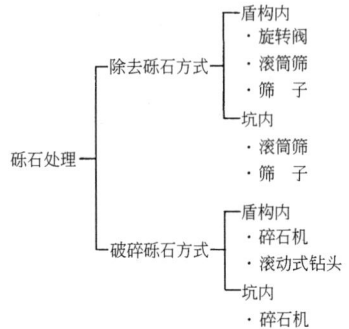

图 8-3　砾石处理设备

8.2.2　运转控制设备

就泥水式盾构来说,为了保持开挖面的泥浆压力、流体输送及开挖土量的管理,必须有泥浆输送设备及观测装置的综合机能的运转控制设备(图8-4)。

下面将介绍一下主要的设备。

1. 中央控制室

就泥水式盾构工程来说,为了能全部监视泥浆输送、泥浆处理及掘进管理等的整体系统特设立中央控制室。在此设置中央监视控制盘,数据收录分析装置,遥测仪主控台及监视用 TV 等。

2. 中央监视控制盘

这是系统的整体监视,自动运转泵的遥控操作及进行泥浆压力及流量等的输入装置,该装置中装有运转状况的监视板、遥控开关、测量数据显示仪表及掘进量的演算装置等。

3. 送排泥泵控制系统

通常在送泥泵(P_1)及排泥泵(P_2)的动力源中使用变速电动机,采用 P_1 泵控制开挖面水压,用 P_2 泵控制排泥流量的方式(图 8-5)。排泥增压泵($P_3 \sim P_n$)用等转数(也有利用变极式的转数变更)来操作运转。

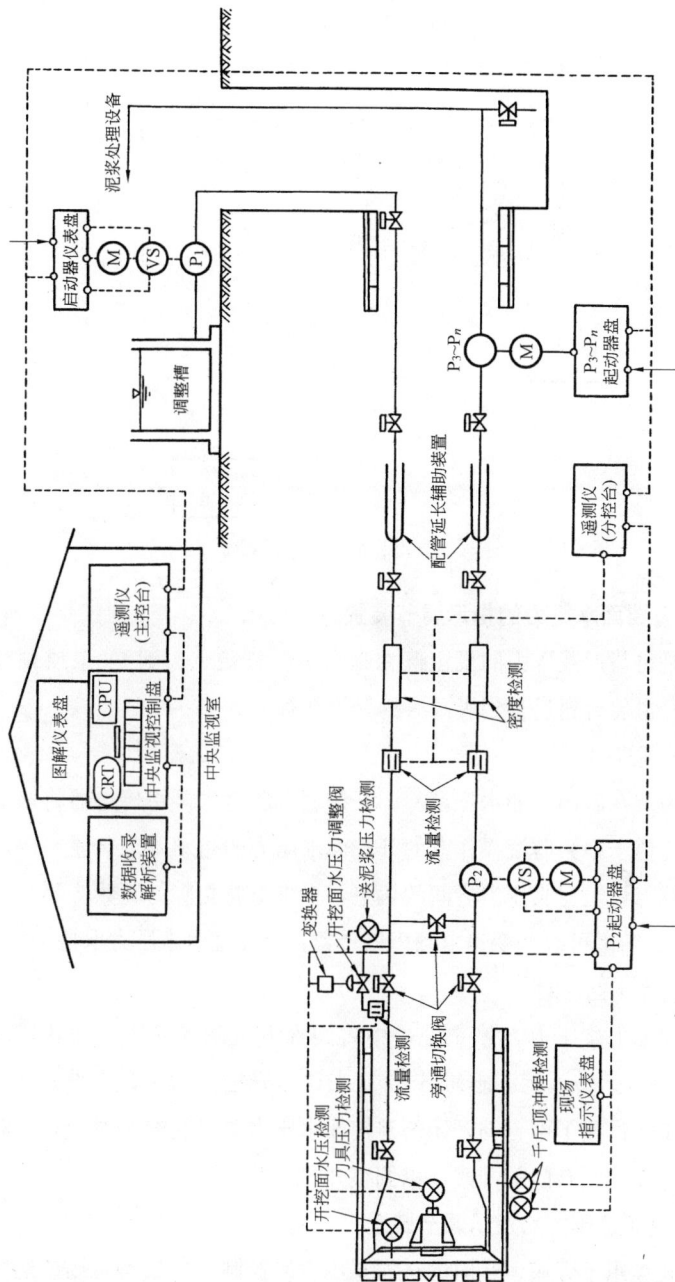

图 8-4　运转控制设备说明图

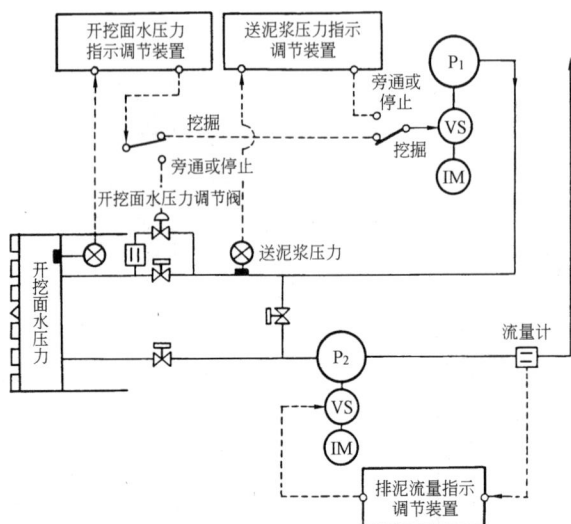

图 8-5　送排泥泵的控制系统

4. 开挖面水压力的指示调节装置

这是将与泥浆压力的设定值相吻合的调整指示送到 P_1 泵或调节阀的装置，也装有超过管理极限时的警报装置。

（1）掘进时

利用装在盾构中的水压计检测开挖面水压力，再用传送器将该水压力值送至位于中央监视操作盘的开挖面水压力的指示调节装置。由调节装置计算与设定泥浆压力之间的偏差，再将与此相应的转数变更指令送至 P_1 泵。结果可改变变速电动机的转数，使开挖面水压力保持一定。

（2）停止掘进时

开挖面泥浆压力在停止掘进中将因逸泥及漏水等产生变化，由于 P_1 泵已停止运转，就不能利用 P_1 泵来调节开挖面水压力。为此，在送泥管的中途设置了可自动开闭的开挖面水压力调节阀的旁通回路，利用该调节装置控制阀门的开闭，以调整开挖面的水压力。

5. 送泥浆压力的指示调节装置

该装置用于旁通运转时的送泥浆压力的控制，它是当向掘进运转变更时为了减少开挖面水压力的变化才起作用的。其原理与开挖面水压力的指示调节装置相同，利用送泥管路上安装的水压计检测送泥浆压力，使用该调节装置控制 P_1 泵。

6. 排泥流量的指示调节装置

这是将设定排泥流量的输入值及与设定值相吻合的调整指示送至 P_2 泵的装置，也装有超过管理极限时的警报装置。

就排泥系统来说，为了不让土颗粒产生沉淀，当超过极限沉淀流量时，必须能维持流量，还有为了防止伴随着流量变动所产生的空穴现象，必须保持流量稳定。为此，利用设在排泥系统中的电磁流量计计算已观测的流量与计划排泥流量之间的偏差，再将与此相应的转数变更指令送至 P_2 泵。

7. 干砂量及开挖量的测定装置

这是一种由设在送排泥系统的流量计与密度计所测得的观测值计算干砂量与开挖量的演算装置(图 8-6)。

关于详细演算方法请参照第 7 章 7.3 泥水式盾构的掘进管理。

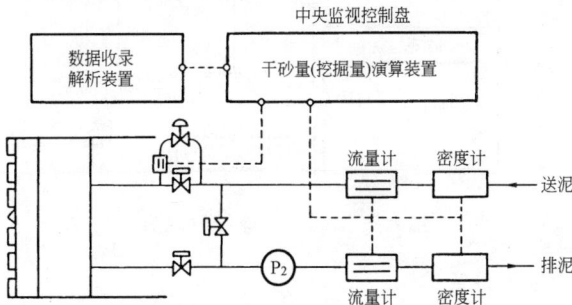

图 8-6 干砂量等的测定装置

8.2.3 泥浆处理设备

这是利用泥浆输送设备将输送来的排泥浆分离成土砂及泥水，同时是调节送泥浆特性的设备。

处理系统由分离砂砾(粒径 $75\mu m$ 以上)的一次处理，分离淤泥与黏土(粒径不足 $75\mu m$)的二次处理及调整排放水的 pH 的三次处理所组成。图 8-7 为该系统的解说图。

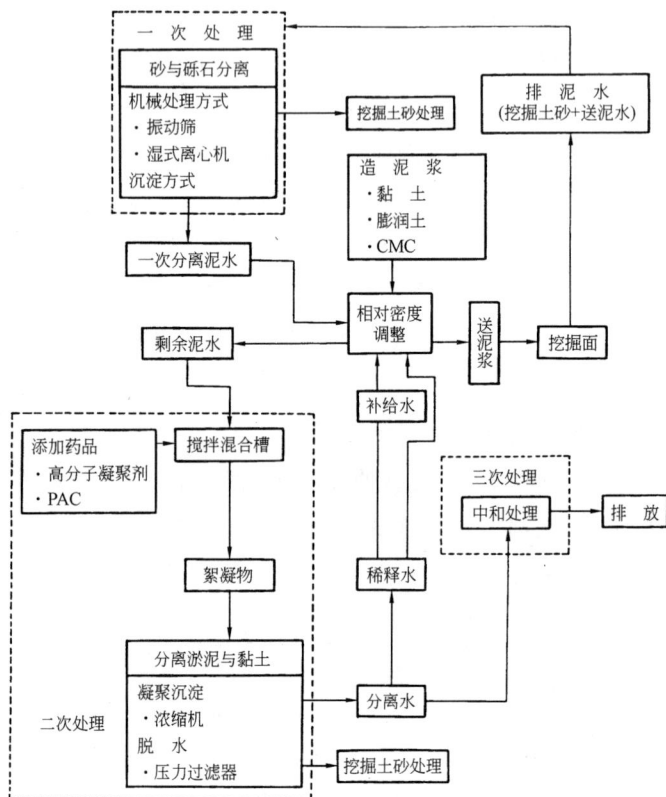

图 8-7 泥浆处理系统解说图

1. 一次处理设备

大致有沉淀方式及机械处理方式,但通常采用后者。下面将介绍一下机械处理方式

(1) 振动筛

由于振动方式,频率及网眼的尺寸等不同有多种多样的振动筛。另外,厂家起的名称也各异。多半采用脱水效率高的装置。既有组合细、中、粗三种筛子的板式,又有将过筛的泥浆用湿式离心机分级浓缩再度

筛分的方式。

（2）湿式离心机

这是一种利用供给的泥浆本身的运动能量（流速）进行离心分离的装置。与其他的分级处理设备相比，其特点为外型小，处理能力大，结构简单，无可动部分及故障少等。然而，因泥浆高速流入，故必须采取耐磨措施。通常与振动筛组合使用（图8-8）。

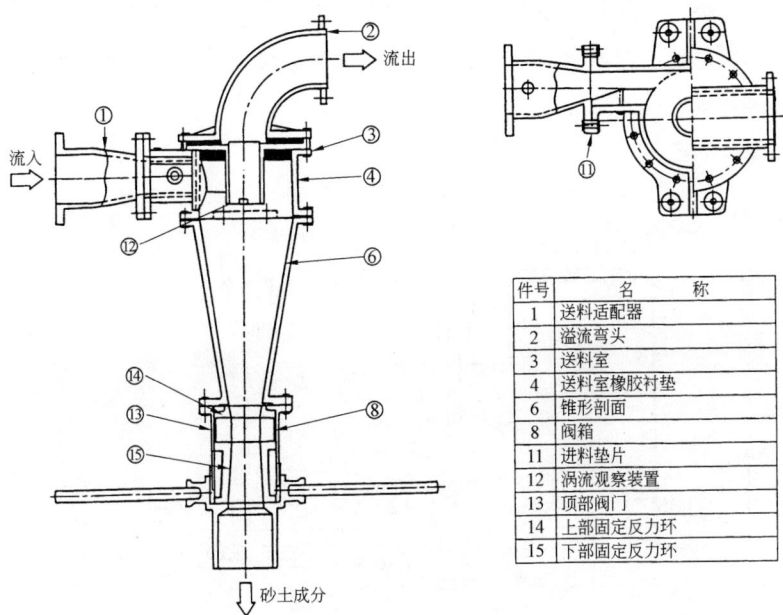

件号	名　　　　称
1	送料适配器
2	溢流弯头
3	送料室
4	送料室橡胶衬垫
6	锥形剖面
8	阀箱
11	进料垫片
12	涡流观察装置
13	顶部阀门
14	上部固定反力环
15	下部固定反力环

图 8-8 湿式离心机

2. 二次处理设备

在二次处理设备中有凝聚沉淀装置及脱水设备。凝聚沉淀设备是向分离粗颗粒成分的剩余水中添加絮凝剂使之形成絮凝物，进入沉淀槽中进行沉淀浓缩的设备。形状有圆筒型（上升流型）及方型（横流型）。

脱水设备这是将凝聚沉淀设备中所排出的浆液直接或一度储存在浆液槽之后，进行脱水处理的设备。有真空过滤、加压过滤、离心过滤、加压挤出过滤等方式，但就泥水式盾构来说，多用加压过滤方式。另外，也有的采用添加絮凝剂之后不进行沉淀处理，直接送至脱水设备的方式。

（1）浓缩机

这是上升流型的凝聚沉淀设备。利用絮凝剂形成絮凝物的泥浆由浓缩机的中心部位供给。絮凝物经自然沉淀沉积于底部，絮凝物集中于中心处，经排出泵排出。另外，水由槽罐圆筒上部溢流（图 8-9）。该设备的关键在于絮凝物的沉降速度与水流上升之间的关系。也就是说絮凝物为了沉淀，沉降速度必须大于上升速度。由此来决定泥浆供给量。絮凝物的沉降速度因絮凝物的形成状态不同而异。让絮凝物集合的浆液的含水率为 300％左右。

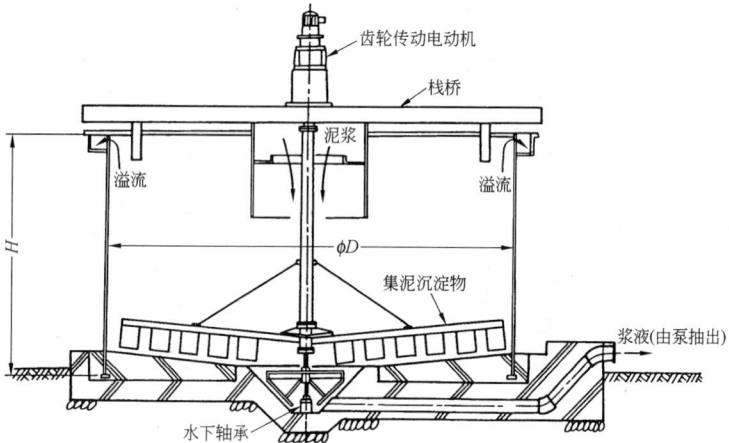

图 8-9　浓缩机

（2）压力过滤器

这是加压过滤方式的脱水机。在滤板间有形成脱水泥饼的空间，在此处压入浆液，借助滤布进行过滤，经所定时间后打开排出脱水泥饼的罐式处理方式。经脱水的泥饼的含水率为 60％～70％左右（图 8-10）。

3. 三次处理设备（pH 调整装置）

这是为中和处理经二次处理的过滤水（剩余部分）而排放的设备。有

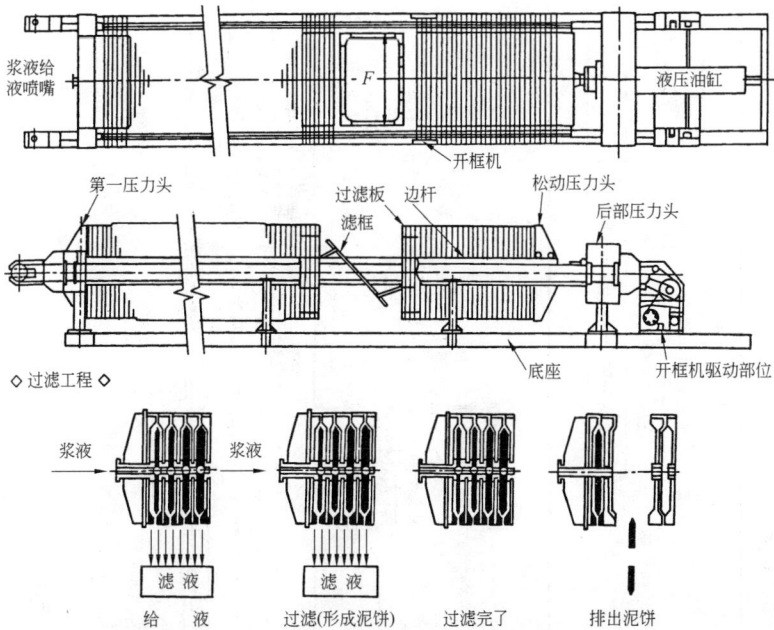

图 8-10 压力过滤器

罐式处理方式及连续处理方式，泥水式盾构的处理采用后者。

8.3 土压式盾构的施工设备

土压式盾构的施工设备的整体布置实例如图 8-11 所示。与泥水式盾构相比，基地用地的必要面积小。

在土压式盾构的施工设备中，与泥水式盾构不同的主要设备有添加剂的注入设备，切削土砂的搬出设备及运转控制设备。

8.3.1 添加剂的注入设备

添加剂使用以黏土及膨润土为主要材料的造泥材料、气泡及高吸水性树脂等（图 7-12），当采用时必须充分研究土质条件及切削土砂的处理条件，作业基地空间，土砂的搬运方法等的施工条件之后再决定。

表8-3

添加剂的注入设备

地上设备	材料存放场地(筒仓)
	搅拌机(溶解槽)
	储存料罐
	压送泵
	控制装置(含自动计量装置)
坑内设备	坑内储存料罐
	注入泵(注入装置)
	流量计及压力表
	控制装置(含自动注入控制装置)

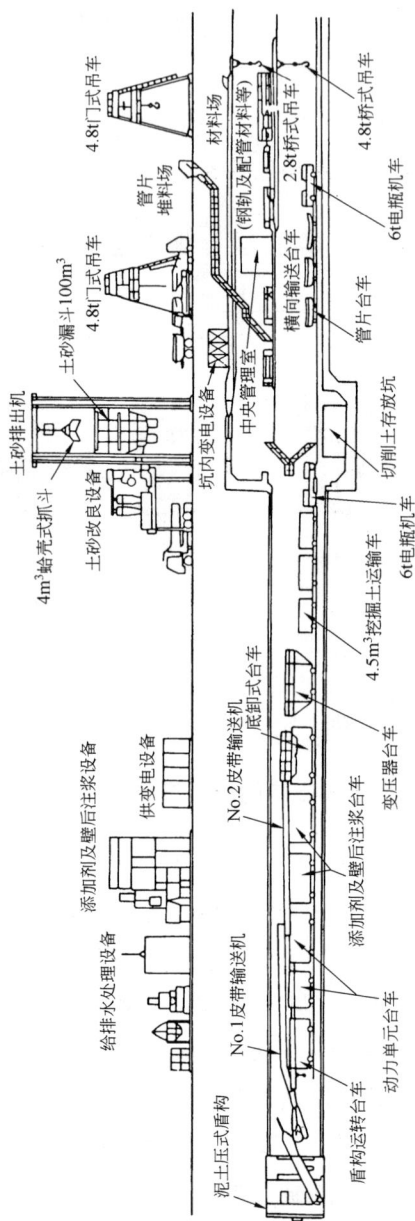

(a) 当为地铁时

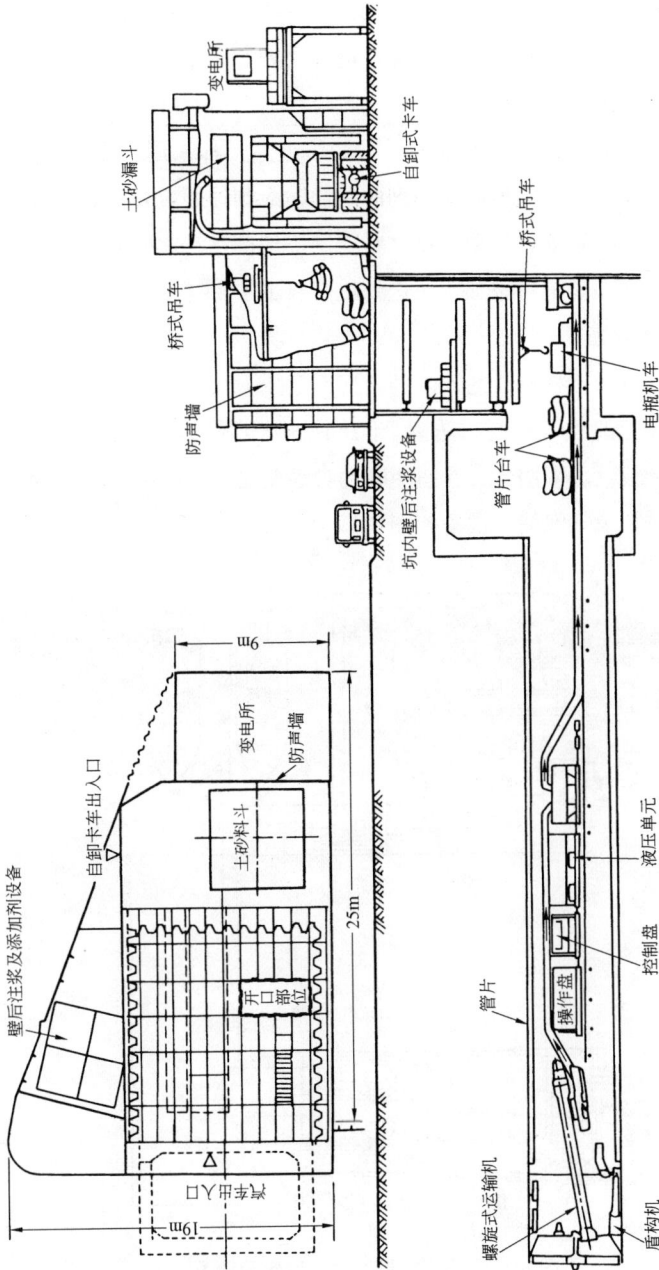

(b) 当为狭窄的竖井用地时

图 8-11 土压式盾构的施工设备实例

添加剂的注入设备是拌制添加剂并进行注入的设备，由于添加剂的种类不同，所用的设备也略有差异，通常由表 8-3 所示设备组成。

1. 地上设备

地上设备是指拌制添加剂的设备，最近多半都采用自动化的设备。在自动化设备中由于预先将添加剂的配比输入到控制装置中，与储留槽及搅拌机的水位联动，自动计量材料拌制添加剂，与此同时由按照坑内槽罐的残量的储留槽将添加剂压送到坑内料罐中。

2. 坑内设备

坑内设备系指将添加剂注入到开挖面及压力仓内等的设备，多半采用按照已设定的注入率与掘进量（千斤顶速度）联动，控制注入量的方式。另外，最近也采用与刀具扭矩联动自动变更注入率的设定的控制方式。造泥材料及气泡注入设备如图 8-12 及图 8-13 所示。

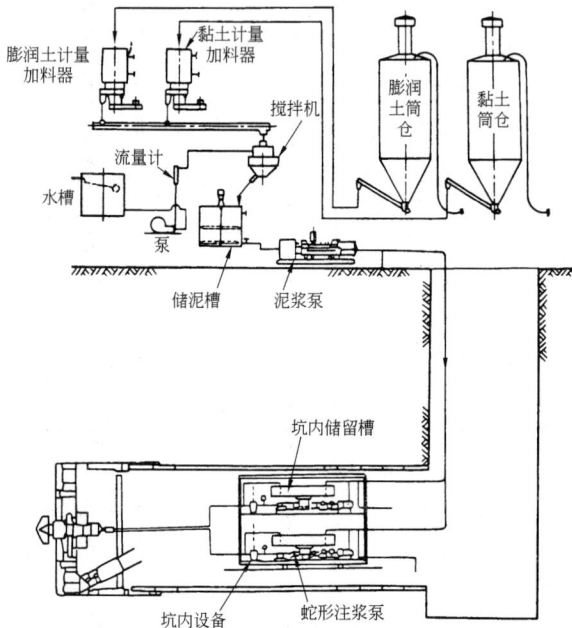

图 8-12 造泥材料的注入设备示意图

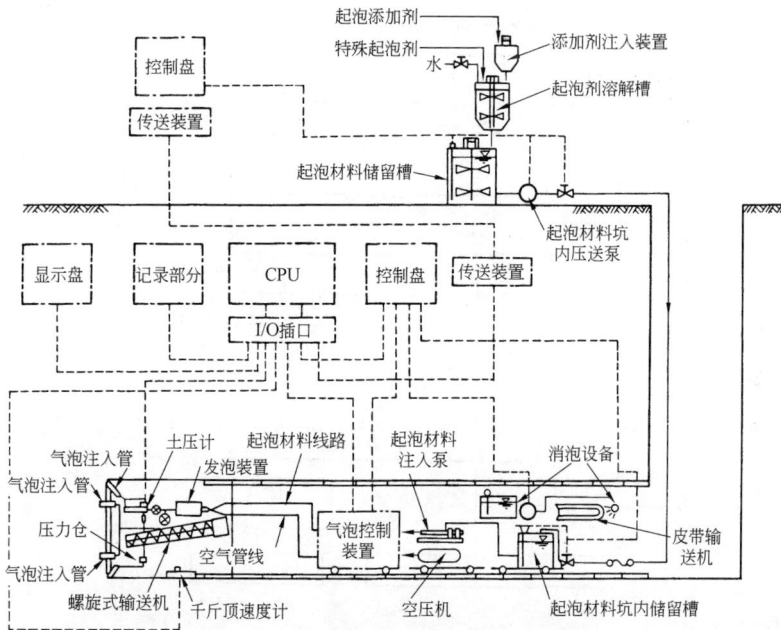

图 8-13 气泡的注入设备示意图

3. 设备的规模

设备的规模以由土质条件决定的添加剂的注入率、盾构外径、掘进速度，计划最大日掘进量等决定。对于中口径以上的盾构多半都在坑内的设备中复数设置小规模的设备(参照第 5 章 5.6.1 添加剂的注入及搅拌)。

8.3.2 出渣设备

土压式盾构的出渣设备如图 8-14 所示，根据开挖面附近(由螺旋式输机后方至后方台车之间)情况，坑内、竖井、地上的各自位置不同而有各种各样的方式，通常都组合选用。当选用组合时，要综合判断土质条件、隧道内部空间、掘进长度、最大日掘进量、竖井内部空间、施工性等条件后再确定出渣设备。

1. 开挖面附近

在该位置不只是单纯地起到搬出土砂的作用，在作计划时还要考虑

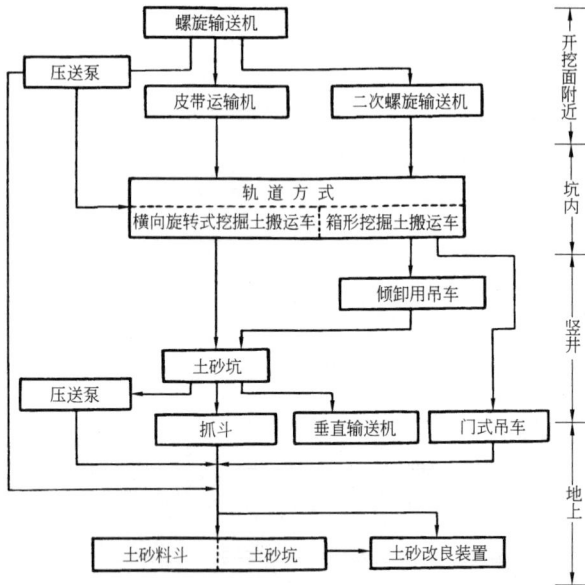

图 8-14　出渣流程

防止来自螺旋输送机的排土口的土砂喷发及改善作业环境等的问题(参见图 5-25、图 7-11)。图 8-14 所示的二次螺旋输送机及泵压送方式除了运送土砂之外,也是兼顾防止喷发机构及改善作业环境的设备。

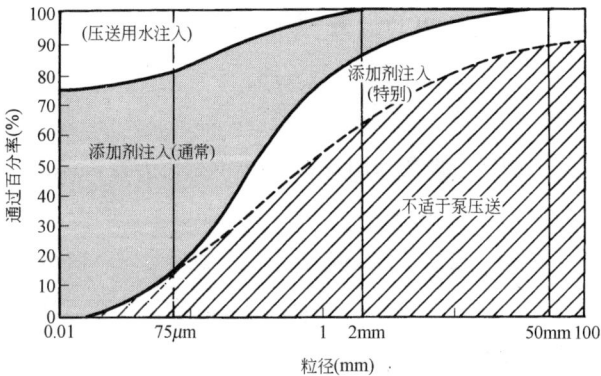

图 8-15　泵压送的适用范围[2]

2. 坑内

坑内的出渣大致有轨道方式及泵压送方式两种(参照第 7 章 7.4.2 切削土量的管理)。

图 8-15 所示为泵压送方式的适用实例，除了让开挖面稳定的添加剂(图中的"通常")之外，也有时作为压送用要注入添加剂(图中的"特别")的情形及注水的情形。

在压送土砂的泵中，如表 8-4 所示，有活塞泵、单轴螺旋泵及伸缩式筒状泵，使用时应考虑土质条件及压送距离等来选择机种、能力及台数，在应用实例中似乎 1 台压送泵的压送距离为 400m 左右的比较多。另外，作计划时要考虑土质条件来选用排土管径，一般情况下采用表 8-5所示的管径。

土砂压送泵的种类[3]

表 8-4

泵的形式	优 点	缺 点
双筒活塞泵	·输出压力大，压送距离比较长。 ·也有大输出量的泵，可用于大口径盾构。 ·机种比较多适用范围广。 ·应用实例最多。	·泵尺寸较大，不适合小口径盾构。 ·振动及噪声大。 ·低坍落度的材料压送效率比较差。
圆柱可动式活塞泵	·即使是低坍落度压送效率也高。 ·有少量的砾石也可以压送。 ·输出量也比较大。	·油缸的密封性有问题。 ·振动及噪声比较大。
单轴螺旋泵	·小型的泵直接安装在螺旋输送机上。 ·泵的形状细长，适于坑内安装。 ·无振动及噪声小。 ·适用于小口径及短距离压送。 ·无排土脉动。	·混砂土质中磨耗大。 ·混杂砾石压送比较困难。 ·输出压力及输出量均小。
伸缩式筒状泵	·适用于混杂砾石的土质。 ·泵的形状为管状，适合于小口径。 ·可作为增压泵使用。	·伸缩管的耐久性稍差。 ·输出压力及输出量均小。
旋转叶片泵	·因为小型可直接安装在螺旋输出机之上。 ·密封性好，止水效果好。 ·振动及噪声小。	·对混杂大砾石的土质压送比较困难。 ·输出压力及输出量均小。

3. 竖井

在竖井处的土砂提升装置中有图 8-14 所示的门式吊车方式、挖掘机抓斗方式、泵压送方式及垂直输送机方式。

土砂压送的排土管径　　表 8-5

盾构外径(m)	排土管径(mm)
4.0 以下	$\phi150\sim\phi200$
4.0~6.5	$\phi200\sim\phi300$
6.5 以上	$\phi300$ 以上

门式吊车方式是利用吊车将切削土搬运车直接吊到地上的料斗等处，然后翻转挖掘土搬运车倒出土砂的方式。

挖掘机抓斗方式是将竖井下的土砂坑内的土砂搬运到抓斗处的方式。

垂直输送机方式大致有篮筐方式及皮带提升方式，但比较多用篮筐方式。篮筐方式是在环形搬运链上安装篮筐，在竖井下装上土砂，边将篮筐保持水平状态，边将其垂直及水平移动至竖井上的土砂料斗处之后，反转连续倒出土砂。为了防止土砂粘附在篮筐上设置冲洗装置，还采取在篮筐底部垫上橡胶衬垫等措施。

4. 土砂改良设备

就土压式盾构工法来说是强制性地让切削土砂产生塑性流动性，开挖面稳定是利用切削土砂及添加剂之间的拌合土的状态来实现的，当将土砂运至场外时必须对其进行改良处理。切削土砂的改良方法有日晒干燥法及将水泥类、石灰类及高分子类的改良材料添加到土砂中进行搅拌的方法。

日晒干燥法是将土砂暂时存放于临时料场令其自然干燥，使其降低含水率，但此法必须有较宽的场地。

在利用改良材料的方法中有将土砂放入料坑中再用履带式挖掘机等与改良材料一起搅拌的方法，在地上用叶片式拌合机及旋转筒式的处理装置搅拌改良材料与土砂的方法，还有利用坑内设置的处理装置连续搅拌改良材料与土砂的方法等。图 8-16 所示为处理装置实例。

改良材料有如上所述的三种，水泥类及石灰类改良效果好且又可设定改良强度，改良土呈碱性。另外，高分子类改良土呈中性，但有改良强度低这一特征，所以，必须考虑切削土砂处理场地的条件等来选择改

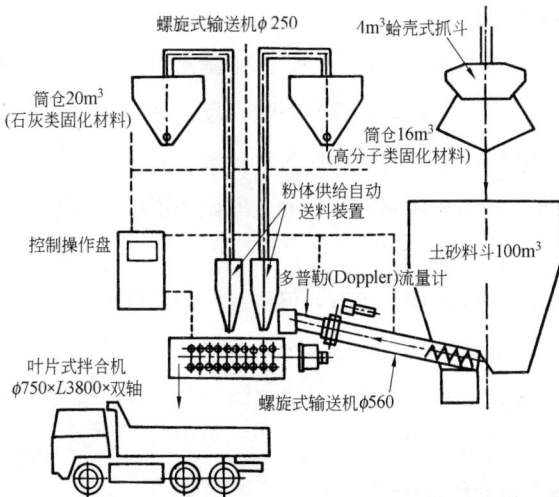

图 8-16 固化处理装置的实施实例

良材料。

8.3.3 运转控制设备

所选择的土压式盾构的运转控制设备，必须具有表 8-6 所示的机能。下面将介绍其主要的设备。

运转控制设备 表 8-6

控 制 内 容	设 备 及 装 置
土压力控制	土压力测量装置
	排土机构控制装置
	掘进速度控制装置
土 量 控 制	土量测量装置
	土量管理装置
土砂特性控制	刀具及螺旋式输送机负荷测量装置
	添加剂注入控制装置
推 力 控 制 方 向 控 制	千斤顶压力控制装置
	千斤顶选择控制装置
数据收集及分析	各种数据显示记录装置

1. 监视操作盘

这是综合监视并操作表 8-6 所示各种装置的设备，有时设置每个装置的监视操作盘，也有时设置统管各种装置的系统。另外，监视操作盘以往设置在坑内占主流，而最近作为也包含壁后注浆等的控制及监视在内的综合系统，将中央控制室设在地上的做法正在逐年增多。

2. 土压力的控制装置

这是控制压力仓内的土压力，保持开挖面稳定的装置，利用土压力的测量装置，测量压力仓内的土压力，为了使之保持设定的土压力，控制螺旋式输送机的转数及螺旋式输送机闸门的开度，调整压送泵等的排土机构及控制掘进速度。

3. 切削土量的控制装置

这是取计算切削土量与排土量的平衡，使开挖面保持稳定的装置，利用土量的测量装置测量排土量，求出排土量与计算切削土量之差，当有土砂的超挖等倾向时，就要变更设定土压力。在土量的测量装置中有利用排土机构如图 8-17 所示的方法。测定内容大致有重量测定及容积

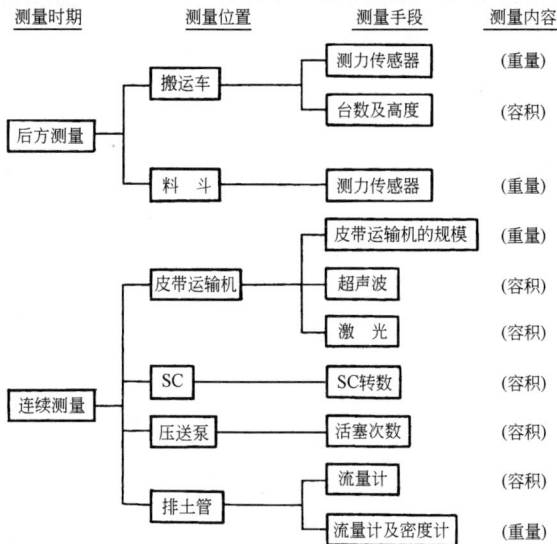

测量时期	测量位置	测量手段	测量内容
后方测量	搬运车	测力传感器	（重量）
		台数及高度	（容积）
	料斗	测力传感器	（重量）
连续测量	皮带运输机	皮带运输机的规模	（重量）
		超声波	（容积）
		激光	（容积）
	SC	SC转数	（容积）
	压送泵	活塞次数	（容积）
	排土管	流量计	（容积）
		流量计及密度计	（重量）

图 8-17 土量测量装置

测定，另外，测定时期大致有后方测量及连续测量两种，就目前现状而言使用任何种方法其误差也有 5%～15% 左右，希望利用多个测量项目综合进行管理。

4. 土砂特性的控制装置

在土压式盾构中使有一定流动性的切削土砂充满压力仓，这对于施工的好坏是非常重要的。为此，测量刀具扭矩及螺旋式输送机的扭矩等的机械负荷，即在掌握压力仓内土砂的特性的同时，利用添加剂的注入控制装置，以维持最佳的土砂特性而让注入率变化的装置。

参 考 文 献

[1] 日本トンネル技術協会編：密閉型シールドの施工管理，pp. 46～47，1992.1.

[2] 日本トンネル技術協会：土圧式シールド工法における掘削土搬送方法の調査報告書（中国電力株式会社委託），p. 140，1992.3.

[3] 最新のシールドトンネル技術編集委員会編：ジオフロントを拓く，最新のシールドトンネル技術，技術書院，1990.11.

[4] 金安，飯尾，大野，都甲：東京礫層を泥土圧シールドで掘る，トンネルと地下，1990.2.

第9章 地基变形与既有建(构)筑物的防护

当在地下重新修建隧道时，很多情况下不得不由既有建(构)筑物的附近穿过。可以预见到随着地下空间利用的进展，像这类相邻施工的情形将会逐年增多。为了不对相邻的既有建(构)筑物造成不利影响而进行施工，就必须如图9-1所示那样，按从调查及事前分析研究到现场测量管理的步骤，井然有序地进行下去。首先是以调查结果为基础分析现场条件，参考所定的标准[1]判定相邻程度。当由判定结果断定必须分析影响程度及需测量管理时，在所给予的现场条件下确切估计能产生何种现象，再用符合该种现象的模型事前预测地基变形及对既有建(构)筑物的影响。当分析结果超过既有建(构)筑物的容许值时，就必须分析研究防护对策。最后以分析结果为基础设定管理标准值，在实际施工时进行现场测量，监视对既有建(构)筑物的影响。为能按这种思路进行相邻施工管理必须熟知以下项目：

① 随着盾构的掘进，周边地基的变形形态及其原因；有无变形及其变形程度与主要原因之间的关系；地基状况的变化对既有建(构)筑物的支承状态的影响程度。

② 关于盾构掘进的地基变形预测的分析手法；对既有建(构)筑物的影响预测分析模型。

③ 选择降低地基变形及防止对既有建(构)筑物影响的对策；针对现场条件选择对策的方法。

④ 着眼于测量管理系统的测量项目及测量手法；测量数据向施工管理的反馈方法。

9.1　地基变形的原因及其产生机理

9.1.1　地基变形的直接原因

盾构掘进过程中，地基变形与相邻的既有建(构)筑物的状态之间的关系如图9-2所示[2]。

影响地基变形的主要因素大致有线形，盾构外径，覆盖土厚度等计划设计条件；地基条件类的当路线已决定时所规定的固有条件(因素)，以及施工条件类的路线决定后还在变动的条件(诱因)。此外，开挖引起的开挖面的崩塌，地下水位降低，过大的推力，盾构的掘进过程中的超挖，偏离中线，周边地基的扰动，盾壳与土体之间的摩擦，盾构通过后所产生的尾部空隙，壁后注浆压力，衬砌的变形，来自衬砌的漏水等的现象都是引起地基变形的直接原因。

现以大量现场测量结果为基础，将覆盖土厚度 H 与盾构直径 D 之比与总沉降量之间的关系整理成如图9-3所示[2]。由图可见 H/D 与总沉降量之间

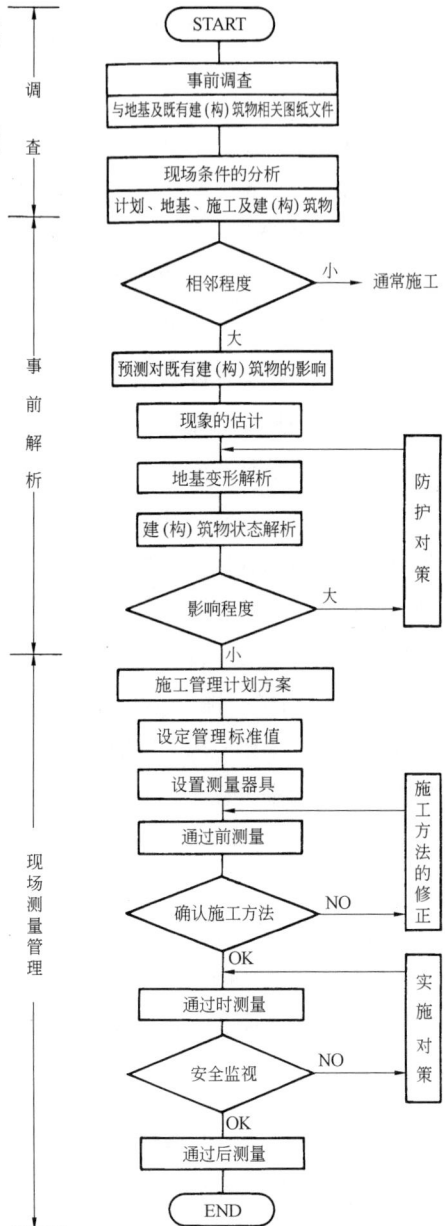

图9-1　相邻施工的管理方法流程实例

既有建(构)筑物的状态(被动一侧)
建(构)筑物状态的影响因素

盾构掘进时地基变形(主动一侧)
地基变形的影响因素

| 因素 | 掘进程序 | 诱因 | 原因(外力条件的变化) | 变形的种类 | 变化项目 | 诱因 | | 初期条件 | 现象 | 损害 |

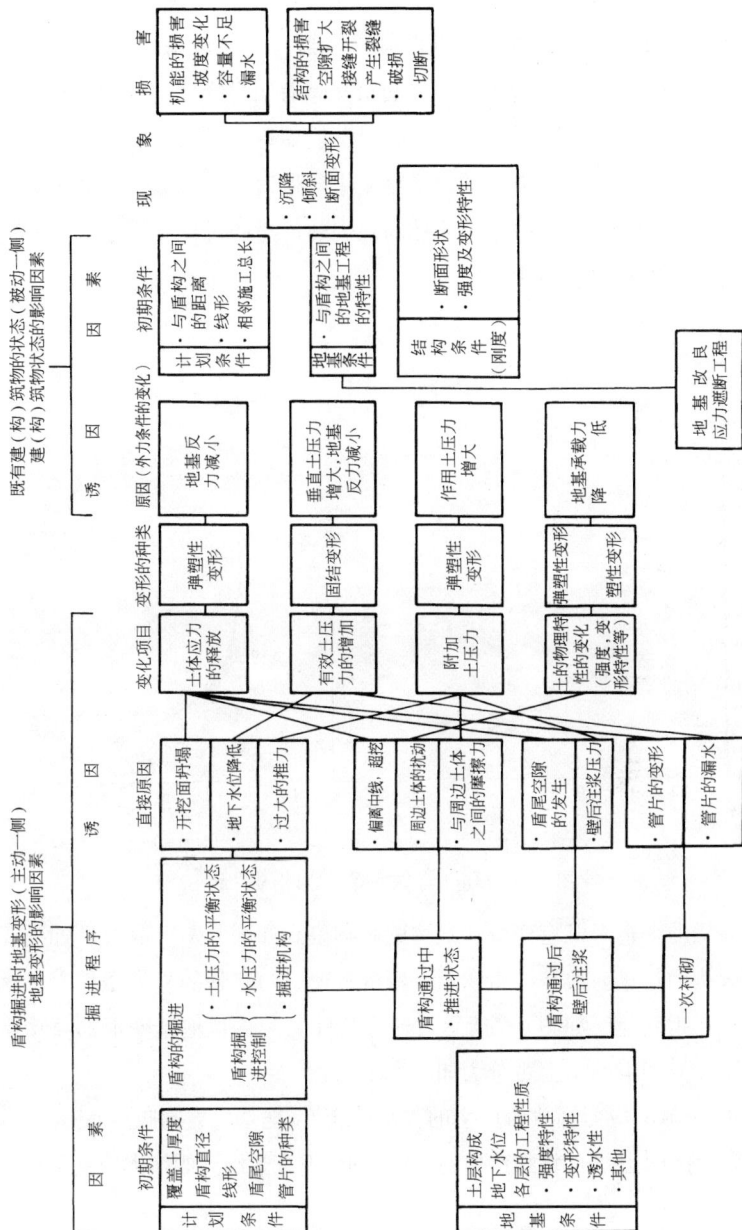

图 9-2 盾构掘进时地基变形及既有建(构)筑物的状态

的关系视地基的种类不同而异。当为图(a)的黏性土地基时，即使 H/D 比较大也没发现总沉降量有降低的倾向。当为砂土地基时，由图(b)可以发现如 H/D 为 2～3 以上时，则总沉降量有明显降低的倾向。当为黏性土地基(特别是冲积黏性土)时，因为不能期待成拱效应，土中的沉降随着时间的推移将向上方传播，最终土中与地表的沉降大体上相同，与此相反，当为砂土地基时，沉降在向地表的传播的过程中由于成拱效应的出现土中的沉降将减少。

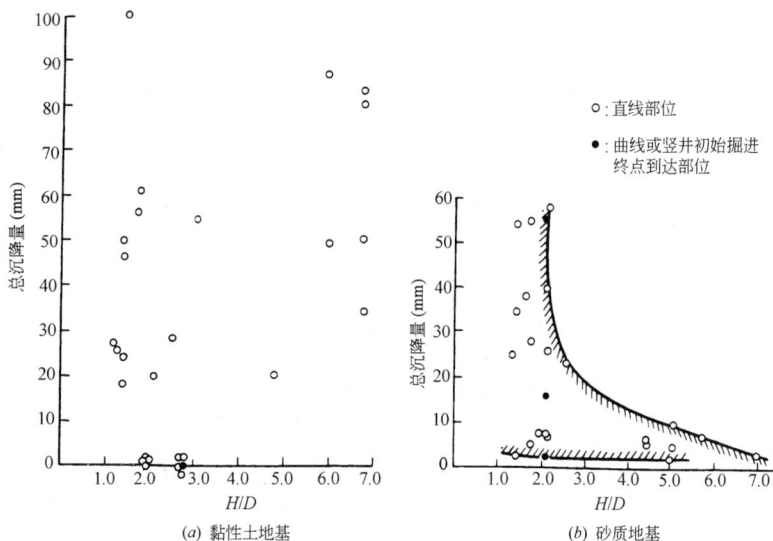

图 9-3　H/D 与总沉降量之间的关系

盾构的掘进对既有建(构)筑物的影响模式如图 9-4 所示[1]。如果伴随着盾构的掘进，地基产生变形，则既有建(构)筑物的外力条件及支承状态将产生变化。如图 9-2 所示，外力条件的变化视地基变形的直接原因不同而异，但基本上可分为如下所示四种[2]：

　　① 土体的应力释放所产生的弹塑性变形(地基反力的减少)；

　　② 有效土压力的增加产生的固结变形(垂直土压力的增大或地基反力的减少)；

　　③ 附加土压力产生的塑性变形(作用土压力的增大)；

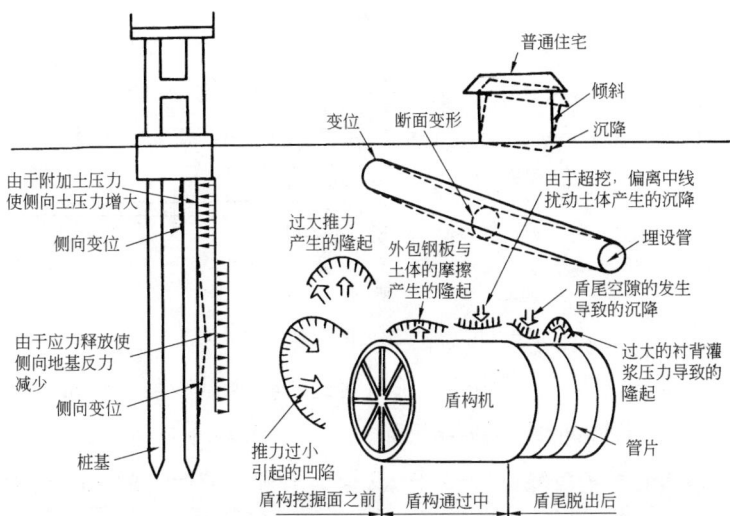

图 9-4 伴随着质构掘进地基变形模式图

④ 伴随着土的物理特性的变化产生的弹塑性变形及蠕变（地基承载力的降低）。

由于诸如此类外力条件的变化，既有建（构）筑物将产生沉降、倾斜及断面变形等。其程度随既有建（构）筑物所对应的隧道的计划条件（与盾构之间的距离、线形、相邻区间的长度），既有建（构）筑物与盾构之间的地基土的属性值，既有建（构）筑物的结构特性（断面形状、强度、变形特性）等因素不同而异。

9.1.2 地基变形机理及其影响区域

1. 地基变形机理

伴随着盾构掘进的地基变形时效变化，所描绘的平滑曲线很少能达到最终值，曲线中明显存在曲率的拐点。这些变化点就是由图 9-2 所示的直接原因引起的。如果将时间轴换成盾构掘进位置，则可以发现变形曲线的各自变化点与盾构的位置之间有一定关系，如图 9-5 所示可划分成五个阶段。各阶段的变形如表 9-1 所示直接原因的不同，其产生机理也不同。现对其进行分类整理如下。

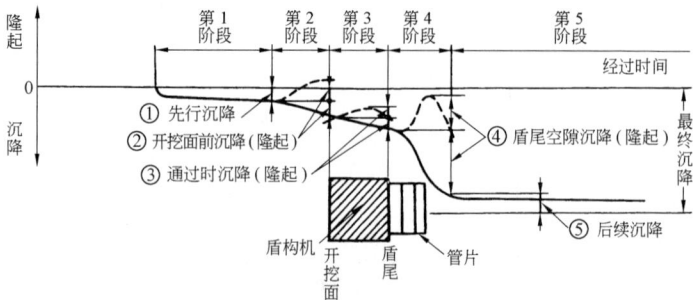

图 9-5　盾构掘进的地基变形分类

① 先行沉降——盾构的开挖面到达之前早已产生的沉降，主要是由于地下水位降低产生的固结沉降。

② 开挖面前沉降(隆起)——开挖面通过之前产生的沉降或隆起，是对开挖面的土水压力的控制压力不足而引起的弹塑性变形。

③ 通过时沉降(隆起)——盾构通过时所产生的地基变形。其原因有超挖、偏离中线施工、盾壳与周围土体之间的摩擦等。

④ 盾尾空隙沉降(隆起)——这是由于产生盾尾空隙时应力释放引起的弹塑性变形。若壁后注浆压力过大，附加的土压力(以下称附加土压力)也会引起隆起。

地基变形的种类与原因及其发生机理　　　　　表 9-1

地基变形的类型	发生的位置与时期	直接原因及发生机理	密封式盾构的发生状况
① 先行沉降	盾构到达之前早已产生的	·与覆盖土层厚度也有关，但是，作为在开挖面隧道轴向的滑移范围之前就产生影响的原因，其多半是由于地下水的变化所致。这是因为有效覆盖土的增加导致的固结沉降	·因为在开挖面仍有地下水压力，故先行沉降基本上没有问题
② 开挖面之前的沉降(隆起)	在盾构的开挖面到达之前就发生的	·沉降是由于过分切削开挖面的土砂引起的(对于开挖面呈主动状态)； ·隆起是过分推挤开挖面引起的(对于开挖面则呈被动状态)； 总之两者都是由于应力释放或附加土压力产生的弹塑性变形	·如果开挖面的设定土压力正确，则泥水式盾构中泥浆与泥浆压力管理正确，土压力盾构中压力仓土压力管理正确的话，那么开挖面之前的沉降(隆起)就小

续表

地基变形的类型	发生的位置与时期	直接原因及发生机理	密封式盾构的发生状况
③ 通过时沉降(隆起)	盾构通过时发生的	• 盾构外周表面与土体之间的摩擦阻力产生的隧道轴向的剪切变形。 • 如计划线形所示,为了掘进所选用的盾构姿势控制、仿形超挖,仿形刀的切削反力使盾构挤压周边地基,此时所产生的土体扰动也就是产生沉降的原因	• 密封式盾构的重心在机器设计的布置上无论如何都位于主梁附近,推进力的作用点多半发生在重心之后。所以,呈边用头部较重的机械在其后推进千斤顶控制姿势、边掘进计划线形的状态。 • 此时因地质为软弱黏性土地基,对于机械重量作用下不能期待有一定的承载力,姿势控制的千斤顶的移动量也变大了,该部分的沉降(隆起)也就变大了。 • 反之,如果地基过硬就不能借助仿形刀来超挖,姿势控制也就更困难,此时该部分的沉降(隆起)也相对地变大了
④ 尾部空隙沉降(隆起)	盾构通过后立即发生	• 起因于尾部产生空隙及控制它的壁后注浆。为应力释放或附加土压力的弹塑性变形。 • 如由实际的测量事例及模型试验来考察,则发现尾部空隙产生的地基变形的影响也已在隧道轴向扩展了,盾构通过时有影响,在盾尾通过之前其影响就已出现了	• 同时由于壁后注浆及可塑性注入材料的采用,尾部空隙沉降有变小的倾向。如因过度地壁后注浆引起隆起,则土体有可能被扰动,最终沉降也有可能变大
⑤ 后续沉降	壁后注浆完了之后继续发生	• 后续沉降的原因现在很难说已经搞清楚了,但通常都认为由于盾构的掘进,土体被松动、扰动而产生了固结沉降的缘故。 • 松动、扰动等是由于抗剪变形及平均主应力的增加所产生的超空隙水压力起作用而产生的。 • 作为产生超空隙水压力的主要原因,可认为开挖面之前至尾部空隙间的盾构与地基的作用、反作用,壁后注浆与地基的作用及反作用	• 当为软弱黏性土地基时,有时可以发现后续沉降,但在砂土地基及过于固结的硬质黏性土地基中基本上没发现这种趋势

⑤ 后续沉降——这是盾构通过后长时间内继续产生的沉降现象，当为软弱的黏性土地基时有所发现，可以认为伴随着盾构掘进的土体松动、扰动等是其产生的原因。

这些地基变形并不是经常发生的，由于现场条件及施工状况不同其变形的种类也不同。特别是当为密封式盾构时，如表9-1中所示，如果能进行良好的掘进管理，则有可能大幅度地减小这些地基变形。

2. 地基变形的影响区域

由于盾构的掘进所产生的地基变形及附加土压力的影响能波及到周边地基的哪些范围？为了进一步了解其影响区域对相邻的既有建(构)筑物进行防护是很重要的。图9-6所示为参考了以冲积地基为对象的很多盾构工程的测量结果，给出的随盾构的掘进周边地基的变形分布模式图。图(a)为冲积黏性土地基，图(b)为冲积砂土地基。当为冲积黏性土时，地基变形呈现以盾构机为中心的船底形三维扩大分布。对于开挖面土压力，如果盾构推力太小，则在开挖面前方将产生沉降或隆起。开挖面正前方的土被卷入，就向开口部位产生变形。盾构掘进过程中，由于刀盘向开挖面地基挤压及由于盾构的盾壳与周边地基的摩擦，盾构的开挖面前方与盾构侧向的地基整体上在盾构的掘进方向与外周方向上产生变形。盾尾通过后由于尾部空隙所产生的应力释放，周边的土块纷纷向尾部空隙掉落，地基将产生沉降。如在该盾尾

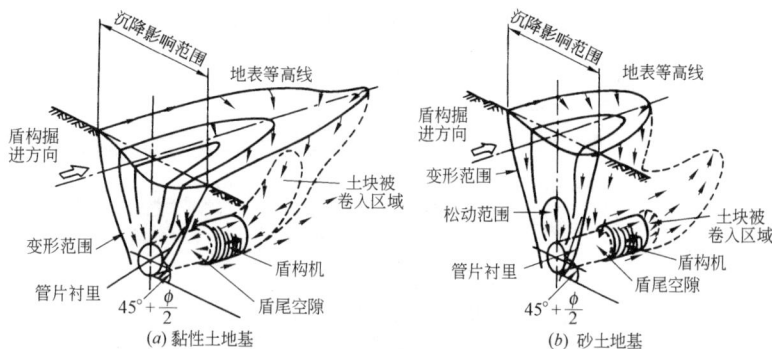

图 9-6　地基变形分布的模式图(冲积地基)

空隙中进行壁后注浆则沉降将减轻。然而，如果壁后注浆的注入压力过大，则地基被挤压将产生隆起现象。

当为砂土地基时，地基的变形本身与黏性土地基时大体相同，但是，因为可以发挥土体的成拱效应，在拱的内侧出现松动区域，土中的沉降在向地表传播的过程中降低的点不同。最终的地基变形的侧向影响区域大致由盾构下端呈仰角 $45°+\phi/2$ 的范围。洪积地基时也出现同样的分布状态，但是，因其自稳性好，盾尾空隙的发生等应力释放所产生的地基变形的影响区域比冲积地基要窄一些，大致处在开挖断面宽度的范围内。

由埋设于地基中的土压计的测量结果可以看出：盾构通过时所产生的附加土压力，与盾构上方相比，还是向地基的约束力的侧向及下方广泛传播，待盾尾脱出后一同消散。冲积地基的附加土压力的影响区域大致为距盾构外周表面 $1D$ 的范围。

9.2　地基变形与建(构)筑物状况的预测分析

9.2.1　地基变形的预测分析

伴随着盾构掘进的地基变形的预测分析长期以来就在延用着，例如：Jeffery-Limanov 及森氏的沉降量预测公式，Attewell，O'Reilly-New，丰谷及藤田等曾提出求解最大沉降量的方法。其详情请见藤田的报告[4]。据地盘工学会所实施的最近 10 年间的调查结果来看，现在利用可以考虑各种各样现场条件的有限元分析占主流。最近很难既有建(构)筑物与盾构之间有充分的距离，因此，在确定盾构的线形，选定对策工程及制定计划时，利用有限元法对地基变形进行解析，这在今后必将大量应用。

由盾构掘进所产生的地基变形，因在盾构掘进(作用一侧)时，一旦周边地基(反应一侧)的平衡状态遭到破坏，地基内的应力将重新再分配，在逐步移向稳定的过程中就能够捕捉到所产生的现象。因此，为了正确地预测盾构掘进的地基变形量必须满足如下条件：

① 要将作用一侧的盾构施工阶段的各要素(掘进、推进、盾尾空隙的发生及壁后注浆等)考虑到分析中;

② 必须能够再现盾构与地基之间的边界面(开挖面、接触面)的地基动态;

③ 必须能正确选定反应一侧地基变形的基本方程式、土的本构关系及这些必要的输入属性值。

实际的盾构掘进所产生的地基变形是三维的现象,所以,希望能用三维模型进行处理。

为了利用有限元法分析盾构掘进所产生的地基变形,使之满足上述①～③的条件,具体做法上必须设定如表 9-2 所示的基础方程式、解析模型、输入属性值、作为边界条件的应力释放率等解析条件。然而,这些解析条件正如"卷末资料"所示的解析报告实例所述,应按各自现场条件独立判断进行设定,不能按统一的思路来确定。例如有与应力释放率有关对全部土中应力作用下应用的,又有从这些数值减去泥浆压力或壁后注浆压力的数值下选用(此时,将其称之为开挖掘释放率以示区别)等。不能统一规定解析条件的最大理由是对盾构及管片之间的边界的地基状态、壁后注浆所产生的地基变形的控制效果还未完全了解。关于这一点现在既有详细的现场测量,也有模型试验与数值解析结果之间相比较的实例[6,7],利用离心装置进行有关地基变形机理的模型试验的实例[8,9],还有有关壁后注浆效果的试验研究的实例[10]。今后如果汇总这些研究成果就可能更正确地设定解析条件。另外,即便是有关三维解析中也已经看到了随着数值模拟技术的高度化发展所带来的研究成果[11,12],但是在解析时必需的地基条件、施工条件等的模型化及边界条件等方面仍有很多待解决的课题。

目前采用的是通过调查所要求的精度,预想变形量的程度,预测阶段(调查、设计、施工阶段的任何一项),输入条件的精度,解析中所需要的费用等,决定预测解析的方法。作为实务解析手法所用的方法是以基础方程式作为应力解析,解析模型为二维,土体模型为线弹性体,应

表 9-2

利用有限元法预测解析的流程及解析条件

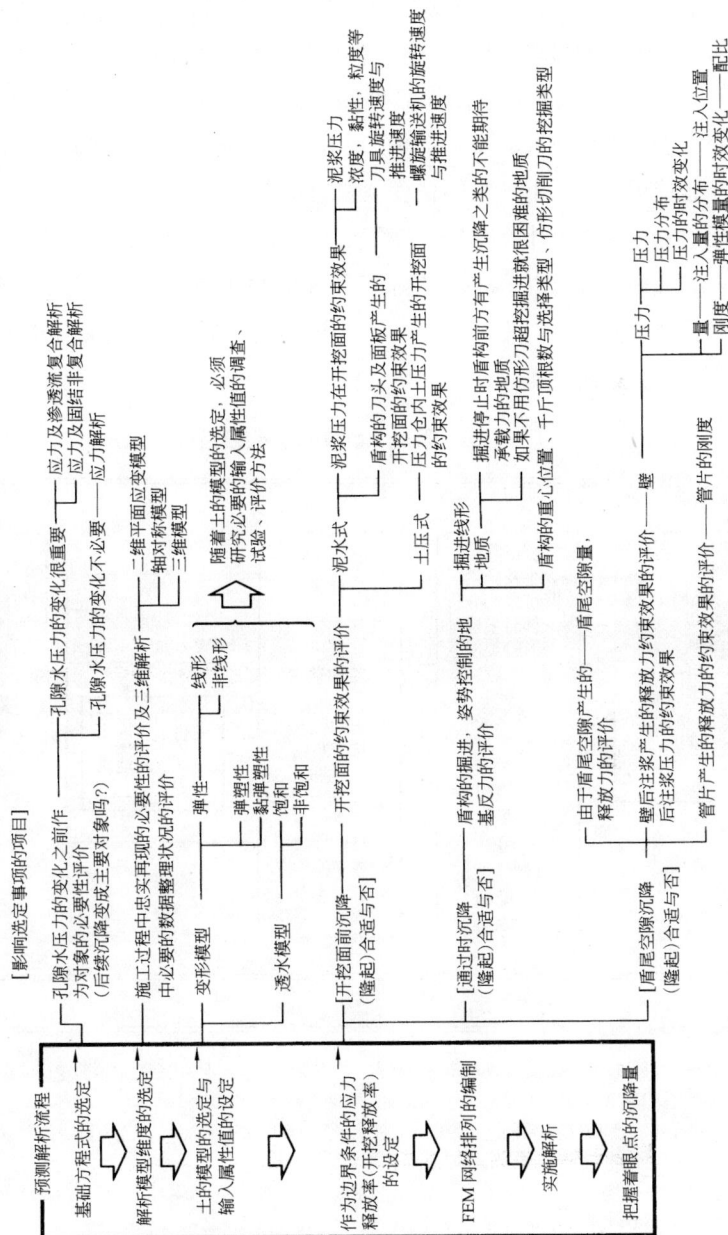

[影响选定事项的项目]

预测解析流程

基础方程式的选定 —— 孔隙水压力的变化之前作为对象的必要性的评价
（后续沉降变成主要对象吗?）
—— 孔隙水压力的变化很重要 —— 应力及渗透流复合解析
—— 孔隙水压力的变化不必要 —— 应力解析

解析模型维度的选定 —— 施工过程中忠实再现的必要性的评价及三维解析
中必要的数据整理情况的评价
—— 二维平面应变模型
—— 轴对称模型
—— 三维模型

土的模型的选定与
输入属性值的设定 —— 变形模型
— 弹性
— 弹塑性
— 黏弹塑性
— 饱和
— 非饱和
—— 线性
—— 非线形
—— 透水模型
—— 随着土的模型的选定，必须
研究必要的输入属性值的调查、
试验、评价方法

作为边界条件的应力
释放率（开挖释放率）
的设定 —— [开挖面前沉降
（隆起）合适与否]
—— 开挖面的束缚效果的评价 —— 泥浆压力在开挖面的束缚效果
—— 盾构的刀头及反面束缚效果
—— 开挖面的束缚效果
—— 压力仓内土压力产生的开挖面
的束缚效果
—— 泥水式
—— 土压式
—— 泥浆压力
—— 浓度、黏性、粒度等
—— 刀具旋转速度
—— 推进速度
—— 螺旋输送机的旋转转速度
与推进速度

FEM 网络排列的编制 —— [盾构的掘进、姿态控制用的地
基反力的评价]
—— 盾构的掘进、姿态控制用的地
基反力的评价
—— 掘进变形
—— 地质
—— 掘进停止时身构前方有产生沉降之类的不能期待
承载力的地质
如果不用仿形刀超挖掘进很困难的地质 —— 仿形刀的挖掘类型、仿形切削刀的挖掘类型
—— 盾构体的重心位置、千斤顶根数与选择类型、仿形切削刀的效率变化

实施解析 —— [通过沉降
（隆起）合适与否] —— 由于盾尾空隙产生的
释放力的评价
—— 壁面注浆产生的释放力的束缚效果
—— 后注浆压力的释放力的束缚效果
—— 管片产生的释放力的束缚效果
—— 盾构注止时身构前方有产生沉降之类的

把握着眼点的沉降量 —— [盾尾空隙沉降
（隆起）合适与否] —— 盾尾空隙产生的
—— 壁面注浆产生的盾尾空隙效果的评价
—— 后注浆压力的束缚效果的评价
—— 管片产生的束缚效果的评价
—— 壁
—— 管片的刚度
—— 压力
—— 量
—— 压力分布
—— 压力的时效变化
—— 注入量分布
—— 注入位置
—— 弹性模量的时效变化
—— 刚度
—— 压力分布
—— 注入量变化
—— 注入位置
—— 配比

力释放率是基于类似地质及类似施工现场的实测变形通过逆解法来设定的方法。当为密封式盾构时，如果能进行合理的施工，则如表 9-1 中所示，除了盾属空隙的沉降之外基本上没有问题，所以，预测可以简化或省略，如果能在输入常数及解析模型上下些功夫，那么，即使在二维解析中也能得到实用上的足够精度预测地基变形。作为预测手法如表9-3所示，分成调查设计阶段及施工阶段则比较合理。特别是当在施工阶段时，初始掘进阶段由于进行试验施工，就可以摸清施工条件与地基变形的实测值之间的对应关系，所以，利用逐次实施统计的手法及逆解法，就可以进行更高精度的预测。

调查、设计及施工阶段的地基变形预测　　　　　　　表 9-3

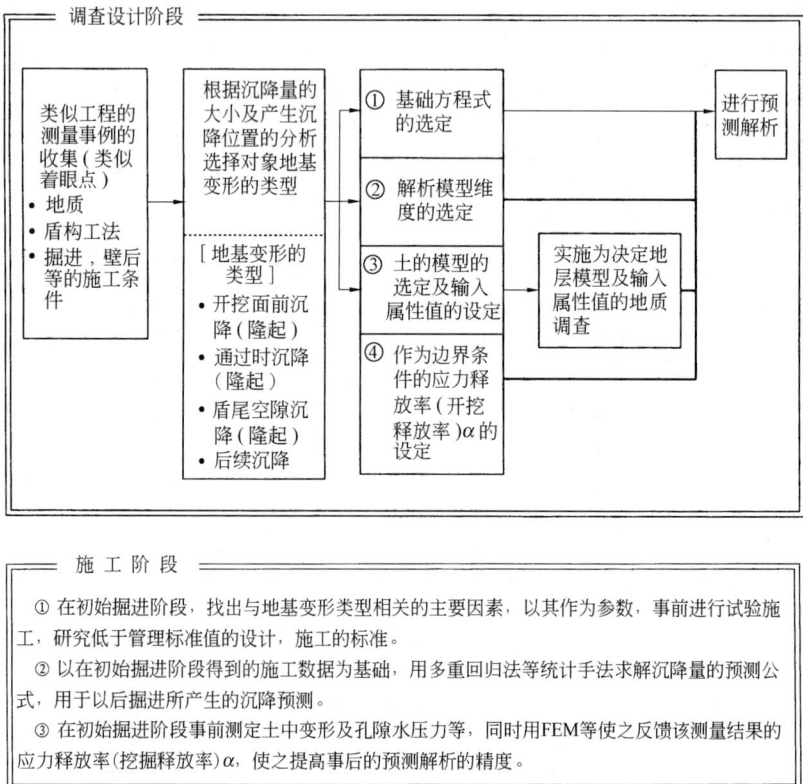

施工阶段

① 在初始掘进阶段，找出与地基变形类型相关的主要因素，以其作为参数，事前进行试验施工，研究低于管理标准值的设计，施工的标准。

② 以初始掘进阶段得到的施工数据为基础，用多重回归法等统计手法求解沉降量的预测公式，用于以后掘进所产生的沉降预测。

③ 在初始掘进阶段事前测定土中变形及孔隙水压力等，同时用FEM等使之反馈该测量结果的应力释放率(挖掘释放率)α，使之提高事后的预测解析的精度。

9.2.2 既有建(构)筑物状况的预测分析

为了预测分析既有建(构)筑物的实际工作特性,首先必须考虑既有建(构)筑物与盾构之间的几何位置关系、盾构的掘进过程等,应该研究各种条件下要用何种模型去进行分析。尽管既有建(构)筑物不一定与盾构的掘进方向呈直角或平行关系,但是,在盾构隧道的曲线部位与建(构)筑物之间的关系上必须考虑为三维的。所以,一般情况下地基变形分析以二维为主,但此时也必须要进行三维分析。

在分析手法上,地基与既有建(构)筑物之间相互作用的处理有如下两种方法:

① 随着盾构掘进的地基变形,将所得到的输出结果输入到结构模型中,进行结构解析的方法。

② 用包括建(构)筑物在内的地基模型,同时分析随着盾构掘进的地基变形及建(构)筑物的实际工作特性的方法。

在方法①中,当建(构)筑物是追随地基变形而变形的刚性较小的柔性结构时,就将地基变形原封不动地作为建(构)筑物的变形来考虑即可。然而,当结构的刚性较大时,地基变形是建(构)筑物的刚性与地基的刚性之间双方相互影响、作用下而产生的,此时将相当于地基变形的荷载施加至建(构)筑物的方法比较合理。作为此时的结构解析手法,一般情况下使用将地基的刚度转化成弹性弹簧来评价的弹性支座上的梁模型。图 9-7 所示为利用该方法模型化的实例。如图中(c)所示,当建(构)筑物的下部或背面形成的间隙有可能大的地基变形时,就必须考虑除去部分地基弹簧等。

在方法②中主要使用有限元法,因为直接将建(构)筑物放入地基中来考虑,故可以直接得到截面内力,这是一种方便的方法,但是,为了将地基与建(构)筑物作为连续体来进行解析,则在地基与建(构)筑物的分离方向上产生变形的部分与实际情况不相符。因此对于不对地基变形产生影响的小刚度建(构)筑物来说比较有效。

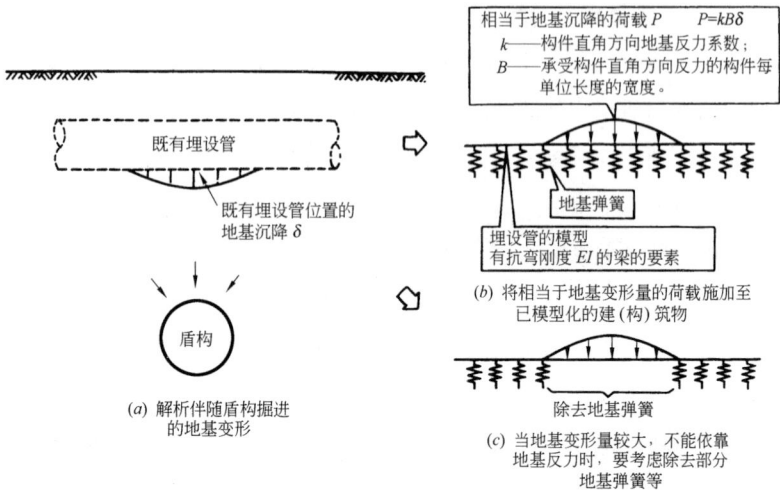

图 9-7　既有建(构)筑物状况的预测解析方法实例

(将相当于地基变形的荷载施加至建(构)筑物的方法)

9.3　既有建(构)筑物的防护措施

为了防止对相邻的既有建(构)筑物产生影响，首先应该做的就是给予影响的盾构一侧采取措施，就是要在施工中将地基变形控制在最小。具体地说应减少超挖量，实施防止偏离中线措施及防止盾尾的沉降措施的同时彻底地进行测量管理等施工管理。然而，当即便采取了盾构一侧的措施仍担心对既有建(构)筑物产生不利影响时，为了尽可能地降低盾构掘进的影响，就必须对既有建(构)筑物与盾构之间的地基采取相应的措施。该种措施中有如下三种思路(图 9-8)：

① 强化盾构的周边地基；

② 强化既有建(构)筑物的支承地基；

③ 隔断伴随盾构的掘进所产生的地基变形。

①由于增强地基强度是以降低产生于盾构周边的地基的松动及扰动为目的。②是增强既有建(构)筑物的支承地基的强度，是为了降低既有建(构)筑物的变形而实施的。作为①、②的具体工法多半选用药液注入

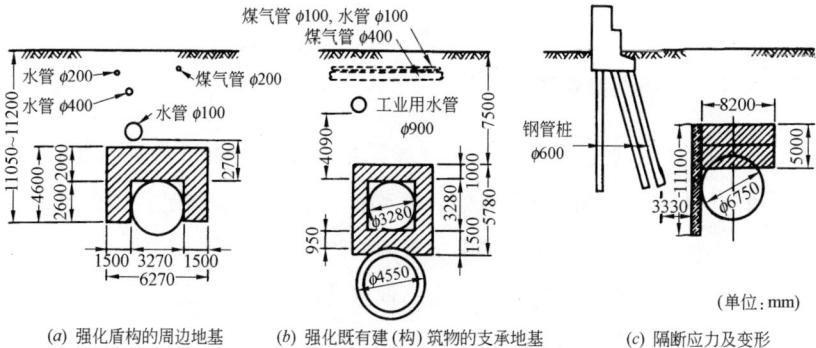

图 9-8 地基措施的实例

(a) 强化盾构的周边地基　(b) 强化既有建(构)筑物的支承地基　(c) 隔断应力及变形

工法、高压喷射搅拌工法等地基改良工法。当应用地基改良工法时，在盾构掘进前，必须确认地基是否按设计要求进行了改良。当所规定品质的改良体没有达到所规定的范围时，必须再度进行改良。③是在盾构与既有建(构)筑物之间修建刚度高的结构体，以其隔断盾构掘进所产生的地基变形为目的。此时作为具体的工法一般采用高压喷射搅拌工法、柱列桩工法、钢管桩工法、地下连续墙工法等。作为防护工程的地基改良工程，柱列桩、钢管桩、地下连续墙工程其本身就已构成相邻施工工程，故在施工时必须充分注意。

当即便采取以上措施仍担心对既有建(构)筑物产生影响时，那么，就必须采取可与地基变形的影响相抗衡的在既有建(构)筑物一侧实施对策。作为在既有建(构)筑物一侧的对策有如下两种，其一是直接加固既有建(构)筑物以增加刚度的方法，其二是在承受建(构)筑物之下的地基中采用托换基础工法。前者是利用加劲肋、加固墙体及支撑方式等加固建(构)筑物内部的方法，还有以新增墙体与土锚杆等加固建(构)筑物的下部结构及基础结构的方法。另外，在后者的托换基础工法中有在既有建(构)筑物的下部设置承压板再利用千斤顶控制变形量的承压板工法，还有在地基变形的影响范围之外打设新桩，代之以承受既有建(构)筑物的新设基础工法。通常采用其中的任何一种方法时都要先考虑相邻建筑物密集程度、现场制约条件、既有建(构)筑物的重要程度等再决定。

9.4　现场测量管理

现场测量管理工作是直接在现场测量伴随盾构掘进的地基工作状态、既有建(构)筑物的工作状态，在确认是否达到了预定目标的同时，进行施工管理。模拟盾构掘进中所得到的测量结果，再利用修正解析中所必要的各种参数，就可以逐步提高预测精度。这些成果在今后的同类工程必将成为有益的参考资料。

现场测量管理中的测量项目及测量方法如表9-4[2]所示。表中的测量项目、器具的选择方法的详情请参照第3章3.3测量计划。

9.4.1　管理标准值的设定

当开始进行现场测量管理时，首先应该做的就是设定管理指标的标准值。当建(构)筑物的管理者设定容许值时，必须满足该容许值。当没有规定容许值时，必须在与管理者协商的基础上规定容许值。当重新设定容许值时，必须设定可确保该建(构)筑物本身的基本机能及可以满足结构安全性的标准值。

作为施工管理标准的管理值通常是在容许值中又设定了一个考虑安全系数的数值。相邻施工中的施工管理标准值如表9-5所示。

相邻施工时的测量项目及测量方法　　　　　表 9-4

测量项目			器　具		测量方法
			名　称	结　构	
地基变形	变形	地 表 沉 降	地 表 沉 降 桩	木桩测量钉	测　　量
		土中垂直变形	土 中 沉 降 计 分 层 沉 降 计	测 杆 式 电 气 式	测　　量 仪 器 测 定
		土中水平变形	多 段 式 倾 斜 计	电 气 式	仪 器 测 定
	应力	垂 直 土 压 力	土 中 土 压 计	电 气 式	仪 器 测 定
		水 平 土 压 力	土 中 土 压 计	电 气 式	仪 器 测 定
	水压力	地 下 水 位	地 下 水 位 计	滤 网 加工氯乙烯管	手 动 测 定
		孔 隙 水 压 力	孔 隙 水 压 力 计	电 气 式	仪 器 测 定

续表

测量项目			器 具		测量方法
			名 称	结 构	
既有建（构）筑物的工作状态	外力	作 用 土 压 力	土 压 力 计	电 气 式	仪 器 测 定
		作 用 水 压 力	孔隙水压计	电 气 式	仪 器 测 定
	变形	垂 直 变 形	测 定 标 水准仪式沉降计	测定标，标线，电 气 式	测量，仪器测定
		水 平 变 形	测 定 标	测定标，标线	测 量
	断面变形	垂 直 挠 度	变 形 计 百 分 表	电气式，手动	仪 器 测 定 目 视
		水 平 变 形 量	变 形 计 百 分 表	电 气 式 手 动	仪 器 测 定 目 视
	应变（应力）	管片产生的应变（钢筋、混凝土）	应 变 计 钢 筋 计	— 电 气 式	仪 器 测 定
		螺栓产生的应变	应 变 计	—	仪 器 测 定
		二次衬砌表面应变	应 变 计	电 气 式	仪 器 测 定
	其他	开口部位的开口	伸缩缝测量仪	电 气 式	仪 器 测 定
		接头部位的开口	伸 长 仪	电 气 式	仪 器 测 定
		倾 斜	倾 斜 计	电 气 式	仪 器 测 定

施工管理标准值的实例　　　　　表 9-5

	等级	管理标准值（地表沉降）	体制	对 策
测量管理标准值	Ⅰ	小于 5mm	平常	工程继续进行
	Ⅱ	小于 10mm	注意	校核泥浆压力、千斤顶推力、壁后注浆压力等，进行将地基变形控制在最小的试验
	Ⅲ	大于 15mm	警戒	中止工程，研究二次注入、防护注入等的辅助工法

9.4.2 测量管理

测量管理一般分三个阶段实施，它们是盾构通过对象的建（构）筑物之前的测量、通过时的测量、通过后的测量。主测量断面设在直接受相邻施工影响的既有建（构）筑物附近，在与其地点相同的地基条件的地点设副测量断面，最重要的是预先测量地基的工作状态。此时如果预先进行试验施工，就可以在既有建（构）筑物位置处寻找出满足管理标准值的施工方法。

图 9-9, 图 9-10[13] 所示为在福冈市地铁 1 号线进行测量管理时的有代表性测量断面、测量项目及测量结果。在该事例中将不同的三个断面设定在试验区间，布设了仪器进行测量。以盾构从这三个断面通过时所得到的数据为依据，决定相邻施工的标准，设定了将对既有建(构)筑物的影响限制在最小的管理指标。在"卷末资料"中记述了地铁工程、排水工程、电力用管线工程的测量管理的实例。

通过时的测量是为监视既有建(构)筑物的安全所实施的，必须在既有建(构)筑物管理上的关键点及在结构解析中所得到的应注意的场所布设适当的仪器。此时很

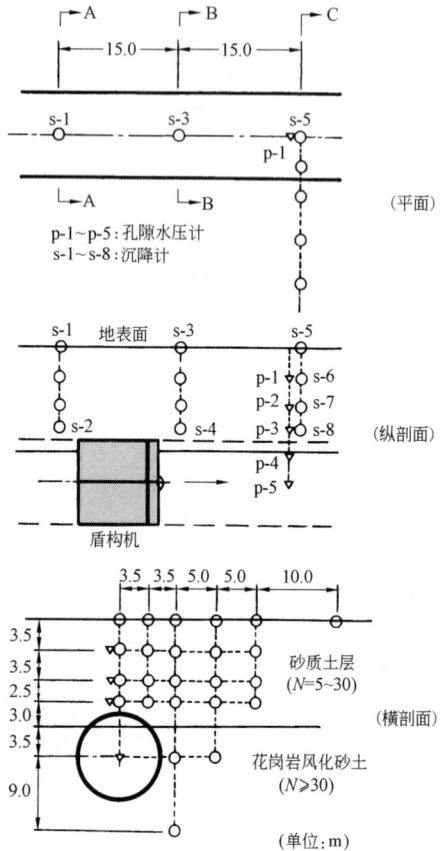

图 9-9　测量断面的实例

重要一点就是让测量工作经常与盾构的掘进记录相对应，要求在有效时间内可观测到时时刻刻在变化的地基与既有建(构)筑物的变形。为此必须同时得到盾构的掘进管理数据及地基与既有建(构)筑物的测量数据，其中以必然的自动测量为主体。图 9-11[14] 所示为数据获取系统的一个实例。此时，让这些测量频率产生如图 9-12[14] 所示的变化是比较合理的。

在确认测量数据收敛，地基与既有建(构)筑物的变形状态已呈平稳状态之前进行通过后的测量工作。

经过的时间 (d)

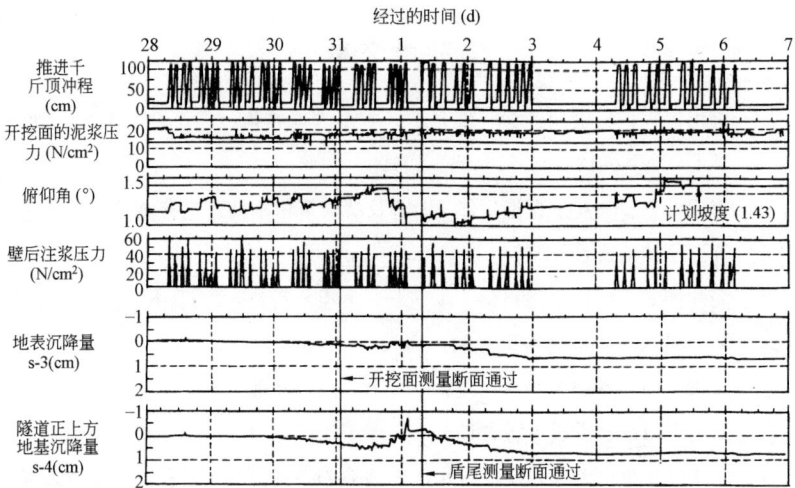

图 9-10 盾构掘进管理状况与地基沉降量的测量实例

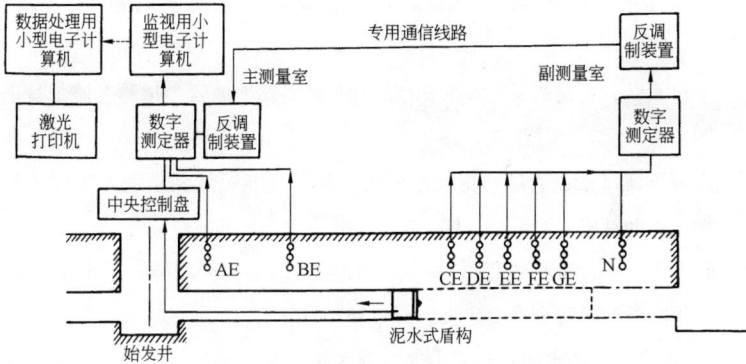

图 9-11 测量数据获取系统的实例

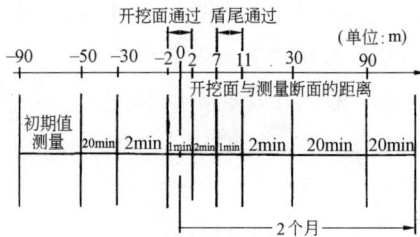

图 9-12 测量期间与测量频率的实例

参 考 文 献

［1］　吉田保・内田賢司：シールドトンネルの新技術(19)，トンネルと地下，
　　　　Vol. 22，No. 12，pp. 53～65，1991.

［2］　吉田保：シールド掘進に伴ぅ地盤及び構造物挙動と近接施工に関する研
　　　　究，学位論文，1994.

［3］　間片博之・山田幸治：シールドトンネルの新技術(7)，トンネルと地下，
　　　　Vol. 21，No. 12，pp. 55～64，1990.

［4］　藤田圭一：基礎工から見たシールド工法，基礎工，pp. 2～4，1992.

［5］　野本寿ほか：委員会報告Ⅲシールド工法における地盤変状，山留めとシ
　　　　ールド工事における土圧・水圧と地盤の挙動に関するシンポジウム発表
　　　　論文集，pp. 87～98，1992.

［6］　小林健郎：シールド掘削に伴う地盤変位に関する研究，学位論
　　　　文，1982.

［7］　平田武弘：密閉式シールド掘削に伴ぅ軟弱黏土地盤の挙動と施工技術に
　　　　関する研究，学位論文，1989.

［8］　大塚正博ほか：講座，掘削と周辺地盤の変状，計測事例と模型実験事
　　　　例，土と基礎，Vol. 43，No. 9，pp. 67～72，1995.

［9］　野本寿ほか：遠心載荷用シールド模型実験装置の開発，土木学会第 49
　　　　回年次学術講演会概要集Ⅲ，pp. 1352～1353，1994.

［10］　小山幸則・清水満：シールドトンネルの裏込め注入実験，土木学会ト
　　　　ンネル工学研究発表会論文報告集，Vol. 3，pp. 245～250，1993.

［11］　庄子幹雄：コンピユーターネットワークを利用した土構造物の情報施
　　　　工に 関する研究，学位論文，1988.

［12］　赤木寛一・小宮一仁：有限要素法によるシールド工事の施工過程
　　　　を考慮した地盤挙動解，土木学会論文集，No. 481/Ⅲ-25，pp. 59～
　　　　68，1993.

［13］　Matsushita Y.，T. Iwasaki，T. Hashimoto，H. Imanishi：Behavior of Sub-
　　　　way Tunnnel driven by Large Slurry Shield，International Symposium on

Underground Construction in Soft Ground，pp. 215～218，1994.

［14］　松下征雄ほか：大断面泥水シールド工事におけるまさ土地盤の変状と
　　　　施工要因，山留ぬとシールド工事における土圧・水圧と地盤の挙動に
　　　　関するシンポジウム発表論文集，pp. 91～96，1992.

第 10 章　盾构工程的安全及环境对策

10.1　盾构工程的安全

盾构工程是利用竖井的地下隧道掘进工程，它有作业空间狭窄、主要的作业场所只限于开挖面端部等特征。为此，在安全方面除坠落及倾覆、高处掉下、夹持及卷进这三大灾害之外，还必须注意坑内火灾、煤气爆炸及缺氧等隧道中的特有灾害。

10.1.1　盾构工程特有的灾害

1. 坑内火灾

（1）坑内火灾的特殊性

坑内火灾有如下与坑外火灾不同的不利条件：

① 必须考虑到烟，CO 等气体在灭火活动中有可能产生意想不到的二次灾害；

② 在开挖面与坑口之间一旦发生火灾，位于其中的作业人员难于避难；

③ 火灾将导致停电使避难更加困难。

（2）火灾预防措施

作为火灾预防措施必须对火源及可燃物资进行充分管理。在火源的管理方面有除去人为因素及物资因素，作为可燃物的管理有可燃物资的不燃化措施等。

（3）应备有火灾发生时的应急措施

应设置火灾发生时的灭火设备，对于其他方面诸如防止蔓延，防排烟，异常事态的早期发现，通报，报警，避难，救助等方面采取措施的同时，日常的教育及训练也是很必要的。

2. 煤气爆炸

有关煤气爆炸问题请参照第 11 章 11.5 可燃性气体地基中的施工一节。

3. 缺氧等的有害气体

在有可能产生缺氧及硫化氢等有害气体的场所必须经常测定有害气体的浓度及进行充分的通风换气。当有害气体已经达到危险的浓度时，必须采取禁止入内等措施防止产生灾害。另外，当采用以气压工法为辅助工法的盾构工程中缺氧空气有流入附近水井及地下室的危险性，因此，必须进行与坑内同样的管理。

（1）易于产生的条件

作为易于产生缺氧等的有害气体的条件可考虑如下所示的地层及地区。

① 上部有不透水层的砂砾层或砂层，无地下水或地下水较少的场所；

② 含甲烷、乙烷等气体的地层；

③ 含有腐殖土层、腐泥层、有机质的地层；

④ 在附近采用气压工法的场所；

⑤ 火山地带。

（2）预防对策及措施

在《劳动安全卫生法（安卫法）缺氧症等防止规则》（以下简称《安卫则》）中，规定坑内的氧气浓度要在 18％以上，硫化氢为 10ppm 以下。作为一般性措施有：作业环境的测定，通风换气，人员检查，禁止入内，选任作业主任，实施特别教育，退避，救出时使用空气呼吸器等。作为特殊的作业措施规定利用钻孔等的调查（甲烷及碳酸气）及气压工法的相关措施等。

（3）防止缺氧管理体制

为了防止缺氧除了要采取规则中所规定的具体的措施之外，还必须确立作业方法的确立、作业环境的整顿及可以确实地实施其他必要的措施的管理体制。

① 管理体制　从已培训过的缺氧危险作业主任人员中选拔缺氧危险作业主任，确立相应的管理体制。

② 作业方法 为了不让作业人员吸入缺氧空气,由作业主任确定安全的作业方法,指挥作业人员。氧气浓度 18% 为安全管理的标准容许浓度。

③ 其他措施 要考虑工程及工法的最佳化、保护器具的使用、紧急器材的设置及安全卫生教育等。

10.1.2 各施工阶段的注意事项

1. 盾构的拼装及拆除

在盾构的拼装及拆除时如操作含精密仪器在内的特殊重物,事前必须与机械厂家进行充分地协商。另外,因为这些作业是在狭窄的竖井内及隧道内实施的,必须注意重物掉落、作业人员坠落、滚落及坑内火灾等灾害。

2. 始发及到达

在始发及到达时的拆除临时墙作业中,利用药液注入工法、置换工法、冻结工法等加固周边地基,作业期间必须让开挖面自稳。为此,要求在作业开始前充分确认地基加固效果。另外,为了不让土砂及地下水等从盾构及管片背面与竖井墙壁的孔隙中流入,在采取防止对策的同时事前还必须充分研究紧急时的应对措施。

3. 一次衬砌

在一次衬砌中主要作业有在竖井内的管片的卸货及坑内搬运,还有在开挖面处利用管片拼装机拼装等的重物的操作作业,因此,必须预先规定好联络信号及确认的方法。

4. 二次衬砌

二次衬砌工程多半与其他的各种工程(一次衬砌,仰拱工程)混杂交替在一起,因此,必须注意易于发生通过车辆等所导致的事故。此外,模板的拼装、拆除及搬运等均在狭窄场所中操作,因此必须注意夹持等的灾害。

5. 其他

作为其他工程灾害必须注意伴随着工程所产生的异常冒水(开挖竖井时的涌砂,盾尾密封破损导致的涌水,暴雨淹没竖井,K 式管片脱落导致的坍塌等)，开挖面障碍物(参照第 11 章 11.6 障碍物处理)引发的事故等。

10.1.3　防灾对策

工程现场的劳动灾害的主要原因大致有物资因素(施工方法不当，设备机具及安全设备的缺陷等)导致的灾害、人为因素(危险的行为，疏忽，工作中的精神状态不佳等)导致的灾害。为了防止劳动灾害，必须对此两种因素采取对策。

人为因素中，特别是对于设备及机器等安全处理方法及操作方法，在充分培训的同时，还必须能够灵活运用这些培训知识达到作业的标准化，提高安全意识努力创造一个安全舒适的工作环境。

1. 防灾计划

防灾计划在施工计划中占据很重要的部分。应该研究的主要项目如下：

① 防灾目标；

② 工程概况；

③ 工程进度、安全卫生工程；

④ 不同工种的安全卫生施工计划；

⑤ 安全卫生管理体制；

⑥ 紧急时的体制；

⑦ 有技能人员一览表；

⑧ 安全卫生活动计划；

⑨ 安全卫生教育、指导、健康诊断；

⑩ 其他。

2. 安全卫生教育

在《劳动安全卫生法》中规定企业人员进行的安全卫生教育的内容如下。

① 雇佣时的安全卫生教育(《安卫则》35 条)；

② 变更作业内容时的教育；

③ 特别教育(《安卫则》36 条)；

④ 对于工长等的安全卫生教育(《安卫则》40 条)。

除此之外法律上虽没明确规定但还应该实施的教育如下。

① 对于各种管理人员及监督者的教育；

② 对于担当安全卫生的人员（安全委员等）的教育；

③ 对于设计人员及技术人员等的教育。

3. 安全管理活动

在施工时必须根据施工计划，防灾计划与相关人员协商不同工种的作业计划及不同职别的作业标准等，慎重规定为安全施工的步骤。下面给出了比较重要的活动项目。

① 每天的作业协商（作业间的联络调整，作业的标准化等）的彻底实施；

② 严格执行班前会；

③ 召开安全卫生会议及防灾协议会；

④ 作业开始前的安全检查；

⑤ 编制适合现场的核对表及安全值班人的现场巡视；

⑥ 进场机械的清点及有资格人员的安全指导；

⑦ 发行安全指导书及确认纠正事项；

⑧ 雇佣时的健康诊断；

⑨ 离职时的硅肺等的健康诊断。

采用可靠性展开手法的安全事前评价的研究流程的实例，利用 FMEA（Failure Mode and Effect Analysis）的对策研究的实例及安全 QC 工序进度表的实例如图 10-1、表 10-1 及表 10-2 所示。

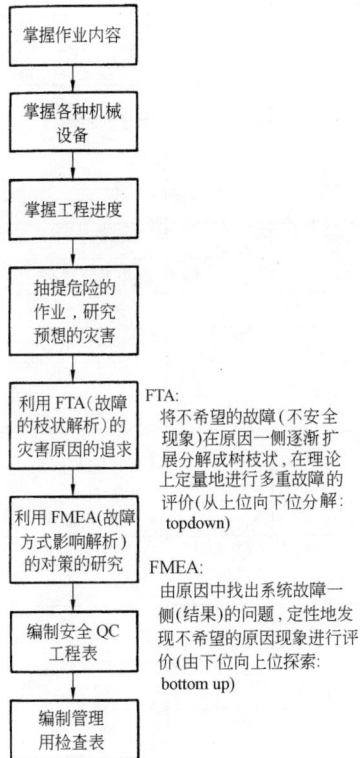

图 10-1 采用可靠性展开手法的安全事前评价的研究流程实例

使用 **FMEA** 的对策

工程名称	作业内容	预想的事故与灾害 （不良型）	预想的事故与灾害的直接原因 （推定原因）
盾构正式 掘进工程	管片搬运 工程	管片的掉落	钢丝绳、杠杆式滑车掼链等的检查不充分
			速度过快
			货堆放太差、货码放不稳
		电瓶车失控	制动器的故障
			超载运行
			飞逸防止装置不工作
		电瓶车脱轨	制动器的故障
			超载运行
			速度过快
			钢轨固定螺栓松动
		电瓶车碰撞作业人员	因弯道较多没发现电瓶车

研究的实例　　　　　　　　　　　　　　　　　　　　　　表 10-1

等级	发生频率	影响程度	现场条件	等级(致命度)	(A)×(B)×(C)
1	不常发生	基本上不受影响	普通	Ⅰ致命的	15 以上
2	偶尔发生	稍有影响	稍差	Ⅱ重大	10~14
3	经常发生	有影响	较差	Ⅲ轻微	5~9
4	频繁发生	有很大影响	非常差	Ⅳ微小	1~4

发生频度 A	影响程度 B (人)	(设备)	现场条件 C	A×B×C (人)	A×B×C (设备)	致命度 (人)	致命度 (设备)	对策
2	4	1	2	16	8	Ⅰ	Ⅲ	实施钢丝绳的日常检查(利用 FTA 的展开)
								确认超速停止装置
								确认装货荷载
								遵守电瓶车运行规则
								确认方垫木等
								彻底教育作业人员
								堆载物与码放姿势的标准化
2	4	3	2	16	12	Ⅰ	Ⅲ	各种制动器的日常检查(利用 FTA 的展开)
								确认装货荷载
								堆载物与码放姿势的标准化
								遵守电瓶车运行规则
								飞逸防止装置的日常检查(核对表)的实施
								彻底使用飞逸防止装置
2	3	2	2	12	8	Ⅱ	Ⅲ	各种制动器的日常检查(利用 FTA 的展开)
								确认装货荷载
								堆载物与码放姿势的标准化
								遵守电瓶车运行规则
								确认超速停止装置
								拧紧螺栓
								轨道的日常检查
2	2	1	2	8	4	Ⅲ	Ⅳ	进出弯道时鸣笛
								前照灯向前进方向照射
								在 $R=35m$ 处安设管灯

安全 QC 工序

工　种	管　理　项　目		等级	
作　业　内　容	项　目	管　理　事　项	致命度	担当人
盾构正式掘进工程				
（管片搬运工程）	管片的掉落	实施钢丝绳的日常检查工作	Ⅱ	监理员
		确认超速停止装置		监理主任
		确认装货荷载		监理员
		遵守电瓶车运行规则		监理员
		确认方垫木等		监理员
		彻底教育作业人员		监理员
		堆载物及码放姿势的标准化		监理员
	电瓶车失控	各种制动器的日常检查	Ⅱ	监理员
		确认装货荷载		监理员
		堆载物及码放姿势的标准化		监理主任
		遵守电瓶车运行规则		监理员
		实施飞逸防止装置的日常检查（核对表）		监理员
		彻底使用失控防止装置		监理主任
	电瓶车脱轨	各种制动器的日常检查		监理员
		确认装货荷载		监理员
		堆载物与码放姿势的标准化		监理主任
		遵守电瓶车运行规则		监理员
		确认超速停止装置		监理主任
		拧紧螺栓		监理员
		轨道的日常检查		监理员
	电瓶车碰撞作业人员	进出弯道时鸣笛	Ⅲ	监理员
		前照灯向前进方向照射		监理员
		在 $R=35m$ 处安设管灯		监理员

进度表 表 10-2

管 理 检 查 方 法							
业 主			施 工 单 位				
时 期	方 法	频 度	实施者	时 期	方 法	确认者	频 度
巡视时	目 视	每 次	作业主任	作业开始前	目视记录	工程担当人	1次/天
例 会	目 视	1 次	灾害防止责任人	作业开始前	目 视	现场代理人	1次/天
巡视时	目 视	1次/周	作业主任	作 业 中	目 视	工程担当人	1次/天
巡视时	目 视	1次/周	作业主任	作 业 中	目 视	机电担当人	1次/天
巡视时	目 视	1次/周	作业主任	作 业 中	目 视	工程担当人	随 时
定 期	资料及记录	1次/天	工程担当人	作业开始前	入所时	灾害防止责任人	1 次
着手前	资料及记录	1 次	工程担当人	作业开始前	目视记录	主任技术员	1次/天
巡视时	记 录	每 次	作业主任	作业开始前	目 视	机电担当人	1次/天
巡视时	目 视	1次/周	作业主任	作 业 中	目 视	工程担当人	1次/天
着手前	资料及记录	1 次	工程担当人	作业开始前	资料及记录	主任技术员	1次/天
巡视时	目 视	1次/周	作业主任	作业开始前	目 视	机电担当人	1次/天
巡视时	资料及记录	1次/周	作业主任	作业开始前	目 视	机电担当人	1次/天
例 会	目 视	1 次	灾害防止责任人	作 业 中	目 视	现场代理人	1次/天
巡视时	记 录	1次/周	作业主任	作 业 中	目 视	工程担当人	1次/天
巡视时	目 视	1次/周	作业主任	作 业 中	目 视	工程担当人	1次/天
着手前	资料及记录	1 次	工程担当人	作业开始前	资料及记录	灾害防止责任人	1次/天
巡视时	目 视	1次/周	作业主任	作 业 中	目 视	机电担当人	1次/天
例 会	目 视	1 次	灾害防止责任人	作 业 中	目 视	现场代理人	1次/天
巡视时	目 视	随 时	作业主任	作业开始前	目 视	灾害防止责任人	1次/天
巡视时	记 录	随 时	作业主任	作业开始前	目 视	灾害防止责任人	1次/天
巡视时	目 视	1次/周	作业主任	作业开始前	目 视	工程担当人	随 时
巡视时	目 视	1次/周	工程担当人	作业开始前	目 视	主任技术员	随 时
巡视时	目 视	1 次	工程担当人	作业开始前	目 视	主任技术员	随 时

10.2　环境保护对策

盾构工程多半都在市区中实施，另外，作业场所又集中在竖井内，所以，必须对该地居民的生活环境进行保护后方可进行施工。

本章将阐述一下与盾构工程关系较大的噪声、振动、地基沉降、水质污染、地下水及建设副产品等的对策。

10.2.1　建设工程与环境对策

1. 环境保护对策的基本事项

事前为防止建设工程产生公害的基本事项有确立公害防止管理体制，事前调查的预测及其对策，与居民之间的对话协商。

（1）公害防止管理体制

为了将盾构工程涉及到的公害防止于未然，又能有效地制定各种对策，必须预先确立业主与施工单位的管理体制。

现场的防止公害管理组织的主要作用及活动如下。

① 组织活动　落实各担当者的协商及分析研究工作，在防止公害管理者的指导下顺利地进行调查，预测，记录及涉外等工作。

② 对作业人员的指导教育　为了将作业场所与邻近居民之间相互商讨后制定的防止公害对策灵活地应用到实际作业中，对合作公司的作业人员在施工注意事项及防止对机器错误操作等方面进行充分的指导与教育。

③ 资料及记录的保存　万一发生纠纷时需要向各级政府及法院等说明交涉经过，所以要有不满意见处理记录本等相关文书，并妥善保管。

（2）经事前调查的预测及对策

在工程着手前按照事前调查方式搞清楚沿线民宅及设施等的密集程度、生活时间带等与工法之间的关系，对可以预见的公害规划出将影响控制在最低限度的工法并选择相应的机械。

（3）与居民的沟通

对于工程的影响所能波及到的范围内的居民，在着手之前一定要与其沟通，即使在施工过程中也要进行充分的说明，针对工程的施工方法等必须设立一个相互之间充分理解的沟通空间。

2. 相关法规

为防止发生社会性公害，并以保护环境为目的，日本于1967年制定了《公害对策基本法》。该法律规定了作为公害的内容有大气污染、水质污染、土壤污染、噪声、振动、地基沉降、恶臭（典型七公害），而在建设工程中除此之外还要对地下水及建设副产品采取措施。

《公害对策基本法》是就公害处理从总体上规定出基本的原则，但是对各公害的具体限制则是在《噪声限制法》，《水质污染防止法》等个别立法中作出了规定。在这些个别立法（限制法）中直接限制建设工程的有《噪声限制法》，《振动限制法》，《废弃物的处理及清扫相关法律》三种法规。另外，还有为保护指定地区内的居民生活环境、都道府县另行制定的《公害防止条例》。在卷末资料中已汇总了环境保护对策的基本相关法令，可供参考。

10.2.2　噪声及振动对策

伴随着工程的噪声、振动对周边的影响较大，所以，在制定工程计划时要调查周边的背景噪声（该场所原来不断产生的噪声）及环境条件等，选择低噪声且低振动的工法及相应机械，充分采取隔声防振措施等，努力取得居民的理解。盾构工程的噪声及振动的发生源大致有如下两种：

① 修建竖井时　铺砌层拆除、打桩、开挖等作业；

② 盾构掘进时　竖井内的土砂料斗、门式吊车、鼓风机、泥水式盾构的振动筛等设备。

1. 噪声对策

首先要测定工程现场周边的背景噪声，以背景噪声为基础，为了使工程顺利开展，须采取如下措施：

① 选择噪声更小的工法及相应建设机械，采用防声对策型机械，

对机械进行隔声处理，安装防声罩及消声装置等；

② 机械的维修保养及操作上的考虑；

③ 机械设备的合理布局；

④ 隔声设施的设置(防声墙及用板材罩住产生噪声机械的外侧的屋顶式结构等)；

⑤ 作业时间带的考虑。

2. 振动对策

伴随工程的振动除了对人的心理产生影响之外，也还对民宅、设施的损伤等产生影响，所以，必须考虑它与噪声的不同之处。

主要的振动对策有：

① 采用发生振动更小的工法及相应机械；

② 安装防振装置(橡胶及气垫等)；

③ 机械设备的适当布局；

④ 限制冲击性作业，缩短产生振动时间。

当土的覆盖层较薄时，盾构掘进中的振动将由土中传播，有时将对地上的周边环境产生影响，因此，必须充分注意。

振动筛有时将产生低频空气振动(低频音)，需采取降低激振力及变更激振频率等措施。

10. 2. 3　地表沉降对策

地表沉降的问题对民宅的损害自古有之，也给燃气管道、给水排水管、电气、通信等埋设物带来影响，对工程现场周边影响很大。伴随着盾构掘进的沉降正如第9章地基变形及既有建(构)筑物的防护中所叙述，一般是多种因素的作用下产生沉降的，但是，如能认真选择施工方法并细致地进行施工管理是可以控制住其沉降量的。为此选择合适的工法并进行充分的施工管理是其关键所在。在第7章盾构的掘进及施工管理中已有详细论述。

10. 2. 4　水质污染对策

在盾构工程中多半都将排水排放到排水管道中。此时必须遵守《排水管道法》及《都道府县条例》等有关规定。当排放至河流等处时，要遵守《河川法》等的有关规定，必须防止由于水质污染对鱼类及农作物等的影响。为此在作工程计划时，要调查周边的环境条件等，更为重要的是应适当选择排水的处理方法及其相应处理设备。水质污染防止对策的主要方式如下。

（1）悬浮物质（SS）的处理

利用沉砂池、沉淀池或凝聚沉淀槽，添加凝聚剂等使悬浮物质沉淀。在凝聚剂中有无机凝聚剂及高分子凝聚剂两种，但必须经过振动试验来决定适当的凝聚剂及其添加量。

（2）污泥的处理

凝聚沉淀的污泥经加压或真空脱水机进行固形化处理。应注意如已经固形化的污泥作为无机污泥一般属于产业废弃物之类。

10.2.5　地下水对策

在有关地下水对策中有防止地下水位降低的对策及防止水质污染对策两种。特别是当采用开放型盾构时，为了使开挖面稳定很多情况都同时使用地下水位降低工法、气压工法、药液注入工法等辅助工法，所以，地下水对策是必需的。

（1）地下水位降低的防止对策

为了防止周边地下水位的降低，要选定适当的辅助工法（倒灌水工法及隔水墙工法等）。

（2）水质污染的防止对策

当进行药液注入时要注意药液的选择，要设置观测井边监视水质的状况，边进行注入。另外，当担心污染时，要修改施工计划，采取以其他工法等代替的适当措施。详情请参照建设省《有关药液注入工法的暂行规程（1974 年）》。

10.2.6　建设副产品对策

建设副产品是伴随建设工程产生的产品，就盾构工程而言，切削土砂是其中有代表性的产品。建设副产品可分为再生资源与废弃物，例如切削土砂,对前者来说是建设弃土,对后者来说是污泥。

建设副产品有逐年增多的趋势,由于城市化的推进建设弃土场地正在减少,废弃物处理设施的场地也日趋减少。为此,以首都圈为中心的有关非法投弃而导致破坏环境等建设副产品的问题已经很突出。为了资源的有效利用、控制废弃物的发生及有利于环境保护,日本七省厅(建设省,通商产业省,农林水产省,大藏省,厚生省,运输省,环境厅)共同制定了《有关促进再生资源利用的法律》(以下简称《循环再利用法》)(1991 年)。当处理切削土砂时必须依据该法律,尽可能做到资源再利用。

伴随着盾构掘进所产生的切削土砂虽因盾构机种不同而异,但是通常多半都是作为建设弃土进行处理。然而,就最近的密封式盾构工法来说多半都产生高含水率、有塑性流动性的污泥,也是作为产业废弃物进行处理。

1. 再生利用的方法

建设污泥的特性视掘进地基的土质条件及施工工法而异。已进行药液注入的地基的开挖或利用污泥工法等所产生的污泥必须在充分掌握其特性的基础上研究中间处理的效果,再进行适当的处理。在中间处理方法中有物理改良(除去水分、日晒干燥、强制脱水)的方法,还有化学改良(水泥类的改良、石灰类的改良、高分子类的改良)的方法。

2. 再生利用的实例

土压式盾构的切削土砂以前都是用再生利用方法进行改良并用于回填等,而最近对于泥水式盾构的切削土砂也进行了再生利用。

下面介绍一下泥水式盾构的一次性处理土以及剩余泥浆作为地铁车站处的回填土和盾构隧道内的路基材料再生利用的实例。

(1) 一次性处理土的利用①

在经振动筛处理的一次性处理土中(最大粒径 40mm 以下的砂质土)添加 30~40kg/m³ 的生石灰,拌合后在临时堆放场养护到反应完成后作为回填材料再生利用。改良土的品质及其检查标准详见《东京都道路占用工程纲要》。

（2）一次性处理土的利用②

地铁复线盾构隧道中在隧道的上下有不利用的空间，从来都是在轨道下部的仰拱处浇灌混凝土［设计标准强度 $6N/mm^2$（$60kgf/cm^2$）左右］。

作为替代混凝土的材料是在一次性处理的土砂中拌合水泥、掺合料及水（或泥浆），将此种砂浆［目标强度 $6N/mm^2$（$60kgf/cm^2$）］用于仰拱处。

（3）泥浆的利用

在剩余泥浆中作为固化剂添加 $50\sim60kg/m^3$ 的水泥，拌合后作为回填材料使用。该回填土施工时有流动性，固化后达到所规定的强度［$0.2\sim0.4N/mm^2$（$2\sim4kgf/cm^2$）］，因在施工时有一定的流动性，故即使在稠密的埋设物等周边及狭窄的场所也能充填。另外，因固化后达到规定的强度，所以，无需对埋设物再度进行防护，将来就不担心道路塌陷。结果无需二次处理，削减了产业废弃物。

东京都建设局正在研究溶解关东壤质土等，即在调整到所定品质的泥浆中添加了水泥的"流动化处理土"。

参 考 文 献

［1］ 労働省：トンネル工事の安全-泥水式シールド編-，日本トンネル技術協会，1987.

［2］ 藤木育雄・助川禎他：泥水式シールド発生土の再利用その1，土木学会第 48 回年次学術講演会，1993.9 Ⅲ-303.

［3］ 助川禎・好井宏太郎他：泥水式シールド発生土の再利用その2，土木学会第 48 回年次学術講演会，1993.9 Ⅲ-303.

［4］ 助川禎・好井宏太郎他：泥水式シールド工事における発生土現場処理工法の研究，土質工学会都市空間利用における大深度地盤シンポジュウム，1993.11 Ⅴ-1.

第 11 章 特殊技术与新技术

11.1 并行盾构隧道

所谓并行盾构隧道就是复数的盾构隧道在一定的区间内平行且相邻施工的隧道。

11.1.1 并行隧道的影响及设计施工流程

如并行多条线路隧道一经施工，众所周知，与构筑单一的隧道相比，由于隧道相互的干涉，周边地基的扰动影响很大[1]。且后续施工的盾构(后续隧道)的施工荷载有时将影响先行施工的盾构隧道(先行隧道)。图 11-1 就是从概念上给出的并行隧道施工时的影响因素。

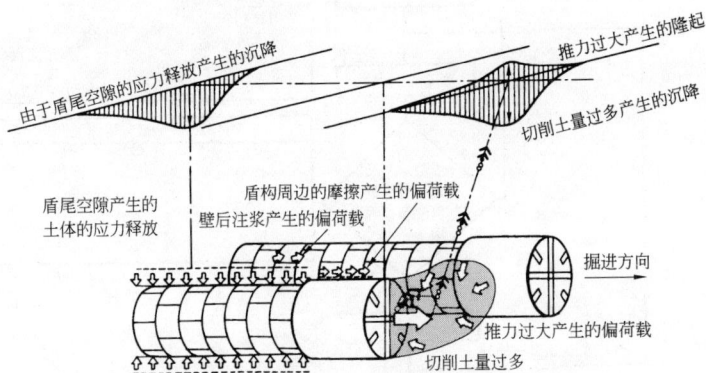

图 11-1 后续隧道给予先行隧道的影响因素

在并行隧道的设计及施工中事前必须充分研究这些影响。在施工中根据其研究结果充分慎重地进行掘进管理的同时按照实际情况加固衬砌及采取防止变形措施，另外，还要根据不同场合实施地基改良等辅助工法的应对措施。一般并行隧道的设计施工流程如图11-2所示。

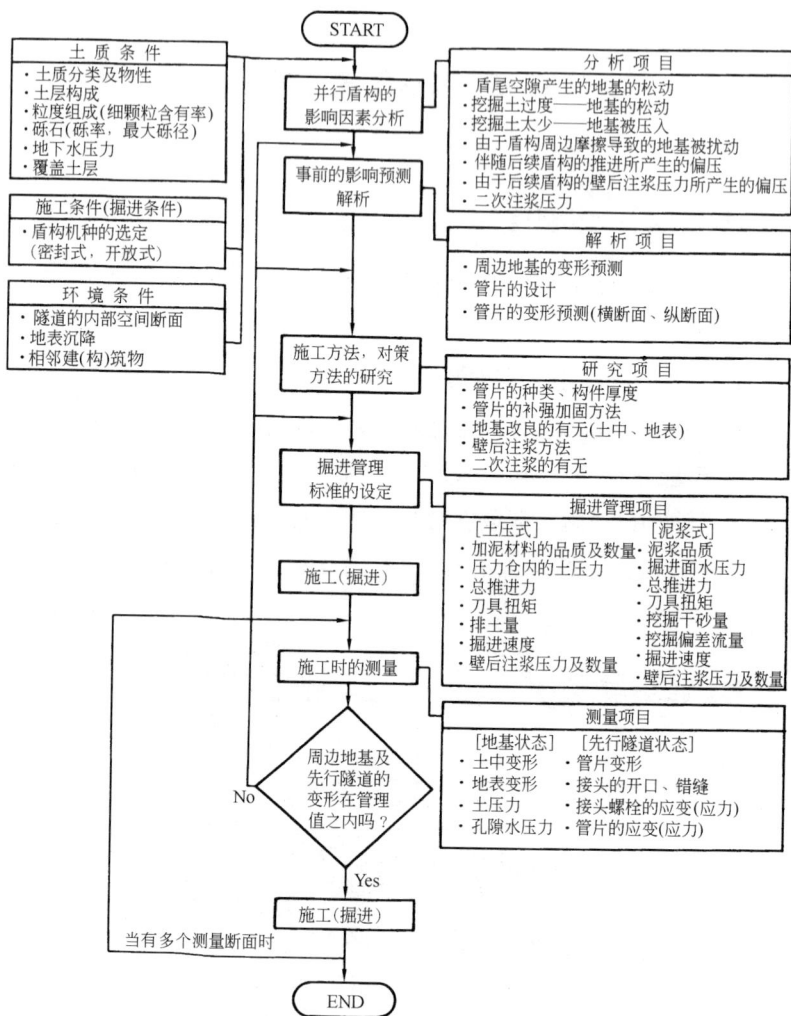

图 11-2 并行隧道设计施工的影响研究流程图

11.1.2 规划与设计的注意事项

并行隧道的计划及设计上的注意事项如下。

① 隧道相互的位置关系 并行隧道间的距离在后续隧道的外径 (1D)以内,特别是当为 0.5D 以内时,影响显著。

② 隧道的开挖顺序　当为上下并行隧道时，由于开挖的顺序不同对先行隧道的影响也不同。

③ 周边地基的土质　对于灵敏度高的软弱黏性土地基及自稳性差的砂土地基来说并行隧道的相互干扰与后续隧道的施工时的影响显著。

④ 隧道外径　与先行隧道相比，后续盾构的外径越大，对先行隧道的影响也就越大。

⑤ 后续盾构的施工时期　希望在先行隧道施工完毕后且待土体稳定之后再施工后续盾构。

⑥ 盾构的形式与施工荷载　在密封式盾构中推力(泥浆压力、泥土压力)的影响大，该推力作用于推压先行隧道的方向上；另外，就开放式盾构来说，开挖面开放的影响大，有扯动先行隧道的倾向；还有，盾尾通过时对先行隧道的扯动及壁后注浆的挤压等各种施工荷载都作为偏压产生作用。

11.1.3　影响分析的基本思路[2~6]

为了预测盾构施工对隧道正上方及其附近的地表沉降及对邻近建(构)筑物的影响，要对周边地基的影响进行分析研究。推定地表沉降、土中变形或相邻的重要建(构)筑物的变形等的程度，选定盾构的形式及掘进方法。还必须根据其结果分析研究地基改良等对策方法。

为了预测伴随着后续盾构的施工在先行隧道的管片上所产生的应力及变形程度，作为永久建(构)筑物的衬砌设计及后续盾构施工时的加固，防止变形对策等就要对给予先行隧道的影响进行分析研究。该项分析研究不单纯针对先行隧道的横断面方向，包括纵断面方向上也要进行分析研究。表 11-1 所示就是这些计算手法的一个实例。

影响预测解析的思路与所用的计算手法　　　　表 11-1

解析的目的与分类	解析对象	计 算 手 法			注意事项
		计算模型	荷　载	主要参数	
对周边地基的影响分析	通常隧道横断面方向	FEM(二维弹性、弹塑性)	·多个隧道掘进所伴随的土体应力释放 ·后续盾构施工时荷载(开挖面前面压力、壁后注浆压力)	·应力释放率 ·地基属性值(变形系数、泊松比等) ·侧向压力系数	·地基属性值的合理评价(考虑了施工条件的回弹现象等的评价) ·地基模型化 ·应力释放率的合理设定 ·后续盾构施工时荷载的评价 ·确切评价施工阶段的影响
对先行隧道的影响分析	横断面方向	惯用计算模型	·垂直荷载的加成 ·降低侧向土压力系数 ·降低地基反力系数	·侧向土压力系数 ·地基反力系数	·旧国铁的方法 ·作为永久建(构)筑物的管片的设计
		梁—弹簧模型	·伴随着复数的隧道挖掘的土体的应力释放 ·后续盾构施工时的荷载(开挖面前面压力、壁后注浆压力)	·应力释放率 ·后续盾构施工时的荷载 ·地基反力系数	·作用于管片的应力释放率的评价 ·后续盾构施工时的荷载评价 ·由 FEM 计算的荷载 ·与纵断面方向荷载之间的调整
	纵断面方向	梁—弹簧模型	·伴随着多个隧道掘进土体的应力释放 ·后续盾构施工时的荷载(开挖面前面压力、壁后注浆压力)	·后续盾构施工时的荷载 ·地基反力系数	·Boussinesq 的公式 ·荷载分布的评价 ·地基属性值的确切评价 ·由 FEM 计算的荷载 ·与横断面方向荷载之间的调整

以前在开放式盾构的影响分析中都是估计地基被松动的情况加成垂直土压力，降低侧向土压力系数及地基反力系数来设计管片的。在密封式盾构中发现很多过于推挤开挖面土体的现象，考虑到地基被松动而对隧道间的地基进行加固，这样做有时反而给先行隧道及周边地基带来很大的影响，由此可见对于这方面的研究也是很重要的。

近年来人们在进行有关并行盾构隧道的影响评价方面的研究，其成果既有报告，但就目前现状很难说其已经确立了明确的评价方法。最近的影响分析中采用 FEM 等的数值分析法在增多，此时充分研究已考虑了施工阶段荷载评价及地基与先行隧道的模型，加之作为永久建(构)筑物的管片的设计，再一并核查施工时安全性就显得非常重要。

11.1.4　施工注意事项及测量管理

当施工并行隧道时，必须充分考虑土质条件，在选定盾构时尽量不要扰动隧道周边地基。另外，更重要的是参考预测解析的结果等，确定掘进管理标准。然而，在预测解析中地基的属性值等不确定因素甚多，在实际施工时，早期测量地基与先行隧道的适时工作状态，应立即将资料反馈到施工管理中，这比什么都重要。

掘进管理项目，地基及先行隧道的测量项目必须与现场的实际状态相一致。图 11-2 所示为这些项目可供参考。当地基的变形及先行隧道的变形等超过管理值时，要立即停止施工，究其原因，修定掘进管理值，研究辅助工法。必须根据不同场合采取包括工法的变更等在内的措施。

11.1.5　施工实例

日本的并行盾构隧道的主要施工实例如表 11-2 所示。

表中的地铁东西线御陵东工区的并列隧道是日本首次并列 4 条隧道的实例[7,8]。

并列盾构隧道的实例（单位：m）　　　　　　表 11-2

发包单位	工程名称	盾构形式	隧道外径	总长	覆盖土层厚度	地质	隧道间纯间距	并列长度
日本铁道建设公团	京叶都心线东越中岛	土压式	7.20	986	3.5～12.5	黏性土，砂质土	1.8～3.6	986
东京都地铁建设	地铁 12 号线山伏盾构	土压式	5.3	845	13.0～24.0	砂，黏土，砾石	3.3～3.6	845
日本铁道建设公团	京叶都心线隅田川	泥水式	7.1	777	9.8～27.5	黏土，砂	3.7～3.9	717
东京都地下铁建设	地铁 12 号线原町盾构	土压式	5.3	500	16.0～25.0	砂，黏土	3.3～3.6	500
京都市	地铁东西线御陵东工区	土压式	ϕ5.74	437	4.3～18.0	黏土，淤泥	0.7～6.8	437
日本下水道事业团	习志野市菊田川 2 号干线	土压式	3.98×4.98	392.4＋417.2	3.0	细　砂	0.6	310
帝都高速铁道营团	地铁 7 号线永田町 2 工区	泥水式	8.0	190	20.0	黏土，砂，砾石	0.9～2.7	190
东京都交通局	地铁 12 号线新宿第 1 工区	土压式	8.1	166	32.0	黏性土，砂质土	1.4～2.0	166
日本铁道建设公团	京叶都心线西八丁堀	泥水式	ϕ8.25	119	20.0	黏土，砂，砾石	0.4～0.8	119
东京都下水道局	东阳干线之2-3工程	土压式	ϕ3.68	60	31.0	黏性土，砂质土	0.8	
东京都下水道局	足立区千住 5 号附近再建工程	土压式	ϕ4.18	1831	15.0	黏性土	1.0	
东京都下水道局	竹芝干线之 1 工程	土压式	ϕ3.94	737	17.5	砂质土	1.0	

11.2　小半径曲线施工及陡坡施工

11.2.1　小半径曲线施工

1. 小半径曲线的定义

市区修建的盾构隧道多半都规划在公共道路之下，其线形易于受道路的线形所支配，所以，毫无疑义很多情况下都为小半径曲线施工。

盾构隧道的小半径曲线的定义虽还不怎么明确，但据《隧道标准规范（盾构工法篇）及编制说明》中解释为无需并用盾构铰接装置的装备及辅助工法等，将比掘进可能的曲率半径还小的曲线定义为小半径曲线[11]。

从到目前为止的施工实例来看密封式盾构的小半径曲线施工的大致标准为以下的曲率半径（R）。

盾构外径 3m 左右：$R＝80$m

盾构外径 5m 左右：$R＝100$m

盾构外径 8m 左右：$R＝180$m

2. 小半径曲线施工时的对策

现将小半径曲线施工时的研究项目整理成如图 11-3 所示。施工时对图中所示的项目必须进行充分的研究。

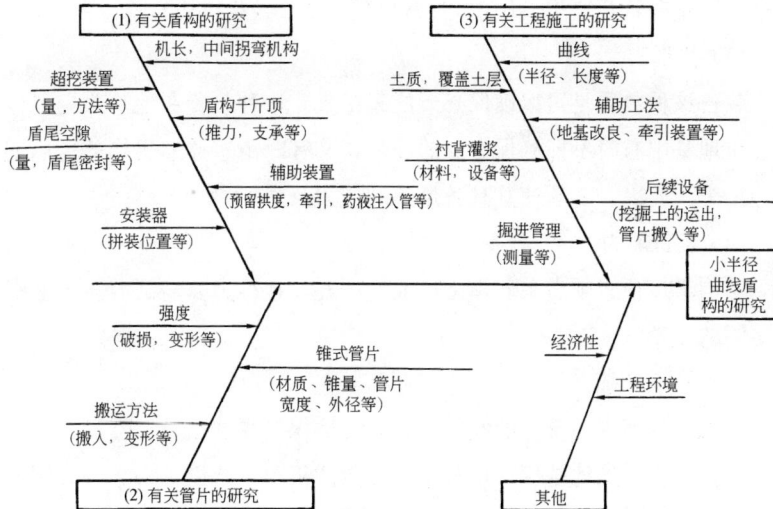

图 11-3　小半径曲线施工的研究事项

为了施工小半径曲线一般必须有如下条件。

① 盾构的旋转力必须大于土体的抵抗力；

② 在盾尾必须在确保有空间的条件下拼装管片；

③ 承受盾构推力的管片不得产生变形及移动；

④ 即使产生超挖时，地基也必须稳定。

为了满足这些条件主要应在盾构、管片、壁后注浆及辅助工法上采取措施。

3. 盾构

当研究盾构时，考虑到控制地基变形，提高施工精度及确保安全性等应采取如下对策：

(1) 盾构机长

在曲线施工中为了减少必要的超挖量，另外，还为了减少旋转阻力，比较有效的做法是尽可能地缩短机长。

(2) 铰接机构

装备这种机构可提高曲线部位的盾构的操作性的同时又可以减少超挖量，防止向管片产生偏压(参照第 5 章 5.4.3 铰接机构)。

(3) 仿形刀

装备该种装置是可以确保必要的超挖量。该种装置在地基改良部位及硬质地基中有时不能确保必要的冲程，又有时由于伸缩机构的变形不能伸出来，所以，必须使其具备足够的能力及强度。

(4) 装备能力

盾构千斤顶必须有单侧推出机能，因此，在推力、切削刀扭矩上应有足够的余量。

(5) 盾尾空隙

考虑到盾尾内的管片的倾斜量，必须确保必要的空隙。然而，如该值太大，则将增加地基变形量及增加壁后注浆量，所以，必须一并研究管片。

4. 管片

在管片上有时出现千斤顶推力偏心作用的情形，还有时产生没有拼装余量的情形。此时考虑到由于管片的承载力不足而产生破损及拼装精度降低的问题，应采取如下措施：

（1）管片的尺寸

在确保必要的斜（度）量的同时为了可以拼装，必须减小管片宽度。另外，也有时减小管片外径可确保拼装余量，但此时必须注意地下水及壁后注浆材料有可能漏到隧道内的问题。

（2）管片的加固

为了提高偏心荷载作用下的承载能力，应根据需要对肋，外包钢板及接头螺栓等进行加固。

（3）管片的设计

按需要也有时要分析研究隧道轴向。在进行研究时则使用考虑了盾构隧道轴向特性的梁—弹簧类结构模型[13]。

5. 壁后注浆

在小半径曲线区间的壁后注浆中为了传递千斤顶推力应尽早地固定住管片，同时也必须考虑到超挖部位的充填性，应在以下两点采取措施。

（1）壁后注浆材料

该材料必须在早期能够产生大于土体的强度，限定注入性要好、充填性也要好、还必须有体积变化小等特性。然而，也有在这些要求项目中相反的课题，以限定注入范围为目的，也有在管片背面设置注入袋及遮隔板的。

（2）壁后注浆设备

该种设备必须考虑超挖余量的设备能力。

6. 辅助工法

在小半径曲线区间作为地基条件要求确保地基的反力及超挖空间。为此，多半都采用如图 11-4 所示的地基改良工

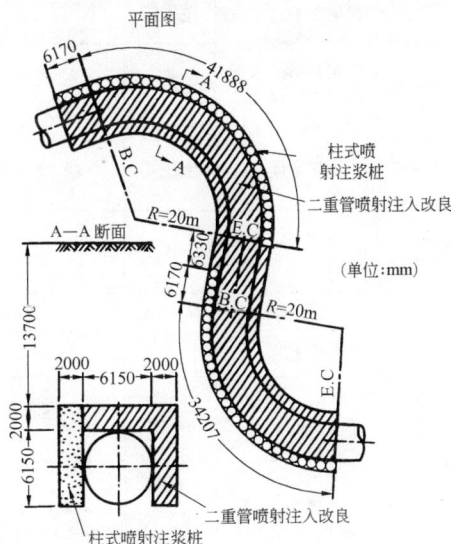

图 11-4 软弱地基改良工程实例

程。另外，作为其他辅助工法也有在曲线内侧利用钢棒等防止管片开口的方法。

7. 施工实例

小半径曲线的主要施工实例如表 11-3 所示。

小半径曲线盾构隧道的实例（单位：m）　　　　表 11-3

发包单位	工程名称	盾构形式	盾构外径	总　长	覆盖土层厚度	地　质	曲线半径
千叶县	东部污水 1 号干线（8 工区）	土压式	φ2.14	1018		细砂，黏土	20
横滨市	绿处理区上白根 2 号雨水干线	泥水式	φ2.49	1222	19.2	砂质泥岩	10
东京电力	新宿 5 条附近新设管路	土压式	φ3.03	350	8.4	砂　层	10
名古屋市	东郊干线下水道筑造工程	土压式	φ4.43	635	14.0	砂，淤泥	13
横滨市	南部处理区冈村第 2 干线	泥水式	φ5.25	2013	5.1～21.1	硬土层，砂砾，黏性土	10
东京都	东金羽雨水干线之 3 工程	土压式	φ6.15	598		淤泥，黏土	10
东京都	竹芝干线	土压式	φ7.11	706		淤泥，砾，硬土层	35
东京都地铁建设	地铁 12 号线清澄工区	土压式	φ8.99	899		黏性土	84
东京都	茶水分洪水渠工程之 4	泥水式	φ10.50	750	3.0～13.5	黏性土	100
大阪市	平野川调节池筑造工程 4	土压式	φ11.52	1690	26.6～35.8	黏性土，砂质土	70
东京都地铁建设	地铁 12 号线饭田桥车站工区	泥水式	8.85×17.44三联车站盾构	322	27.0	砂　层	125

START

[研究条件的整理]
· 坑内器材的搬运空间 B (考虑通路、后方台车等)
· 隧道的纵断面线形 (陡坡的位置、坡度、长度)
· 普通部位的管片的搬运 (分块、尺寸、重量)
· 挖掘土砂的运送方法 (管路输送或台车方式)

陡坡部位的管片宽度 B_1，重量的研究

$B > B_1$　No →　变更 B_1
Yes

[动力车方式的研究]
陡坡部位的电瓶车的能力与宽度 B_2 的研究
· 齿条与小齿轮方式
· 平环链方式

$B > B_2$　No　①　搬运重量的变更
(管片宽度，搬运数)
Yes

② [外部电源台车式的研究]
陡坡部位的必要能力与宽度
B_3 的研究
· 齿条与小齿轮方式
· 橡胶轮胎方式

$B > B_3$　No
Yes

[非动力车方式的研究]
搬运性能、运转方式的研究
· 卷扬机方式
· 捯链方式

电线卷筒尺寸及施工总长度的研究

考虑了陡坡部分的位置、坡度及长度的盾构整体的施工性，经济性及安全性的综合评价

[决定搬运设备]
ex) · 全线电瓶车方式
(陡坡部位驱动方式：平环链方式)
· 普通部位电瓶车方式，陡坡部位外部电源台车方式
(陡坡部位驱动方式：齿条与小齿轮方式)

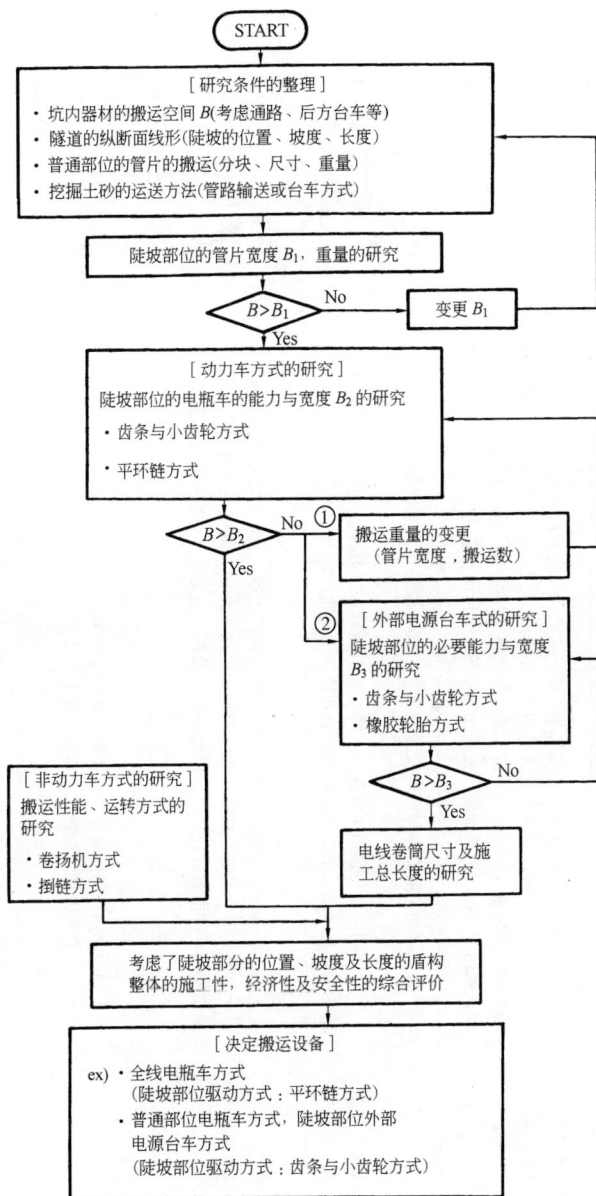

图 11-5　搬运设备的流程实例

表 11-4

各种搬运方式的概况

搬 运 方 式	结 构 概 要	示 意 图
齿条及小齿轮方式 [电瓶车方式 ·外部电源台车方式]	• 将钢制齿条布设在管片上部的小齿轮车边咬合住齿条边行走。 • 小齿轮车内装蓄电池轴利用电瓶车内的电动机工作的。电动机旋转的供给电源是利用蓄电池的电瓶电源旋转方法及在电线卷轴上预先卷上必要长度的电缆，利用卷缆旋转的外部电源方式，其中任何一种均已实用化了。	
平环链方式 [·电瓶车方式]	• 将钢制的竖起物等间距地设置在管片上部，链子边咬合竖起物，边由其上行走。 • 链子的驱动是借助于电瓶车内电动机旋转来工作的。为电动机旋转的电源供给是利用蓄电池内的电瓶的电池电源方式已达到实用化。	
橡胶轮胎方式 [·外部电源台车方式]	• 将工字钢设置在管片上部，橡胶轮胎边推挤轨道，边由工字钢两侧行走。 • 轮胎的驱动是利用台车内的电动机来工作的。为电动机旋转的电源供给作为外部电源方式，不是借助于电线卷筒，而是利用电车的受电弓方式。	
卷扬机方式	• 利用驱动卷扬机电动机卷扬钢丝绳牵动台车。 • 台车通常由设置在管片上部的轨道上行走。	
捌链方式	• 将带有钢制齿条的工字钢设置在管片顶棚上。带电动机的捌链由其上行走。 • 电动机与小齿轮联动，边咬合齿条边行走。 • 电动机旋转的捌链由其上行——一般是利用电缆的外部电源方式。	

11.2.2 陡坡施工

1. 陡坡的定义

据《隧道标准规范(盾构工法篇)及编制说明》所示,将由于坑内的搬送设备及安全设备、盾构的能力增强,管片的变更,加固等而必须采取与通常施工不同的某种特别对策的坡度定义为陡坡。

在日本国内据《劳动安全卫生规则》(第 202 条)所示,如果是通常的轨道形式,规定当使用动力车时,坡度要小于 5%。然而,即便小于该坡度通常也要设防止失控用的安全设备等。

2. 陡坡施工时的对策

在陡坡施工中当曲率比较小时的研究项目为盾构,管片及壁后注浆等基本上与小半径曲线施工的共同项目相同。所以,在此将阐述一下陡坡施工时的特有问题——搬运设备。

3. 搬运设备[14]

在陡坡施工中与通常的盾构工程相比,将是易于产生由于动力车失控的冲撞及夹持等灾害的环境。为此,要在充分考虑工程规模的基础上进行研究。图 11-5 所示为研究流程的实例。

(1)搬运方式

目前在陡坡施工中所用的搬运设备的方式及概况如图 11-6 及表11-4所示。按照研究流程选定的搬运设备基本上都是多重设置安全装置,平环链方式代表实例如图 11-7 所示。

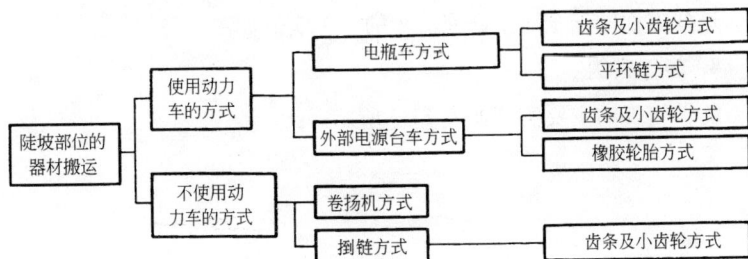

图 11-6 陡坡盾构器材的搬运方式

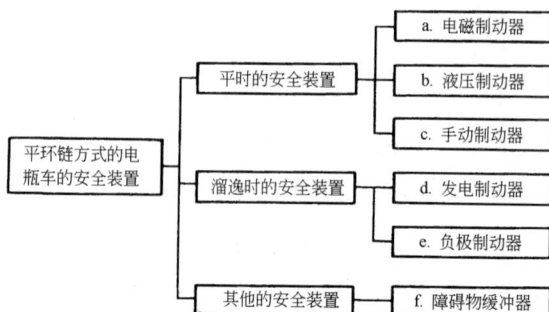

图 11-7　安全装置的系统图

（2）安全对策

在陡坡施工中当搬运设备运转时及管片的拼装作业中可以预见到事故发生的危险性要比通常的坡度区间高。有关陡坡施工时的安全作业的注意事项如下。

① 作业人员及器材处在易滑的环境；有搬运设备因失控而产生冲撞及夹持灾害的危险。

② 因隧道中心线与作业脚手架上角度不同，在管片等重物操作中有掉下及夹持灾害的危险。

③ 当引进自行式台车等新设备时，有因作业人员不习惯而错误操作产生灾害的危险。

④ 在初发及到达过程中有始发台架上盾构的滑出及洞门切削作业中有土体坍塌等危险。

这些方面的安全对策研究流程的一个实例如图 11-8 所示。

4. 施工实例

陡坡施工的主要实例如表 11-5 所示。

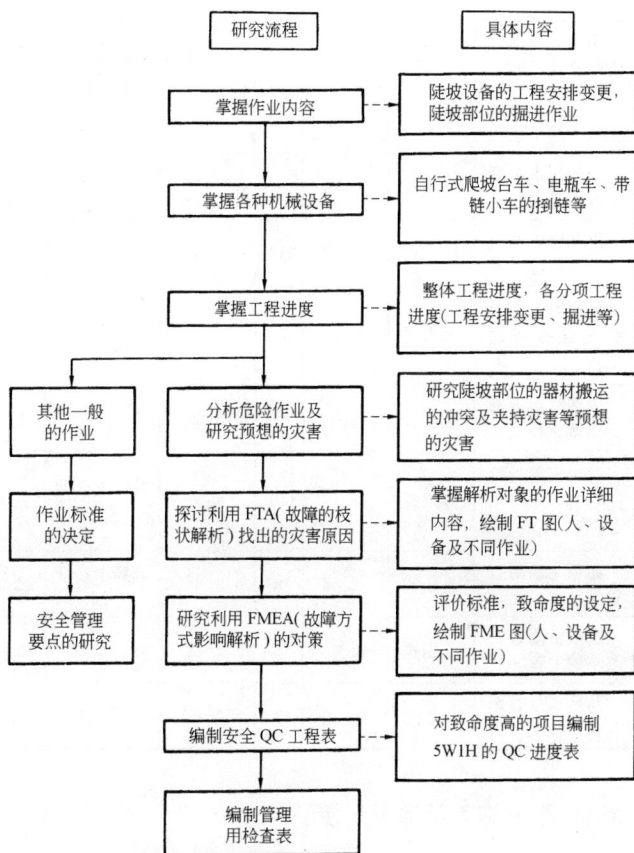

研究流程　　　　　　　具体内容

掌握作业内容 → 陡坡设备的工程安排变更，陡坡部位的掘进作业

掌握各种机械设备 → 自行式爬坡台车、电瓶车、带链小车的倒链等

掌握工程进度 → 整体工程进度，各分项工程进度(工程安排变更、掘进等)

其他一般的作业

分析危险作业及研究预想的灾害 → 研究陡坡部位的器材搬运的冲突及夹持灾害等预想的灾害

作业标准的决定

探讨利用 FTA(故障的枝状解析)找出的灾害原因 → 掌握解析对象的作业详细内容，绘制 FT 图(人、设备及不同作业)

安全管理要点的研究

研究利用 FMEA(故障方式影响解析)的对策 → 评价标准，致命度的设定，绘制 FME 图(人、设备及不同作业)

编制安全 QC 工程表 → 对致命度高的项目编制 5W1H 的 QC 进度表

编制管理用检查表

FTA: 将预期外的故障(不安全现象)在原因一侧逐渐分解成树枝状，在理论上定性进行多次故障的评价(由上位向下位分解:top down)。

FMEA: 从原因上找出系统故障一侧(结果)的问题，定性地发现预期外的原因迹象并进行评价(由下位返回上位:bottom up)。

图 11-8　陡坡施工的安全对策研究流程的实例

陡坡盾构隧道的实例(单位：m) 表 11-5

发包单位	工程名称	盾构形式	盾构外径	总长	覆盖土层厚度	地 质	坡度(%)	坡度区间长度
东京电力	川崎临海地区管路新建工程	土压式	$\phi3.33$	202	7.4～10.8	冲积黏性土，砂质土	29.0	22
阪神水道企业团	甲东输水路2工区盾构工程	手掘式	$\phi2.45$	455	5.0～15.0	砾石，砂砾，砂	27.3	77
水资源开发公团	爱知用水2期干线水路	土压式	$\phi4.20$	913	4.0～50.0	砂砾	27.0	
东京电力	港北变电所附近管路新建工程	泥水式	$\phi5.24$	2395	1.4～41.0	砂，泥岩	27.0	130
东京电力	新宿御苑(共)关连管路新建工程	泥水式	$\phi4.70$	116	7.6～13.5	砂质土，黏性土	27.0	51
东京电力	内幸町附近管路新建工程	土压式	$\phi4.03$	151	8.8～26.7	淤泥，砂质土	23.0	80
关西电力	西梅田附近管路新建工程(第2工区)	泥水式	$\phi8.18$	1498	66.3	黏性土，砂质土	20.1	
东京电力	赤坂4条附近管路新建工程	土压式	$\phi2.68$	591	3.2～16.0	黏性土，砂质土	20.0	140
东京电力	盐滨桥附近管路新建工程	土压式	$\phi3.63$	1027	12.7～29.7	黏土，砂	20.0	88
东京电力	新宿1条管路新建工程(之2)	土压式	$\phi4.13$	438	12.0～27.3	黏土，砂砾	20.0	78

11.3 长距离施工及地下对接

11.3.1 长距离施工

1. 长距离施工中的研究项目

在长距离施工中必须研究如下项目。

(1) 耐久性

长距离施工的研究项目中必须特别注意的是盾构机各部件的耐久性。其中刀盘、刀具、轴承密封及盾尾密封、送排泥管的耐久性的研究特别重要。

1）刀盘

刀盘的耐久性与刀具的耐久性有关，刀盘的外周部经常受到剧烈的滑动磨损。为此，必须在刀盘的外周部位采用耐磨钢的焊接、硬化堆焊及嵌入刀片等耐磨损对策。

2）刀具

刀具的耐久性受土质、盾构直径、刀具转数、掘进速度及头的形状和材质等影响，刀具的磨损量基本上由相应土质的磨损系数及刀的滑动距离来决定。在刀具的磨损对策上必须研究如下项目。

① 采用耐磨性材料，研究超硬刀头数及形状；

② 采用先行（前锋）刀、滚刀及阶梯刀等；研究焊道数。

当掘进砾质土时，刀具经常因砾石而损坏。此时必须研究刀的磨损检测及更换方法等。

3）轴承密封

轴承密封的耐久性由滑动面及端头的磨损量与滑动距离之间的关系来推定可能掘进的距离，也必须考虑滑动速度产生的热量与密封的物性维持之间的关系。轴承密封在掘进过程中几乎不可能在机内更换，所以，如下所示的研究项目就显得格外重要。

① 密封的滑动面及前端部的磨损较重，故要研究耐滑动发热的材料；

② 密封形状及层数等的研究；

③ 为减轻磨损的润滑脂的自动供给方式等的研究；

④ 作为降温的对策要研究水冷套等冷却设备设置的问题。

4）盾尾密封

盾尾密封的事故与施工之间的关系很大，还与壁后注浆的粘附，曲线施工的盾尾与管片之间的摩擦，盾尾密封润滑脂供给不足及盾构机后退等有关。

现在一般使用的金属刷式盾尾密封的层数为三层并充填盾尾密封润滑脂，虽经试验已确认了 $1000kN/m^2$（$10kgf/cm^2$）左右的高水压力下的耐久性，但密封本身的耐久性的提高及其更换方法等维修保养方面的研究尤为重要。

5）送排泥管

就泥水式盾构来说送排泥管的耐久性是一个问题。

特别是当为砂砾层时，弯管处的磨损量大，所以，必须研究不同土质条件下输送管的管壁厚度及更换等问题。另外，还必须研究动力、泵及地上设备（处理设备）等。

（2）维修保养

为了确保盾构机的耐久性及防止故障与事故，就必须进行适当的维修保养。

1）刀具

在滑动距离最长的最外周附近安设磨损检测刀，进行磨损量管理，预测磨损量尤为重要。在磨损检测刀的检测方法上有液压式、电气式及超声波式等。

在长距离掘进施工中，为了尽量减少刀具的更换次数，在预想更换刀具的部位希望安装易于拆卸的销子或螺栓。

现在当务之急是研究及开发检查竖井与无需地基改良的刀具更换方法。

2）轴承密封及盾尾密封

润滑脂的充填压力管理，在轴承密封中特别是润滑脂的温度核对相当重要。为此，希望采用可管理润滑脂的充填压力及温度等的自动注油系统。

通常盾尾密封在末端密封之外是采用可更换的结构。作为该方法在盾尾密封间预先安装紧急止水装置等，采用在坑内就可更换盾尾密封的结构。

（3）施工设备

长距离施工时必须致力于提高作业效率，降低危险作业及改善作业环境的工作。为此，应研究以施工设备的自动化为中心的如下事项。

① 研究切削土砂，管片等的搬运及进行设备器材搬入搬出的机械能力及采用自动化的问题。

② 为了应对事故的预备设备的研究。

③ 采用管片的自动拼装及自动壁后注浆控制系统等。

（4）安全卫生

当掘进距离超过 2km，则即便乘车在与地上的往复也相当费时间。为此，必须考虑作业的安全性，提高作业效率及确保实际作业时间等问题，应研究如下事项。

① 为了应对缺氧及缺氧空气、有毒气体及可燃性气体的发生，应研究坑内的所需换气量及换气设备的能力等，并采用自动检测气体的报警装置。

② 为了在坑内休息，要设置厕所，洗脸间及休息场所等安全卫生设备。

2. 施工实例

长距离施工的主要实例如表 11-6 所示。

11.3.2 地下对接

1. 地下对接的种类

地下对接有正面对接及侧向对接。

（1）正面

由两侧的始发井等相对的两台盾构机同时掘进，在中间地点由正面进行对接，这在长距离隧道及海底隧道中经常采用。

（2）侧向对接

由始发井等向既有的隧道掘进，由侧向与既有隧道进行对接，主要用在排水管道、电力、通信的 T 字形对接。

2. 对接方法

在地下对接方法中大致有如图 11-9 所示使用辅助工法的地下对接及机械方式的地下对接。

（1）使用辅助工法的地下对接

长距离盾构隧道的实例(单位：m)　　　　　表 11-6

发包单位	工程名称	盾构形式	盾构外径	总　长	覆盖土层厚度	地　质	备　注
横滨市	北部处理区新羽末广干线	泥水式	φ9.45	4435	58.0	固结淤泥，砂	正在施工中
东京都	城南河川的清流复活事业引水设施	泥水式	φ2.13	3497	41.8	砂质土	
北海道电力	北海道电力美利河发电厂排水路	土压式	φ3.33	3354	15.0～50.0	泥岩，砾岩，砂岩	
NTT	江户川～葛西光电缆工程	泥水式	φ2.93	3300	36.6	砂质土，淤泥	
东京电力	上尾与野联系管路(第 3 工区)	泥水式	φ3.74	3220	7.6～17.3	黏性土，砂质土	施工中
东京煤气	横滨干线	泥水式	φ4.09	2913	20.9～33.4	黏性土，软岩	施工中
大阪府	寝屋川南部地下排水路加美调整池	泥水式	φ8.31	2844	22.5	砂，黏土，砂砾	
东京湾横断道路	东京湾横断道路川崎隧道浮岛南	泥水式	φ14.14	2852	16.0	黏性土，砂质土	海底隧道
东京湾横断道路	东京湾横断道路川崎隧道浮岛北	泥水式	φ14.14	2803	16.0	黏性土，砂质土	海底隧道
东京湾横断道路	东京湾横断道路中央隧道木更津南	泥水式	φ14.14	2776	14.0～18.0	黏性土，砂质土	海底隧道
东京电力	姊婿～千叶火力间煤气导管	泥水式	φ4.08	2769	23.7～37.0	黏性土，砂质土	海底隧道

　　当为正面对接时，让相对 2 台盾构机停止，利用药液注入工法、水泥乳液的置换或冻结工法使刀盘周边的地基稳定后，用人力拆下盾构的前面结构进行对接。当为水压力较高的场所时，多半都采用可靠性好的

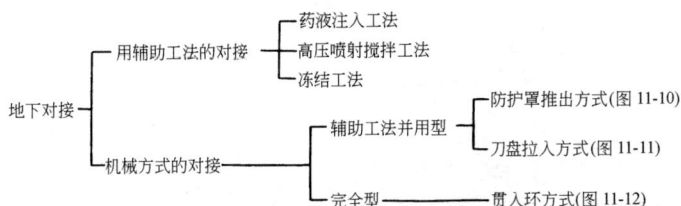

图 11-9　地下对接方法的分类

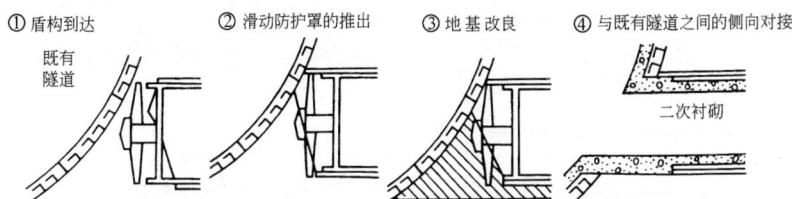

图 11-10　防护罩推出方式

冻结工法。当为侧向对接时，目前基本上都用辅助工法的地下对接，其方法与正面对接相同。

1) 药液注入工法

药液注入工法既可以由地上注入，又可以在坑内注入，其施工性好，费用也便宜，但是，在改良效果的可靠性方面略有些问题，可适用的条件有限，多半都同时使用气压工法使开挖面稳定。

2) 高压喷射搅拌工法

高压喷射搅拌工法(CJG，JSG 工法等)是将水泥乳液与土体拌合或置换，故可以充分期待改良效果，但不能在盾构内施工。另外，在大深度下改良效果将降低。

3) 冻结工法

如若将冻结工法与其他工法相比较，则在工程费用及工期上不利，但是它可以确实改良土体，又可以由盾构内施工，所以，多半都用在海底之下及大深度、大断面的地下对接施工中。

(2) 机械方式的地下对接

当为正面对接时，机械方式的地下对接应尽可能地使两台盾构机的

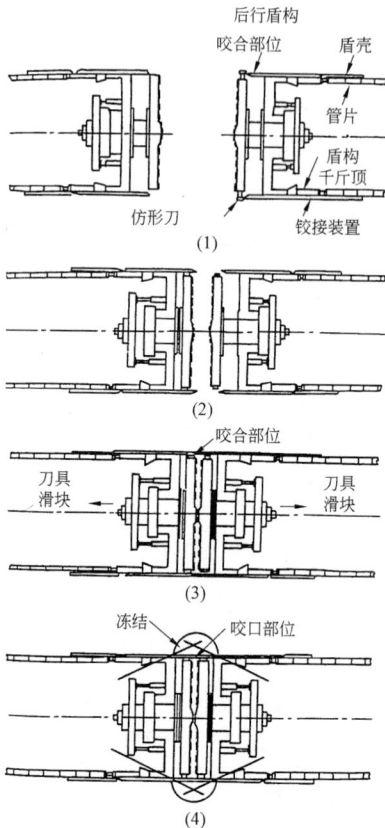

图 11-11　刀盘拉入方式[15]

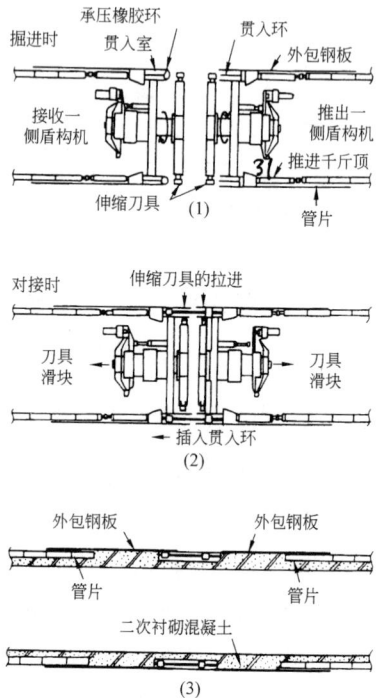

图 11-12　贯入环方式

开挖面接近，利用机械方式咬合住盾壳，将切削刀圆盘的外周环或另行装备的贯入环进行对接的方法。即便此时也有利用辅助工法进行对接的方法和直接利用机械方式进行对接的方法。侧向对接时与正面对接时基本相同，如今均同时采用辅助工法进行对接。

1) 防护罩推出方式

这是盾构隧道与既有隧道进行侧向对接时主要使用的方法（图11-10），在盾壳上装备可滑动的防护罩（与连接防护罩的前面的隧道外形相吻合的曲线形），在对接地点推出防护罩进行对接。对接时必须利用辅助工法对周边地基进行改良加固。

2) 刀盘拉入方式

这是让已经到达对接地点的先行盾构(接受一侧)的刀盘后撤,在此处让后到达的盾构(贯入一侧)前进,利用贯入刀盘进行对接的方法(图11-11)。此时利用安装在对接部位的盾壳内侧及外侧的密封件来防止水及土砂流入。为了更确实地止水,利用在密封部位的间隙注入止水材料,不用大规模的地基改良就可以在地下进行对接。

3) 贯入环方式

在一方的盾壳内侧布设贯入环,在另一方的盾构处内设承压橡胶环,在对接地点对准各自的位置后推出贯入环,将其挤压住承压橡胶环进行机械式对接的方法(图11-12)。该工法基本上不利用辅助工法就可以直接进行地下对接。

4) 机械式地下对接的注意事项

用机械式地下对接中为了能准确地对准刀盘、防护罩及贯入环,必须注意如下事项。

① 不仅盾构中心的水平及垂直方向的位置,就连盾构主机的倾斜度也必须对准。为此,在相互的盾构接近瞬间必须有可正确掌握盾构相互位置关系的技术。

② 为了正确地掌握盾构相互的位置关系,由一方的盾构机内进行水平钻探,可在另一方的盾构机内采用检测的方法,但是,水平钻探的施工精度是一个值得注意的问题。

作为其他方面的注意事项还有当想到如果刀盘的滑动装置,防护罩的推出装置及贯入环的推出装置出现故障时,就必须预先研究出相应对策。

就目前现状而言多半都采用辅助工法的地中对接,然而如若考虑到随着盾构的大深度化,在高水压力下的地下对接将增多的倾向,从施工的安全性考虑采用机械方式的地下对接将会增多。

3. 施工实例

地下对接的主要施工实例如表11-7所示。

地下对接盾构隧道的实例（单位：m）　　　表 11-7

发包单位	工程名称	盾构形式	盾构外径	总长	地质	对接方式
NTT	关西金乐寺～尼崎间光电缆	土压式	$\phi 2.86$		洪积黏土	防护罩推出方式
NTT	东京吉原～浅草间光电缆	土压式	$\phi 3.29$		混砂淤泥，砂	防护罩推出方式
东京都	板桥干线	泥水式	$\phi 3.48$	780	砂砾，细砂，淤泥	防护罩推出方式
东京电力	日比谷筑地管路	土压式	$\phi 3.08$	671	洪积砂质土，冲积黏性土	防护罩推出方式
中部电力	新名火潮见工区（引入侧）	土压式	$\phi 7.19$	1502	黏性土，砂砾	刀盘拉入方式
	新名火名和工区（推入侧）	土压式	$\phi 6.95$	1483		
东京电力	三咲附近管路（拉入侧）	泥水式	$\phi 4.49$	1698	洪积砂质土	刀盘拉入方式
	二和附近管路（推进侧）	泥水式	$\phi 4.33$	867		
东京都水道局	江东区南砂～丰住给水所间输水管（承压侧）	泥水式	$\phi 3.43$	1844	淤泥，砂质淤泥	贯入环方式（MSD 工法）
	江东区给水所～江东区南砂间输水管（贯入侧）	土压式	$\phi 3.43$	1749		
神奈川县	平塚输水管（1工区）（承压侧）	泥水式	$\phi 2.48$	1175		贯入环方式（MSD 工法）
	平塚输水管（2工区）（贯入侧）	泥水式	$\phi 2.49$	1260	砂质土	
中部电力	新名古屋发电厂 7 号煤气导管（2工区）（承压侧）	泥水式	$\phi 4.10$	808	黏土，淤泥	贯入环方式（MSD 工法）
	新名古屋发电厂 7 号煤气导管（3工区）（贯入侧）	泥水式	$\phi 4.11$	707		
东京都水道局	荒川区南千住～足立区千住间输水管（承压侧）	泥水式	$\phi 2.64$	1200	砂质土	贯入环方式（MSD 工法）
	足立区千住仲居町～千住关屋町输水管（贯入侧）	泥水式	$\phi 2.65$	1431		

11.4 大深度施工

在城市道路之下的浅层部位由于建造有给水、排水管，电力，通信，铁道，煤气等各种设施已处于相当拥挤的状态。为此，新建隧道在既有建(构)筑物之下修建就不得不向深层化发展。从土地的高度利用及防灾害等角度来看，大深度地下空间的利用规划已有很多，今后大深度化的倾向将日趋明显。

11.4.1 大深度施工的研究项目

现在从各种必要性来看要求有能够对应深度100m左右的施工技术。随着施工深度的加大，高水压力下的工程就多起来了，大深度盾构工程中高水压对策就成了人们关注的焦点。下面将阐述一下大深度施工中的研究项目。

1. 盾构机

现在必须研究盾构刀具驱动部位的止水机构——轴承密封的材质、层数及防止接触压力产生的温度上升的冷却装置等。随着高水压力的增大推力也将增大，所以，还必须研究止推轴承及盾构千斤顶等。另外，盾尾密封的止水对策也很重要，也必须研究其材质、形状、层数及密封间的堵孔用充填材料的材质与注油方法，还要分析研究盾尾密封的更换方法及紧急止水装置等。轴承密封与盾尾密封就目前现状而言在试验阶段已经确认可确保 $1N/mm^2$（$10kgf/cm^2$）左右的耐水压性。

除此之外，在泥水式盾构中必须研究送排泥泵的轴封装置、配管的伸缩装置，对于水锤的对策等，在土压式盾构中要研究螺旋输送机排土口的止水对策等。

在大深度施工中可以预见到开挖硬质地基，另外，竖井修建费用的增大，还有长距离施工问题。为此，刀具的磨损，盾尾刷的时效老化等各构件的耐久性均是研究课题。现在虽然在开发研究耐磨性好的刀具，但现在期待开发的课题很多，例如结构、材质、更换方法及维修管理等。

2. 竖井设备

在大深度施工中竖井将加深，设备器材的搬入搬出对施工周期的影响很大。为此，必须考虑引进可缩短搬入搬出时间的设备。对于安全设备，换气设备等也必须进行研究。

3. 初始掘进工程及终点到达工程

在初始掘进工程及终点到达工程中，一般为了使土体稳定而必须进行地基改良，但是，由于大深度条件下地基改良比较困难。为此，必须改进地基改良方法及不需地基改良的初始掘进工程及终点到达工程。对于不需地基改良的初始掘进及终点到达方法已在第 6 章介绍过，请予参考。

4. 管片

确保高水压力条件下的管片接头的止水性、接头的刚度及密封材料的长期稳定性就是其研究课题。关于接头现在既有几种具有一定刚度的接头已达到实用化。就管片主体来说必须研究使用高密水性的混凝土、注浆孔及接头等的铁件与混凝土之间的接触面的水密性及对应于高开挖面压力的施工荷载等。现在已经在研究不设接头铁件及注浆孔的管片及在管片背面设置止水层等工作。在管片的闭合上从前多半使用半径方向插入型的 K 式管片，但是，对于高水压荷载作用下必须采用有利的轴向插入型 K 式管片。

11. 4. 2　施工实例

表 11-8 所示为利用密封式盾构的大深度施工(高水压下的施工)的主要施工实例。

大深度(高水压)盾构隧道的实例(单位：m)　　　　表 11-8

发包单位	工程名称	盾构形式	盾构外径	总长	覆盖土层厚度	地　质	水压力(N/mm²)	备　注
京都市	第 2 过水道路隧道建设(之 1～2)工程	泥水式	$\phi4.43$	1193	169.0	砂　砾	0.70	
宫城县	藏王干线管渠(盾构)工程	泥水式	$\phi1.93$	1000	118.0	软　岩	0.60	

续表

发包单位	工程名称	盾构形式	盾构外径	总长	覆盖土层厚度	地 质	水压力(N/mm²)	备 注
横滨市	今井川地下调整池建设工程	泥水式	ϕ12.14	2810	85.0	黏性土，砂质土	0.76	
关西电力	西梅田附近管路新建工程第2工区	泥水式	ϕ8.18	1498	66.3	黏性土，砂质土	0.72	施工中
下水道事业团	横滨市末广支线下水道整顿事业	泥水式	ϕ4.70	1809	64.2	泥 岩	0.63	横穿运河
下水道事业团	横滨市新羽末广干线元宫支线	泥水式	ϕ6.15	842	59.9	泥 岩	0.60	
东京煤气	接收配管盾构隧道工程	泥水式	ϕ9.10	523	59.5	淤泥质黏土，细砂	0.66	海底隧道
东京煤气	扇岛盾构隧道（陆上工区）	泥水式	ϕ9.08	1448	59.0	淤泥质黏土，细砂	0.65	
大阪煤气	南港北～北港北盾构工程	泥水式	ϕ3.05	2192	55.5	黏性土，砂质土	0.60	施工中
东京湾横断道路	东京湾横断道路	泥水式	ϕ14.14	—	16.0	黏性土，砂质土	0.60	海底隧道

11.5 可燃性瓦斯地层施工

可引发盾构工程爆炸或火灾事故的可燃性瓦斯地层中的有害气体基本上都是甲烷气体。甲烷气体的主要特性如下。

① 无色，不臭，无味的气体。

② 相对于空气的相对密度为 0.55，比较轻。

③ 易溶于水。

④ 可燃性，与空气混合则引起燃烧或爆炸（爆炸浓度的范围为4.8%～15%左右）。

⑤ 甲烷气体虽无害，但一旦达到一定浓度将呈现缺氧状态。

在富含甲烷的地区，事前要进行土中的甲烷调查，综合分析研究并实施线形及盾构机种的选定，换气设备，防止气体泄漏到坑内的对策，设置气体检测报警装备，采取火源管理对策等。当估计到即便采取诸如此类的对策仍旧还有危险性时，那么，就必须采取利用钻孔等排气的措施。

11.5.1　富含甲烷的地区

甲烷是有机物分解而产生的。例如基本上没有氧气的沼泽地及潮湿地带的底部等，落叶经微生物分解等比较容易产生甲烷气体。所以，甲烷气体除了存在于煤田、油田及天然气田地区外，还存在于腐殖土的堆积土壤中及冲积洼地，或者生活废弃物的回填地等地区。

11.5.2　地下瓦斯调查

1. 预备调查

预备调查是就施工地区的甲烷气体的生成状况等收集分析既有的土质调查资料，周边的工程实例，相关文献及地方志等资料，以掌握易于生成甲烷气体的地层为目的而实施的。

土层中富含甲烷气体的状态如图 11-13 所示。其中①的游离气体易于直接喷出或突发至坑内，造成火灾及爆炸事故的危险性最高。另外，甲烷气体的溶解度与水压力呈正比增加，在承压状态下溶存在②的地下水中的甲烷气体通过盾尾密封及切削土砂进入坑内，有可能在大气压下的坑内游离喷出。③中甲烷气体与盾尾密封及切削土砂一同进入坑内，在大气压下的坑内游离。

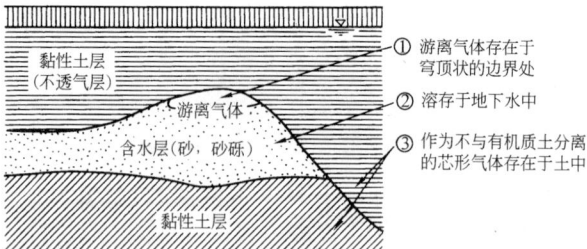

黏性土层
(不透气层)

游离气体

含水层(砂，砂砾)

黏性土层

① 游离气体存在于穹顶状的边界处
② 溶存于地下水中
③ 作为不与有机质土分离的芯形气体存在于土中

图 11-13　地下的甲烷气体的存在状态

在预备调查中特别重要的是绘制地层的等高线图，掌握富含甲烷气体的位置。

2. 土中的甲烷气体调查

在估计有生成甲烷气体的地区根据预备调查结果选择适当的调查地点，为了掌握土中生成气体的存在状态，进行土质调查用钻孔的原位气体调查及室内气体分析试验。

原位气体调查的方法目前没有 JIS 及学会等的公共标准。现在所实施的主要调查方法如图 11-14 所示，大致有降低钻孔内的水位抽取地下水样的调查方法，还有原封不动保持钻孔内的水位抽取地下水样的调查方法。图 11-15 为地下水降低法的调查流程图。

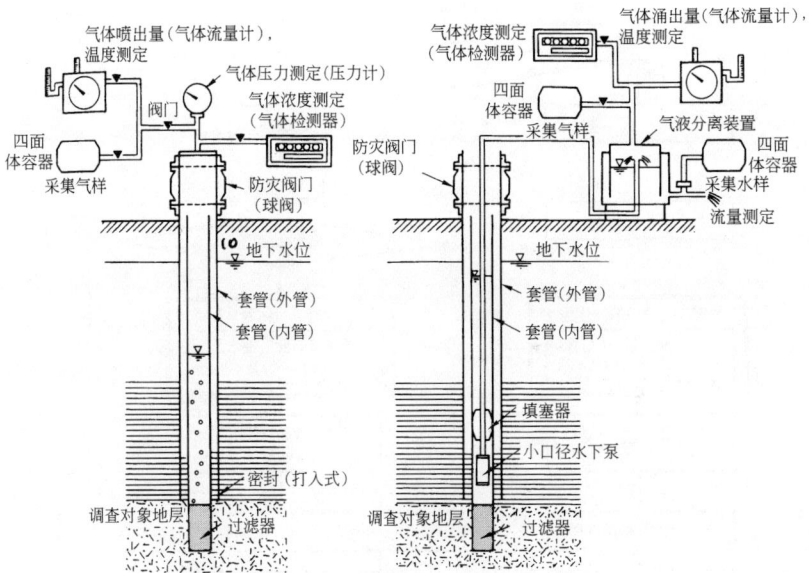

图 11-14 地下瓦斯调查方法(地下水降低法)

地下瓦斯调查的新方法正在试行中。

11.5.3 甲烷气体对策

1. 爆炸危险性的评价

作为评价气体爆炸危险性的方法有各种提案，但其中有代表性的方法有《盾构工程相关的安全评价指南》[18]。在该指南中如表 11-9 所示由四个要素来评价危险度等级，制定必要的安全对策。

START

预 备 调 查

实 施 钻 孔

设 置 试 验 孔

设置防灾阀门
（安全对策）

孔内水的冲洗并提取

大气压、孔内水位及水温的测定

气体喷出否？

Yes　　　　　　　　　　　　　　　No

关闭防灾阀门　　　　　　　　　　连续抽水

气液分离

游离气体发生否？　　　　　No

Yes

设置孔口装置

测定喷出气体的发生量
气体喷出量，压力，
孔内水位

测定游离气体发生量
气体游离量，抽水量，
孔内水位，水温，气温

测定喷出气体浓度
（气体检测器等）

测定游离气体浓度
（气体检测器等）

采集室内分析用气样

采取室内分析用气样

采取室内分析用地下水样

气体喷出停止作业

打开防灾阀门

利用气体色谱仪进行定量分析

解析及研究

END

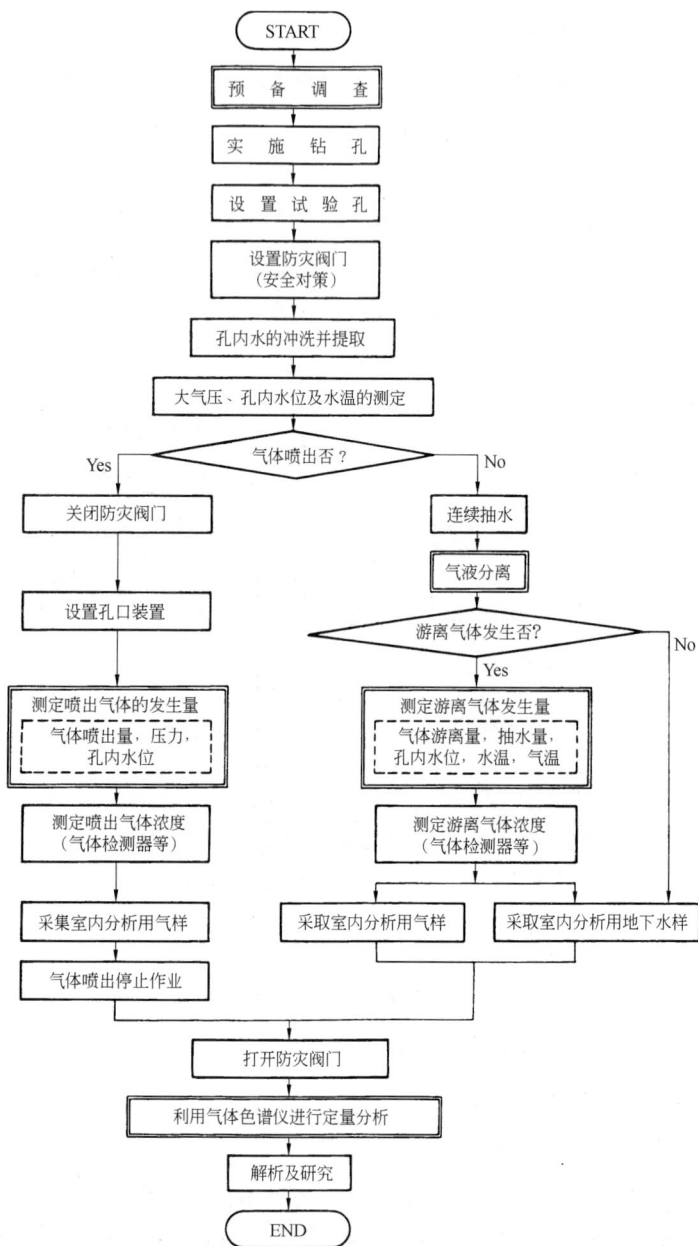

图 11-15　气体调查的步骤（地下水降低的方法）

有关可燃性气体的危险性评价表 表 11-9

要　素	条　件	评　分
地　质 (g)	① 当在施工区域存在有担心发生可燃性天然气的地质； ② 当在施工区域附近有担心发生可燃性天然气的地质； ③ 不担心发生可燃性天然气	3 2 0
总　长 (l)	① 长的(1000m 以上)； ② 中等的(300～1000m)； ③ 短的(不足 300m)；	3 2 1
断　面 (a)	① 小断面(外径：不足 3.5m)； ② 中等断面(外径：3.5～6.0m)； ③ 大断面(外径：6.0m 以上)；	3 2 1
竖井深度 (d)	① 深的(30m 以上)； ② 中等深的(10～30m)； ③ 浅的(不足 10m)	3 2 1

有关气体爆炸(可燃性天然气)的危险性的评分：$g(l+a+d)$

注：当存在有担心发生可燃性天然气的地质(评分 3)时，与其他评分无关取Ⅰ级。

等级分类	Ⅰ级(危险性非常大)——————11 分以上 Ⅱ级(危险性大)——————7～10 分 Ⅲ级(有危险性)——————1～6 分 Ⅳ级(无危险性)——————0 分

2. 盾构通过位置的选定

盾构通过位置希望选择含甲烷气体的可能性小且地层变化少的稳定地层。当在万不得已的情况下必须穿过含可燃性气体的土层时，就必须采取按照气体爆炸的危险度的相应的安全措施。对于可燃性气体，作为顶部黏土可起作用的封堵层必要厚度根据该层的土质特性及其正下方的可燃性气体的存在状态等而定，但是当为比较理想的黏土质地层时，一般为 3～4m 左右。

3. 盾构机的选定

在富含甲烷气体的地区原则上选用密封式盾构。当为土压式盾构时，希望选择泵送方法搬运切削土砂。

4. 换气设备

当有甲烷气体危险时，利用换气方式将甲烷气体稀释到安全的浓度排放出坑内。所需换气量应分析对比气体稀释必要的换气量与由不让气体停滞的坑内风速所求得的换气量，在换气量多的一方再加上坑内作业人员的呼吸量就为所需换气量。对于换气问题有建设业劳动灾害防止协会的《隧道工程等的换气技术指南》[19] 可供参考。

（1）甲烷气体的涌出量的推定及稀释浓度

伴随着盾构掘进的甲烷气体向坑内的涌出量的推定公式是由多项假定推导出来的，当采用该公式时，必须考虑盾构的密闭程度及施工技术的改善程度进行充分地研究。

一般所用的平松氏的提案公式[19] 如图 11-16 所示。该公式原则上是以开放型盾构为基础而推导出来的，对于密封式盾构必须进行修正。如假定甲烷气体向隧道坑内的涌出量为 Q_t，则 $Q_t = \gamma \times Q$（γ：修正系数）。作为修正系数通常多半取 0.5 左右，但这有些过于安全。今后考虑到土中气体调查结果的可靠性及最近的盾构的密闭度的提高等，必须采用加上更适当的安全系数的修正系数。

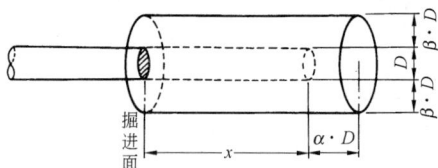

每天的发生量 $Q(\text{m}^3/\text{d})$

$$Q = \pi \left(\frac{D + 2\beta D}{2} \right)^2 \cdot (x + \alpha \cdot D) \times \frac{\varepsilon}{100} \times (1 + 0.1H)$$

式中　D ——隧道外径（m）；

　　　x ——日掘进量（m）；

　　　α ——与开挖前面方的影响范围有关的系数（一般为 1.5）；

　　　β ——与半径方向的影响范围有关的系数（一般为 1.0）；

　　　ε ——空隙率（%）（一般为 40%）；

　　　H ——深度或水头（m）。

图 11-16　平松氏的甲烷气体涌出量的推定公式

在计划换气设备时，必须确保从推定的甲烷气体的涌出量具有在坑内可稀释到通常作业可行的甲烷气体浓度的换气能力，现在虽然还没有通常作业可能的甲烷气体浓度的明确规定及法令等，但通常多半取0.25%～0.5%的浓度。然而，如果能确认坑内仍有少量甲烷气体存在，必须马上停止作业，实施发生源的调查及追加地质调查等，并预测甲烷气体的发生情况，待确认作业的安全性之后再度开始作业，这一点是非常重要的。

（2）坑内的换气风速

当预测涌出甲烷气体时，坑内的最低风速将形成稀薄的甲烷气体，要取不产生逆流的风速 0.5m/s 以上，当在坑内已产生甲烷气体时或此可能性非常大时，就不形成稀薄的甲烷气体，此时希望确保气体不滞留，坑内的风速 1.0m/s 以上。

（3）换气方式

为了确实地排出涌入坑内的甲烷气体，送排气并用方式最理想，但考虑到配管空间必须有某种程度的断面积。为此一般经常采用如图 11-17 所示的局部地区用排气扇的排气方式[19]。此时必须注意如下几点。

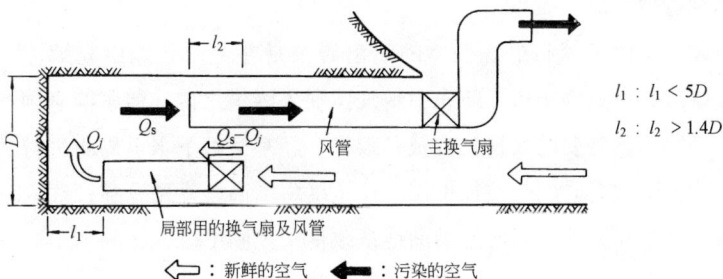

图 11-17　局部用换气辅助的排气方式

① 取可能控制两者风量的设备；

② 要掌握吸入口与排出口的最佳位置关系；

③ 取不妨碍开挖面作业的风速及位置等。

5. 防止甲烷气体涌出的对策

在市区的盾构工程中溶存于地下水中的甲烷气体较多。这类水溶性气体一般与土砂及地下水一齐涌至坑内，所以，只要提高其止水性就可以在某种程度上防止涌入坑内。另外，只要密封不充分，游离气体逐渐接近被压游离甲烷气体土层，涌出量将逐渐增加，之后一度喷发的危险性就很大。

甲烷气体易于涌到坑内的部位有盾尾密封处，排泥管的延伸部位，土砂压送管及中间漏斗，壁后注浆孔，管片的接头部位等。其中最应引起注意的是盾尾密封处。为此，要在盾尾密封处设三层以上的金属刷，还希望在此处设盾尾润滑脂的自动给油系统。另外，中间漏斗等取密闭型，管片处使用水膨胀性密封材料等，接头处要采用止水性很可靠的材料。

6. 甲烷气体的减弱对策

当即便采用换气对策等坑内的甲烷气体的涌出浓度仍接近危险范围时，就必须采取利用钻孔排气、药液注入等地基改良的手法的控制甲烷气体涌出等的防范措施。

排气可掌握承压游离气体的存储量，而且当距地表不太深时，还是可以期待效果的。

经地基改良控制甲烷气体的涌出对策是在土的孔隙中充填注入材料，以形成不透气土层，防止甲烷气体涌入隧道之内，但事前必须通过注入试验确认必要的改良范围及其效果。经东京都下水道局所进行的调查试验表明随着时间的增加甲烷气体浓度将增高，发现有穿过注入壁而积累的现象。为此，即便想借助地基改良来控制甲烷气体的涌出以缓和施工上的甲烷气体的对策仍旧是偏于危险的。

7. 火源对策

（1）采用自动电源遮断系统

当坑内的甲烷气体浓度已达到 1.5％ 时，截断坑内的电源，切断火源，这对防止事故非常重要。所以，采用与可燃性气体自动检测器联动的自动电源截断系统是必不可少的。此时，必须设置避难用的最低限度的必要照明设备及通信设备与在盾构附近的检测报警设备等，这些作为防爆结构必须能在紧急时启动。

（2）采用防爆结构的电器类

在《安全评价指南》[18]中，当如表11-9所示的Ⅰ级时，在甲烷气体浓度达到1.5%以上的地区，规定所用的电气设备必须为防爆结构。预想的领域以《工厂电气设备防爆指南》的危险分类为准，规定了表11-10所示的防爆结构。另外，即便是Ⅱ级、Ⅲ级时也规定应按需要使用防爆结构。

危险分类与防爆结构　　　　　　　　　表 11-10

危险分类	状　　态	隧道实例	防　爆　结　构
1 种场所	在通常的状态下担心出现危险环境的场所	可燃性气体滞留担心达到危险浓度的场所	基本安全，耐压防爆，内压防爆
2 种场所	在异常状态下，担心出现危险环境的场所	换气装置出现故障，由于气体滞留担心达到危险浓度的场所	基本安全，耐压防爆，内压防爆，增强安全或注油

当然选用防爆电器势必增加设备费用，就小口径隧道来说也有时不得不考虑增大外径，当然对建设成本的影响较大。所以，当选用防爆结构时，要优先考虑着火源较多的开挖面附近的电气，用气幕限定防爆区间等，还必须综合分析考虑与其他针对甲烷气体的对策的组合运用。

防爆设备的采用实例如图11-18所示。

（3）其他火源对策

在《劳动安全卫生规则》中规定在坑内即便有少量甲烷气体存在时，严禁携带香烟、火柴及打火机等易燃物品进入坑内。不是防爆型的手电筒、照相机、电子手表等也禁止携带入内，必须在出入口附近将该规定公示给相关人员。

8. 坑内甲烷气体的测定与报警装置

（1）测定设备计划

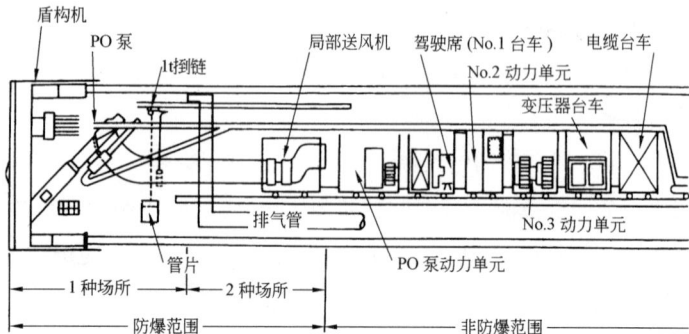

图 11-18　防爆范围与防爆分区的实例

　　在测定坑内的甲烷气体的仪器中有便携式及固定式两种。当担心发生甲烷气体时，必须两者并用。

　　便携式测定器是在甲烷气体易于滞留的场所及涌出预测的部位进行测定之外，还希望在坑内也进行适当的测定。另外，在漏水场所等的测定中希望使用可以按 ppm 等级测定大气中的甲烷的微量甲烷气体检测器。记录并保存测定值，最好预先把握并整理出其变化与地层之间的关系。即使当坑内不存在甲烷气体时，至少也要每 4 小时测定一次频率。

　　固定式测定器多半都以 100～200m 等间距设置在坑内，基本上勘察换气方式及涌出的危险性等，在掘进机内及后方设备区间要增加设置密度，在除此之外的区间例如增压漏斗的设置场所及曲线部位等处也希望按需要进行设置。隧道断面方向的设置位置原则上在距顶端 10cm 之内。另外，还要将最担心涌出部位的测定值张贴在坑内的出入口处，引起作业人员注意。

　　（2）报警装置

　　要设置联动的固定式测定器，能立即让作业人员知道坑内甲烷气体状况的自动报警设备。报警装置要采用根据后述的《坑内作业规则》在 2～3 阶段可发布警报的装置。另外，在作业基地与现场事务所经常有人工作的地面部位也要设置报警装置，且其级别上要选择无论是视觉上还是听觉上都容易识别的级别。

（3）机器的维修保养

固定式测定器及自动报警装置随着盾构的掘进电缆可自动延长，机器可以移位设置。为此，为了经常确认其正常状态，进行日常检查及定期抽检是必不可少的。更重要的是要确认便携式及固定式之间的测定值是否一致。

9. 安全管理

（1）《坑内作业规则》的确立

在《安卫则》中规定当自动报警装置在工作时，要预先规定出防止爆炸或火灾的措施，让作业人员彻底明白无误。表 11-11 就是其中一例。

（2）异常时的检查

当在停电时、地震时及低气压通过时等必须检查与甲烷气体对策相关的安全设备，与此同时还必须详细测定坑内的气体浓度。特别是地震时土层中的气体存在状况有时将产生变化，所以，要迅速检查并进行测定。另外，不单纯是甲烷气体，就连缺氧空气等也将受到大气压的很大影响，因为过去在气压下降过程中曾发生多起气体灾害，故希望设置自动记录式气压计。

（3）避难训练及防止二次灾害

在《安卫则》中规定掘进距离达到100m之前要进行一次避难训练，之后每半年之内进行一次避难训练，但是要考虑隧道的规模及危险度，希望按照实际情况增加频率。另外，更重要的是要预先确立异常时的联络体制及遭灾时的救护体制等，并预先让相关人员彻底周知。

如果甲烷气体不完全燃烧将产生一氧化碳等。特别是当气体爆炸后由于一氧化碳中毒而发生二次灾害的危险性相当大。为此，当气体爆炸后再次进入坑内时，首先是有救护技术管理者等资格的人员必须佩戴氧气呼吸器等保护用具才可入坑，以确保安全，防止二次灾害。

坑内的甲烷气体浓度及作业规则实例 表 11-11

甲烷气体浓度	作 业 标 准	措 施 内 容
不足 0.25%	平 常 作 业	1. 给入坑者明示测定结果
0.25%～0.5%	一次警戒作业 [中止使用火的作业及以此为准的作业]	1. 向入坑者明示测定结果 2. 将测定结果通报给作业人员 3. 注意标识 4. 坑内外的联络 5. 与监督员联络 6. 调查发生源 7. 增大坑内换气量
0.5%～1.0%	二次警戒作业	1. 向入坑者明示测定结果 2. 向作业人员通报测定结果 3. 注意标识 4. 坑内外联络 5. 与监督员联络 6. 调查发生源 7. 增大坑内换气量
1.0%～1.5%	中止作业	1. 紧急撤退警报联络信号 2. 将测定结果向作业人员通报 3. 作业人员撤退 4. 与监督员联络 5. 设置禁止入内警示标识 6. 截断通行，设围栏 7. 调查发生源 8. 增大坑内换气量
1.5%以上	中止作业	1. 紧急撤退警报联络信号 2. 将测定结果向作业人员通报 3. 作业人员撤退 4. 与监督员联络 5. 设置禁止入内标识 6. 截断通行，设置围栏 7. 停止送电 8. 调查发生源 9. 增大坑内换气量

11.5.4 施工实例

表 11-12 所示为在甲烷气体地基中的盾构工程的主要施工实例。

11.6 障碍物处理

随着城市化的进展，在市区地下的各种各样设施已经高密度化，且修建时留存下来的临时设施也不少。为此，拆除盾构前方不可预见的障碍物仍旧要花费一定的时间，另外，由障碍物中穿过刀具将产生破损，就这样影响工程进度的实例甚多。

11.6.1 事前调查

有代表性的障碍物就是挖方工程所用的挡土墙及临时的栈桥桩等残留物。另外，当不得不从老朽护岸及桥脚下穿过时，桩基就是障碍物，也有时必须边切断边进行掘进。

如果是在盾构的掘进前方，则对若干线形变更是可以适应的或可能事前拆除的，但是，由于像事前调查不足及过去的资料掌握不够如果掘进后一出现预想不到的障碍物，这样无论是经济上还是机能上都将遭受重大损失。为此，盾构掘进前的详细事前调查尤为重要。

障碍物的事前调查请参照第 2 章 2.3 障碍物调查。另外，必须将纸面上调查所得资料与现场的位置及深度对照确认是否相符合，在过去的资料中，有不少实例因为疏忽了对照当时的地形与现在的地形而导致障碍。

11.6.2 盾构设计上的考虑

当预想出现障碍物时，希望能在面板上设置可拆卸的开口部位，并预先装备可以进行开挖面的地基改良机构。当必须切断障碍物时，要预先配置与障碍物相吻合的专用刀等。在盾构机内设置人出入闸门利用气压工法可在开挖面进行作业的实例甚多。最近人们在利用超小型摄像机及电磁波等，尝试探查在盾构掘进中开挖面前方的障碍物等。

11.6.3　障碍物的清除方法

障碍物的清除方法视其形状尺寸、材质、位置、现场状况及与盾构之间的位置关系等而异，必须综合判断其安全性，经济性等再决定其清除方法。

例如当为残置桩基时，研究其清除方法的主要因素如下。

① 由地表进行作业的可能性；

② 与盾构之间的距离；

③ 障碍物的数量（例如单独桩或连续墙等）；

④ 桩的形状及其施工方法等。

甲烷气体地基中的盾构

发包单位	工程　名　称	盾构形式	盾构外径	总　长
东京电力	京町附近管路新建工程（2 工区）	泥水式	$\phi 5.94$, $\phi 5.34$	583.1, 627.6
冈山县儿岛湖流域净水事务所	儿岛湖流域第 1 号干线管渠（1-1）修建	土压式	$\phi 4.43$	1978
横滨市下水道局	北部处理区汐入干线	泥水式	$\phi 4.45$	1043
茨城县	那久流下第 451-1 号管渠工程	泥水式	$\phi 3.68$	791
宫城县石卷土木事务所	矢本鸣濑干线管渠工程	泥水式	$\phi 2.13$	1177
东京都水道局	丰住给水所～江东区盐滨间送水管新建之 2	土压式	$\phi 3.19$	1429
大阪府	寝屋川南部地下分水渠加美调整池工程	泥水式	$\phi 8.31$	2844
大阪府土木部	寝屋川流域恩智川东干线（第 1 工区）	土压式	$\phi 4.94$	898
东京都下水道局	太田干线之 5-2 工程	土压式	$\phi 6.44$	2054
东京都下水道局	东两国干线之 2 工程	土压式	$\phi 2.89$	976

当可在地上进行作业又与盾构之间有一定距离的单独桩时，可研究并用振动方式及环套式螺旋钻拔出的方式。虽然可在地上作业，但要与盾构机接触，当连续存在时，利用深基础工法及开挖工法的拆除实例较多。当不可能在地上进行作业时，在开挖面前面设置作业空间，就不得不采用由坑内清除的方法。此时，从作业的安全性方面考虑必须进行地基改良。此外，视不同状况以防止剥落为目的要在开挖面上部设置滑动式管，在坑壁面一侧设置板桩等进行挡土支护，必须使开挖面呈完全自稳状态。为了确保作业空间的安全性，需要充分换气及足够的照明，在

隧道实例（单位：m）   表 11-12

覆盖土层厚度	地 质	气体浓度（%）	对 策
19.8～30.0	硬土层，砂	26～64	盾构：机械掘进式→泥水式 换气：送气方式（740m³/min）防爆，测量
13.0	黏性土	max25	盾构：耐压基本安全防爆结构 换气：送气方式（368m³/min）防爆，测量
16.0	固结淤泥，砂，黏性土	0.0052～4.8	盾构：土压式→泥水式 换气：送气方式（440m³/min）防爆，测量
20～23	淤泥混杂细砂	1～2.8	换气：排气式＋局部送气方式（排气250m³/min，送气241m³/min）防爆，测量
11.0	砂质土	1.5～10.0	换气：排气方式（77m³/min）防爆，测量
34.0	淤泥，黏土	25～79	换气：排气式＋局部送气方式（排气360m³/min）防爆，测量
22.5	砂，黏土，砂砾	64	换气：送气方式＋排气方式（送气315m³/min，排气300m³/min）防爆，测量
8.9～14.2	黏性土，砂砾，砂	max22	换气：局部送气＋整体排气（送气300m³/min，排气500m³/min），防爆，测量
15.0	固结淤泥，砂砾，砂质淤泥	max3.65	换气：送气方式＋排气方式（换气量60m³/min）测量
4.5～13.0	淤泥，淤泥混杂细砂	0.01～1.79	换气：送气方式＋排气方式（送气147m³/min，排气147m³/min）测量

表 11-13

障碍物清除实例（单位：m）

发包单位	工程名称	盾构形式	盾构外径	总长	覆盖土层厚度	地质	障碍物名称	对策
东京都下水道局	芝浦干线之7工程	泥水式	φ7.70	994	14.5	淤泥、砂	残置桩（板桩）	由坑内拆除（气割）辅助工法：地基改良（药液注入）+气压
大阪市交通局	大阪市地铁7号线京桥盾构	泥水式	φ5.43	1544	10.7~29.5	黏土、砂质土	残置桩（H型钢）	由坑内拆除（气割）辅助工法：地基改良（药液注入）+压气
东京都下水道局	太田干线之1工程	土压式	φ8.21	1416	17.5	黏性土	残置桩（PW桩）	由坑内拆除（利用岩芯钻探切断）辅助工法：地基改良（药液注入）
帝都高速度交通营团	营团地铁11号线人形町工区	泥水式	φ10.00	650	3.8~25.4	黏土、淤泥、砂	桩基（RC桩）	由坑内拆除（人力凿除）辅助工法：地基改良（CJG+砂浆置换桩）
帝都高速度交通营团	地铁8号线辰已3工区	泥水式	φ10.00	307	9.5~17.0		桩基（RC灌注桩）	地上拆除（利用深基础工程拆除）辅助工法：托换基础
日本铁道建设公团	京叶都心线东越中岛隧道	土压式	φ7.35	981	3.5~12.5	淤泥	残置桩（板桩）	由地上拔出（振动拔出）
东京都下水道局	第二千川干线	泥水式	φ6.70	1790	20.0	砂质、砂质土	残置桩（板桩、H型钢）	由坑内拆除（气割）辅助工法：地基改良（CJG）
运输省	东京国际机场铁路隧道	泥水式	φ7.15	1446	8.5~16.2	填土、黏性土	既有建（构）筑	利用山岭隧道方式拆除 辅助工法：地基改良（CJG）
运输省	东京国际机场铁路隧道	泥水式					地基改良材料（排水材料）	利用盾构机直接切断（利用带特殊切断装置的盾构机直接切断）
大阪市建设局	平野川水系街道下调整池工程	泥水式	φ11.23	625	22.5	黏土、砂、砂砾	桩基（混凝土灌注桩）	由坑内拆除（射水切断）辅助工法：地基改良（冻结）
东京都下水道局	第二千川干线之4-2	土压式	φ4.43	1310	2.7~4.7	淤泥、砂	残置桩（松木桩）	利用盾构机直接切断
帝都高速度交通营团	（地铁7号线王子车站附近）	拆除开挖挡土施工时的障碍物					残置建（构）筑物（建筑物基础）	由地上拆除（利用大口径钻机钻孔拆除障碍物）
帝都高速度交通营团	（地铁7号线神谷桥车站附近）	拆除开挖挡土施工时的障碍物					残置建（构）筑物（桥墩）	由地上拆除（利用大口径钻机钻孔拆除障碍物）

富含甲烷气体的地带必须采取设置防爆型的气体检测器及自动报警装置等的对策。

决定盾构隧道的通过位置,当事前已经明确障碍物位置及材质时,就要考虑到刀具的形状、排列情况及材质也有被切断的可能。此时要考虑刀具的更换及维修保养,希望在盾构机的前面设供人出入的闸门及人孔以便在机内进行必要的作业。

图 11-19　排水材料切断用盾构机(ϕ7.15m)

11.6.4　施工实例

表 11-13 所示为障碍物拆除的实例。另外,图 11-19 为以切断排水

材料为目的，将盾构机设计成特殊形状的实例，在刀盘外周设置两台可更换的特殊切断装置，再进一步为了使已切断的排水材料不要缠绕在面板上采用了一字型切削刀及圆弧连续刀形的先行刀等。

11.7 ECL 法

11.7.1 ECL 法概要

所谓 ECL(Extruded Concrete Lining)法就是代之以往的管片，在盾尾浇筑混凝土，修建衬砌的隧道施工方法。也称为现浇衬砌(挤压混凝土衬砌)工法。在盾构掘进的同时加压新浇筑混凝土，因可以修建出与土体密切粘附在一起的衬砌体，又可以得到密实的高质量的衬砌体，还可以控制对周边土体的影响，同时有降低工程费用缩短工期等特点。ECL 工法是作为隧道施工中一个可行的方法开发出来的，适用于山岭隧道及都市隧道两者。

出现 ECL 法这一概念是在 1910 年前半期的欧洲，正式达到实用化是 1970 年之后。欧洲的 ECL 法的实用化因其对象地基良好，就可用素混凝土或钢纤维增强混凝土浇筑隧道衬砌。

与此相反，日本的 ECL 法的开发始于 1975 年中期，为了应用于日本的都市隧道，独自开发了利用钢筋或型钢等加固现浇混凝土的手法。

很多单位进行了上述的开发工作，对于衬砌有筋化的思路多种多样，出现了各自不同的数量繁多的系统。开发出多种多样的系统说明人们对 ECL 工法的关心与期望值很高，但从另一个角度来看当普及工法时对于不可缺少的设计、施工、进度、工程费及质量等技术性的标准化带来很大麻烦。由此可见为了提高 ECL 法的技术与普及而设立了 ECL 协会。该协会至 1996 年 12 月已登录了 20 个工法。其他还开发了使用树脂砂浆的小口径盾构隧道用的全自动的 ECL 法并已达到实用化。

11.7.2 规划

1. 断面形状

如从施工实例来看断面形状圆形居多，报告中有 1 件马蹄形的实例。ECL工法因是用现浇混凝土修建衬砌的，与管片相比，比较容易适应除圆形断面以外的其他形状。

2. 隧道的线形

当设计隧道的线形时，就必须考虑超挖量与盾尾部位的移动轨迹及适用的 ECL 工法等再决定曲线半径。据施工实例报导最小曲线半径 $R=20\mathrm{m}$，曲线半径与装修内径之比的最小值为 10。

3. 盾构机种选定

如从施工实例来看适用于除挤压式盾构之外的任何掘进形式。挤压式盾构是让土体进行塑性流动向前推进，推力的变动大，有可能对混凝土的加压力带来不利影响，所以，当采用时必须进行充分的研究。

11.7.3 设计

1. 衬砌

衬砌厚度如图 11-20 所示，在设计计算上要考虑设计衬砌厚度及盾尾板厚度，还有按照用途的施工误差来决定衬砌厚度。对于施工误差的施工余量按照隧道的用途有加进隧道内空断面及加进衬砌厚度中的两种。当加进衬砌厚度之中时，余量多半为 25～50mm 左右。

在衬砌的设计计算上大多采用惯用计算法的荷载。在截面内力计算上均以脱模时及投入使用时为对象，采用考虑了自重的水平地基反力的惯用计算法，FEM 及部分地基弹簧模型与全周地基弹簧模型的框架解

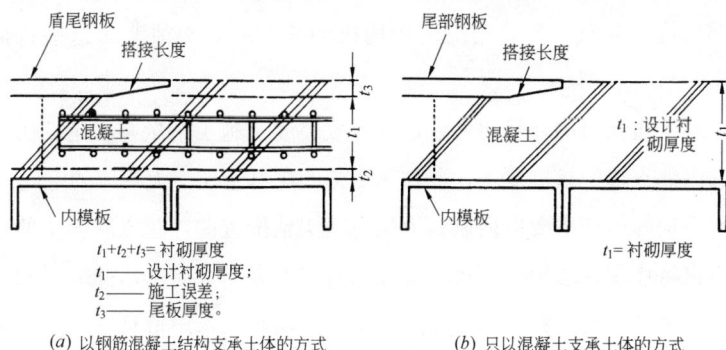

(a) 以钢筋混凝土结构支承土体的方式   (b) 只以混凝土支承土体的方式

图 11-20 衬砌厚度

析法。

2. 内模板

内模板除必须有通常二次衬砌施工时所要求的功能外，还应具备支承混凝土的加压力的功能，混凝土养护过程中支承土体的功能，传递盾构推力的功能等。当设计内模板时，必须考虑起因于这些功能的荷载来进行设计。主要荷载有混凝土的加压力、推力、土压力、水压力、曲线施工的荷载、浇筑混凝土时的动荷载及混凝土的自重等。

内模板的套数取按如下项目所求得的必要衬砌环数之中的多的套数，还要从内模板设备的施工性考虑必要的追加块数之后再决定。

① 考虑了出现内模板脱模可能的强度的养护时间及最大日进量的内模板的必要环数；

② 为将最大盾构推力传递给衬砌混凝土所必要的内模板的环数。

一块模板的长度当然是越长越能延伸掘进长度，这对工程有利，如从另一角度来看混凝土及钢筋等的数量增多了，将对施工性及施工设备带来影响。为此，必须综合考虑装修内径，衬砌结构及施工循环等因素来决定一块模板的长度。在施工实例中以 0.5~1.5m 居多。

3. 盾构机

从 ECL 工法的特征来看，盾构机上不装设盾尾密封装置，盾尾部位的地下水等的止水如图 11-20 所示是让前面浇筑的衬砌混凝土与尾板端部搭接来应对。为此当决定盾构机的长度时，必须考虑这些特征再决定。

对于盾构机的外径要考虑设计有效厚度及施工余量来决定。因在盾尾的内侧直接浇筑混凝土，通常在盾构的尾部空隙中无相应的空间。

盾构的推进主要以内模板为反力座实施推进的，新浇混凝土的加压反力也将作用在盾构上，故很难控制盾构的方向，通常选择的盾构千斤顶类型很难适应这种情况。为此，特别必须研究采用带有中间拐弯机构的盾构机。

11.7.4 施工及施工管理

1. 混凝土

在 ECL 工法中要求混凝土有充分的流动性及早期强度。为此，在 ECL 工法的开发中，当然要研究施工系统，与此同时还要研究按照施工系统的混凝土的配比，新浇混凝土的质量优劣将影响混凝土的加压性及充填性，所以，在施工管理中最重要的首先是混凝土搅拌时的状态，也就是新浇混凝土的质量管理。主要的质量管理项目有坍落度的测定及早龄期的抗压强度试验等。

2. 盾构的推进及混凝土的加压

盾构掘进开始时，盾尾板端部与已浇筑的衬砌混凝土搭接上后，盾尾板与衬砌混凝土呈相互咬合状态。待掘进开始后就必须特别慎重地控制盾构的姿势。

盾构在掘进中要按照掘进长度以一定的加压力加压新浇混凝土，所以，盾构千斤顶与加压千斤顶要联动进行控制，掘进时间的管理尤为重要。如果掘进或切削土砂的搬运耽误时间，则混凝土的流动性将降低，将因此产生恶劣的影响。

设备的维修保养期间，休息日等当停止掘进时，在衬砌环之间将形成垂直的施工缝，因此，必须用止水材料等对施工缝进行处理。如果是一般的作业循环，数小时后浇筑后续的混凝土，很多情况下不对施工缝进行处理。

3. 作业环境的改进

由于养护现浇混凝土使坑内温度上升，装饰内径时也是如此，与普通的盾构相比多半都感到闷热。为此，要在一般作业比较集中的盾尾附近等处采取送风等措施。

应按照施工循环确保必需的新浇混凝土数量，当附近没有商品混凝土厂或商品混凝土厂夜间不生产商品混凝土时，就应在掘进基地内设置混凝土搅拌设备，此时要求采用隔声棚覆盖住掘进基地等措施。

现浇衬砌的施工实例（单位：m）　　　　表 11-14

发包单位	工程名称	盾构形式	盾构外径	总长	覆盖土层厚度	地质	衬砌形式	现浇衬砌总长
日本国有铁道	东北新干线御徒町隧道工程	手掘式	φ3.55	495	18.0	黏性土	预应力混凝土	16
东京都交通局	地铁 10 号线江户川工区	泥水式	φ7.45	1127	9.0～18.0	砂质土	预应力混凝土	12
东日本旅客铁道	信浓川第 2 水渠隧道工程	半机械式	φ8.40	3100.0	15.0～120.0	砂岩，淤泥岩	素混凝土	3100
相模原市	上沟南部都市下水渠整备工程	手掘式	φ2.60	347.0	5.0	黏性土	钢筋混凝土	347
东京电力	蛇目 machine（JANOME MISHIN）线管路化工程	手掘式	φ2.09	1013.4	5.0	黏性土	凸形模板混凝土（punch plate concrete）	50
东日本旅客铁道	楼木町站内下水道新建工程	半机械式	φ2.25	288.0	6.5	泥岩	钢筋混凝土	177
横须贺市	横须贺市安针塚下水道工程	半机械式	φ2.20	4143	3.2	泥岩	钢筋混凝土	41.4
东京电力	野泽 4 条附近管路新建工程	机械式	φ2.75	1050.2	20.0	固结淤泥	钢筋混凝土	1005
日本铁道建设公团	北干秋间 T 东工程	半机械式	9.92×10.7（马蹄形）	8310.0	50.0～220.0	凝灰岩	素混凝土	3805
东京都下水道局	新宿区南元町若叶 2 条附近支线工程	土压式	φ3.49	772.1	5.0	黏性土，腐植土	钢筋混凝土	60
东京都下水道局	文京区弥生 1 条千驮木 1 条附近支线工程	土压式	φ2.91	906.0	5.0～8.0	黏土，砂质土	钢筋混凝土	824
东京电力	野泽 3 条附近管路新建工程	机械式	φ2.85	821.9	28.0	固结淤泥	钢筋混凝土	820
建设省中国地方建设局	冈南盾构工程	泥水式	φ6.63	1863.0	11.4～16.7	砂砾层	钢纤维增强混凝土	1860
北海道电力	日高发电厂新建工程之中土木主体工程（第 2 工区）	复合型 TBM	φ3.99	6191.5	40.0～190.0	溶岩，泥岩	素混凝土	6082
NTT	淀桥加入者线管路整备工程	土压式	φ1.48	367.0	5.1～18.4	砂砾层，黏土层	树脂砂浆	367
横滨市下水道局	神奈川处理区左近山干线下水道整备工程	土压式	φ1.51	673.6	8.0	黏性土，淤泥	树脂砂浆	673.6

11.7.5 施工实例

日本的 ECL 工法的施工实例有 16 个(含正在施工的),总计施工长度约 19km。不同衬砌结构的长度:素混凝土结构约为 16km,钢筋混凝土结构约为 3km。表 11-14 所示为其施工实例。

11.8 自动化技术

11.8.1 自动化技术概要

建设业采用自动化及机器人化的前景日趋兴旺发达。在这种背景条件下对于近年来的地下开发的需求的急剧增加,建(构)筑物及施工条件的复杂化要求提高施工精度及质量,年轻的作业人员远离建设业及熟练工的老龄化导致的劳动力不足问题日趋明显,改善作业环境及劳动环境,避免危险作业的社会呼声甚高。

特别是盾构工程在这种背景条件下有掘进及管片拼装作业格式化并不复杂,限定主要作业位置,使用材料的种类少,形状一定等特点,即使是在土木工程中也是最适合采用自动化的领域之一。

到现在为止所开发的自动化技术如表 11-15 所示。本章将在其中特别介绍一下要求甚高的以下技术。

盾构工程的自动化技术实例　　　　表 11-15

作 业	自动化技术	技 术 概 要
掘 进	开挖面的稳定控制系统	与开挖面压力联动的泥浆泵等的控制
	掘进管理系统	确保开挖面稳定,掌握切削土砂的搬出及各种设备的运转情况
	方向自动控制系统	基于自动测量数据的盾构机的方向控制
	同步壁后注浆系统	与掘进速度相对应的同步壁后注浆系统
	开挖面坍塌探查系统	利用各种传感器探查开挖面的坍塌情况
衬 砌	管片自动拼装系统	利用自动供给装置及管片拼装机实现管片拼装自动化
坑内搬送	切削土砂搬出系统	泥浆泵及排土泵的控制
	自动搬送系统	管片及器材的坑内自动搬出
	管路延伸系统	泥水式盾构的送、排泥浆管路的自动延伸
	轨道及枕木的布设系统	轨道及枕木的自动安装

① 盾构的自动方向控制系统。

② 管片的自动搬送系统。

③ 管片的自动拼装系统。

11.8.2　盾构的方向自动控制系统

方向自动控制系统是为了沿计划线路推进盾构实时掌握盾构位置，自动选择控制千斤顶的系统。它是由自动检测盾构的位置及姿势的自动测量系统和以所得到的资料为依据选择使用千斤顶控制盾构方向的方向控制系统所组成。

1. 自动测量系统

在自动测量系统中大致有按使用的检测仪器分为激光式及陀螺式。

激光式是由带有激光发射信号功能的经纬仪及接收激光的觇板所组成。该种方式是由设置在已知点的经纬仪描准固定在盾构上的觇板，由觇板的位置、姿势及盾构与觇板的相对位置关系计算出盾构的位置。采用可与掘进中的盾构移动相对应的自动追尾式的经纬仪。

陀螺式是由陀螺仪、水准仪、千斤顶行程计、俯仰计及偏转计所组成。在陀螺仪中已由以往的机械式开发出了光学式。该方式中是由利用陀螺仪测得的盾构掘进方向与利用千斤顶行程计测得的移动距离来计算平面位置。用水准仪检测纵断面位置。

图 11-21 所示为陀螺式的系统构成实例。

表 11-16 所示为各种自动测量方式的特征。

为了弥补两种方式的不足，现已开发出同时采用激光式和陀螺式的系统。

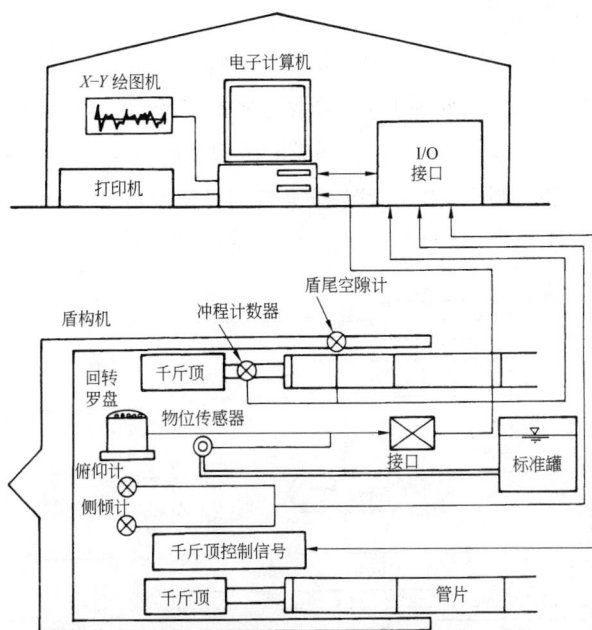

图 11-21 方向自动控制系统的机器构成图实例

自动测量系统的特征 表 11-16

	激 光 式	陀 螺 式
优 点	测量精度高 不用修正测量	设置空间小 器具更换简单
缺 点	必须有激光穿过空间 器具更换复杂	测量精度差 必须修正测量
适用断面	面向大断面	面向中、小断面

2. 方向控制系统

方向控制系统就是利用自动测量系统得到盾构位置及姿势情况，自动操作盾构千斤顶沿掘进计划线进行掘进，就是控制盾构机的系统。

在由盾构位置及姿势情况控制盾构千斤顶的部分，利用模糊理论及卡尔曼滤波等统计手法。

此外，还开发了将控制结果反映到下一阶段控制的学习机能及异常时的自身诊断机能，在控制中采用盾尾空隙的机能。

图 11-22 所示为方向自动控制系统的流程实例。

从方向自动控制系统的适用结果来看掘进精度在±30mm 之内[17]，充分证明了其实用性。

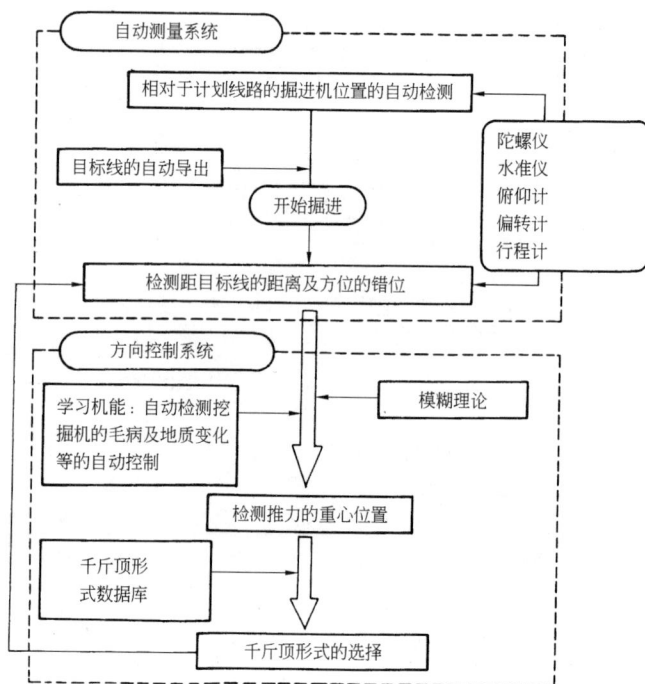

图 11-22　方向自动控制系统的流程实例

11.8.3　自动搬送系统

1. 系统的概要

自动搬送系统就是从保管场地将管片自动地搬送至开挖面的系统，是以节省坑内搬送作业的人力及安全对策为目的而开发的。特别是长距离盾构是可以期待其效果的。

2. 系统的构成

该系统由管片自动原料架装置、自动行走台车及中央监视装置所组成,可由中央控制室遥控及监视。

自动原料架装置是应用自动仓库的技术,可以自动进行出入库的管片的保管装置。也有设置在竖井内的类型,这样可有效地利用狭窄空间。

自动行走台车是将管片由竖井处自动地搬送至开挖面的装置。自动台车的控制是利用光指令方式或无线诱导方式操纵的。该装置为无人驾驶,所以,装备了紧急停止装置及障碍物检测装置等的安全装置。自动行走台车的运行通常多半采用轨道方式,但是最近出现了不用轨道的行走方式。

这些均是利用坑内外的通信网络由中央监视系统集中管理,从管片的选择到搬送的过程全部自动化管理。

图 11-23 所示为该系统的概要。表 11-17 所示为其实例。

管片自动搬送的实例(单位:m)　　　　　　　　表 11-17

发包单位	工 程 名 称	施工总长	盾构形式	盾构外径
东京煤气	京滨干线京滨旭盾构隧道	1982	泥水式	$\phi3.33$
东京都	都水道东南干线盾构工程全 2 工区	1844 1750	泥水式, 土压式	$\phi3.43$ $\phi3.43$
横滨市	吉野町及矶子共同沟工程	2570	泥水式	$\phi7.60$
东京都	大田干线盾构工程	2300	土压式	$\phi6.44$
东京湾横断道路	东京湾横断道路川崎隧道全 4 工区 东京湾横断道路中央隧道全 4 工区	1751~ 2852	泥水式	$\phi13.90$
大阪府	寝屋川南部地下分水渠加美调节池	2859	泥水式	$\phi8.31$
建设省	2 号新淀川共同沟工程	1256	泥水式	$\phi7.25$
建设省	大阪国道事务所 1 号东天满共同沟工程	1000	泥水式	$\phi7.85$

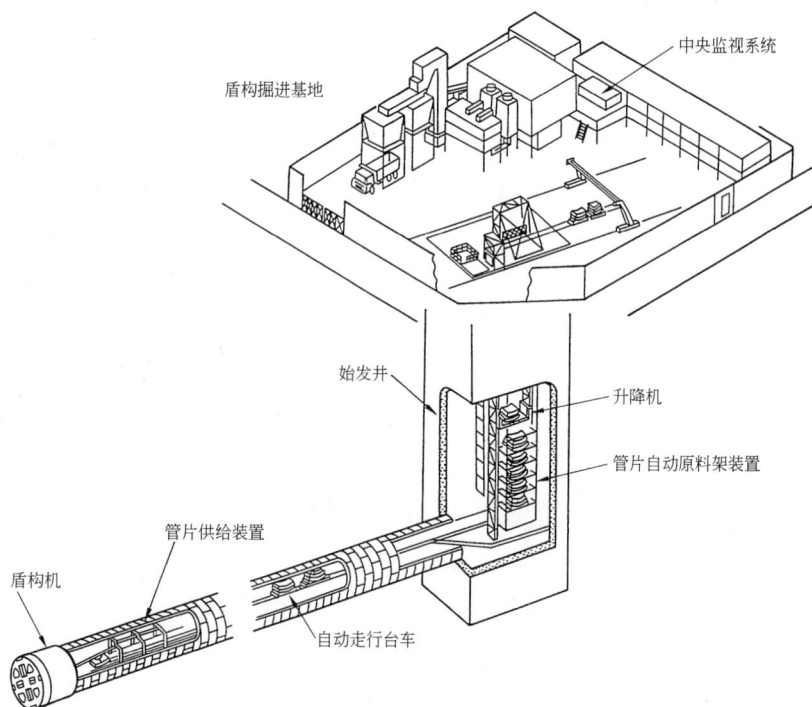

中央监视系统

盾构掘进基地

始发井

升降机

管片自动原料架装置

管片供给装置

盾构机

自动走行台车

图 11-23　自动搬送系统示意图[24]

11.8.4　管片自动拼装系统

1. 系统的概要

伴随着盾构的大断面化，人们对杜绝高空危险作业，提高拼装精度及拼装质量，省力化及缩短作业时间的效果，提高管片拼装的自动化的需求之声甚高。该系统就是接受搬送至盾构的管片，并进行拼装，自动进行螺栓连接的系统。

2. 系统的构成

该系统由自动供给装置、自动管片拼装机及螺栓连接装置所组成。各装置由进行测量、演算及控制的电子计算机进行集中管理。

管片的自动供给装置是将管片从搬送装置上提供给接收拼装机器人

的装置，现在捯链方式及输送机方式已经实用化。

自动管片拼装机是利用超声波或激光等识别既有的管片的位置，对管片进行定位的装置，为了进行 6 个方向的微调是可以自由控制的安装器。在管片的夹持方式上除了利用注浆孔的方式之外，又提出了与管片的重量化相对应的可提高夹持精度的复数点支承的新夹持方式并已经达到了实用化。

螺栓拧紧装置是定位后在接头间穿上螺栓并以一定的扭矩拧紧的装置。

图 11-24 所示为管片自动拼装系统实例。

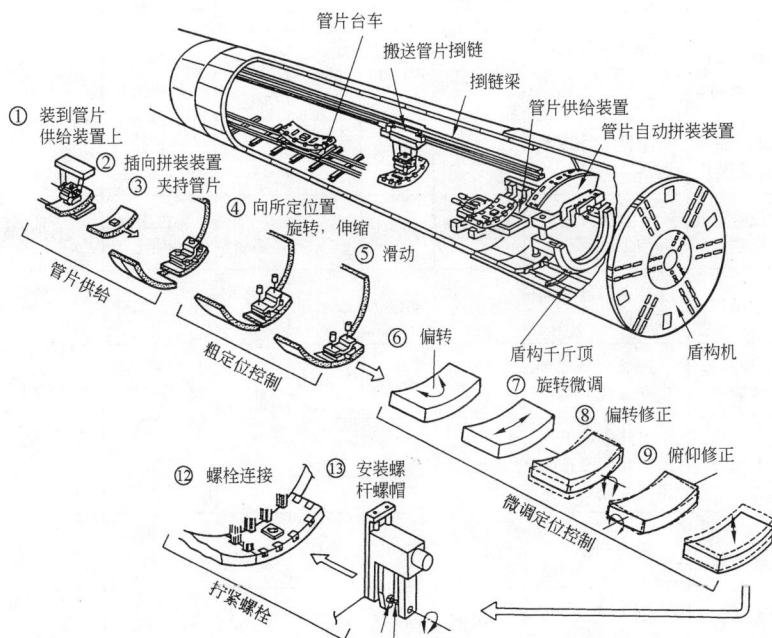

图 11-24　管片自动拼装系统示意图[25]

表 11-18 所示为其实例。

自动拼装系统目前装置本身的成本相当高，且管片的定位及拧紧螺栓仍旧需要花费时间，除大断面盾构之外还没有普及。为了解决这些问题，应使拼装装置紧凑化，管片定位自动化，拧紧螺栓采用人力的半自动化，或者开发适合自动拼装接头等结构的管片。

管片自动拼装的实例（单位：m）　表 11-18

发包单位	工程名称	盾构形式	盾构外径	总　长	覆盖土层厚度	地　质	备　考
东京湾横断道路（株）	东京湾横断道路隧道	泥水式	φ14.14	1751~2852	9~20	黏性土，砂质土	全8工区
东京都建设局	神奈川环形7号线地下调节池工程	泥水式	φ13.94	1991.0	38.0	砂，淤泥，砂砾	
东日本旅客铁道	东北新干线御徒町隧道	半机械式	φ12.50	495.0	10~16	黏性土，砂层，砂砾层	
横滨市下水道局	神奈川处理区小机千若雨水干线	泥水式	φ10.00	2600.0	26.0	固结淤泥，砂质土	半自动拼装
帝都高速度交通营团	地铁7号线本驹込3工区	泥水式	φ9.70	943.0	9.5~14.0	砂，砂砾，淤泥	
建设省近几地方建设局	1号东天满共同沟工程	泥水式	φ8.01	1000.0	8.0~25.0	黏性土，砂质土	半自动拼装
建设省	神奈川通共同沟工程	泥水式	φ7.60	688.0	12.5~21.5	泥岩，细砂	
帝都高速度营团	地铁7号线弁庆濠A线工区	泥水式	φ6.75	1228.0	6.4~31.2	黏性土，砂层，砂砾层	半自动拼装
大阪府	南部流域下水道今井户~东除川间工程	土压式	φ6.50	735.0	8.7	黏性土，砂质土	
东京都下水道局	两国干线	土压式	φ6.45	1904.1	18.0	混砂淤泥，细砂	
建设省	调布共同沟（之1）工程	土压式	φ6.20	2550.0	9.0	砂，砂砾	
东京都交通局	地铁12号线西新宿第3工区	土压式	φ5.44	572.0			半自动拼装
东京电力	城东上野线西新2号	土压式	φ3.73	620.9	26.0~32.0	砂质淤泥，砾	半自动拼装

11.9 大断面盾构

11.9.1 大断面盾构的现状

由于城市地上的建(构)筑物过分集中,就要求将铁路、道路、河流等大型设施转向地下。表11-19所示的泥水式盾构的外径现在已达 $\phi14m$ 级,土压式盾构已发展到 $\phi11m$ 级这么大断面了。图11-25所示就是在东京湾横断道路施工中使用的盾构一例。今后3车道的道路隧道及作为防洪用的雨水储留管等大断面盾构隧洞的需求将被提到日程上来,现在正

大断面盾构的实例(单位:m)   表 11-19

发包单位	工程名称	盾构形式	盾构外径	总 长	覆盖土层厚度	地 质	备 考
帝都高速度营团	地铁7号线南麻布土木工程	泥水式	$\phi14.18$	363.8	13.0	黏性土,砂砾,软岩	
东京湾横断道路(株)	东京湾横断道路隧道工程	泥水式	$\phi14.14$	1751~2852	9~20	黏性土,砂质土	8工区
东京都建设局	神田川环行7号线地下调节池工程	泥水式	$\phi13.94$	1991.0	38.0	砂,淤泥,砂砾	
东日本旅客铁道	东北新干线下谷工区	手掘式	$\phi12.84$	730.0	18.0	砂,淤泥	气压工法
建设省近几地方建设局	大津输水路隧道第1工区	泥水式	$\phi12.64$	1115.0	12.0~24.0	砂质土,黏性土,砂砾	
川崎市下水道局	涉川雨水储留管之3工程	泥水式	$\phi12.34$	2550.0	39.5~44.5	软岩,砂质土	
横滨市下水道局	今井川地下调节池建设工程	泥水式	$\phi12.14$	2810.0	85.0	黏性土,砂质土	
大阪市土木局	平野川水系街道下调整池筑造工程	泥水式	$\phi11.22$	1276.0	10~30	砂砾,砂,黏土	
阪神电气铁道(株)	干线福岛附近地下化工程	土压式	$\phi10.80$	206.0	8~9.5	砂,黏性土	
东京都交通局	地铁10号线九段上工程	手掘式	$\phi10.73$	990.0	20.0	砂质土	气压工法
东京都交通局	地铁新宿线南八幡工区	泥水式	$\phi10.58$	1053.0	15.0	砂	
名古屋市交通局	高速铁道6号线野并桥工区	土压式	$\phi10.48$	541.0	10~23	砂砾,黏性土	

在研究直径达 20m 左右的大断面隧道。图 11-26 就是按年代顺序给出了盾构隧道外径的变迁。盾构隧道中必须一个一个解决各种问题，积累经验才能向大断面化发展，随着断面的逐步增大，需研究事项也将逐日增多，必须有做长期试验研究的心理准备。

图 11-25　大断面盾构的实例(ϕ14.4m)

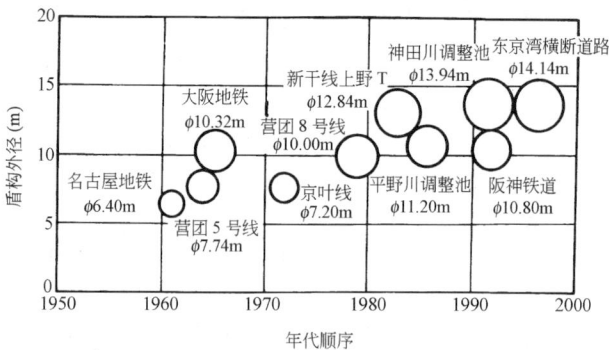

图 11-26　隧道外径的变迁(密封式)

11.9.2　大断面盾构的课题

表 11-20 所示为大断面盾构的课题。

大断面盾构的技术性课题[25]　　　　　　表 11-20

	项　目	问　题
开挖面	开挖面的稳定	开挖面压力，变动宽度管理方法
盾构机	机器外壳结构	多分割结构：应力、变形研究
		尾部盾壳强度
	机械装置	轴承构造及负荷容量
		外、内周圆周速度差大(刀具多重化研究)
		大推力千斤顶的开发
		土砂密封，刀的可靠性
	机械制造	确保制罐精度
		确保多分割的精度
		大型立式车床(轴承结构处)
	机械搬运现场组装	搬运制约条件，分割轴承结构
		搬运重量，尺寸限制的缓和(法规限制)
		现场拼装精度，确保超大型吊车
衬砌	一次衬砌	一块管片重量、尺寸及接头构造
		自动拼装
		荷载的明确化
其他	初始掘进及终点掘进 施工方法 掘进工程 环境保护	辅助工法
		切削土砂计量
		与工程区域周边之间的调查

1) 开挖面的稳定

利用压力仓内的压力和作用于开挖面的土压力，水压力之间的平衡是可以确保开挖面稳定的。然而，越是大断面开挖面的土质(地层)构成就越复杂，导致盾构顶端与仰拱的压力差也就越大。所以，很难平衡土体一侧的土水压力与压力仓内的土水压力，必须进行细微的控制，必须更正确地实施压力的稳定。

2) 盾构机

盾构机的体积与重量是与直径的三次方呈正比增加，所以，在加工制造厂就有起重机与机械加工等设备上的问题。另外，受陆地运输条件的限制不得不进行多分割处理,这样就又出现了现场拼装精度,特别是确保刀具轴承部位的精度这类课题。现在如若经工厂及工程现场共同努力,是可以加工制造出直径20m左右的盾构机。

就机构上的问题来说,随着盾构断面的变大,外周部与内周部的刀具速度差将扩大,这样就很难确保切削土砂的流动性。另外,在速度小的内周部易于产生土砂堵塞现象,所以,必须另行研究压力仓的构造及防止土砂堵塞的机构。还有外周部的刀及轴承密封问题,由于滑动距离加大磨损将加剧,还必须研究耐磨刀及可靠性好的土砂密封技术等。盾构机的装备推力是与盾构直径的平方呈正比增大,但设置场所必须取其周长也就是直径的3倍以上那么大,所以,在盾构千斤顶及刀具驱动马达等方面应采用高压的液压机器,这方面的研究课题也很多。

3)衬砌结构

在东京湾横断道路隧道工程中(管片外径13.9m,管片的宽度1.5m),管片厚度为65cm,11等份分割,使用了一块重达10t的RC平板形管片。伴随着大断面化,作用在衬砌上的截面内力也将变大,管片厚度将变厚。就普通的螺栓接头来说,在其构造上(螺栓孔等)管片宽度有加宽的趋势。为此,受搬运及拼装等重量条件限制,分割数也将增多,还将产生增加接头等问题。还有在管片制造上就不单纯是制造设备上大型化的问题,又因为管片近似于大体积混凝土,易于发生由温度应力等引起的微细裂缝,在确保主体的水密性方面将产生各种课题。管片的厚度一大,为了确保必要的内部空间断面,开挖断面也将增大,相应费用也将增加。所以,在一次衬砌上必须研究利用复合管片可以降低衬砌厚度的管片。还有,就以往的接头结构来说,螺栓直径一粗,就必须有很大的紧固力,随之而来的高空作业的安全问题及机械化、自动化问题将应运而生。为此,对于接头结构也必须与管片主体一样研究出可适应机械化、自动化的更合理的结构。随着大断面化管片的自重所产生的截面内力将起支配作用,对于壁后注浆固化之前，必须设置及改良相应的真圆保持装置。可以想见诸如此类施工方面的课题将再度增多。

4）作业基地及动力设备的确保等

由于大断面化，随之而来的切削土砂量及设备器材的大小与重量将大幅度地增加，因此，必须确保一定规模的原料基地，另外，为了运转大断面的盾构机确保大容量的动力设备也是很重要的。

除此之外，以运出切削土砂的自卸式汽车及将管片搬运至现场为主的大量运输车辆等导致的交通不畅，对周边环境的影响及土砂处理场地问题等，这在盾构隧道中越是大断面化，越显著，因此，要求对上述问题必须进行综合分析研究。

11.10　复合圆盾构

盾构隧道基本上是以圆形断面为基础发展起来的。这是因为圆形的衬砌对于周边的土水压力作用下的结构比较有利，作为盾构的掘进机构刀盘在圆周上的旋转，从机构上来看比较合理，管片的拼装容易，还有即便产生侧倾断面形状也不产生变化等。

然而，大城市的道路下方既有的地下建（构）筑物已相当拥挤，很多场合下，道路的宽度及盾构的高度受到限制。另外，近年来人们不断地提出要求与隧道的使用目的相吻合、合理的、且经济的断面，也有认为修建大断面的隧道未必经济。复合圆形断面盾构是组合复数的圆形断面修建隧道断面，它发挥了圆形断面本身所具备的优点，是一种修建了除单圆形之外断面的盾构。

11.10.1　复合圆盾构的特点

复合圆形断面盾构的特点在于隧道的占有宽度及占有面积小，还可以选择合理的、多样的断面形状。也就是说当复线的铁路及道路隧道必要的内空断面积与矩形相近时，与圆形断面相比，可以得到断面积小且合理的隧道断面。图 11-27 所示为铁路隧道的实例。上下或左右组合双圆形断面与大断面的复线隧道及单线双设隧道相比，可以减小占有宽度及占有面积。为此，当在狭窄的道路之下等用地受到限制时也可以应用，还易于应对既有的相邻建（构）筑物。另外，当在地铁的车站等处不能采用明挖工法时，从前都是采用修建两条单圆的盾构，之后利用顶盖式盾构工法及针梁工法等使之成为一个整体的方法。然而，在这些工法中，必须采用气压工法及药液注入工法等大量的辅助工法。此时，三联型的复合圆形断面盾构就可以发挥出其独到的特长。

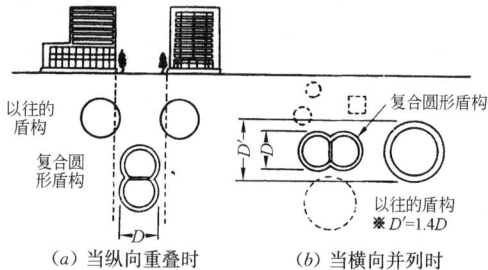

（a）当纵向重叠时　　　　　（b）当横向并列时

图 11-27　圆形隧道与复合圆形隧道之比较

11.10.2　掘进机构与排土机构

作为复合圆形断面盾构在实际工程中使用 MF 盾构工法与 DOT 盾构工法。

MF 盾构工法是前后错开设置多个刀盘，刀盘的形状及刀具旋转方向不受限制，可用于泥水式盾构及土压式盾构两种方式，但有机长比较长的缺点。另外，DOT 盾构工法是将多个刀具都设置在同一平面上，故盾构机长比较短，但因其刀盘为幅条式，故只适用于土压式盾构。

排土机构基本上与普通的圆形盾构一样。通常只需与压力仓数一致的排土机构即可。当为泥水式的 MF 盾构压力仓为单一时，只装备一个系统的排土机构，此外，土压式的纵型双联式盾构基本上是在下部装备一台螺旋式输送机。

11.10.3　衬砌

复合圆形断面盾构如图 11-28 所示，在圆形搭接部位设置柱式构件。该柱式构件有两种，一种是作为最终建（构）筑物留存，另一种是作为临时构件设置，而后拆掉。

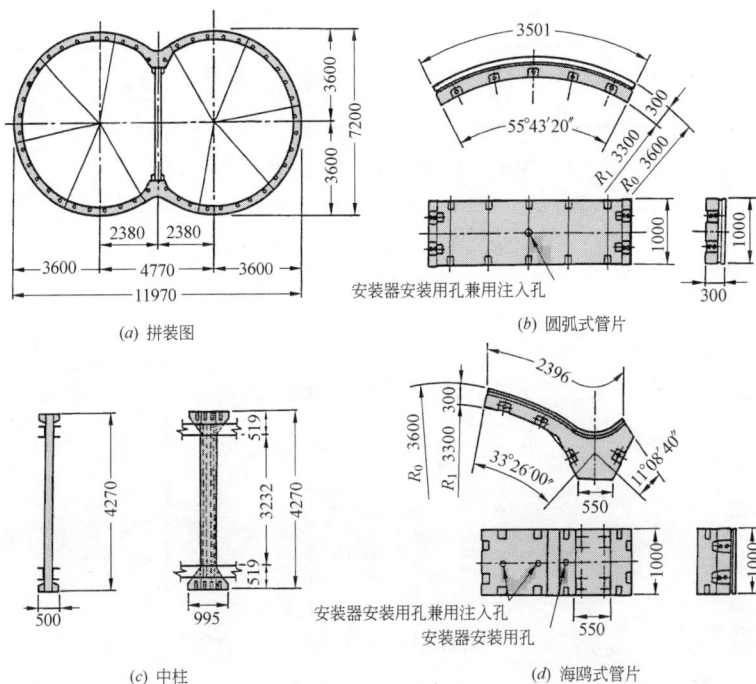

(a) 拼装图

(b) 圆弧式管片

安装器安装用孔兼用注入孔

(c) 中柱

(d) 海鸥式管片

安装器安装用孔兼用注入孔
安装器安装用孔

图 11-28 双联型断面盾构管片的实例

设计中所用的土、水压力基本上与圆形隧道相同。当在左右的环上作用以不同的土压力时，要考虑该土压力的平衡对管片及中柱的影响，也有时在左右圆上设定不对称荷载进行设计。

管片的设计使用梁—弹簧模型。柱子与管片的结合部位，可以考虑当为销接结构时与当为刚性结构时两种情形进行分析研究。

在复合圆形断面盾构中，必须设置以往圆形断面中所没有的"海鸥式"外形的异形管片及中柱。拼装是在各自圆上分别设置管片拼装机，与单圆形一样从下至上进行安装，最后安装中柱。

11.10.4　施工实例

复合圆形断面盾构的施工实例如表 11-21 所示。

复合圆盾构的实例（单位：m）　　　　　　　　　表 11-21

	发包单位	工程名称	盾构形式	盾构外径	总长	覆盖土层厚度	地质	备注
双联型	东日本旅客铁道	京叶线京桥隧道	泥水式	7.42×12.19	619	23.0～26.5	砂层、黏性土	MF
	建设省中国地方建设局	广岛新交通系统鲤城盾构工程	土压式	6.09×10.69	530	5.0～8.3	淤泥、黏土、砂	DOT
	日本下水道事业团	习志野市菊田川 2 号干线管渠修建之 3	土压式	4.45×7.65	585	2.2～9.0	细砂、黏性土、腐殖土	DOT
	东京临海副都心建设	有明北地区供给管共同沟修建之 1	土压式	9.36×15.86	249	13.5～17.5	黏性土、砾石	DOT
三联型	大阪市交通局	地铁 7 号线大阪商业停车场工程	泥水式	7.80×17.3	107	27.0	砂、黏土	MF
	东京都地铁建设	地铁 12 号线饭田桥车站工区	泥水式	8.846×17.44	275	27.0	砂层	MF

图 11-29 为 MF 盾构机实例，图 11-30 为 DOT 盾构机实例。另外，图 11-31 为三联圆形断面盾构机实例。

11.11　非圆盾构

作为非圆形断面盾构已达实用化的有椭圆形、矩形、半圆形（顶盖状）及马蹄形。这些非圆形断面盾构隧道，有适合建（构）筑物的使用目的的不浪费内部空间的优点，还有与圆形断面相比挖掘断面积及占有面积少等优点。然而，在结构上通常衬砌与圆形相比既重又厚，管片的分割数多，在施工中防侧倾等盾构的操作上比较困难，盾尾空隙量大，壁后注浆量增多等，故在选用时必须研究的课题很多。

图 11-29　MF 盾构机

图 11-30　DOT 盾构机

图 11-31　三联圆形断面盾构机

11.11.1 椭圆形盾构

椭圆形盾构的主要目的是为了缩小占有面积而选用的，有自由断面盾构工法（土压式）及异形断面盾构工法（土压式）的应用实例。这些工法的掘进机构由圆形的主刀具及为了切削剩余部分的辅助刀具所组成。作为辅助刀具，前者采用行星式刀具，后者采用摆动式刀具，还可以掘进除椭圆形以外的断面形状。

自由断面盾构工法用在下水道管渠建设工程中（东京都排水管道局新大森干线之4工程）。其断面尺寸如图11-32所示，纵向直径为4.66m×横向直径3.16m。此时在与圆形断面相同的断面积中，它可最大限度地发挥了可以处理更多流量这一椭圆形断面的特长。另外，在该工程也进行了$R=20$m的小半径曲线的施工。

异形断面盾构工法用在共同沟建设工程中（建设省中部地区小田井山田共同沟工程）。此时如图11-33所示，兼作共同沟的间隔板，以控制椭圆形的长方向的浪费为目的而设置了中间隔板。

椭圆形断面与圆形断面相比，弯矩对于轴向力的比例非常大，所以，

图 11-32 椭圆形盾构机的实例

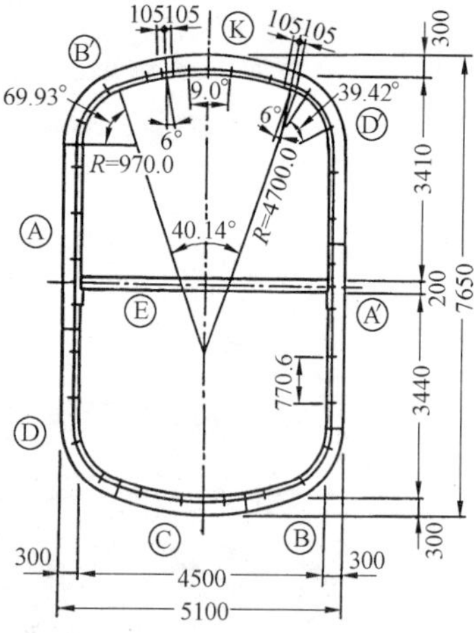

图 11-33 椭圆形盾构的
管片的实例

必须分析研究防止侧向部分的变形及降低截面内力的问题。

11.11.2 矩形盾构

矩形盾构的主要目的是为了有效利用隧道内部空间断面所选用的，在开放式盾构及土压式盾构中已达到实用化。

开放式矩形断面盾构于 1965 年首次用在共同沟建设工程中（中部电力荣町共同沟工程），目前已有四例。然而，之后由于开放式盾构工法的各种各样的问题而没有继续采用。最近即使密封式盾构工法中也可以进行矩形断面的掘进，当隧道的占有面积受到限制时还是可以研究的。

在密封式矩形断面盾构中，已经开发了几种工法，图 11-34 所示的盾构，就是在下水道管渠建设工程中所用的（习志野市菊田川 2 号干线工程）。该掘进机构是利用摆动式刀具。另外，管片如图 11-35 所示，在转角处与上部及下部都带有曲率，为的是降低所产生的截面内力等，与椭圆形盾构时一样进行了分析研究。

图 11-34 矩形盾构

11.11.3 半圆形盾构（顶盖式盾构）

顶盖式盾构是以半圆形断面为基础的开放式盾构。如图 11-36 所示，将先行掘进的两条导洞作为支承部位掘进顶盖式盾构的方法，还有

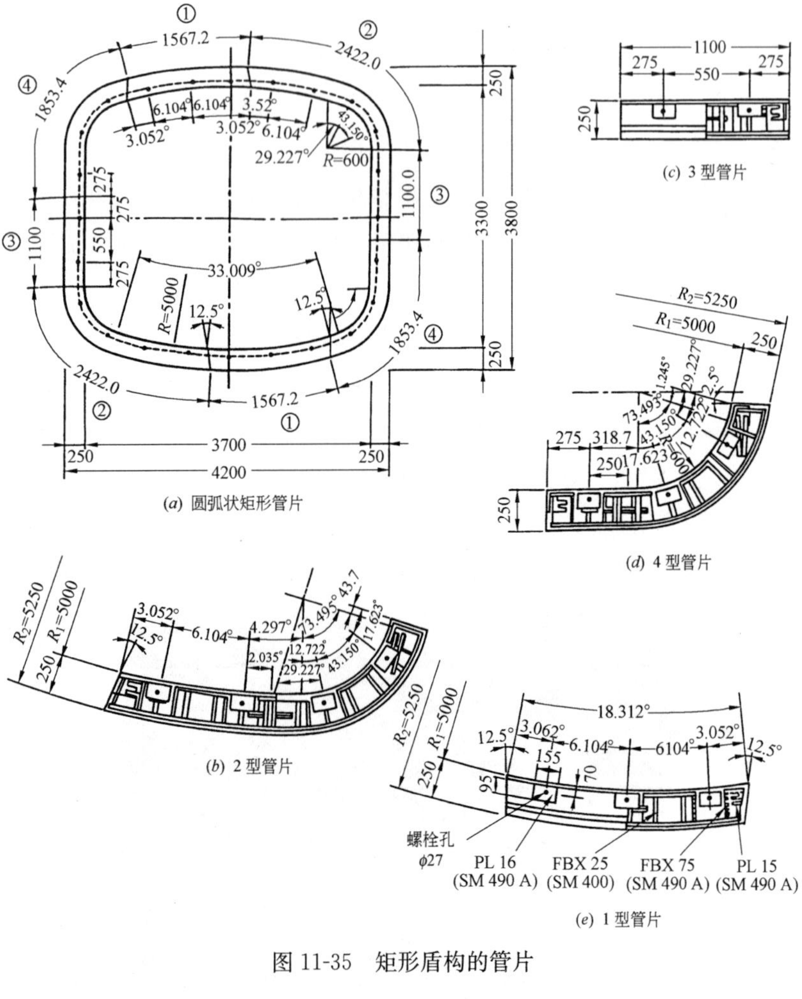

(a) 圆弧状矩形管片

(c) 3 型管片

(d) 4 型管片

(b) 2 型管片

(e) 1 型管片

图 11-35 矩形盾构的管片

如图 11-37 所示，以两条既有盾构隧道作为支承部位的方法。前者在海外盾构工法的开发初期的 1890 年前后采用的较多。日本，在 1950 年引进盾构工法之初，应用于关门国道隧道及营团地铁 4 号线国会议事堂车站附近。该工程的衬砌是现浇混凝土的。后者是在修建地铁车站时采用的。作为这类车站部位盾构的顶盖式盾构，首次应用在营团地铁 8 号线永田町车站，现已有三个工程实例。

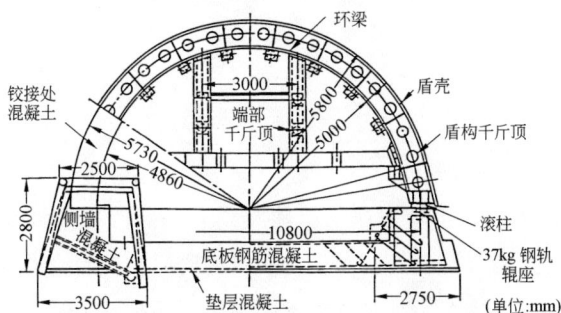

图 11-36 顶盖式盾构示意图

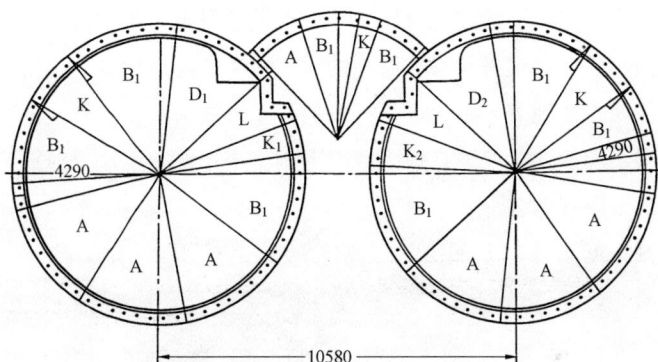

图 11-37 顶盖式盾构的管片

11.11.4 马蹄形盾构

马蹄形断面盾构除仰拱拐角部位之外是比较稳定的结构，日本在开放式盾构中已有两三个施工实例。

其中之一是于 1965 年，手掘式盾构施工的人行道用地下道筑造工程(旧国铁荻窪车站第二青梅人行地下道)，尺寸为宽 4.5m×高 4.0m，一次衬砌并用钢制管片及 RC 管片施工的。

最近利用半机械挖掘盾构施工的水渠工程(信浓川水渠工程)及新干线隧道工程(北陆新干线秋间隧道)中，利用 ECL 工法施工了工程中的衬砌。

11. 12　特殊盾构

11. 12. 1　扩大盾构

1. 断面扩大的必要性

在盾构隧道中，按其用途及机能必须有一定的维护管理设施的空间。在计划上，这些设施都尽可能地设置在盾构的初始掘进及终点掘进的作业用竖井之内。然而，尽管如此，当空间还是不足时，就要设置在隧道之内，就必须部分地扩大隧道断面。

在扩大隧道断面的施工方法中，有明挖法及地下扩大开挖工法。当利用明挖工法时，就必须考虑周边的道路交通情况对地区环境的影响对策及确保明挖用地等。由于地下开发的不断进展，在新设隧道的建设深度就不得不加深的状况下，很多情况下难于采用明挖工法。对此当采用非明挖的地下扩大工法时，平面位置及深度上基本上不受制约条件限制，路线计划上的自由度也很大。

在地下扩大工法中，除用扩大盾构工法的方式之外，还有用 NATM 等的工法。在采用盾构工法的城市地基条件下，扩大盾构工法（图 11-38）经济性虽差，但是，安全性等都很好。

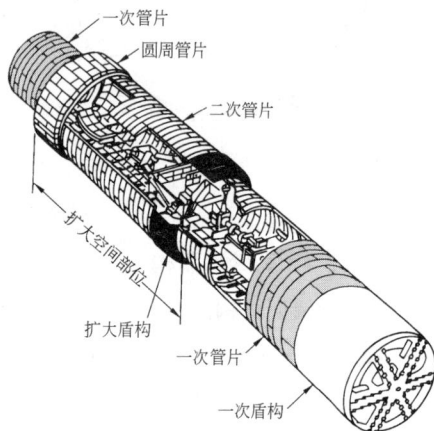

图 11-38　扩大盾构的示意图

2. 施工步骤

扩大盾构工法的施工步骤如下（图 11-39）：

① 拆除管片的下部，边用钢板桩挡土，边修建始发基地。在始发基地内安装圆周盾构。

② 预先将始发基地内的圆周盾构装到既有的管片处，沿着已装设

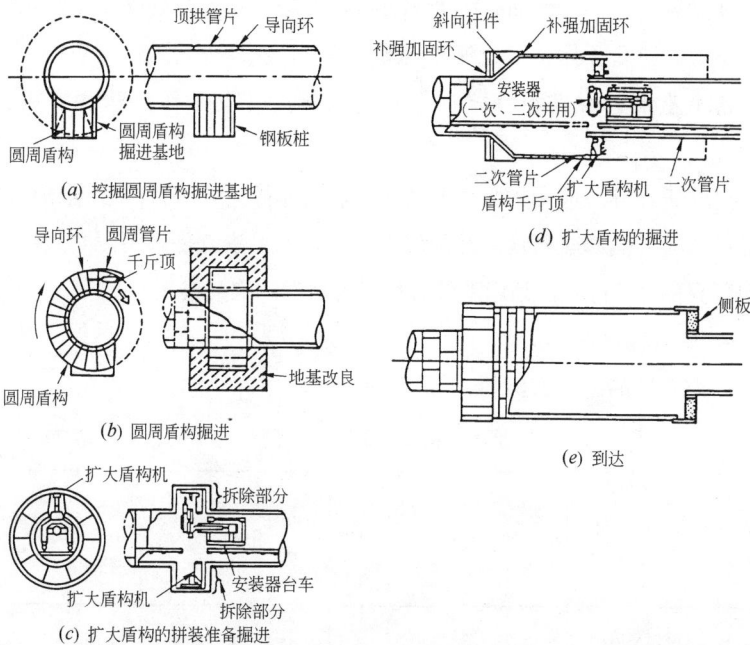

(a) 挖掘圆周盾构掘进基地

(b) 圆周盾构掘进

(c) 扩大盾构的拼装准备掘进

(d) 扩大盾构的掘进

(e) 到达

图 11-39 扩大盾构工法的施工步骤

完的导向环进行掘进。根据掘进情况在圆周盾构机内拼装圆周管片，修建扩大盾构的基地。

③ 用安装器拼装扩大盾构。拆除圆周管片的侧板部分，准备进行扩大盾构的始发。

④ 在扩大盾构机的后部安设加固环及斜向杆件，以其作为反力座进行扩大盾构掘进。利用安设在既有隧道内的专用安装器，拆除既有的管片及拼装扩径管片。

⑤ 拆除到达后的扩大盾构机，只留下盾壳，用混凝土墙建造挡墙。

3. 泥水式扩大盾构

就目前的实例而言，扩大盾构的扩大部分的总长为 30m 左右，并用土体稳定处理的开放式盾构比密封式盾构在经济上有利。为此，一般都用开放式扩大盾构。然而，扩大部分的长度较长时，当其又处在高水压条件下时，进行土体稳定处理的范围将扩大，这时密封式扩大盾构反而在经济上有利。现在泥水式扩大盾构的研究开发工作已达到实用化阶段。

目前正在开发应用扩大盾构技术，利用非开挖方式拆除已老朽化的隧道，在其外侧修建新设隧道的施工方法。该工法就是利用泥水式盾构切割既有的 RC 衬砌，利用新的管片修建新的一次衬砌。

4. 施工实例

扩大盾构的施工实例如表 11-22 所示。

扩大盾构工法的施工实例　　　　　　　　表 11-22

发包单位	工程名称	用途	一次管环外径 (mm)	扩大管环外径 (mm)	一次管片宽度 (mm)	扩大管片宽度 (mm)	管片材质	扩径部分总长 (m)	土质	地下水压力 (kgf/cm²)	辅助工法
东京电力	清洲桥通管部	电力洞室通信并用分支部位	6600	7800	450	450	钢制	24.95	黏性土、砂质土	1~2	气压工法注入工法
建设者	下谷南千住共同沟	共同沟分支部分	6600	9200	450	450	钢制	30.0	砂质土	2~3	气压工法注入工法
东京电力	蛇目附近管路	电力洞室连接部位	2000	3160	750	375	钢制	7.0	黏性土	0~1	—
东京都排水管道局	真福寺	排水管道合流部位	2000	3150	750	—	钢制	3.0	固结黏性土	1~2	注入工法
东京电力	小川附近管路	电力洞室连接部位	1950	3900	900	450	钢制	8.2	黏性土砂质土	0~1	—
	西五反田附近管路	电力洞室连接部位	2750	3900	450	450	钢制	26.7	砂质土	1~2	—
	金森附近管路	电力洞室连接部位	1950	3900	900	450	钢制	8.5	黏性土	0~1	气压工法注入工法

11.12.2 球体盾构

该工法是将内藏小的子盾构的球体装备在大的主盾构之内，在到达任意地点之前于掘进阶段旋转球体，在任意方向始发小的盾构，采用转换方向的盾构工法。在主盾构中开挖竖井，开挖完了之后将球体旋转90°，始发子盾构，用一台盾构机可以连续施工竖向及横向坑道。如果在长距离盾构的施工中，应用此项技术只要让面板转至坑内一侧，就可以检查并修理面板及刀具等。球体盾构详见图 11-40 所示。

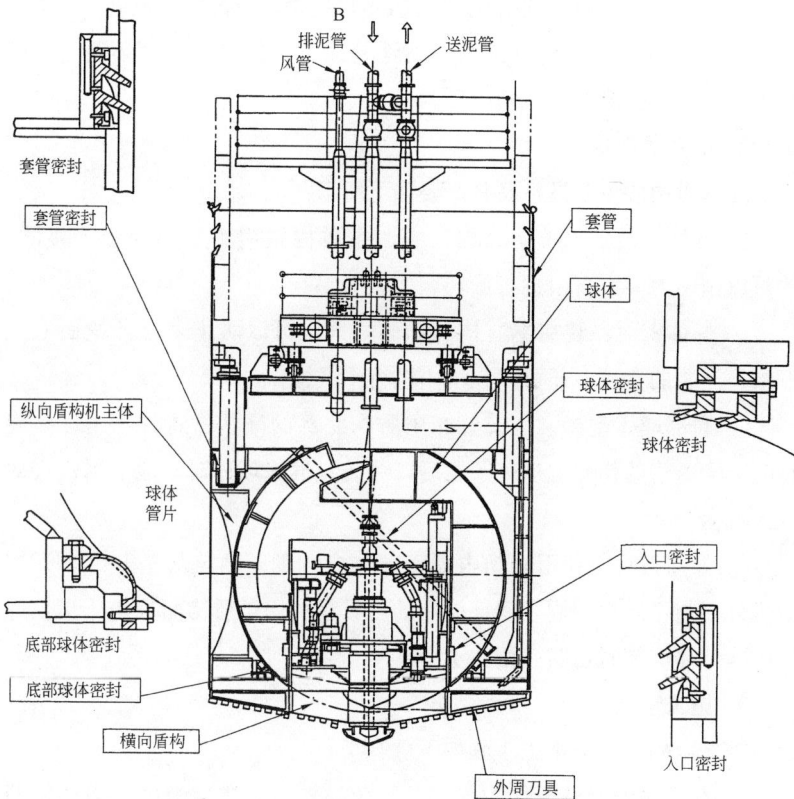

图 11-40　球体盾构

下面简要介绍一下施工竖井及横向坑道的技术。

1. 工法的特点

该工法的特点如下：

① 对于地下水装备有密封机构，进行机械式的止水，可以开挖大深度的竖井。现在经试验确认已经可以应对水压力 $1000kN/m^2$（$10kgf/cm^2$）。

② 可以紧凑地修建竖井以降低用地费用。但是必须有施工用场地。

③ 因是用盾构工法施工竖井，故可以缩短现场的作业期间。

④ 不需要为子盾构掘进而进行地基改良。但是，有时必须为利用地基承受反力一侧进行地基改良。

2. 主要的设备

球体盾构的主要设备及其概要如下所示：

① 球体：装到主盾构之内，所谓主盾构是用销子及轴套连接的，故可以销子为中心自由进行旋转。

② 球体密封：装在主盾构与球体之间，可以防止来自开挖面的地下水及泥浆的流入，还可以在坑内进行干式操作。

③ 底部球体密封：是设置在主盾构底部的环状密封件，当球体旋转时及子盾构的初始掘进完了之后，可防止拆除球体时，地下水由底部流入坑内。

④ 外周刀具：利用驱动内藏于球体之内的子盾构掘进竖井，开挖盾构外周与主盾构外周之间部分用的刀具是利用子盾构面板与千斤顶连接的，球体旋转时切断残留在土中。

3. 施工步骤

球体盾构工法的施工步骤如下（图 11-41）：

① 在导向墙上呈倒立的状态下组装盾构机，拼装为吊升盾构机的工作台架。

② 事先开挖导墙内部土体，将盾构机安装在所定的位置。

③ 设置临时组装管片的拼装用台架，边拼装管片，边进行掘进。

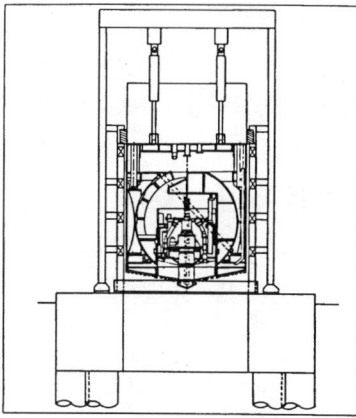

(a) 盾构机的组装

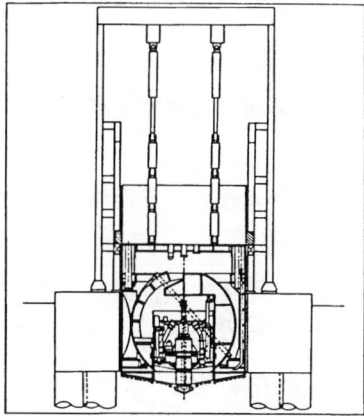

(b) 下降掘进

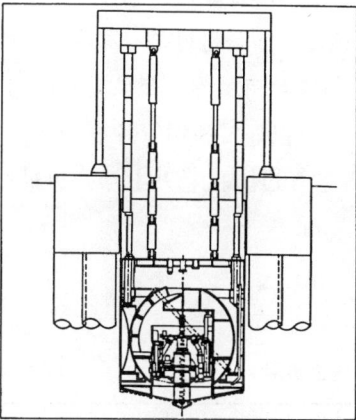

(c) 初始掘进

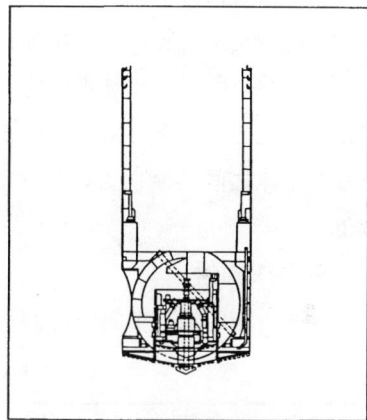

(d) 正式掘进及球体旋转的准备

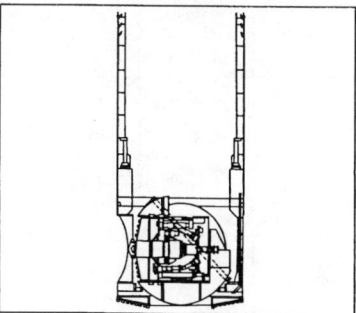

(e) 球体旋转及横向掘进的准备

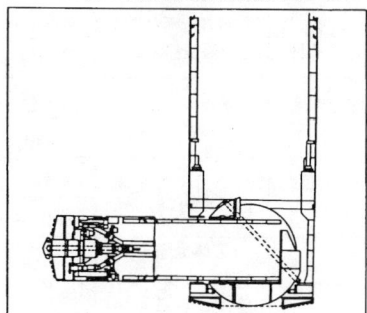

(f) 子(横向)盾构的掘进

图 11-41　球体盾构工法的施工步骤

④ 拆除临时组装的管片，将正式的管片与导向墙组成一体化，进行正式掘进。

⑤ 待掘进到所定深度之处，将套管固定在管片上，拉出为子盾构掘进的开口。

⑥ 断开外周刀具，待将子盾构拉入球体后，利用旋转千斤顶将球体旋转 90°。

⑦ 由子盾构进行掘进，以后与普通的盾构施工一样进行操作。

4. 作用在主盾构(竖井处)上的力

伴随着掘进地下水及泥浆压力等将连续产生变化。为此作用于管片及盾构上的力也将产生变化。初始掘进时盾构的自重化作用在盾构上的浮力大，当初是吊着盾构的状态下进行掘进，如果超过某一深度，浮力将超过自重，所以，此时要借助于管片利用导向墙等平衡该差值的力。待正式掘进之后，浮力又进一步变大了，所以，要利用管片衬的重量，管片与土体之间的摩擦力，导向墙的重量等边防止竖井上浮，边进行施工。

5. 施工实例

球体盾构的施工实例如表 11-23 所示。

球体盾构工法的施工实例　　　　　　　　　表 11-23

发包单位	工程名称	施工总长	盾构形式	盾构外径	备　注
日本排水管道事业团	观音川雨水滞水池建设工程之 8	主盾构 260m	泥水式	5.53m	横向坑道及横向坑道(直角方向转换)
		子盾构 65m		3.68m	
东京都排水管道局	足立区花畑七八条附近支线工程	主盾构 38m	泥水式	5.82m	竖井与横向坑道
		子盾构 443m		2.89m	
东京都排水管道局	荒川干线竖井设置工程	主盾构 39.69m	泥水式	7.92m	竖井与横向坑道
		子盾构(2396m)		4.84m	
横滨市排水管道局	北部处理区新羽末广干线下水道整备工程(之 3)	420m (全长 4435m)	泥水式	9.45m	更换刀具
东京都排水管道局	第 2 十二社干线之 4 竖井设置工程	主盾构 46.63m	泥水式	7.4m	竖井与横向坑道
		子盾构(2000m)		4.45m	

11.12.3 分离合体型盾构

1. 隧道的分离与合体

在铁路、道路及洞室等的盾构隧道中，由于线路计划上的需要，有时需要分离隧道断面，有时需要部分扩大断面。例如在铁道、道路中当分离上下线及分支洞室时，在铁道的车站部位与车站间的施工中当使用同一盾构时等。分离合体型盾构就是根据此种需求提出来的，大体上有两种，一种是以双圆形断面盾构为基础的分离合体型，另一种是以隧道直径的变化为基础的分离合体型。将来不限于圆形断面，在非圆形断面中也可能进行分离合体型的施工。

2. 形成双圆形断面的分离合体型盾构

形成双圆形断面的分离合体型盾构有如图 11-42 所示的分离合体型盾构。图 11-43 是现在地铁建设中正在规划中的项目，它可以在车站与车站之间的双方有效利用一台盾构机进行施工，它是以降低建设费用及降低因后方基地的集中对环境的影响为目的而开发出来的。该种盾构在泥水式盾构中有作为中央先行型的，还有以中央圆的面板作为中间

图 11-42　形成双圆形断面的分离合体型盾构工法

支承方式的。为此，两侧部位的面板有碍于中央盾构的面板支承杆件，故不能形成一个完整的圆形，而是拱形，采用带有 60° 的旋转角度的摇动掘进方式。现在该种摇动掘进方式尚无施工实例。中央盾构与侧向部位盾构的分离合体基本上是如图 11-44 所示的盒式的。在这些盾构的结合部位是以螺栓连接为主体，但是，盾壳部位为了止水采用焊接方式。再者在该计划中，车站间有曲线半径为 160m 的曲线部位，故在中央盾构中装有铰接机构。

3. 让隧道直径变化的分离合体型盾构

为了有效地建造不同直径的隧道，开发出了如图 11-45 所示的在大

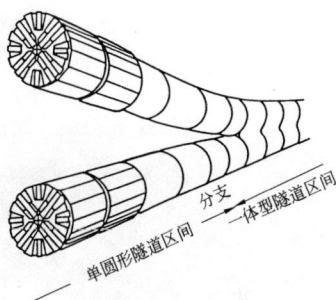

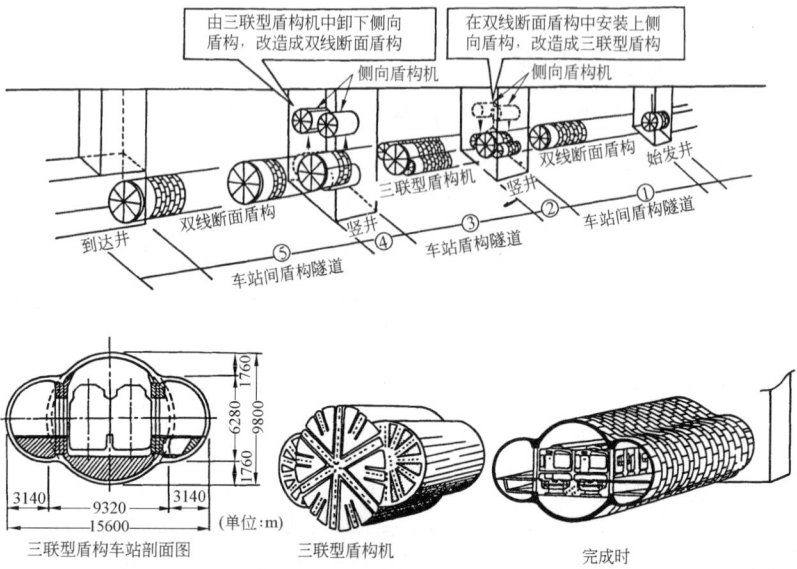

图 11-43　分离式泥浆三联型车站盾构工法的施工步骤

图 11-44　分离式泥浆三联型车站盾构机

直径的盾构中(主盾构),内藏小直径盾构(子盾构)的分离合体型盾构机,已用于铁道、下水道及电力洞室中。

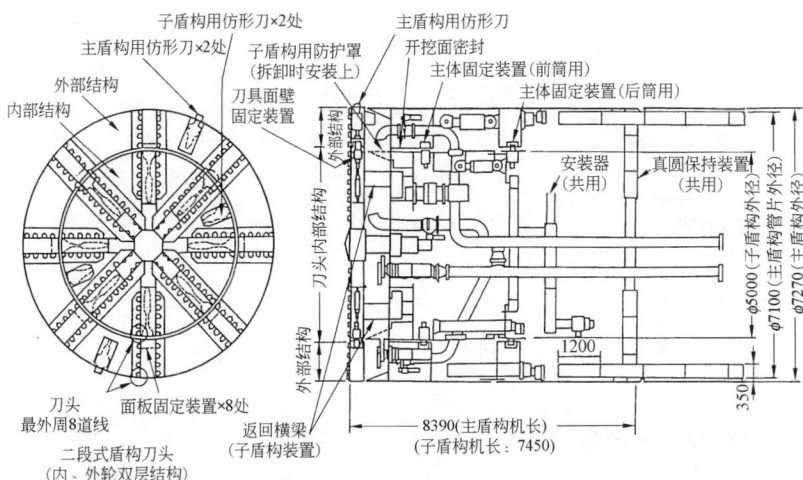

图 11-45 使隧道直径变化的分离合体型盾构实例

该种盾构机是在主盾构机中内藏部分共有刀盘的子盾构的双层壳盾构机,待利用主盾构机施工完所定的隧道区间之后,在中间竖井处或土中分离子盾构机,由子盾构机进行后面的施工。

11.12.4 外部先行型盾构

该种盾构工法取代以一台大断面盾构机施工大断面隧道,首先是小断面盾构沿着大断面隧道的外侧施工多条小隧道,以此来修筑外部壳体,之后不用盾构工法开挖其内部,修建大断面隧道的方法。该工法的目标是避开大断面盾构的施工所增加的建设费用,施工多条根低成本的小断面盾构隧道,提高其经济性。

此外,覆盖土层较薄的道路隧道等大断面隧道也可以施工,且具备可以得到与隧道的使用目的相吻合的断面等优点。

该工法最初用在美国华盛顿州西雅图市郊区的道路隧道施工中。在该工程中是成圆环状修建小断面的圆形(一部分为拱形)盾构隧道之后,再进行大断面隧道的施工。

图 11-46 所示为现在日本首都高速道路公团计划用的外部先行型盾构的试验工程的施工顺序。在该工程中计划用两种矩形断面盾构施工。

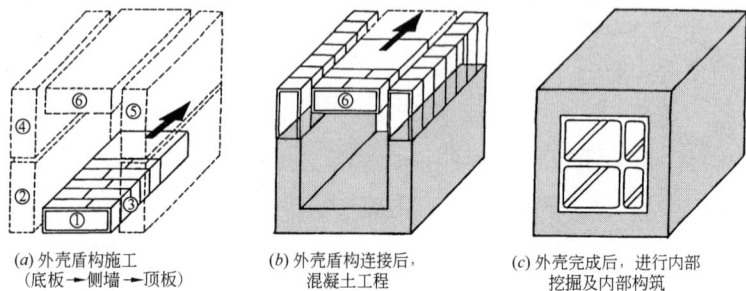

(a) 外壳盾构施工　　　　　　(b) 外壳盾构连接后，　　　　(c) 外壳完成后，进行内部
（底板→侧墙→顶板）　　　　　混凝土工程　　　　　　　　挖掘及内部构筑

图 11-46　外部先行型盾构的施工顺序实例

11. 13　加固维修技术

日本于 1965 年前后开始快速地建设了盾构隧道，其中建设后已经使用了 30 多年，到了需要维修的程度。城市隧道的劣化有时会对社会造成不利影响，但被公众所知的不多。为此，盾构隧道的修补技术只有一部分相关人员在研究，目前还没有形成体系化的技术。本节将概要说明一下盾构隧道的劣化及其原因，劣化的调查方法，并介绍一下加固维修的工程实例。

11. 13. 1　隧道的劣化及其原因

盾构隧道的劣化增加了漏水量，增大了隧道的变形量，伴随着接头部位的损坏及钢筋腐蚀而产生铁锈汁，混凝土裂缝增加及裂缝宽度加大，混凝土表面产生剥离或脱落等。这些现象相互并不是孤立存在的，而是相互之间密切相关。例如隧道的变形的增大导致接头处开口，使混凝土产生裂缝。结果接头处的钢材受到腐蚀而产生铁锈汁，混凝土产生剥离或脱落。随之而来的漏水量也将增多。

图 11-47 所示为管片的劣化实例。

这些劣化均是由外部因素及内部因素引起的。在外部因素中有隧道

(a) 球墨铸铁管片　　　　　　　(b) 混凝土类管片

图 11-47　管片的劣化实例

完成后相邻施工等的影响，地下水位的变化及隧道使用状况的变化等。还有产生了隧道设计时没有预想到的荷载，当然其中也包含了设计中的过失。在老朽隧道中此种情形比较常见。另外，在内部因素中有隧道的漏水及壁后注浆层的劣化，钢材的电腐蚀等。

这些因素中对隧道的劣化影响最大的就是漏水。可以认为隧道劣化的大部分是由于漏水引起的。地下水向隧道中的侵入与其量的多寡无关，因为它是经常供应新的水分与氧气，让位于漏水处的钢材产生腐蚀。当地下水中含有盐分时，此种现象更加显著。此外，侵入到隧道内的水分提高了隧道内的湿度，并产生结露，加速并促进了混凝土的碳化，当此处有钢材时钢材也将产生腐蚀，使混凝土表面产生剥离或脱落。壁后注浆材料的劣化更增加了隧道的变形。该变形将加速隧道的漏水，促进了壁后注浆材料的劣化。如果漏水量达到某种程度以上，那么周边土体的特性也将产生变化，土砂经由隧道的接头部位流入隧道内，使隧道周边土体产生劣化。它还将加大隧道的变形，构成增加漏水量的原因。

漏水使隧道衬砌及隧道周边土体劣化，隧道衬砌及隧道周边土体的劣化又增加了隧道的变形，隧道的变形又增加了漏水量。至于使用遇水膨胀型密封材料之后，与以前相比漏水量大幅度地减少了，但是，可以清楚的是完全避免漏水是不可能的。如果说隧道劣化的最大原因是漏水这并不过分，为了提高隧道的长期耐久性防止漏水是最花费成本的，此种说法是相当确切的。

11.13.2 隧道劣化的调查方法

1. 隧道的变形

隧道的变形可用聚焦比例尺，管式分度标尺及摄影测定法等进行测定。但是，管片因施工时的拼装误差，壁后注浆压力及千斤顶推力等施工时荷载已产生变形，又在土水压力等外部荷载作用下已产生了变形等，所以，当评价实际的变形量时，就必须连这些变形都包括在内进行判断。

还应根据工程记录等调查刚施工完的变形量。

2. 衬砌的劣化

钢管片及球墨铸铁管片等的腐蚀，多半都需要凿除二次衬砌直接测定主梁等的壁厚进行评价，但是，现在利用超声波的方法已经达到了实用化。图 11-48 所示为利用该方法的测定状况。

钢筋的腐蚀可利用电化学的非破损腐蚀检查法进行调查。现在实际上使用的有自然电位法、极化电阻法及混凝土比电阻测定法三种。这些电化学的测定值是将自然电位作为钢材有无腐蚀的指标，极化电阻是将钢材的腐蚀速度作为指标，而混凝土的比电阻则是以测量包围钢材周围的环境指标来使用的，各自有不同的特性。为此，可以尝试使用这三个指标来综合评价钢筋的腐蚀程度。

图 11-49 所示为将同时测定的极化电阻及自然电位的结果与钢材的腐蚀程度相比较的实例。

图 11-48 利用超声波测定钢制管片的壁厚

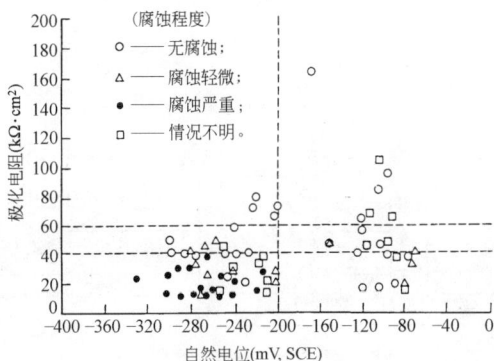

图 11-49 极化电阻与自然电位之间的关系与实际的腐蚀状况

现已开发出几种监视混凝土中的钢材腐蚀的方法。其中异种金属腐蚀传感器法如图 11-50 所示。该方法中使用由钛与普通钢材组成的传感器，在腐蚀环境中这两者之间将产生很大的电位差，是利用产生电流性质的原理。包住这种传感器，分段设置在混凝土之中，就可以掌握在某种程度的深度上腐蚀因子的影响范围。如利用该方法就可以评价钢筋何时产生腐蚀，所以，就可以适当地评价涂复环氧树脂等修补的时期。该传感器已用于荷兰的大贝尔特海峡盾构隧道的管片上，还用于埃及的阿哈姆多哈姆迪隧道的混凝土衬砌及桥梁的下部建（构）筑物中。

(a) 混凝土中的钢筋的腐蚀模型

(b) 混凝土的龄期与发生电流的关系

(c) 对于钢筋腐蚀的危险性的预测装置

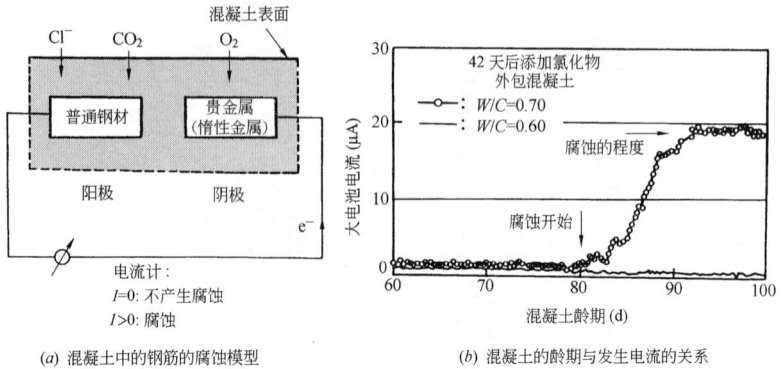

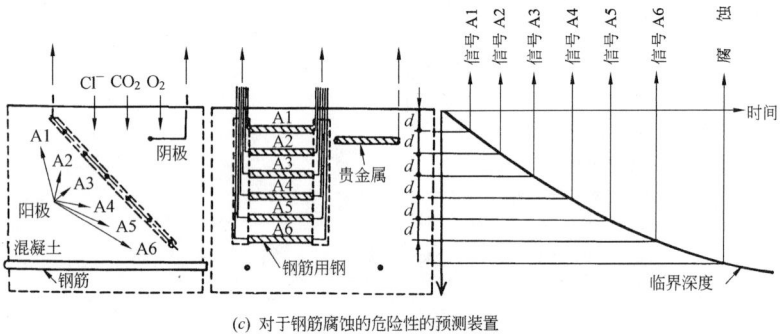

图 11-50　钢筋腐蚀的监视系统

对于混凝土类管片的裂缝，使用裂缝宽度测定仪测定其宽度，用比例尺测定其长度，绘制出如图 11-51 所示的裂缝图像。此时，在标识器上使用粉笔或万能笔不单纯在裂缝上，还可以沿裂缝标注。如果使用位移引伸计或接触式应变计，可以正确地测定连续的裂缝扩展。

利用超声波测定裂缝的深度。由于钢筋的腐蚀使保护层混凝土产生起膨现象，如果用小锤轻轻地敲击利用声音就可以判断出是否起膨。对保护层混凝土的剥离，通过肉眼观察结果可进行图像化处理。

除此之外，对混凝土类管片有时也必须测定盐分的浸透深度、盐分量、碳化深度等。

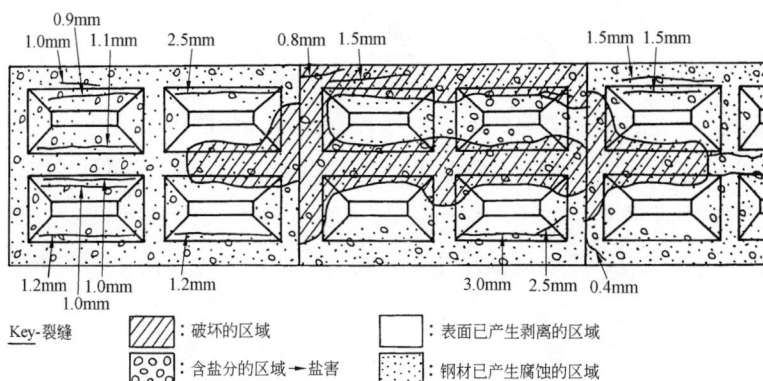

图 11-51 盐分产生劣化的管片的劣化状况的调查实例[26]

11.13.3 隧道安全性评估

盾构隧道的安全性评估是为了分析研究加固，修补工程的开始时期及其方法的非常重要的课题。为了定量地评价其安全性，必须搞清楚如下问题：

① 管片的劣化与强度及变形相关的力学性能之间的关系；

② 作用于隧道上的土压力、水压力乃至将来预测的变动荷载的评价；

③ 可以反映与土体呈一体且稳定的管环的力学状态的计算模型。

这些课题目前正在研究中，尚未解决。为此，下面介绍一下当评价已经劣化的盾构隧道的安全性时的一些注意事项：

① 管片的变形是否有随时间增加的倾向；

② 管片的变形方式（横向压跨、纵向压跨）是否出现了变化的倾向；

③ 地下水位是否有变动及其变动量；

④ 隧道周边地基是自稳性的土体还是无自稳性的软弱地基；

⑤ 壁后注浆是否充分填充；

⑥ 管片接头的开口量是否随时间产生变化；

⑦ 管片的裂缝，保护层混凝土的剥离，钢筋的腐蚀程度；

⑧ 漏水量是否增加；

⑨ 地基是否易受地震影响，是否为可能产生地基沉降的土体；

⑩ 隧道周边是否有相邻施工的计划。

盾构隧道当壁后注浆部位及周边土体呈一体建设后,将引起应力再分配而呈现稳定状态。为此经过某种程度年月的隧道推测与建设时相比,可以达到稳定性更高的水准。如从这种观点来看,即便是盾构隧道的衬砌的劣化有所扩展,马上导致破坏的危险性也不大,但必须注意隧道时而受地震、隧道周围开挖、荷载类与结构类之间的平衡等遭到破坏,则有可能处于危险状态。

总之,加固、修补的时期及其方法的研究要在正确调查劣化的时效变化、详细分析结果的基础上,考虑加固及维修费用后进行综合的判断。

11.13.4　加固维修方法

盾构隧道加固维修的实例较少,加之按照隧道的用途,要求衬砌机能的优先权及工程的制约条件不同等,难于对其进行分类,如果硬性进行分类详见如下。

(1) 部分加固维修

利用填料密封槽及软管收集漏水进行排水的方法,还可以采用凿除已劣化的保护层混凝土,打磨钢筋进行防锈处理,利用现浇混凝土及喷涂砂浆等手段进行修补的方法。

(2) 全面加固维修

清除漏水及劣化的部分,待进行基底处理后,按需要设置无纺布或防水薄膜包住混凝土(无筋、钢筋、钢骨),或者张贴钢板等加固件,在其背面采用注入砂浆的方法,还有在二次衬砌的内侧浇筑三次衬砌的方法等。

11.13.5　加固维修实例

下面介绍一下到目前为止所实施的补强加固及修补的实例。

1. 铁路隧道的实例

总武线的隧道是 1976 年开业的,对以没有施工二次衬砌的区间为对象实施了改造工程。在该实例中对于在支架上(H 型钢)组合使用现浇钢筋混凝土的以往的方法(在地铁的改建工程有采用的实例)进行了分析,从制作性、施工性(施工速度、机械化程度)、经济性上有利的角度来看采用了预制混凝土墙(PCW)的方式(图 11-52)。

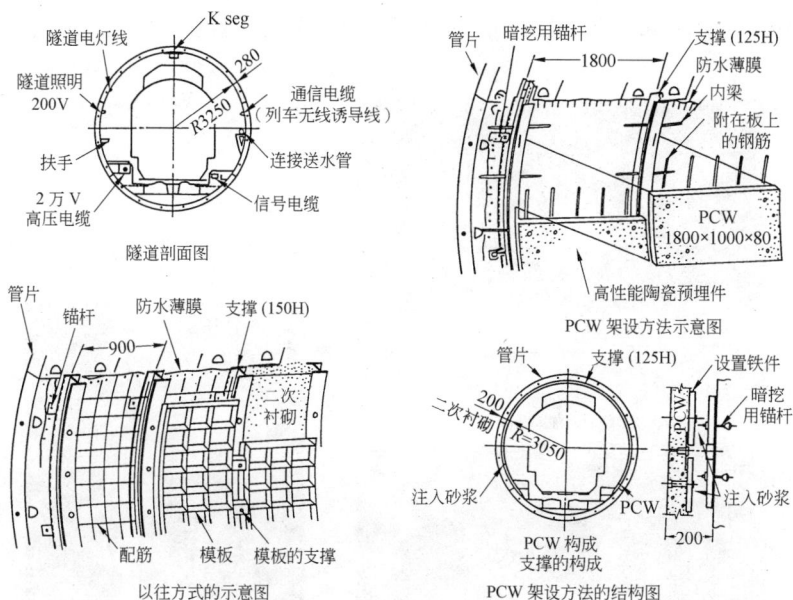

图 11-52 铁路隧道的加固维修实例[26]

2. 地铁隧道的实例

香港的地铁是在 1977 年前后修建的,地下水中因受海水的影响含有 0.2% 左右的盐分,故管片中的钢筋受到了腐蚀,保护层混凝土产生了剥离。在该实例中开发了如图 11-53 所示的射水清凿车辆、真空清扫车辆、喷射混凝土用车辆,三种车辆作为一个系统,全面地实施了改造工程。改造工程是首先凿除已经劣化的管片内侧 75mm(含钢筋),然后用掺有维尼纶纤维的喷射混凝土修补管片的内侧。

3. 道路隧道的实例

埃及的阿哈姆多哈姆迪隧道是 1983 年开通的,苏伊士运河的水经由管片接头处漏到隧道中,在接头处 RC 中子形管片中的钢筋受到了腐蚀，保护层混凝土产生了剥离。由于运河拓宽工程担心隧道遭到破坏，故全面实施了改造工程。在该实例中用混凝土填埋了中子部分，在一次衬砌内侧贴上防水薄膜，进行了二次衬砌的施工，路面板也重新进行了施工，其工程特点是边供用一条车道，边进行施工(图 11-54)。

拆除已受腐蚀的
钢筋及拆除后的加固状况

喷射机

装备喷射器的喷嘴

轨道式扫除机(真空扫除机)

图 11-53　地铁隧道改造实例

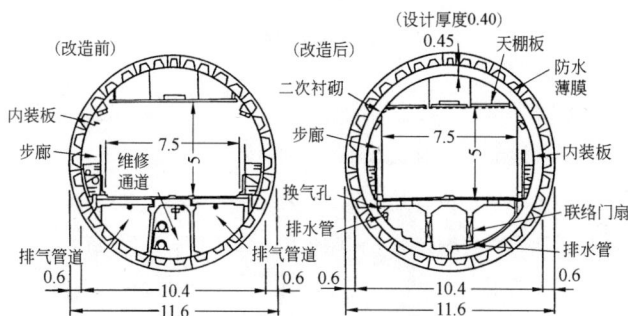

(a) 阿哈姆多哈姆迪隧道剖面图

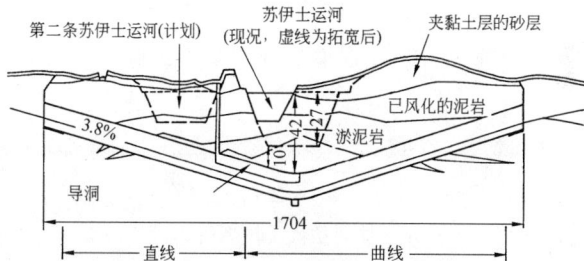

(b) 地质纵剖面图

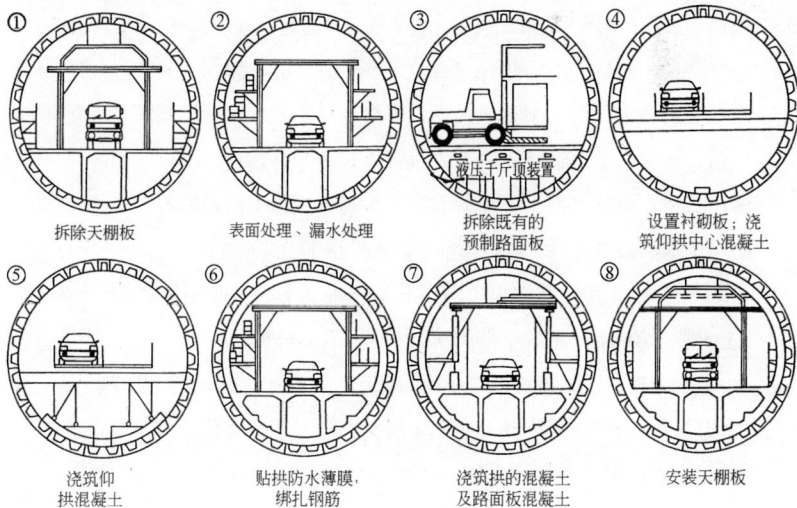

(c) 改造步骤

图 11-54　道路隧道的改造实例

参 考 文 献

[1]　橋本：軟弱地盤における上下隣接シールド施工の実体と計測結果につい
　　　て，土木学会論文集，第 352 号，1984.12.

[2]　木村・矢田・小泉：併設して施工されるシールドトンネルの影響解析，
　　　トンネル工学研究発表会論文・報告集，第 1 巻，1991.11.

[3]　木村・山下・清水・小泉：併設シールドトンネルの影響評価について，
　　　トンネル工学研究論文・報告集，第 6 集，1996.11.

[4]　松本・小山・清水・小林：併設シールドが先行トンネル断面力に及ぼす
　　　長期的影響の検討，屯得る工学研究発表会論文・報告集，第 4
　　　巻，1994.11.

[5]　田口・上田・北野：超近接シールドの計画と設計-京葉都心線西八丁堀
　　　トンネル-，トンネルと地下，第 19 巻 7 号，1988.7.

[6]　堀池・平嶋・松下・石井：軟弱粘性土地盤における併設シールドトンネ
　　　ルの現場計測とセグメントリングの疑似三次元構造解析モデル，土木学
　　　会論文集，第 418 号，1990.6.

[7]　浅賀・井戸・古川・近藤・松下：地下鉄 4 号超近接移行シールドの設計につ
　　　いて，トンネル工学研究発表会論文・報告集，第 3 巻，1993.11.

[8]　山口・山崎・福島・小林・杉島：併設シールドの影響予測解析と実際の
　　　挙動，トンネル工学研究論文・報告集，第 5 巻，1995.11.

[9]　前田誠他：単線並列シールドトンネル超近接施工におけるトンネルの挙
　　　動，土木学会第 44 回年次学術講演会　Ⅱ-11，1988.10.

[10]　井手統一他：沖積粘性土中の併設シールドトンネル現場計測(その2)，
　　　土木学会第 44 回年次学術講演会　Ⅲ-15，1988.10.

[11]　土木学会編，トンネル標準示方書(シールド編). 同解説，1996.

[12]　水野修介：急曲線シールド第 32 回シールド工法講習テキスト，日本プ
　　　ロジェクトリサーチ，p.69，1990.

[13]　小泉　淳・村上博智・西野健三：シールドトンネルの軸方向特性のモ
　　　デル化について，土木学会論文報告集，第 394 号，1988.

［14］　浦沢義彦・利光憲士・斎藤　勝：急勾配シールドの技術動向，トンネルと地下，第 25 巻 2 号，pp. 50〜60，1994.

［15］　鈴木他；シールドトンネルの新技術；pp. 53 〜 59，土木工学社，1995. 1.

［16］　松本；最新シールドトンネル；pp. 157〜170，日経 BP 社，1994. 9.

［17］　所他；シールド工事の施工と積算，pp. 331 〜 334，経済調査会，1989. 12.

［18］　日本トンネル技術協会：シールド工事に係るセーフティ・アセスメント指針・同解説，1995. 10.

［19］　建設業労働災害防止協会：ずい道工事等における換気技術指針，1991. 1.

［20］　日本トンネル技術協会：ECL 工法指針（案）［設計編］，1992. 3.

［21］　日本トンネル技術協会：ECL 工法指針（案）［資料編］，1992. 3.

［22］　ECL 協会：ECL パンフレット.

［23］　山本・東出：シールドトンネルの新技術（21），トンネルと地下，pp. 57〜68，土木工学社，1992. 2.

［24］　土木学会他：第 2 回建設ロボットシンポジウム論文集，pp. 181〜188，1990.

［25］　最新のシールドトンネル技術編集委員会：最新のシールドトンネル技術，pp. 55，pp. 82〜88，技術書院.

［26］　Abdel Salam M. E；Tunnelling and Ground Conditions，1994.

第 12 章 盾 构 法 展 望

12.1 新的设计方法

盾构隧道是长大的建(构)筑物，通常为了方便设计，将其分成横断面方向及纵断面方向来进行设计。另外，盾构隧道又分有二次衬砌及只有一次衬砌的。又进一步因盾构隧道是地下建(构)筑物，它不能作为完全独立的结构体系及荷载体系而进行模型化处理，所以，当考虑盾构隧道的新的设计方法时，必须预先就想到这些问题。

最近结构体系的模型化已经有细微化、复杂化的倾向，但是，荷载体系的模型化精度 30 年来基本上没变。两者的平衡特别重要，然而，即使只提高结构体系的模型化精度，也不一定能完全说明盾构隧道的实际状态，如果从设计的角度来看更应该注意将有产生大问题的可能性。

12.1.1 结构体系的模型化

1. 隧道横断面方向的结构模型

盾构隧道的横断面方向的结构模型如第 4 章衬砌的选定与设计中所说的"梁—弹簧模型"，今后还将继续沿用下去。有关该模型的课题就在于提高解析精度。如抛开荷载体系的问题，提高解析精度的最大因素就在于接头处的弹簧常数的估计精度。对于管片的接头，现在正在开发出各种各样的接头形式，但是目前要求的是这些接头的回转弹簧常数的解析方法及其估计推定精度。

当在管片接头处作用有轴向拉力及弯矩时，也必须有接头的抗拉弹簧常数等。另外，对于环与环之间的接头，如果将管环按错缝拼装时错组合式衬砌圈，则要求规定其抗剪弹簧常数。然而，从目前现状而言，或者将其作为无限大，或者是用试验手段求解，但是，必须提出在解析上的求解方法。当把沿管片接头处的全周都作成凹凸形，利用这种方式传递剪力时，利用密布剪切弹簧似乎就可以评价其工作状态。如果现在的"梁—弹簧模型"的解析方法中荷载明确，就可以认为基本上有实际状态的 90％以上的解析精度。

对于有二次衬砌的盾构隧道的结构体系模型，如果按一次衬砌与二次衬砌之间的结合状态来分类的话，当认为将其作为一个整体结构处理比较合适时，就用"梁—弹簧模型"，当认为将其作为搭接结构处理比较合适时，就可应用"双层环模型"。今后这些结构模型还将逐渐被使用。当为前者时，包括二次衬砌在内的接头弹簧常数的估计方法的好坏直接与解析精度有关。当为后者时，评价两环间力的相互作用的弹簧的弹簧常数的确定方法的好坏，是提高解析精度必要的因素。如果荷载明确，目前这些模型的解析精度可以估计出实际状态的 80％～90％左右。

2. 隧道纵断面方向的结构模型

纵断面方向上结构体系模型，因盾构隧道与其断面尺寸相比是相当长的建（构）筑物，所以，将其作为作用在弹性地基上的梁进行模型化处理比较合适。

在模型化方面，有只评价环接头的刚度降低的"等效刚度模型"及评价管片接头与环接头两者的"梁—弹簧体系模型"。后者的模型当将盾构隧道主体进行模型化处理时，是用立体解析模型。该立体解析模型是可以同时解析盾构隧道的横断面方向的状态及纵断面方向状态的模型，但因受电子计算机能力所限，目前 20 环左右的解析似乎已达到极限。该立体解析模型，当在盾构隧道的途中设开口部位时的解析结果，目前也可以有效利用。"梁—弹簧体系模型"在解析精度上要比"等效刚度模型"高，但如果是比较长的隧道则计算时间将急骤增多，因此，利用"等效刚度模型"进行概算，然后只对必须精确计算的区间，利用"梁—弹簧体系模型"等进行计算，似乎更合适一些。现在如果荷载或输入变位等明确，利用这些模型的解析精度可以达到实际隧道状态的 70％～80％左右。

有二次衬砌的盾构隧道的结构体系模型，因一次衬砌与二次衬砌之间的结合状态不同而异。当认为两者作为一个整体进行工作时，就提出了通过立体结构模型简化成一根弹性地基上的"梁—弹簧体系模型"的方法。当认为呈搭接结构进行工作时，提出了借助于同样的立体结构模型简化成两条并列的弹性地基上的"梁—弹簧体系模型"的方法。对于前者，通过地上的实物原型试验确认，如果按上述处理，立体结构模型有80%左右的解析精度，当简化成"梁—弹簧体系模型"时，可有60%～70%左右的解析精度。而对于后者正处在模型试验阶段，经证实，立体结构模型的解析精度为70%左右，当简化成两条并列的"梁—弹簧体系模型"时，有60%左右的解析精度。但有二次衬砌的结构模型用于验证的试验数据甚少，有待于今后进一步研究。

12.1.2 荷载体系的模型化

1. 用于横断面方向设计的荷载模型

作用于盾构隧道横断面方向上的荷载，按与结构体系无关和有相互关系来分别考虑。前者以主动土压力及水压力为主，其操作方法近30年来基本上没变。

近年来，盾构隧道多半都修建在软弱地基之中，那么，基于考虑了引起土体主动破坏的极限平衡理论的土压力的推算方法，可以认为大体上是合适的。然而，对于比较良好的土体，水压力目前姑且不论，很多实例中对作用于盾构隧道上的土压力只测量到设计土压力的一半以下。今后随着盾构隧道修建深度逐渐加深，可以预见到碰到良质地基的可能性很大。另外，伴随着城市化的进展，丘陵地带的良好地基也将成为盾构工法的对象，对作用在诸如此类地基中的隧道上的土压力的估算精度的提高，特别是在考虑盾构工法的经济性方面显得尤为重要。

如果隧道比较深，上部荷载的影响并不是太重要，但来自其他建(构)筑物基础等的荷载是今后必须慎重研究的项目。

管片的自重、大小是比较明确的，但对于自重作用下的地基反力的处理方法却有两种，设计结果相当不同。一个是忽略不计自重作用下的地基反力的方法，另一个是考虑自重作用下的地基反力的方法。前者是考虑到管环是在盾尾内拼装，又考虑到管环由土体内脱出之后，壁后注浆层没有马上硬化等情况，不能期待地基反力的思路，考虑到以往的施工情况，认为这一思路大致是稳妥的。

然而，最近由于采用了利用壁后注浆材料使管片早期稳定，利用推进千斤顶保持管片，采用了盾尾内的真圆保持装置等，施工技术进步了，实现了管片的临时承托，就出现了后者的思路。当考虑对于自重作用下的地基反力时，在收集周边地基支承管片自重条件的同时，更重要的是要充分研究施工方法，将设计意图完全反映到现场施工中去。

作为内部荷载，有铁路的列车荷载及道路的汽车荷载等。通常情况下，这些荷载是由隧道仰拱直接传递给周边地基。然而，当道路面板等荷载不全作用于隧道的仰拱上时，而是集中作用于隧道的某一部分时，就必须引起注意。另外，当地下河流、引水路及诸如地下调节池等之类的内部水压力作用的隧道中，有时内部水压力的影响比由外部作用的土水压力还大，这在评价上就必须引起充分注意。特别应该注意在内部水压力作用的隧道中，通常在设计上占主导作用的荷载条件，未必就是决定其断面的条件。

施工时的荷载包括有千斤顶的推力、壁后注浆压力、管片拼装机旋转荷载等。千斤顶推力在盾构工法中是不可避免的施工荷载之一。然而，为了尽量减小盾构千斤顶相对于管片的偏心量，就应主动地采用铰接机构，除了要采取将盾构千斤顶作为后筒支承方式的追踪式千斤顶等盾构结构上的措施之外，还要充分进行施工管理，不使用极端的千斤顶等是可以将其影响控制在最小限度之内的。

壁后注浆压力与千斤顶的推力一样，是施工上不可避免的施工荷载，但是，目前很难说在设计上已经进行了充分的研究了。最近，由于施工技术的提高，采用了与盾构机及管片的注入孔联动，进行同步注浆和半同步注浆的方式。为了不使土体坍塌，在早期进行确实可靠注浆的同时，确立不作用太大注浆压力的管理技术，是可以减小其影响的。然而，在较好地基及高水压力作用下，因设计荷载的平衡比较好，有产生截面内力变小的倾向，此时必须充分注意。当由壁后注浆压力引起的偏心荷载起作用时，其影响就相当显著。

以前，认为管片拼装机的旋转荷载及起吊荷载对管片的影响甚小，故很多情况下不对其进行研究。然而，近年来由于对管片进行了自动拼装，以减少安全方面的制约条件及提高施工速度为目的，在管片拼装机的旋转上已出现高速化的倾向。同时，由于盾构隧道的大断面化，管片的重量也增大了，结果管片拼装机的旋转荷载及起吊荷载增加了。今后希望按实际需要对这些荷载也进行分析研究。

通常，对地震的影响是利用地震变位法进行分析研究。最近对于大断面的盾构隧道及并设盾构隧道等，出现了很多不可忽视的隧道与周边地基之间相互作用的问题。为此，必须进行让周边地基与隧道一起进行地震反应解析。

并列施工的影响，铁路隧道等从来都是作为垂直荷载的增加量来进行评价的。最近，据现场的测试结果等证实，作为对先行隧道的影响，由于后续隧道的开挖面压力及壁后注浆压力所产生的偏压比较大。这些偏压将有抵消后续盾构施工影响的倾向，可以作为施工时的瞬时荷载来考虑。

土的固结等对地基沉降的影响，可按作用于埋设管上的土压力的思路，作为垂直荷载的增加量来进行评价。然而，曾有研究报告指出，由于该沉降引起的隧道变形与实测的隧道变形不一致，这有待于今后积累实测数据及确立其评价方法来进一步解决。

2. 用于纵断面方向设计的荷载模型

作用于盾构隧道纵断面方向的荷载，包括施工时及完成后作用的瞬时荷载，完成后作用的永久荷载。

作为施工时作用的瞬时荷载，有小半径曲线施工的影响及并列施工的影响。小半径曲线施工的影响是用盾构千斤顶推力产生的轴向力及其偏心产生的弯矩来进行评价。在该偏心中，含由于隧道线形不正产生的偏心，偏向使用千斤顶产生的偏心及由于盾构的掘进方向不准产生的偏心。这些偏心荷载一般都将其模型化为集中荷载，使其作用在已评价为二维弹性地基上的梁的隧道上来进行结构计算。但是，希望今后与实测数据等进行对照来验证其适用性，并利用有关已考虑了三维效果的评价方法继续研究下去。

并列施工的影响，现在多半都是将后续盾构的开挖面压力及壁后注浆压力等作为偏心荷载，作用在先行隧道上产生的影响甚多。一般并列施工的影响是为了将隧道模型简化为二维的梁式构件，将偏心荷载作为分布荷载来进行模型化处理。然而，该影响由于隧道相互间的距离及周边地基、隧道的刚性、盾构的机种等不同而异，今后应该考虑隧道断面变形的影响等三维效果来进行评价。希望今后积累现场测量等的实测结果及确立其定量的评价方法。

作为完成后所作用的瞬时荷载，有相邻施工的影响及地震的影响。相邻施工的影响由于与已有隧道之间的相对位置关系、相邻施工的种类、地基条件等不同而异，对其评价方法也是不得不按照各自的状况个别予以考虑。就其方法而言，用荷载及强制变位来评价相邻施工的影响，可考虑用将这种影响给予隧道的结构模型的方法及利用 FEM 等直接解析其影响的方法，但在这方面，留下了地基的评价及三维的影响的评价等研究课题。对于地震的影响，经阪神及淡路大震灾证明与地上建(构)筑物相比非常小，对于一般部位没有特别的问题。然而，发现在小半径曲线与竖井之间的连接部位，地质突变部位等有若干震害现象，对此必须采取某种对策。

过去在盾构隧道的耐震分析中是用地震变位法。如果将隧道看作土中的线形建(构)筑物，则是一个比较稳妥的方法。最近为了提高解析精度，采用在输入地震波中，利用过去的地震动的观测波的动态反应解析的实例在增多。此时，采用的地震波，由于其对象地区的地基特性等不同而异，今后寄希望于积累的震观测结果及弄清楚地震条件与地震波的特性之间的关系，进行更接近实际状况的耐震分析。

作为完成后永久作用的荷载，有地基沉降的影响。均匀沉降对于隧道纵断面方向，除了竖井连接部位等之外是不产生影响的，而不均匀沉降对于衬砌环接头的开口产生的漏水及对管片主体的太大的弯曲等，将产生很大的影响。正确地评价地基的沉降量，掌握此种影响如何作用在隧道上，这不单纯是对于隧道的安全性，对经济性的衬砌设计也是很重要的。

12.1.3 结构与荷载的相互作用

1. 地基反力

过去最常用的惯用法及修正惯用法中，是以隧道水平位置作为顶点，将伴随隧道的变形所产生的地基反力，来作为上下45°范围的三角形分布的被动土压力来进行评价。对于这一点，在梁—弹簧模型的方法中，是将周边地基模型化为地基弹簧，当隧道衬砌在土体一侧产生变位时，是作为压缩弹簧在起作用，当隧道衬砌在隧道内侧产生变位时，就作为不起作用对待。

地基反力系数通常选用 $0\sim50\text{MN/m}^3$（$0\sim5\text{kgf/cm}^3$）的数值，以前都认为，在盾构工法从比较多用的冲积层到洪积层的领域中是比较稳妥的一个数值。然而，今后对盾构工法的应用不断深入的第三纪层等处，有可能选用更大的地基反力系数。在这类地基中，减小管片的刚度，有可能有效地利用地基反力进行经济的衬砌的设计。

超大断面盾构隧道的地基反力系数，由于尺寸效应等的影响，可以认为与中小口径盾构隧道不同。今后必须根据现场测量结果，确立适当地评价地基反力系数实际状况的方法。

2. 减小垂直土压力

据到目前为止所作的现场测量结果证实，实际上作用于隧道上的土压力，与管片设计时选用的土压力值相比小的多。其原因之一，可以认为是现实设计中选用的土压力值的计算方法中不考虑隧道衬砌变形的缘故。现在已提出了几种将衬砌与周边地基作为连续体来解析的手法[1~3]。以上因为是将衬砌作为刚性均匀的环来进行评价的，所以，不能像梁—弹簧模型那样进行详细的结构计算。因此，又提出了用过去曾被忽视的受拉一侧的地基弹簧来评价伴随着衬砌的变形所产生的土压力的减小情况的方法[4,5]。用该方法可以评价所作用的土压力减小情况，还可用梁—弹簧模型，所以可期待管片的合理的设计。但是，目前受拉弹簧的弹簧常数的设定方法尚不明确，今后必须根据试验及现场测量等的结果进一步确立。

12.1.4　极限状态设计法

1. 隧道的极限状态

隧道的极限状态，除了周边地基相当软弱为无自立性的地基之外，衬砌结构的极限状态未必一致。这是因为隧道衬砌支承在周边地基上为高次的超静定结构。所以，隧道的极限状态中，衬砌结构形成了四处以上的塑性铰，可以认为周边地基呈现出不能支承它的状态。目前很难定量地对其状态下定义，但是，在 NATM 中所考虑的周边地基的极限变形的定义是一个方向。

如果可能确切地评价盾构隧道的极限状态，那么，在冲积层地基之类的无自立性的地基中，衬砌结构的极限与隧道的极限就比较接近，这就与现实的设计思想相一致，在第三纪层之类的自立性好的优质地基中与用 NATM 的隧道的衬砌设计之差就变小了。结果就可能用统一的思路设计城市隧道甚至是山岭隧道。

2. 隧道的使用极限

隧道的使用极限对于隧道的使用目的而言，就是损坏其机能的状态，是由隧道的变形及衬砌的裂缝宽度、漏水情况等来设定的。对于隧道变形的使用极限，除了按照隧道的使用目的，内侧空间余量的取法，建筑极限的形状而定之外，还应由可否拼装管片来定。在现行的容许应力设计法中，大致取其为隧道外径的 $1/150 \sim 1/200$ 之内。相对衬砌的裂缝宽度的使用极限，可以沿用一般的 RC 建（构）筑物的极限裂缝宽度。相对于隧道漏水的使用极限，是由接头的开口量是否超过止水材料——密封材料等的止水可能的开口量而定。为此，由于使用止水可能的开口量大的密封材料，一般就可以加大该使用极限。

12.2　展望

日本的盾构工法作为城市隧道的代表性的修建工法是于上个世纪60年代的后半期开始快速普及起来的。伴随着它的盾构工法及盾构隧道的一次衬砌结构——管片已经进行了标准化及规格化。这些标准化及规格化带来了盾构工法的飞跃性普及，另外，也将盾构工法的一般性概念固定化了。期间主要谋求以施工性及安全性为中心的工法的改善，但是，另一方面以经济性为中心的改善都不是太明显。这是因为以排水管道为首的诸项设施的地下化的需求是当务之急及以浅层地下的相当软弱地基为施工对象的缘故。也就是说，与经济性相比，首先是安全地掘进隧道并拼装衬砌，尽可能地早期提供使用是第一位的。

现在大城市的排水管道及电力、通讯等干线工程大体上已告一段落，已从量的时代向质的时代转换。与此同时，道路之下的浅层地下空间已接近于满员状态，毫无疑义，基础设施将向更深的地下空间发展。就目前现状而言，地下空间的再次整顿也处于极限状态，还有环境问题，所以，从换气及防灾方面来看，地下化困难的道路也不得不走地下化之路。现在盾构工法正以"大深度地下空间的开发"及"道路隧道的参入"为契机，突飞猛进到多样化的新时代。

12.2.1　多样化方向

1."大深度地下空间开发"带来的方向

盾构隧道如果大深度化，首先第一个问题就是竖井的修建。以设定作用在竖井上的土水压力为首就必须开发高水压力下的竖井开挖、底板施工等新知识的收集及相应的技术。然而，比任何问题都突出的是修建成本。伴随着隧道的深层化，占盾构工程费用的竖井的建设费将急速增加。为了降低该项成本，最有效的办法就是减少竖井的数量，盾构隧道的施工是一种长距离工程，为此必须提高施工速度，缩短工期，两条盾构隧道必须在地下应用对接等技术。如果盾构掘进一经长距离化，应该开挖地基的变化也多，就必须充分考虑开挖面的稳定机构、掘进机构及其相应的控制机构等与土体的适应性。另外，长距离化的刀具的磨损也是个重要问题，必须预先就考虑到刀具的磨损检测系统及刀具更换方法等，还必须进一步考虑各种设备器材的搬入及切削土砂的运出、动力的中继、隧道内的通风换气、作业人员的安全卫生对策等问题。

为了快速施工，在一系列的施工循环中特别费时间的是管片拼装，此项作业必须高效化，这就要求对管片的形状及材质、接头结构及结合方法等进行研究改进。

2."道路隧道的参入"带来的方向

在东京湾横断道路中，首次在道路隧道中应用盾构工法。以此为契机，在道路隧道的修建中多次提出利用盾构工法的计划。在道路中必须设置紧急车辆停车带，如果将其收容在隧道中，即使是一条行车道路也需要很大的断面。在铁路中除了车站部位之外，复线是需要最大断面的，在道路中，由于车道数的增加最大断面还将增大。盾构工法的实例中及盾构技术的发展，现在已经可以修建14m级的盾构隧道了，在单线道路中10m级，双线道路中14～16m级，三线道路中16～20m级，四线道路中22～26m级等，在圆形断面隧道中，即使是单向车道也必须是大断面隧道。在地下河流及地下调节池等处，即使是圆形断面它与整个断面都能有效利用的隧道也不同，在道路隧道中，越是大口径，无效断面就越大。即使将换气设施及紧急时的避难设施等全部收容在隧道断面内，也不能避免无效断面的增大。另外，搬出的切削土砂的处理也是相当麻烦的。

为此，在大断面道路盾构隧道中，就要求选用可减少无效断面的断面形状。也就是断面形状的多样化。要分析研究矩形、马蹄形、椭圆形、多心圆形、双圆形、双椭圆形等断面形状，当然其中的一部分现已达到了实用化。此时又出现了多个连接小口径盾构修建超大断面隧道的新构想等。在未固结的土砂地层中施加特有的土压力，大的水压力作用下的隧道中，圆形断面或与其相似形状的断面在力学上是有利的。为此，当选取圆形断面以外的这些隧道时，必须分析研究含衬砌厚度大小在内的所有问题(如衬砌厚度加厚不单提高了成本，开挖断面也增大了，施工性也降低了)。

隧道断面一大，随之而来的有关管片拼装机械化的问题是必不可少的。对管片的接头，如果采用现行的螺栓接头，螺栓直径也就大了，人力拧紧是不能达到所规定的紧固力的。还有管片的重量也将加重了，拼装作业也就成了高空作业。为此，在管片的材质(复合管片及 SRC 管片等)及形状、适合机械化的接头结构、管片的制造方法等方面，今后应该期待的研究开发课题甚多。

在大断面盾构工程中，可以想像土体的开挖及盾构的控制是相当困难的。为确保开挖面的稳定性，由于内外周钻头的圆周速度不同此时能否掘进？在控制盾构方向的最佳千斤顶类型的选择上的复杂程度等都是个问题。就管片自重产生的截面内力而言，在中小口径的隧道中含土水压力在内，占截面内力的 20％左右，而在 12～13m 级的则增加到 40％左右，14m 级的则由 60％增加到 80％左右。所以，在壁后注浆层硬化之前的一段时间内，预先有效地支承自重是必需的，对真圆保持装置的台数及其机构的重新认识也是很必要的。

12.2.2　今后课题

1. 盾构

有关伴随着断面形状的多样化的掘进机构问题，已经从设想构思阶段发展到验证试验阶段，展开了相当多样性的研究开发活动。这些掘进机构有以往的花盘型及辐条型，在其上组合特殊的仿形刀及刮刀、边缘刀等的类型，将用于地下连续墙中的多轴掘进机放至横向的直观型，将辐条至环形机构中的类型，使用臂式切削刀的类型等，但是，必须对包括掘进及掘进速度的匀速性、掘进死角部位的有无、适用地基条件等，刀具的选择及设置、装备推力及装备扭矩等在内的所有问题进行充分的综合性研究。

当选择大断面圆形隧道时，因为内外周刀具的切削速度相当不同，隧道中心部分的开挖很不容易。为此，也要考虑选择分离掘进外周部位的机构(周边支承方式)及掘进内周部位的机构(中心支承方式)的复合类型。另外，必须慎重考虑由于切削周长的不同引发的刀具的磨损程度。

　　如果断面大，则盾构的强度及刚度也是个问题。特别是盾尾部位难于加固，为了给予所需的强度及刚度，就不得不将尾板加厚。此时由于加大了盾尾空隙，就要考虑或者取尾板为梁式结构，或者选择复合结构是比较合理的。另外，由于盾构本身的重量也变大了，在分割方法及搬运方法、现场组装方法等方面值得研究的课题也比较多。此时应该考虑盾构主体结构，选择利用现浇混凝土的复合结构等问题，但是，轴承部分是不可分割的，对小型化的可能性及除轴承之外的支承方式的可能性等，今后也必须深入进行研究开发。

　　当为超大断面隧道时，连接数个小口径的盾构先修建隧道的外周部位，然后开挖其内侧的方法比较有效。特别是为了不使隧道内侧的切削土砂变成建设废弃物，这在从切削土砂处理的角度来看也是一种有利的工法。然而，当预先连接这些盾构时虽无问题，但是，当不这样时，各隧道间如何结合将是一个大课题，必须充分研究包括其施工方法及工期、工程费用在内的所有问题。特别是可以预见到隧道的仰拱附近为高水压力区，采用重视安全性的施工方法是相当重要的。

　　如果从开挖面的稳定性的角度来考虑盾构，那么可以认为随着盾构隧道的大断面化、大深度化及长距离化，泥水式盾构与泥土压式盾构已经进入相互接近相互渗透阶段了。也就是说，必须高浓度化处理在泥水式盾构中所有的泥浆，而在泥土压力盾构中，必须进一步增加细颗粒成分，让压力仓内的土砂易于流动化。此时，就应该考虑到按开挖面的土质情况，分别切换压力仓内的土砂或泥浆，在某些时候作为泥水式盾构，又在另一些时候作为泥土压式盾构的复合型盾构方式。

　　矩形断面盾构中，隧道内部空间断面的利用效率相当理想，但与圆形断面相比，将产生相当大的截面内力(特别是弯矩)。如果隧道既是大深度化，又是大断面化，就很难确保可承受所产生的截面内力的衬砌性能，也就很容易地想像到连综合的经济性方面都将产生疑问。由此可见，矩形断面盾构将浅埋的既有生命线类建(构)筑物汇总到一处，进行共同沟化，当力图地下浅处的再次整顿时必将有用。另外，将矩形盾构放到横向，在城市河道正下方或修建分洪水渠，或者修建调节池方面也适用。

2. 管片

管片的设计必须以材质、形状及接头结构等为中心，特别是还要想到经济性及施工性，进行多样化的设计。当设计管片时，结构体系的模型化必须十分明确，其解析精度也必须高，但是，荷载体系模型的评价仍旧是今后一大课题。以前很多场合下，都是在地下比较浅处修建隧道，软弱地基就成了直接对象，兰金(Rankine)及库仑(Coulomb)型的土压力分布很多情况下就能解释其现象。然而，今后将向更深的地下未固结层发展，对象地基变了，也就是会遇到相当紧密的砂层、砂砾层及第三纪的黏性土层等，如果还原封不动地应用现在惯用的荷载体系将是不经济的，重新审视将成为当务之急。为此，对土压力、水压力及管片的状态等的现场测量必不可少，希望能建立官民一体的积极的应对机制。特别是如何正确地评价固结度大的土体中的土压力，考虑管片的经济设计是极为重要的课题。

3. 二次衬砌及防水

以前，盾构隧道的二次衬砌都是以纠偏，防水防腐，装饰工程，或与现在所能想到的荷载相对应为目的而实施的。对于必须进行装饰的下水道隧道，有时它占盾构隧道整体的很大比重，到目前为止，实施二次衬砌的大部都是如此。然而，由于挖掘精度的提高，另外，改良了管片防水工程所用的密封材料，由于其可靠性得到了大幅度地提高等，以铁道用的隧道为中心，省略二次衬砌的呼声甚高。在密封材料的长期耐久性方面，现在仍有令人不放心之处，省略二次衬砌也是一个方向。另外，从确保隧道的长期耐久性及隧道完成后，从对不可预见的荷载变动的防护角度来看，积极灵活地选用二次衬砌的思路又有所抬头。利用薄膜的隧道防水工程就是其中之一。再者，已经发现想搞清楚作用于隧道的荷载的时效变化，将二次衬砌作为隧道衬砌结构的一部分来进行积极评价的实例。

当考虑二次衬砌施工时，应该积极地采用 ECL 工法的技术。也就是说将二次衬砌浇筑混凝土用的拱架改造成滑动隧道用模板，有内模板及外模板（管片），用无需开挖的 ECL 工法施工二次衬砌的方法。从掘进中的盾构隧道的适当时候之后，如果用这种形式浇筑二次衬砌，则就可以有效地缩短工期。另外，也可以将同步壁后注浆看成以管片作为内模板的 ECL 工法。如上所述，如将盾尾空隙充分加大，在管片的外侧实施二次衬砌，这种所谓的外环式衬砌也是很有效的。此时，如果在管片与二次衬砌之间铺设防水薄膜，则就更有效。再者，在 ECL 工法中浇筑混凝土用孔有多个，而同步壁后注浆用注浆孔只有一个，这不能不使人怀疑确实注入的可能性。

当不考虑二次衬砌为结构构件时，在铁路隧道及今后还将继续增加的道路隧道中，从防止混凝土脱落的角度，多半都在二次衬砌中配筋。然而，如果将钢筋与钢筋之间的混凝土看成是素混凝土，则 SFRC 结构比 RC 结构更加合理。SFRC 可靠性的提高是相当惊人的，到目前为止，还基本上没有发现纤维球等的缺陷。在搅拌及运输、浇筑等方面无需特别的机械，基本上可以与素混凝土同样对待。如若考虑钢筋的绑扎及因此而有防水薄膜产生破损的可能性等，当不能期待二次衬砌作为抗弯构件而承受很大的外力时，采用在隧道的耐久性等方面能够发挥理想效果的 SFRC 结构，将是今后应该考虑的方向之一。

当想省略二次衬砌时，确保长期的隧道的防水性是一项最重要的课题，希望能够确立管片的高精度拼装技术及有长期耐久性的密封材料的材质、形状、结合方法及粘贴方法等。

4. 其他

作为盾构工法的多样化及其他方向之一的有盾构隧道的分支、结合及扩大等问题。这些技术现在既有提案，一部分已经采用了，但是其实际情况是多种多样的，且多半都必须借助于辅助工法。现以作为辅助工法之一的地基改良为例，过去以"强度"为目的地基改良技术中，特别重视以"截水"为目的的可靠性好的地基改良技术的开发，视为当务之急。在地基改良中改良范围的限定（即经济性）及确保可靠性（保证）是最重要的，今后真诚地希望确立包括其确认手法在内的施工技术。特别是水平方向及向上的如实注入技术，当然这不单纯限于盾构工法，对其他的隧道工法及地下空间的大规模的扩大开挖技术等将提供一个新的可能性。

现在，作为另一个方向既有隧道的加固及修补、更新改造问题。虽说城市隧道还未到使用年限，但也不能置之不管。或者修补，或者进行加固来延长其使用寿命，另外，由于场合不同，即使需要高额成本，也必须进行填埋。作为加固及修补方式，当然是在隧道的内侧实施二次衬砌、三次衬砌乃至四次衬砌等是比较简便的手法，但是将因此而减少了内部空间断面，很多情况下不能说成是合理的。所以，在既有隧道正在使用的情况下，在其外侧施工新衬砌技术应该说是有效的。如果将既有隧道作为内模板，那么应用 ECL 工法的技术等将是有效的方法之一。另外，已到使用年限的隧道的填埋是作为最后的手段，也是今后必须预先考虑的技术课题之一。

12.2.3　展望

现在正在引进以开挖洪积层及第三纪层的隧道为对象的 NATM（城市 NATM）技术。与盾构工法之间的边缘领域仍是一个谈论不完的话题，但是，理应要求按照含 ECL 工法在内的土体条件及环境条件来选择合理且经济的最理想的工法，因此，重要的是要在正确把握住各自的工法的基本概念及特性的同时，为了扩大其适用范围，慎重地弄懂、弄清楚究竟要求进行什么样的技术开发。

现在，城市内的基础结构设施已经从量向质的时代变化，地下建（构）筑物也不例外。如果考虑到地上空间及浅层地下空间已呈饱和状态的实情，那么大深度地下空间的有效利用是不可避免的必须面对的课题。大深度地下开发不可缺的盾构工法的重要性，今后将会逐渐被人们认识。为了提供经济的与用途相吻合的优质隧道，就不得不在盾构工法上进行多样化的研究开发，同时要求进行更多层面的调查研究及技术开发。

参 考 文 献

[1] MUIR WOOD，A. M.：The circular tunnel in elastic ground，Geotechnique 25，No. 1，1975.

[2] MUIR WOOD，A. M.：The circular tunnel in elastic ground，discussions，Geotechnique 25，No. 1，1975.

[3] EINSTEIN，H.：Simplified analysis for tunnel supports，Proc. ASCE，GT4.，1979.

[4] 木村·野本·渡辺·小泉：トンネル覆工に作用する土圧と覆工変形の相互作用に関する模型実験，トソネル工学研究論文報告集，Vol. 5，1995. 11.

[5] 小山·清水·佐藤：トソネルと地盤の相互作用の設計上の取扱いに関する一考察，土木学会論文集，No. 511/Ⅲ-30，1995. 3.

附　件

附件 I

单 位 换 算 表 　　　　附表-1

项　　目	换 算 方 法	记　事
荷载、力、截面内力	10N→1kgf 10kN→1tf 10kN·m→1tf·m	
表观密度	10kN/m³→1tf/m³	
压力(土压力、水压力)	10kN/m²→1tf/m²	
应力	[混凝土及钢材] 0.1N/mm²→1kgf/cm² [地基] 10kN/m²→1tf/m²	·当不直接用于设计计算时，用Pa即可。 ·材料强度、地基强度以应力为准来表示
弹性模量(杨氏模量及变形模量)	[混凝土及钢材] 0.1N/mm²→1kgf/cm² [地基] 10kN/m²→1tf/m²	·当在FEM计算等选用时，即便是混凝土，钢材也最好以地基为准来表示
地基反力系数	10kN/m³→1tf/m³ 10N/cm³→1kgf/cm³	

注：单位的选法：在设计计算中，当计算截面内力时，长度的基本单位取 m，当计算杆构件的应力时取 mm 为单位。

附件 II

设 计 标 准

规 范 及 标 准 类	发行年月	发行单位
隧道标准规范(盾构篇)及编制说明	1996.3	土木学会
隧道标准规范(开挖篇)及编制说明	1996.3	土木学会
隧道标准规范(山岭篇)及编制说明	1996.3	土木学会
混凝土标准规范(设计篇)	1996.3	土木学会
混凝土标准规范(施工篇)	1996.3	土木学会
混凝土标准规范(标准篇)	1996.3	土木学会
隧道丛书(管片的设计)	1994.6	土木学会
土木学会标准		土木学会
铁道建(构)筑物等设计标准及编制说明(混凝土建(构)筑物)	1992.10	铁道综合技术研究所
铁道建(构)筑物等设计标准及编制说明(钢及复合建(构)筑物)	1992.10	铁道综合技术研究所
铁道建(构)筑物等设计标准及编制说明〔土建(构)筑物〕	1992.10	铁道综合技术研究所
铁道建(构)筑物等设计标准及编制说明〔基础建(构)筑物〕	计划 1997 年	铁道综合技术研究所
铁道建(构)筑物等设计标准及编制说明(盾构隧道)	计划 1997 年	铁道综合技术研究所
挖方挡土工程设计准则	1987.6	铁道综合技术研究所
盾构工程用标准管片	1990.4	土木学会及日本下水道协会
道路桥规范及编制说明(共用篇与下部结构篇及抗震设计篇)	1994.2	日本道路协会
道路土方工程　挡土墙与涵洞及临时建(构)筑物施工准则	1987.5	日本道路协会
共用沟设计准则	1986.3	日本道路协会
建设工程公众灾害防止对策纲要	1993.1	建设省
日本工业标准(JIS)	1995.4	日本工业标准调查会
普通铁道结构规则	1995.4	运输者
规定与普通铁道设施相关的技术标准细目的公告	1995.4	运输者
挡土设计施工准则	1988.4	日本建筑学会
建筑基础结构设计准则	1988.1	日本建筑学会
地下送电用深部竖井及洞道的调查、设计、施工及测量准则	1982.3	日本隧道技术协会
地下线路土木工程的建(构)筑物相邻部位设计及施工准则	1985.11	日本隧道技术协会
起因于道路占用工程等的事故防止手册	1994.7	道路占用工程企业者联络协议会
水道设施抗震工法准则及编制说明	1979	日本水道协会

内部标准

标　准　类	发行年月	发行单位
NTT		
·标准实施方法(开挖式隧道)	1992.9	NTT
〈概要〉有关开挖式隧道的设计的基本事项、线形设计、主体设计及附属设备的设计		
·标准实施方法(盾构式隧道)	1991.12	NTT
〈概要〉有关盾构式隧道的设计的基本事项、线型设计、一次衬砌的设计条件、一次衬砌的设计、辅助工法、二次衬砌的设计		
·高深度管片	1992.9	NTT
〈概要〉有关筑造覆盖土厚度 30m 以上的盾构式隧道的设计的基本事项、设计		
·竖井	1992.9	NTT
〈概要〉有关竖井的设计的基本事项、设计条件、一般竖井的设计、气压沉管竖井的设计、土中竖井的设计、附属设备的设计		
·地下连续墙竖井	1992.4	NTT
〈概要〉有关地下连续墙竖井的设计的基本事项、设计条件、单独墙方式竖井的设计、整体墙式竖井的设计、搭接墙方式竖井的设计、临时墙方式竖井的设计		
·电气通信设备工程标准书	1985.12	NTT
〈概要〉在工程施工时,给出每次签合同时的附图及规范中所示以外的工程目的物的性能、产品外型及使用材料		
大阪市交通局		
·临时建(构)筑物设计准则(草案)	1971.12	大阪市交通局
关西高速铁道(株)		
·片福联络线　临时建(构)筑物设计标准(草案)	1989.12	关西高速铁道(株)
·片福联络线　土木建(构)筑物设计标准(草案)	1989.12	关西高速铁道(株)
首都高速道路公团		
·临时建(构)筑物设计标准	1990.10	首都高速道路公团
〈概要〉记述了临时建(构)筑物的设计思路		

标　准　类	发行年月	发行单位
·下部建(构)筑物设计标准	1992.10	首都高速道路公团
·混凝土建(构)筑物设计标准	1992.10	首都高速道路公团
帝都高速度交通营团		
·盾构隧道(管片)的设计准则(草案)	1993.10	帝都高速度交通营团
〈概要〉记述了管片的设计及设计细目等		
·土木工程规范集	1993.10	帝都高速度交通营团
〈概要〉钢筋混凝土制作规范、球墨铸铁管片制作规范：记述了使用材料的规格、制作要领、质量管理标准等		
·与营业线交叉的其他企业工程的设计及施工管理准则(草案)	1991.11	帝都高速度交通营团
〈概要〉对与营团地铁的建(构)筑物交叉的其他工程记述了设计及施工上的设计手法、安全标准等		
·与营业线交叉的其他企业工程的设计及施工管理要领(草案)	1991.11	帝都高速度交通营团
〈概要〉基于《设计及施工管理准则》记述了影响范围、变形预测及进行测量管理等		
东京电力(株)		
·地下送电用深部竖井、隧道的调查及设计与施工测量准则	1982.3	日本隧道技术协会
〈概要〉记述了在地下送电线土木建(构)筑物之中地表下 50～60m 级的竖井及隧道相关的调查、设计及施工测量的思路		
·地下线路土木工程的建(构)筑物相邻部位设计及施工准则	1985.11	日本隧道技术协会
〈概要〉记述了地下送电线土木建(构)筑物中有代表性的施工方法明挖工法、隧道工法、沉箱工法中按照相邻施工的影响程度的对策工程及施工时测量管理的思路		
·利用管片密封材料的止水设计手册(草案)	1994.4	日本隧道技术协会
〈概要〉记述了地下送电用盾构隧道的二次衬砌省略时，用密封材料对管片进行止水设计及施工管理的思路		
·地下线路土木建(构)筑物设计准则	1994	东京电力(株)
〈概要〉记述了地下送电线路土木建(构)筑物的竖井及隧道相关的调查及设计思路		

标　准　类	发行年月	发 行 单 位
东京都排水管道局 •管渠设计手册		东京都排水管道局
东京都交通局 •东京都地下高速电车　钢筋混凝土管片制作规范	1985.10	东京都交通局
〈概要〉记述了用于东京都地下高速电车的盾构工程的钢筋混凝土管片的制作		
•东京都地铁高速电车　12号线管片设计标准	1988.3	东京都交通局
〈概要〉记述了东京都地铁高速电车12号线的圆形盾构隧道用管片的设计及二次衬砌的思路		
日本铁道建设公团 •深挖方挡土工程设计准则(草案)	1990.3	日本铁道建设公团
福冈市交通局 •福冈市高速铁道3号线土木建(构)筑物设计规范	1996.1	福冈市交通局
〈概要〉地下建(构)筑物、轨道建(构)筑物及排风、排烟设备等的设计标准		
•福冈市高速铁道1号线及2号线土木建(构)筑物设计规范	1988.4	福冈市交通局
〈概要〉地下建(构)筑物、地上建(构)筑物、轨道建(构)筑物及排气、排烟设备等的设计标准		
•泥水加压式盾构工程标准规范	1987.6	福冈市交通局
〈概要〉盾构的设计制作、基地及施工设备、衬砌、掘进等的相关规定		
•地下工程标准规范	1987.6	福冈市交通局
〈概要〉规定了地下部位的土木工程相关的施工管理、使用材料、施工方法等		
•钢筋混凝土管片制作规范	1987.6	福冈市交通局
〈概要〉规定了钢筋混凝土管片制作时材料、制作、检查及试验等事项		
•球墨铸铁(高强度铸铁)管片制作规范	1987.8	福冈市交通局
〈概要〉规定了球墨铸铁管片制作时材料、制作、检查及试验等事项		

附件 Ⅲ

盾构工程相关法规　　　　　　　　　　　　　　附表-4

依　据　法　令	主要规定事项	交付年月日及法令编号	
（城市规划类）			
城市规划法	城市规划区域、风景地区、土地调整事业施工区域内的行为的限制	1968.6.15	法 100
地下的公共利用的基本规划的制定等的推进	地下空间利用方法的调整	1989.9.18	建设省
关于道路地下空间利用规划的制定		1989.9.22	建设省
（环境保护类）			
天然公园法	国立公园、国家公园、都道府县立天然公园内的行为的限制	1957.6.1	法 161
城市公园法	城市公园内的行为的限制	1956.4.20	法 79
历史文物保护法	史迹、名胜、天然纪念物、地下历史文物地内的行为的限制	1950.5.30	法 214
（海洋、河流类）			
海岸法	海岸保护地域行为的限制	1956.5.12	法 101
河流法	河流区域内的行为的限制	1964.7.10	法 167
港湾法	港湾区域内的工程等的限制	1950.5.31	法 218
公有水面回填法	河流、湖泊、海洋等公共水域或水面的占用及行为的限制	1921.4.9	法 57
有关海洋污染及海上灾害的法律	有关废弃物处理规则	1970.12.25	法 136
（道路交通类）			
道路法	道路的占用	1952.6.10	法 180
道路交通法	道路的使用	1960.6.25	法 105
（航空类）			
航空法	对于飞机的建造物的高度限制	1952.7.15	法 231
（公害防止类）			
公害对策基本法	为了环境保护工程的限制	1967.8.3	法 132
都道府县公害防止条例	为了环境保护工程的限制		
噪声限制法	对于工程噪声的限制	1968.6.10	法 98
振动限制法	对于工程振动的限制	1976.6.10	法 64
水质污染防止法	对于公共用水域的排水的限制	1970.12.25	法 138
有关废弃物的处理及清扫的法律	对于废弃物处理的限制	1970.12.25 (1991.10.5	法 137 法 95)
药液注入工法相关暂定准则		1974.7	建设省
伴随建设工程的噪声振动对策技术准则		1976.3	建设省

依 据 法 令	主要规定事项	交付年月日及法令编号
（资源类）		
有关再生资源利用的促进法律	发生土的再生利用	1991.4.26　法48
进行属于建设业的事业的单位有关再生资源的利用的判断标准及相关事项的省令	发生土的活用判断标准	1991.10.25　建设省
（灾害防止类）		
宅地造成等限制法	住宅建筑用地修筑工程限制区域内的行为限制	1961.11.7　法191
滑坡等防止法	滑坡防止区域内的行为限制	1958.3.31　法30
陡坡地坍塌的灾害防止法	陡坡地坍塌的灾害防止区域内的限制	1969.7.1　法57
消防法		1948.7.24　法186
火药类取缔法	火药类的制造、销售、运输及其他操作的限制	1950.5.4　法149
劳动安全卫生法		1972.6.8　法57
劳动安全卫生规则	为防止灾害应遵守的安全措施	1972.9.30　劳32
高气压作业安全卫生规则		1972.9.30　劳40
锅炉及压力容器安全规则		1972.9.30　劳33
压力容器构造规则		1959.3.27　劳告11
氧气缺乏症等防止规则		1972.9.30　劳42
建设工程公众灾害防止对策纲要		1993.1　建设省
电气机械器具防爆结构标准	有关电气机械器具的防爆结构的标准	1969.4.1　劳16
机械等检验规则	除特定机械以外的机械，含在劳动安全卫生法42条中所规定的防爆结构电气机械器具的机械等的检验相关手续等的规则	1972.9　劳45
（建筑标准类）		
建筑标准法	有关建筑物的场地、结构、设备及用途的标准	1950.5.24　法201
（电气类）		
电气事业法	有关电气设备的工程、维护及运用的限制	1964.7.11　法170
电气设备技术标准		1965.6.15　通产61

附件 Ⅳ

地层变形的有限元

题　目	报告人	时间	内　容	基本方程式	模型的维度
伴随着盾构掘进的沉降分析〔土木学会志54卷9号〕	半谷中井山口福地	1969/9	以应力释放所产生的弹性沉降及弹塑性沉降为对象研究沉降预测手法。　在本论文中，地基模型上虽也考虑了黏性，但从很多的施工实例中，发现地基沉降在比较短的期间内就已完成了大部分，所以，为了方便就用忽略了黏性的模型进行分析研究	应力分析	二维（FEM）
关于伴随盾构隧道掘进的地表沉降与振动特性〔土与基础，20卷3号〕	川本宫池奥园森本	1972/3	为了分析对比以砂质土为主体的现场的地表沉降量、分布形状，实施了"弹性分析的地表沉降＋村山等人在试验中诱导的松动产生的地表沉降"与"非线性分析的地表沉降"	应力分析与用试验公式的松动沉降分析	二维（FEM及试验公式）
基于伴随着盾构工程的软弱黏性土的扰动的固结沉降〔隧道与地下第11卷8号〕	森赤木	1980/8	在 N 值近似于零的冲积黏土地基中，盾构工程的沉降，主要是基于应力释放的剪切变形产生的土的结构变化（扰动）导致的固结沉降，本文由应力释放产生的剪切变形（γ）及固结收缩率（α）的关系式来预测固结沉降	应力分析（累计计算瞬时的弹塑性沉降与由 γ～α 关系式求得的固结沉降）	二维（FEM）
盾构隧道挖掘产生的地表沉降的三维分析〔第 16 次土质工学研究发表会〕	伊藤竹山久武中村	1981/5	实际的土体一般都有时间依存性，所以，假定为黏弹性体，利用三维弹性分析（BEM）的纵断面无因次沉降曲线与二维的黏弹性分析的时效沉降来预测盾构掘进产生的地表沉降。再进一步于分析中也考虑了掘进速度，衬砌及空隙的存在	应力分析（考虑土的蠕动）	二维
有关随着盾构掘进的地基变位的研究	小林西松	1982/12	将有沉降问题的地质作为开挖面非自稳性的软弱土体，组合利用模型试验，现场测量及FEM分析，分析考察了产生沉降的机理	应力及渗透流的复合分析　Sandhu 流	二维（FEM）

(FEM)分析实例

附表-5

与实测值的对比	隧道位置的土质	实测对象盾构工法	变位的实测值	分析对象区间	分析区域	土体的模型	开挖释放的模型
无	洪积砂一个现场 洪积黏土一个现场	不明	—	刚掘进之后的沉降	宽度约70m，深度约50m	分析了线形弹性及弹塑性的两个方面	以应力释放进行模型化
有	洪积砂质土	手掘式（并用压气）	地表沉降约45mm	最终沉降状态	宽度约50m深度约35m	实施了线形弹性及非线形弹性(Dancun)两者	用应力释放进行了模型化 在非线形分析中将初期应力分成十个阶段使之产生作用
有	冲积淤泥	手掘式	地表面沉降约150mm	盾尾空隙发生之后	宽度20m深度27.5m的 hafe model	应力释放⇒弹塑性固结⇒γ~α关系	用应力释放进行了模型化，但是墙面变位在管片位置受到了约束。开挖墙面与管片的相对位置关系不明
有	黏土及砂质淤泥	不明	地表面沉降约40mm	由开挖面附近至盾尾空隙发生后的整个掘进过程	不明	粘弹性蠕变函数 $\phi_e(t) = A + B \times \ln(1+t)$	再现了空隙容许变位的现象，衬砌约束变位的事实
有	冲积淤泥质黏土	手掘式	地表面沉降168mm	最终沉降状态	宽度35.7m，深度29.4m	弹塑性 用关口及太田的模型	以应力释放进行了模型化 应力释放期间5天，将初始土压力

题　目	报告人	时间	内　容	基本方程式	模型的维度
［土木学会论文集 No. 328］			本论文为了弄清楚能否表现出黏土地基变位的现象，以推定土体状态的原因为目的进行了弹塑性分析		
考虑了盾构掘进的 FEM 分析［第 20 次土质工学研究发表会］	大田胜又伊藤松井	1985/6	以盾尾空隙产生的沉降为对象，用轴对称模型的弹性分析，求解三维（立体）产生的地表面沉降的特征曲线，将其用在模拟隧道横断面模型的开挖释放的强制变位的作用方法中，进行试探性考虑三维效果的分析	应力及渗透流的复合分析 Sandhu 流	二维（FEM）
关于伴随冲积地基的盾构掘进的地基变形及其预测分析［土木学会论文集 No. 373/Ⅳ-5］	山田吉田间片桥本	1986/9	将开挖面之前的沉降与隆起、盾尾沉降、盾尾空隙沉降作为应力变化引起的地基变形，在预测中三维分析虽然比较理想，但因输入数据繁杂等，考虑实用性提出了二维的横断面分析（沉降分析、隆起分析）及纵断面分析的方案。 　　特别是在沉降分析中，其特点是能够再现盾尾空隙的存在及管片的变形	应力分析横断面沉降分析 应力分析横断面隆起分析纵断面分析	二维（FEM） 二维（FEM）
有关利用计算机网络的土质建（构）筑物的资料施工的研究［京都大学学位论文］	庄子	1988/3	利用二维弹性 FEM 分析伴随盾构掘进的地基的变形，分析研究了地基的弹性模量评价法。再进一步利用三维弹性 EFM（应力渗透流复合分析）模拟用二维分析不能说明的伴随开挖面附近的地表面隆起现象	应力分析 应力及渗透流复合分析 Christian 流	二维（FEM） 三维（FEM）
关于伴随泥浆式盾构掘进的硬质地基的变形分析［土木学会论文集 No. 397/Ⅵ-9］	中山中村中岛	1988/9	提出了伴随硬质地基的泥水式盾构掘进的地基变形的预测手法。泥水式盾构的地基变形的主要原因假定为盾尾空隙的应力释放，在释放应力的计算中提出了为将原土中应力、泥水压力及纵断面方向的影响考虑在横断面分析中的修正系数	应力分析	二维（FEM）

续表

与实测值的对比	隧道位置的土质	实测对象盾构工法	变位的实测值	分析对象区间	分析区域	土体的模型	开挖释放的模型
							分成5等份让每一天都产生作用
有	冲积黏性土	泥水式	地表面沉降约50mm	产生盾尾空隙之后	宽度50m深度27m	弹塑性 ---- 关口与太田的模型	在开挖面令其作用强制变位，来考虑掘进释放应力问题 强制变位的作用比例另行按实施的轴对称分析进行计算
有 有	冲积砂一个现场	土压式	地表面沉降约80mm	盾尾空隙出现之后	横断面分析宽度6D D为直径深度为 H+D+3D H为覆盖土层厚度 横断面分析 长度80m深度30m	线形弹性，但是松动区域内降低到 E/2，松动领域45+φ/2之内	用应力释放进行模型化墙面变位容许到盾尾空隙，当超过此外时，就要考虑管片的变位 将因推力、姿势控制作用于地基上的力作为内部压力进行了模型化
有	冲积淤泥	泥水式	地表面沉降20mm	二维掘进全部过程三维盾构机通过之前	二维，三维宽度100m深度62m三维长度100m	线弹性	二维：利用二维纵断面模型求解应力释放率的特征曲线，用于二维横断面分析中 三维：考虑了泥浆压力、管片，按应力释放进行了模型化
有(在三个现场实施)	洪积砂质土	泥水式	地表面沉降约4mm	盾尾空隙沉降	宽度40m深度55m	线形弹性	以应力释放进行了模型化释放应力＝修正系数×(原土中应力—泥浆压力)修正系数从实测及分析中可选用0.35

题　目	报告人	时间	内　容	基本方程式	模型的维度
盾构挖掘的后续沉降的三维有限(单)元分析 [第26次土质工学研究发表会]	冈 八嶋 三田 桥本	1991/7	后续沉降是盾构机由软弱黏性土地基中掘进时发生的,当超孔隙水压力消散时是作为固结形式出现的,为了预测其过程,实施了二维及三维分析,并进行了比较	应力及渗透流复合分析 ·········· Christian 流	二维 (FEM) 三维 (FEM)
关于伴随软弱地基的盾构隧道掘进的周边地基的变形 [土木学会隧道工学研究发表会论文及报告集 第1卷]	藤木 横田 米岛 村田	1991/12	本文提出了在软弱黏性土中随着泥水式盾构掘进的地基变形的预测手法。地基变形的主要原因是盾尾空隙处的应力释放,是起因于应力释放导致的扰动产生的固结沉降,在'88/9的中山等人提出的手法中引进了'80/8的森等人提出的固结沉降的计算公式	应力分析	二维 (FEM)
泥土压力盾构掘进时的地基状态及其三维数值分析 [土质工学会有关挡土及盾构工程的土压力与水压力和地基的状态的座谈会]	龟村 桑田	1992/5	为了评价在大阪市内的干线共同沟盾构工程所测定的地基状态,利用三维分析进行了考虑施工过程的分析	应力分析	三维 (FEM)
利用有限元法考虑了盾构工程的施工过程的地基状态分析 [土木学会论文集 No. 481/Ⅲ-25]	赤木 小宫	1993/12	伴随着盾构隧道工程的地基变形的大部分都是施工时的地基变形及扰动所产生的后续沉降,这些沉降量均起因于施工过程产生的地基的变形及应力状态与应变状态的变化,提出了开挖因素方案,进行了考虑实际的施工过程的分析	应力及渗透流复合分析 ·········· Christian 流	三维 (FEM)
相邻施工及地基变形 [隧道及地下 第25卷1号]	谷渊 三岛 村上 桥本	1994/1	从施工时的地基变形测定结果可以看出,变形的主要原因是开挖面压力平衡相关的变形及伴随着盾尾空隙的应力释放的变形,本来希望进行三维分析,但终因还没有达到那种实际业务水平,所以,提出了由轴对称分析求解应力释放度(特征曲线),再将其反映到二维分析中的手法	应力分析	二维 (FEM)

与实测值的对比	隧道位置的土质	实测对象盾构工法	变位的实测值	分析对象区间	分析区域	土体的模型	开挖释放的模型
无	隧道上半部砂质土　隧道下半部黏性土	土压式	—	后续沉降	二维、三维宽度30m深度25m三维长度50m hafe model	线形弹性	因受到扰动所产生的超孔隙水压力，在起拱线上方的隧道墙面单元上均匀给予100kN/m²的应力
有(在二个现场实施)	冲积淤泥	泥水式	地表沉降约40mm	盾尾空隙沉降及其相应的固结沉降	不明	应力释放⇒线形弹性固结⇒γ～α关系	按应力释放进行模型化　释放应力＝修正系数×(原土中应力—壁后注浆压力)修正系数选用0.4
有	隧道处主要为砂，上部冲积黏性土	土压式泥土压力	隧道正上方1m点的土中沉降约为11mm	由开挖面附近到盾尾空隙发生后的整个掘进过程	不明hafe model	线性弹性	将开挖面约束、盾构机械刚度、壁后注浆压力、管片刚度分别进行模型化处理，并考虑了开挖释放
有	冲积黏性土	土压式泥土压力	隧道正上方1m点的土中沉降约8mm	盾构机通过过程中	宽度50m长度50m深度50m	弹塑性 --- 关口及太田的模型	对开挖面压力、推力、千斤顶类型、盾构机与地面的周面摩擦力、壁后注浆压力分别进行了模型化处理并考虑了挖掘释放
有	洪积黏性土	土压式泥土压力	地表面沉降7mm	由开挖面附近至盾尾空隙发生后的整个掘进过程	不明	线弹性	按应力释放进行了模型化　应力释放度使用其他轴对称分析所计算的数值

题 目	报告人	时间	内 容	基本方程式	模型的维度
作为接触问题对待的盾构掘进时的地基变形分析〔土木学会隧道工学研究发表会论文及报告集第4卷〕	吉田田中草深武田	1994/11	在1986/9的报告中，为了方便起见，用内部压力评价由隆起分析的盾构机械向地基的作用力，数值也只是经验值。之后主要着眼于产生内压力的因素——盾壳表面与周围地基的摩擦情况进行了接触分析，并对比考察了附加土压力的倾向	应力分析初始阶段分析接触分析	三维（FEM）二维（FEM）
用于地表面变位的预测的FEM的改善（尝试方案）〔隧道与地下第25卷12号〕	猪熊角汤波田藤本	1994/12	经分析密封式的以往地表面沉降数据，发现盾尾空隙沉降约占总沉降量的80％左右，所以就将分析对象取作盾尾空隙沉降。分析在壁后注浆注入后不久的阶段1及待壁后注浆硬化后的阶段2实施的。其特点是在阶段2中将开挖的大部分外力均作为松动土压力来考虑	应力分析	二维（FEM）

与实测值的对比	隧道位置的土质	实测对象盾构工法	变位的实测值	分析对象区间	分析区域	土体的模型	开挖释放的模型
有	隧道处以洪积黏土为主，上部有洪积砂	土压式泥土压力	地表面沉降约1.5mm	盾构机通过过程中	不明	线形弹性，但接触面为弹塑性	在初始分析阶段，利用应力释放求解盾构掘进前的地基变形量。接着将变形量反映到接触分析中。对盾构机、管片进行了模型化处理
有(在很多现场的数据群中进行了比较)	砂质土黏性土	密封式	覆盖土层厚度与盾构直径之比 $H/D=1\sim2$，地表面沉降 $1\sim14$mm	盾尾空隙沉降	不明	线形弹性	阶段1：开挖外力＝初始土压力－壁后注浆压力，阶段2：模型化处理管片，壁后注浆，按照覆盖土层厚度之比作用松动土压力及全部覆盖土压力

附件 V

通过前测量实例及其研究内容

附表-6

工程名称	隧道位置地质概要	工程概要	数据采集、分析及研究内容	研究结果
帝都高速度交通营团地铁工程	冲积黏性土 $N \dot{\approx} 1$ $I_p \dot{=} 27$ $q_u = 100 \sim 150 kN/m^2$	泥浆式覆盖土层厚度13~27m 管片外径 $\phi 6950mm$ 机内壁后注浆	为了掌握尽量比较小的控制地表面沉降的施工管理方法,在试掘进区间120m范围内(十一个测量断面)设定了试验区间,令施工主要因素如下所示项目产生变化,选择适当的组合。 ① 开挖面泥浆压力(变化幅度:220~280kN/m²) ② 壁后注浆注入率(变化幅度:180,200,220%;含气率35%的可塑性) ③ 二次注浆率(变化幅度:0.10,20,30%;L_w)	① 开挖面泥浆压力,找出跑泥量与超挖量之间的平衡点,在该点微微隆起3mm,对于覆盖土荷载(全部应力)之比设定为0.8 ② 壁后注浆注入率经对地表面沉降量的多重回归分析认定为220%(实质为165%),设定二次注浆率为20% ③ 再进一步希望壁后注浆压力越低越好,设定了注浆压力<静止土压力+50kN/m²
大阪市交通局地铁工程	冲积黏性土 $N = 0 \sim 3$	土压式覆盖土厚度9~18m 管片外径 $\phi 5300mm$ 机内壁后注浆(由安设在盾构机上的注浆管进行注浆)	在掘进初期的四个地点设置测量器具,作为施工主要因素让如下所示的项目产生变化,着眼于开挖面附近,盾构通过过程中及盾尾空隙的沉降,设定较少扰动土体的施工管理指标值。 ① (测量断面1~3的研究) {表1} ② (测量断面4的研究) {表2}	① 着眼于开挖面位置的变位量,正上方进行方向及侧向部位法线方向有比较小的变位,在控制正上方的沉降量的方向上压力仓内的压力设定为160kN/m²。 ② 有关掘进速度没发现有意义的差值,设定35mm/min。 ③ 壁后注浆压力,从与正上方变位之间的关系来看,作为适当值在隆起与沉降的边处设定了 230~240kN/m²。如在其中考虑注浆压力的损失,则实际注浆率基本上与覆盖土压力相等。另外,此时的壁后注浆量如进行含气量的压力修正,则为盾尾空隙的115~125%。 ④ 减摩材料的效果,从瞬时的地基变形方面来看没发现有效果,但发现推力的减少效果(8200kN⇒6700kN)

测量断面1~3的研究表:

测量断面	1	2	3
压力仓内的压力(kN/m²)	120	150	160
掘进速度(mm/min)	35	40	38
壁后注浆压力(kN/m²)	200	200	300
减摩材料	排出	排出	排出

测量断面4的研究表:

并列盾构	先行	后行
压力仓内的压力(kN/m²)	160	160
掘进速度(mm/min)	35	36
壁后注浆压力(kN/m²)	260	240
减摩材料	非排出	排出

工程名称	隧道位置地质概要	工程概要	数值采集、分析及研究内容	研究结果
东京都下水道局下水干线工程	主要为洪积黏土，部分为洪积砂质土 $N=5\sim10$ $q_u=200\sim250\mathrm{kN/m^2}$	土压式泥土压力覆盖土层厚度≈16m 管片外径 $\phi8210\mathrm{mm}$ 由管片处进行壁后注浆	为了掌握不给予有害影响的开挖面控制泥土压力，在掘进初期的四个断面壤泥土压力产生变化，测定土中的变位并找出变位变小的泥土压力。（测量断面1～3的研究） | 测量断面	1	2	3
压力仓内的压力（kN/m²）	218	245	254
掘进速度（mm/min）	14	7	29		① 当泥土压力为218kN/m²时，盾构通过时产生了沉降。② 当泥土压力为254kN/m²时，由开挖面处30m以上前方产生了先行隆起。③ 上述现象认为是由于泥土压力的不足引起的。④ 当泥土压力为245kN/m²时，地基的变位基本上没发生，这可以解释为泥土压力的最佳值
福冈市交通局地铁工程	双层结构盾构顶以上为洪积与洪积砂质土 $N=5\sim30$ 盾构顶以下为花岗岩风化砂土 $N\geqslant30$	泥浆式覆盖土层厚度8～16m 管片外径 $\phi10000\mathrm{mm}$ 机内入壁后注浆层	作为地基变形的施工主要因素有泥浆压力、壁后注浆方法、盾构的姿势控制，利用现场测量方式掌握其影响，反映到事后的施工中。泥浆压力及壁后注浆方法的水准选择下表中的数值。（测量断面BE1～BE3的研究） 	测量断面	泥浆压力（kN/m²）	壁后注浆方法（掘进终了后）
BE1	250	继续注浆10分钟
BE2	220	继续注浆5分钟
BE3	235	停止注浆		① 泥浆压力越高，先行沉降量就越小。② 以设定泥浆压力为中心，经常变动泥浆压力，在下调静水压力的部位产生沉降，所以很重要的是，要选择即使产生变动，静水压力也不下降的数值。③ 利用盾构的姿势控制在垂直方向产生俯仰，测量中显示出在机械与地基之间的作用力及反作用力的条件下，地基产生隆起或沉降。④ 盾构通过后的沉降，在掘进终了后，持续5分钟以上壁后注浆注入还没发现产生沉降
东京电力电力用管路工程	冲积黏性土 $N=0\sim4$ $I_p=30$ $q_u=100\mathrm{kN/m^2}$	泥水式覆盖土层厚度12～45m 管片外径 $\phi5500\mathrm{mm}$ 机内注入壁后注浆	利用多重回归分析法，归纳掌握地表面沉降量与盾构掘进控制之间的关系，反馈到后来的掘进管理中。含沉降预测公式在内的掘进管理项目有推进力、千斤顶速度、偏差流量、俯仰角度、壁后注浆注入量、壁后注浆注入压力及开挖面泥浆压力	由沉降预测公式在不影响工程的条件下，反馈到掘进管理的内容如下：① 壁后注浆注入量的再设定（160%→180%）② 为减小向下的俯仰量，在一环的推进中勤于修正千斤顶特征曲线。再进一步确认对策后的沉降量，确认预测公式的可靠性

工程名称	隧道位置地质概要	工程概要	数值采集、分析及研究内容	研究结果
东京电力电力用管路工程	冲积黏土 $N=0\sim4$ $I_p=30$ $q_u=100kN/m^2$	泥水式覆盖土层厚度12～45m 管片外径$\phi5500mm$ 机内注入壁后注浆	在进入既有盾构建（构）筑物（地铁）的相邻施工区间之前测量地基变形，在掌握由于盾构施工的地基状态的同时，用数值分析反馈其结果，反算开挖释放率，将该释放率反映到相邻断面的影响预测分析中。 在后续沉降的数值分析中，采用了森及赤木提出的方法	在相邻断面的影响预测中所用的挖掘释放率设计中设定为8%，但在施工阶段采用事前的测量结果，最终改为15%
东京电力电力用管路工程	洪积黏土 $N=50$ 以上 $q_u=1320kN/m^2$ $[q_u=2\cdot C_u$来推定]	土压式泥土压力覆盖土层厚度19～33m 管片外径$\phi5200mm$ 由管片内侧注入壁后注浆层	有十处与重要的建（构）筑物进行相邻施工，以强化相邻施工管理为目的，利用通信线路适时收集盾构掘进数据及建（构）筑物的测量数据，再进一步利用逆解法求解应力释放率，反映到下次的相邻施工的影响预测及掘进管理中	在相邻断面的影响预测中所用的开挖释放率，在设计中由以往的文献调查结果设定为30%，但在施工阶段，由于采用了信息化施工的成果，最终在各个相邻部位改成2%～15%